大型企业数智化

王文京 郭倩 ◎ 著

机械工业出版社
CHINA MACHINE PRESS

图书在版编目（CIP）数据

大型企业数智化 / 王文京，郭倩著. -- 北京 ：机
械工业出版社，2025．8．-- ISBN 978-7-111-78759-4

Ⅰ. F272.7

中国国家版本馆 CIP 数据核字第 2025K9J950 号

机械工业出版社（北京市百万庄大街 22 号　邮政编码 100037）

策划编辑：杨福川　　　　　　　　　　　　　责任编辑：杨福川　李　艺

责任校对：王　捷　赵　童　任婷婷　王小童　景　飞　　责任印制：常天培

北京联兴盛业印刷股份有限公司印刷

2025 年 8 月第 1 版第 1 次印刷

170mm×230mm・31 印张・3 插页・466 千字

标准书号：ISBN 978-7-111-78759-4

定价：129.00 元

电话服务　　　　　　　　网络服务

客服电话：010-88361066　机　工　官　网：www.cmpbook.com

　　　　　010-88379833　机　工　官　博：weibo.com/cmp1952

　　　　　010-68326294　金　书　网：www.golden-book.com

封底无防伪标均为盗版　机工教育服务网：www.cmpedu.com

数智化升级大型企业发展范式

以云计算、大数据与人工智能（AI）为代表的新一代信息技术正加速渗透到经济社会的各个领域。从工业时代的规模化生产，到数智时代的敏捷化创新，企业的竞争逻辑已发生根本性转变。用友公司自创立至今（本书完稿时）已有37年，见证并参与了中国企业从电算化到信息化再到数智化的三次重大变革。每一次变革都重塑了商业世界的底层逻辑。尤其是近年的 AI 热潮，进一步推高了企业应用数智技术创新业务、改进经营、提升管理的热情和力度。数智化带来的不是简单的技术升级，而是一场彻底的商业革命。

通过参与大量数智化峰会研讨、进行企业客户走访和与企业家交流，我深刻感受到，数智化作为当代企业进步的核心议题之一得到了几乎所有企业的重视和推进。无论是央国企的高质量发展、民企的全球化竞争，还是海外企业的信息系统升级换代，数智化都成为破局的关键途径之一。数智化正在通过新一代数字与智能技术，重构企业的经营方式、组织模式和价值创造逻辑。

这本书源于我及用友的同事们在服务众多大型企业数智化建设的过程中对企业数智化转型的观察和思考，以及对实践经验的总结。我们希望通过这本书与企业家、管理者、行业专家以及所有关注企业未来发展的读者，分享我们在数智化领域的洞察、探索和实践。

一、大型企业数智化，机遇与挑战并存

过去 10 年，数字经济的崛起彻底改变了商业世界的运行逻辑。云计算、大数据、AI、物联网等技术的快速发展，使得企业的运营方式发生了根本性变革。

在前一个时期，企业的信息化建设主要聚焦于业务流程的电子化，如 ERP（企业资源规划）、CRM（客户关系管理）系统的应用等。如今，数智化已经超越了单纯的"数字化"，走向"数字化＋智能化"阶段，也正因如此，2017 年用友就在业界率先提出了"数智化"的理念。企业不再只追求业务流程在线、对数据的基础应用，而是通过 AI 驱动的智能分析、自动化决策和实时运营优化，实现更高效、更敏捷的商业创新。

这一趋势在全球范围内愈发明显。中国企业的数智化进程虽然起步较晚，但发展迅猛。从最初的"上云"到如今的"用数""赋智"，越来越多的企业开始从业务在线迈向数据驱动，部分领先企业已进入智能运营阶段。可以预见，中国企业的智能化应用将在全球领先。在数智化过程中，众多企业，尤其是大型企业，面临的挑战也日益复杂。如何构建统一的数智化底座？如何打破应用烟囱、数据孤岛、智能碎片，实现横向业务全流程、纵向组织全级次、斜向产业全链条的"端到端"贯通？如何让流程、数据和 AI 原生一体，实现数据驱动业务，AI 赋能运营？如此等等，这些都是本书将要探讨的话题。

二、大型企业数智化要明确目标、框架和进阶路径

本书聚焦"大型企业"，除了关注其收入规模和员工人数等基本特征外，还关注其行业影响力、业务复杂度等。大型企业一般产业板块多元、产业经营链条长、组织架构层级多、集团管理难度大，其数智化转型需要顶层设计牵引、深度耦合业务，且数智化投入规模、组织难度、实施与持续运营周期均显著区别于中小企业。因此，大型企业的数智化转型之路更具挑战性，也更需要系统性的方法论指导。

大型企业的数智化转型是指大型企业运用当代数字与智能技术，进行创新变革、企业重塑，实现新发展的过程。通过这一转型，大型企业将进化为"数

智企业"这一全新形态，具备快速响应客户、员工主动作为、生态协同共荣、实时感知、数据驱动、智能运营六大核心特征。简言之，大型企业的数智化转型本质上就是向数智企业演进的过程。

首先要明确目标。数智化转型的根本目的在于推动企业的壮大和可持续发展，而非为了转型而转型。数智化首先实现企业的创新目标，即通过数智化进行产品与服务创新、业务模式创新、管理方式变革和工作方式转变，继而达成业务敏捷、精益管理和全球运营。企业通过数智创新，最终实现企业的发展目标，达到更高的经营绩效、更强的竞争优势和更可持续的发展。

其次要规划数智化转型的关键行动与总体框架。具体来说就是从 4 个方面统一推进：统一数智化规划，指导后续的实施落地；统一数据治理，确保数据的标准化和高质量；统一数智底座，并接入或部署企业服务大模型；统一关键应用，包括功能应用系统的全集团统一共享、业务应用系统按产业板块统建、关键应用横向一体化拉通。

最后要有清晰的进阶路径。数智化不是一蹴而就的工程，而是一个持续进化的过程。关于如何成功推进和实现企业数智化，我们根据服务数万家企业的经验，总结出企业数智化进阶模型（企业数智化 1-2-3）：

- ❏ **L1 业务在线**：企业通过构建部分底座能力和云化部署，进行网络连接和实时感知，实现业务及管理的线上化。
- ❏ **L2 数据驱动**：企业通过全面升级数智底座，推进数据治理，充分发挥数据资源在企业经营管理中的作用和价值，全面推进数据融合应用创新，最终成为"数据驱动"的企业。
- ❏ **L3 智能运营**：企业在数据驱动的基础上，基于基座大模型、企业服务大模型和智能化的应用软件等 AI 技术和工具，以及完善的数据治理和知识治理，成为"智能运营"的企业。

如果说流程梳理是企业信息化的关键基础工作，那么数据治理与模型运用就是企业数智化的两大关键基础工作。企业要建立数据治理组织和长效机制，开展数据治理咨询并形成方案，选择合适的数据治理平台以实现数据治理。在夯实数据治理基础后，企业要进一步融合多种 AI 技术，连接合适的基座大模型和企业服务大模型，将其全面嵌入企业核心业务场景。

三、用友 BIP，全球领先的数智化平台

用友创立于 1988 年，以财务软件起家，见证了近 40 年来信息技术在中国及一些海外国家与地区各类企业应用的全过程。随着时代的变迁，我们经历了从财务软件（用友 1.0）到企业管理软件 ERP（用友 2.0），再到如今的数智商业创新平台 BIP（用友 3.0）的演进历程。

2017 年，我们洞察到企业数智化、国产化、全球化三浪叠加的历史机遇，开始战略投入研发用友 BIP（Business Innovation Platform，商业创新平台）。这一决策源于我们对未来企业需求的判断——企业需要的将不再是传统的以流程优化、提高效率为核心价值的 ERP 系统，而是一个运用数字和智能技术，能够支撑商业创新、实现数据驱动和智能运营的开放平台。

经过 8 年的持续研发迭代，用友 BIP 已经从最初的 BIP1、BIP2 进化到如今的 BIP3，并在 2024 年发布了 R6 版本，实现了六大技术突破和六大应用架构创新。今天的用友 BIP 已不仅仅是一个企业管理软件，更是融合了 AI、大数据、云计算等技术的企业及产业级数智化平台。它覆盖财务、人力、供应链、采购、制造、营销、研发、项目、资产和协同十大核心领域，并结合生态伙伴或企业自身的前端业务系统支持 100 多个细分行业的深度应用。此外，用友 BIP 的智能化能力也在不断升级。2024 年，我们发布了 YonGPT2.0 及 100 多项智能应用，将大模型能力融入企业核心业务场景。2025 年，我们发布了用友 BIP 企业 AI。这些创新不仅提升了企业的运营效率，也推动了 AI 在企业中的普及应用。

我们的努力得到了市场的认可。截至本书写作时，已有 6.5 万家大中型企业选择使用用友 BIP 推进数智化转型，其中包括 78 家中央企业，如招商局集团、中国海油、中国电子、国投集团、中国电信、中国人寿等，以及一批头部民企，如比亚迪、双良、万达、旭阳等，此外还有一批海外企业，如 NatSteel、SK 珠宝、极兔速递、珍宝餐饮集团、东京贸易控股等。同时，用友 BIP 三度蝉联"人民匠心产品奖"，并入选"新质生产力案例库"，用友 BIP 的 iuap 平台

是亚太厂商产品中唯一入选全球前十的全球高生产力 aPaaS（应用程序平台即服务），这既是对我们技术实力的肯定，也是对我们推动产业升级的激励。

四、本书的主要内容

本书旨在破解大型企业数智化转型"知易行难"的困局。"规划篇"帮助企业构建完整的数智化转型框架，避免方向性错误；"实施篇"则聚焦业务敏捷、精益管理和全球运营三大核心价值，提供经过验证的落地方案；在"案例篇"中，你将看到各行业领先企业如何借助用友 BIP 实现转型突破。这些内容不是空洞的理论，而是真实的商业实践经验。

规划篇（第 1～6 章）

首先分析数智时代大型企业的变革发展，绿色化、全球化、数智化是当今企业三大发展方向。企业的数智化就是向数智企业新范式转型。然后阐述什么是数智企业、数智企业的特征以及企业数智化的目标体系、企业数智化进阶模型（企业数智化 1-2-3）、数智化时期的关键基础工作。最后总结大型企业数智化转型的总体框架、关键行动，以及落地实施的重要策略。本篇旨在帮助企业正确、成功地推进企业数智化转型。

实施篇（第 7～9 章）

详细介绍数智化在助力大型企业实现业务敏捷、精益管理和全球运营三大价值中的典型场景实践，为企业数智化转型提供实操指南。

案例篇（第 10 章）

总结部分行业领先企业借助用友 BIP 推进数智化转型的成功实践案例，为大型企业提供极具价值的参考。

特别要说明的是，本书强调"实战导向"的总体理念。数智化不是为技术而技术，而是要实实在在解决企业问题、创造业务价值。我们提供的框架、方法和工具都经过了大量客户实践检验，能够帮助企业少走弯路，快速见效。

五、致谢

本书凝聚了众多机构、同仁的心血与智慧。

首先，我要向所有为本书案例提供素材的企业客户致以诚挚的谢意。正是你们积极推进数智化转型，并在推进中持续创新，才凝结出这些值得分享的数智化转型故事。

然后，我要特别感谢参与本书撰写工作的专家团队（排名不分先后，按照姓氏拼音排序）：狄保卫、丁慧茹、矫东航、靳晓旭、金晔、李光锐、刘岩、刘秀华、吕巍、骆英豪、梅松川、王者婧、王莉、魏晓帅、吴昌秀、赵伟刚、赵金梅、张雷鸣、周晓东等。他们在繁忙的工作之余，投入大量时间进行文字资料整理、案例收集与分析等工作，才使本书的内容如此丰富翔实。

六、期待与展望

数智化是一场没有终点的旅程。未来，随着 AI 技术的进一步普及，企业将进入"智能运营"的新阶段。用友将继续坚持"全球前三的企业软件与智能服务提供商"的愿景，通过自身的技术积累和行业实践，助力中国企业在全球价值链中占据更有利的位置。

希望这本书能成为大型企业数智化转型道路上的实用指南。我们期待通过这些来源于真实客户实践的框架、方法和案例，帮助更多大型企业在数智化浪潮中找准方向、把握机遇，成功推进数智化转型，成就数智企业！

数智化未来已来，让我们携手同行，共赴数智商业新时代！

王文京

2025 年 7 月

序言　数智化升级大型企业发展范式

规 划 篇

实 施 篇

| 第8章 | 数智企业的"精益管理"创新与实践 | 222 |

规　划　篇

1

数智时代的企业变革发展

本章精彩观点

中国经济与社会正在经历一场长期且深刻的转型，已由高速增长转向高质量发展，加快构建双循环新发展格局。在此背景下，中国大型企业正经历新的变革和创新发展，并在过程中呈现出三大战略方向：绿色化、全球化和数智化。

本章将系统解析绿色化、全球化和数智化的内涵与实践，重点探讨当代新一轮信息技术驱动下的商业创新——企业数智化。数智化不仅是企业创新变革的内在驱动，也已经成为发展新质生产力、推进高质量发展的关键路径之一。

1.1　数智时代企业的发展方向

面对全球环境的不确定性，数字技术引领的全球产业升级正在深刻重塑竞争规则和格局，当今大型企业变革 / 创新发展呈现出三大战略方向（见图 1-1）：绿色化、全球化、数智化。

绿色化　　　　　　全球化　　　　　　数智化

图 1-1　当今企业变革 / 创新发展的三大战略方向

1.1.1　绿色化：可持续发展

绿色化是当今大型企业的一大发展趋势。气候变化带来的挑战跨越国界，促使全球达成绿色低碳可持续发展的共识。

2020 年，中国在联合国大会上提出"双碳"目标，即到 2030 年前实现二氧化碳排放达到峰值（碳达峰），并在 2060 年前实现二氧化碳净零排放（碳中和），并制定了行动路线（见图 1-2）。要实现双碳目标，需要采取多种措施，包括：调整能源结构，减少化石燃料使用，提高清洁能源比例；推广节能技术，提高能源利用率；发展低碳技术和产业，如植树造林、森林保护等；推动碳交

图 1-2　中国减碳路线图

易和碳定价机制。此外，双碳目标还涉及社会经济系统的广泛变革，包括产业结构调整、高耗能行业改造升级以及绿色生活方式的普及。

中国企业积极响应"双碳"目标，将其纳入经营战略。例如旭阳集团，作为全球最大的焦炭生产企业，将绿色发展理念融入管理，积极转型，提升了自身的核心竞争力与长期价值。旭阳集团通过技术革新和循环经济模式，大力推动节能减排。例如，该公司实施了余热回收、废气治理和废水循环利用等措施，显著降低了能源消耗和污染物排放。此外，该公司还积极布局新能源领域，建成京津冀范围内最大的高纯氢生产基地，并推动绿电替代和分布式光伏电站建设，助力碳中和目标。

数据显示，2023 年以来，共有超过 1700 家上市公司披露了可持续发展相关报告；有 3161 家公司披露了为减少碳排放所采取的措施及效果，占比超过全部上市公司的六成。

在"双碳"目标引领下，中国企业正积极借鉴全球先进经验，通过制定系统性绿色发展战略、强化技术创新投入、持续提升资源利用率并有效降低碳排放，推动企业可持续发展。

1.1.2　全球化：布局与运营

改革开放四十多年以来，中国企业出海经历了从早期的萌芽起步到现阶段的加速跨越的演进。在"一带一路"倡议和国内国外"双循环"的政策背景下，出海的时机已经成熟，中国企业纷纷走上全球化之路，寻找新的发展机遇。

在四十多年的全球化探索实践中，从探路、扎根到全球化运营，中国企业全球化发展主要经历了四个阶段，如图 1-3 所示。

近年来，中国企业出海明显加速，2024 年 1～11 月，境内投资者共对全球151 个国家和地区的 8581 家境外企业进行了非金融类直接投资。此外，据研究机构披露，大型企业中已有 29.5% 实施海外拓展战略，还有 19.9% 的企业计划出海。中国企业出海的浪潮仍在持续，且呈现出加速的趋势。

以比亚迪为例，1998 年，比亚迪在荷兰成立首家海外分公司，标志着其全球化布局的开端。2010 年，比亚迪开启了电动商用车的国际化进程，从深圳开始走出中国，走向世界。2020 年后，比亚迪开始加速乘用车的全球化进程，先后在欧洲、东南亚、拉美等国家和地区建立制造基地，并推出纯电动和插电式混合动力车型。

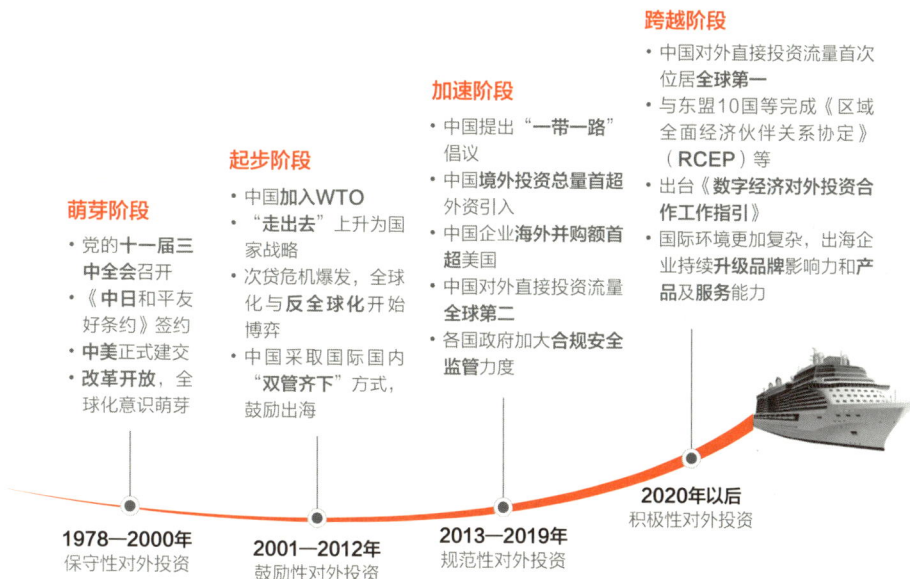

跨越阶段
- 中国对外直接投资流量首次位居**全球第一**
- 与东盟10国等完成《区域全面经济伙伴关系协定》（RCEP）等
- 出台《数字经济对外投资合作工作指引》
- 国际环境更加复杂，出海企业持续**升级品牌**影响力和产品及**服务**能力

加速阶段
- 中国提出"**一带一路**"倡议
- 中国**境外投资总量首超**外资引入
- 中国企业**海外并购额首超美国**
- 中国对外直接投资流量**全球第二**
- 各国政府加大**合规安全**监管力度

起步阶段
- 中国加入WTO
- "**走出去**"上升为国家战略
- 次贷危机爆发，全球化与**反全球化**开始博弈
- 中国采取国际国内"**双管齐下**"方式，鼓励出海

萌芽阶段
- 党的**十一届三中全会**召开
- 《**中日和平友好条约**》签约
- **中美正式建交**
- **改革开放**，全球化意识萌芽

1978—2000年
保守性对外投资

2001—2012年
鼓励性对外投资

2013—2019年
规范性对外投资

2020年以后
积极性对外投资

图 1-3 中国企业全球化发展历程及趋势

在 20 余年的全球化进程中，比亚迪借助技术创新、本地化生产、品牌塑造及市场拓展等举措，稳步推进全球化战略，已成为中国新能源汽车行业的一张亮丽名片，在全球新能源市场中确立了重要地位。

面对全球环境的不确定性，中国企业若要适应新的全球化发展趋势，需要做好出海战略的顶层设计，持续提升全球化运营管理能力，制定完善的本地化策略以精准把握市场动态，严格遵守当地监管要求并优化运营效率，打造更具韧性的全球企业。

1.1.3 数智化：技术创新与数智化转型

技术变革是推动社会经济发展的核心动力，它通过提升生产效率、创造新产业和优化资源配置，深刻改变了经济结构和企业运营模式。从机械化、电气化、信息化到智能化，每一次技术革命都带来了生产力的跃升，引发了经济社会的重大变革。蒸汽机的发明开启了大规模生产制造的工业时代。电力、电报等技术的广泛应用彻底改变了人们的生活方式，缩短了时空距离，形成了消费社会。以电子计算机、原子能、空间技术和生物工程等技术为标志的信息革命，催生了平台经济、知识经济、绿色经济等新经济形态，全球化进程空前加速。当前，人工智能、大数据和物联网等新兴技术的蓬勃发展，正进一步推动经济和社会的智能化变革。

每一次技术变革都会催生一批伟大的企业。在机械化时代，福特汽车通过流水线生产彻底改变了制造业；在电气化时代，通用电气（GE）成为工业电气化的标杆；在信息化时代，微软、英特尔和思科等企业构建了全球数字基础设施；而在智能化时代，谷歌、特斯拉和 OpenAI 等公司正在重新定义人工智能和未来科技的发展方向。这些企业抓住了技术变革的机遇，通过持续创新成为行业的引领者，推动全球经济向前发展。

当前全球已进入智能化时代，新兴技术正以前所未有的速度蓬勃发展。Gartner 通过对各行业的深入分析，总结了 2025 年的十大战略技术趋势，如图 1-4 所示。这些趋势涵盖了 AI 与机器协作、量子计算的未来前景、新兴计算技术以及技术创新与社会责任的平衡等领域。

Agentic AI（智能代理AI）
该技术可以用于客户体验自动化、数据分析中的高级决策、复杂项目的自主规划等。

AI Governance Platforms （AI治理平台）
该平台可以帮助企业监控AI系统的决策过程，确保其公正性，并跟踪AI系统的性能和潜在的社会影响。

Disinformation Security（虚假信息安全）
虚假信息安全工具可以用于深度识别、监控媒体和社交网络中的虚假信息传播。

Post-Quantum Cryptography（后量子密码学）
后量子密码学可以应用于金融数据、知识产权保护、加密通信等领域，确保未来的安全性。

Ambient invisible Intelligence（环境隐形智能）
零售商可以利用这项技术根据顾客行为自动调整照明和产品推荐，制造业可以实时监控设备状态。

Energy-Efficient Computing（能效计算）
数据中心可以通过优化服务器和冷却系统的能耗来降低成本，办公网络可以采用智能电源管理系统来减少整体能耗。

Hybird Computing（混合计算）
企业在本地服务器上运行核心应用程序，同时利用云端处理数据分析、AI运算或备份存储，确保灵活性。

Spatial Computing（空间计算）
使用数字孪生技术创建实时3D数字模型来监控和优化物理资产的性能，零售商通过交互式虚拟助手改善购物体验。

Polyfunctional Robots（多功能机器人）
在仓库中负责拣货、包装和运输，在医疗保健中协助患者移动或房间消毒，在远程或危险环境中执行设备检查。

Neurological Enhancement（神经增强）
缩短外科医生的培训时间，个性化调整学生的学习材料，并减少工作场所事故和工业灾害。

图 1-4　2025 年十大战略技术趋势（来源：Gartner）

深入洞察技术的发展趋势，尤其是数字与智能技术，积极进行创新变革，对企业在未来持续保持竞争优势至关重要。而**企业应用当代数字与智能技术，创新变革，重塑企业，赢得新发展的过程，就是企业数智化转型**。

当前，各行各业的大型企业都在积极拥抱技术变革，推进数智化转型。据中国上市公司协会统计，目前 A 股上市公司中 76% 的公司已经开始推进数字化转型。"数智化"正成为上市公司年报 / 半年报中频频出现的关键词。

部分领先企业通过持续推进数智化转型，奠定了行业领先地位。例如美的集团的数智化转型经历了多个阶段，从早期的内部流程优化到全面数字化与智能化的深度融合，逐步实现了从传统家电制造企业向科技型企业的转型。

2012 年美的开启数字化 1.0 阶段，通过构建 6 大运营系统、3 大管理平台和 2 大门户，提升内部运营效率，奠定了数字化基础。美的在数字化 2.0 阶段引入互联网技术，打造智能制造和大数据平台，构建产销协同的"T+3"卓越运营模式，形成柔性供应链，显著提升响应速度与效率。在数字化 3.0 阶段，美的推进"全面数字化、全面智能化"，实现 100% 业务在线化、70% 决策数据化。美的在数智化上已累计投入超百亿元，取得了显著成效。借助数智化转型，美的实现了企业营收和利润的跨越式增长，现金周转周期从 26 天优化至 -2.5天，大幅提升了运营效率和市场竞争力。

当今，企业不仅通过数智化实现了自身跨越式发展，领先企业的成功实践还树立了行业标杆，为其他企业提供了可借鉴的转型路径，提升了整个产业链的数智化水平。

1.2 企业数智化是高质量发展的核心路径之一

新时期，我国经济已从高速增长阶段转向高质量发展阶段，企业的高质量发展是中国经济高质量发展的微观基础。企业通过运用大数据、人工智能等新一代信息技术推进数智化，不仅能推动传统产业升级，还能催生新业态、新模式，加速新质生产力的形成。企业数智化已成为高质量发展的核心路径之一。以用友为代表的中国企业软件服务商，正致力于服务中国和全球企业的数智化，引领企业走向数据驱动、智能运营的新阶段，让数智化在更多的企业成功落地。

1.2.1 数智化"硬核"新质生产力

新质生产力是创新起主导作用，摆脱传统经济增长方式、生产力发展路径，具有高科技、高效能、高质量特征，符合新发展理念的先进生产力质态。它由技术革命性突破、生产要素创新性配置、产业深度转型升级而催生，以劳动者、劳动资料、劳动对象及其优化组合的跃升为基本内涵，以全要素生产率大幅提升为核心标志，特点是创新，关键在质优，本质是先进生产力。

从产业视角看，发展新质生产力，要以科技创新推动产业创新，催生新产业、新模式、新动能，建设现代化产业体系（见图 1-5）。要改造提升传统产业，同时要培育壮大战略性新兴产业，布局建设未来产业。"十四五"规划指出，到 2025 年，我国战略性新兴产业增加值占 GDP 比重有望超过 17%。从产业结构看，传统产业 GDP 占比仍超过 80%，是我国国民经济的基本盘。因此，以科技创新推动产业创新，催生新产业、新模式、新动能，其重要一环，就是以科技创新为核心驱动力，通过数智创新，释放数据要素价值，推动传统产业的转型升级。

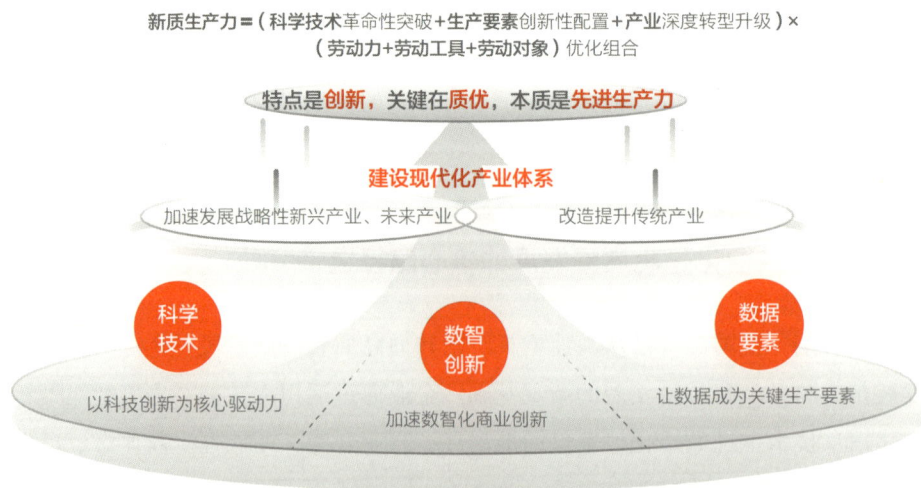

新质生产力＝（科学技术革命性突破＋生产要素创新性配置＋产业深度转型升级）×（劳动力＋劳动工具＋劳动对象）优化组合

特点是**创新**，关键在**质优**，本质是**先进生产力**

建设现代化产业体系

加速发展战略性新兴产业、未来产业　　改造提升传统产业

科学技术　　数智创新　　数据要素

以科技创新为核心驱动力　　加速数智化商业创新　　让数据成为关键生产要素

图 1-5　发展新质生产力，建设现代化产业体系

数智化作为新一代信息技术与实体经济深度融合的核心引擎，正在重塑传统产业的生产方式和价值创造逻辑。从制造业的智能工厂到农业的精准种植，从物流的智能配送到服务的个性化定制，数智化转型已成为传统产业突破效率瓶颈、实现价值跃迁的必由之路。这不仅是技术层面的迭代升级，更是对生产力全要素的系统性重构。

在劳动者维度，数智化正在推动人力资本的转型。数智化发展催生的诸如数字孪生工程师、AI 训练师等新型职业，正在重构传统产业的人才能力图谱。就劳动资料而言，数智化推动生产工具实现了质的飞跃。智能化的生产设备、企业级 AI 产品和服务等数智化工具显著提升了生产效率和精准度。在劳动对象方面，数据成为关键生产要素。数据要素与传统生产要素的乘数效应正在释放巨大的生产率提升潜能。

面向未来，只有将数智化深度融入产业价值创造的全链条，才能切实提升全要素生产率，为发展新质生产力打造强劲的数智引擎。这既是传统产业转型升级的生存命题，更是构建现代化产业体系的发展课题。数智化成为"硬核"新质生产力。

1.2.2　数智化转型，迈向高质量发展

数智化转型已跃升为企业实现高质量发展、在激烈市场竞争中拔得头筹的核心驱动力。它的影响力广泛而深刻，已全方位渗透至企业业务运营的各个环节，为企业带来新的收入增长点，重塑企业传统组织架构体系，并彻底革新企业工作方式。无论是央国企还是大型民营企业，数智化转型已经成为企业转型升级的必选项。

1. 加速业务转型，挖掘企业增长动能

数据表明，数智化转型可以为企业带来增长，如图 1-6 所示。在市场需求洞察方面，大数据技术能收集和整合多源数据，涵盖用户行为、市场动态、行业趋势等信息。运用模型与算法，企业可精准解析消费者的潜在需求与偏好，从而为市场细分与目标定位提供科学依据。推动传统粗放式营销模式转向以数

据驱动的精准营销策略，可以极大提升营销资源的投入产出比。

56% 麦肯锡CEO表示数字化 投资直接带来收入增长 **麦肯锡**	**23%** 数字化领先企业收入增速 比行业平均水平高 **埃森哲**	**85%** 完成数智化转型的企业 实现市场份额扩大 **IDC**

图1-6 数智化转型为企业带来增长

在产品与服务创新方面，通过实时分析市场数据、用户反馈，企业能快速调整产品功能特性，加速产品迭代更新。同时，借助物联网、人工智能等技术，产品智能化升级成为可能，从单一功能产品向具备智能交互、自我优化能力的智能产品转变。

在售后服务方面，企业利用数智化平台构建线上线下融合服务体系，提供实时、个性化服务，拓展服务边界，创造新的价值增长点，实现从产品销售向综合解决方案提供商的转变。

2. 打破组织管理层级，构建高效管理方式

企业传统金字塔式组织管理层级存在诸多弊端，如信息传递延迟、失真、决策流程冗长等，难以适应数智时代快速变化的市场环境。数智化转型促使企业向扁平化、敏捷化组织转变。数字化办公平台和协同工具搭建起企业内部信息"高速公路"，打破了部门间的信息壁垒，使信息能在不同层级、部门间即时共享与流通。基层员工能直接获取关键信息，高层管理者也能实时掌握一线动态，缩短决策链条，提升决策效率与科学性。

数智化支撑下的项目制、小组制组织形式兴起，以任务或项目为导向组建跨部门团队。团队成员基于共同目标协作，拥有高度自主决策权，能快速响应市场变化，灵活调整业务策略。这种组织模式能激发员工创新积极性，使不同专业背景人员在合作中碰撞出创新火花，提升组织整体创新能力与应变能力，让企业在复杂多变的市场竞争中抢占先机。

3. 变革企业工作方式，提升协作效率与体验

云计算技术提供了强大的计算与存储能力，使员工能通过各类终端设备随时随地访问企业资源与数据，为远程办公、移动办公奠定基础。视频会议、在线文档协作等工具进一步打破了时空限制，实现团队实时沟通与协同作业。员工可跨越地域开展项目，工作时间与空间灵活性大幅提升，在降低企业运营成本的同时，也使员工工作满意度与生活质量得到改善。

企业借助新一代企业软件，实现财务报销、合同审批、数据录入等重复性、规律性工作流程的自动化处理。这不仅减少了人工操作产生的错误，还极大提升了工作效率，释放了员工时间与精力，使其能专注于高附加值、创造性工作，提升了员工个人成就感，拓宽了员工的职业发展空间。同时，人工智能助手嵌入日常工作流程，为员工提供智能提醒、数据分析建议等辅助服务，进一步优化了工作流程，提升了工作效率与质量。

1.2.3　用友对"数智化"的定义和理解

2024 年，《咬文嚼字》编辑部评选并发布了年度十大流行词，其中"数智化"位居榜首。"数智化"体现了数字化与智能化的深度融合，已经成为产业共识，是发展新质生产力的重要引擎，为企业数智化按下加速键。

从数字化到数智化，一字之差，背后彰显的是 AI 时代，以数据驱动、智能运营为核心的全新发展阶段的到来。

2017 年，用友在业界率先提出"数智化"理念，表达的就是以数字化为基础，通过数据服务和智能服务产生新价值的内涵。多年来用友一直倡导和推进"数智化"（数字化 + 智能化）概念（见图 1-7），以及"数智化"是继"信息化"之后企业、商业和社会进步发展的又一个巨大历史进程的洞察论断。

数智化的显著特点是应用数字技术和智能技术，对数据这一新的生产要素进行价值化运用，对人工智能（AI）这一全新生产能力进行普及应用，实现数据驱动和智能运营。近年来，AI 技术迅猛发展，大大加速了数智化的发展进程。企业数智化转型由此前侧重数据服务的阶段，进入数据服务与智能服务并举的全新阶段。企业要跟上时代发展，就要积极推进数智化转型。

用友在业界率先提出数智化

信息化→数字化→数智化（数字化+智能化）

用友在业界率先提出"数智化"理念	**2017** **数智化** 数智化（数字化+智能化）是以数字化为基础，数据服务和智能服务共同产生新价值。	**2019** **企业数智化** 企业数智化是通过应用当代数字与智能技术进行创新变革，进而重塑企业，赢得新发展的过程。	**2020** **数智企业** 数智企业六大特性，即快速响应客户、员工主动作为、生态协同共荣、实时感知、数据驱动和智能运营。	**2023** **企业数智化1-2-3** 企业数智化1-2-3（也称"企业数智化进阶模型"）明确了企业数智化的三大层级：业务在线（上云）、数据驱动（用数）、智能运营（赋智）。

中共中央二十届三中全会决议（2024.7.18）
"支持企业用数智技术、绿色技术改造提升传统产业"

图 1-7　用友"数智化"理念进化历程

"企业数智化，用友 BIP" 更是体现了用友致力于通过数字化、智能化技术，服务企业管理变革和商业创新的经营理念。

基于对全球企业发展的敏锐洞察，用友在 2020 年前瞻性地提出了未来企业发展的新范式——**数智企业**，并总结出数智企业的六大特性，这些特性构成数智企业的画像，企业可以对照这些特性全面推进数智化转型。

企业数智化转型是一个综合、复杂、循序渐进的系统工程和长期过程。为帮助企业正确、成功地推进数智化，用友基于服务众多领先企业数智化的实践经验，于 2023 年总结提炼出了"**企业数智化 1-2-3**"（也称为"企业数智化进阶模型"），明确了企业数智化的三大层级——业务在线、数据驱动、智能运营，以及在应用、数据、智能、底座和技术维度的具体进阶发展，成为指导企业清晰、正确地实现数智化全过程的能力评估模型和方法指南。

"用创想与技术推动商业和社会进步"是用友的企业使命。新时期，用友将承载起引领中国软件产业蓬勃发展的重任，服务中国和全球企业的数智化，引领企业走向数据驱动、智能运营的新阶段，让数智化在更多的企业成功落地，为发挥数字经济优势、实现高质量发展提供全面助力！

2

企业新范式：数智企业

本章精彩观点

如今，企业信息技术应用已从计算机化、信息化发展到数智化。数智时代，越来越多的大型企业在积极推进的一项重要工作，就是通过企业数智化将企业转变为**数智企业**。数智企业成为当代企业新范式。用友通过分析众多转型为数智企业的成功实践，总结出数智企业的六大特征：**快速响应客户、生态协同共荣、员工主动作为、实时感知、数据驱动、智能运营**。本章将系统阐述什么是数智企业，以及数智企业的特征。

2.1　当代企业新范式：数智企业

1946 年，世界上第一台通用计算机 ENIAC 在美国宾夕法尼亚大学诞生，之后的几十年，随着计算机的逐步普及，信息技术开始应用于企业管理。从 20 世纪 50 年代到今天，企业信息技术应用 & 企业软件发展历程大体上可以划分为 3 个阶段，如图 2-1 所示。

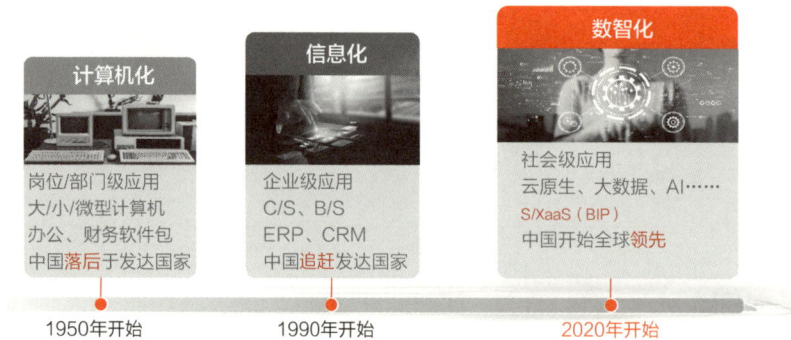

计算机化
岗位/部门级应用
大/小/微型计算机
办公、财务软件包
中国落后于发达国家

信息化
企业级应用
C/S、B/S
ERP、CRM
中国追赶发达国家

数智化
社会级应用
云原生、大数据、AI……
S/XaaS（BIP）
中国开始全球领先

1950年开始　　　1990年开始　　　2020年开始

图 2-1　企业信息技术应用 & 企业软件发展历程

第一阶段可以称为"计算机化"。在这一阶段，信息技术主要应用于企业的岗位 / 部门级。在中国企业中最具代表性的是两类软件：一类是办公自动化的办公软件，另一类是会计电算化的财务软件。同时期在欧美还有一个制造业的物料需求计划（MRP）。

到 20 世纪 90 年代，企业对信息技术的应用进入第二个发展阶段，以 ERP 为代表的企业应用，将企业的人财物产供销一体化的组织协同运作，使得信息技术在企业的应用从岗位 / 部门级进入企业级，从局部的电子化进入企业信息化。这一阶段称为"信息化"。信息化阶段的代表性软件 ERP，从 20 世纪 90 年代起，逐渐成为中国企业的主流企业管理软件应用系统。

进入 21 世纪，特别是 2010 年之后，新一代数字和智能技术的发展驱动信息技术在企业的应用进入一个全新的阶段，从原来的企业级逐步走向社会级，即从企业内部转向企业间，企业应用的主题也从企业信息化转为数智化的运营。这一阶段称为"数智化"。

数智时代，云原生、大数据、AI 等新一代的数字和智能技术被广泛应用于企业商业创新。在信息化的基础上，众多领先企业在运用数智技术进行产品业务创新和组织管理变革，即数智化转型。通过数智化转型，企业从原来的状态转型到新的状态，即"数智企业"。数智企业已经成为当下全球企业的新范式，如图 2-2 所示。

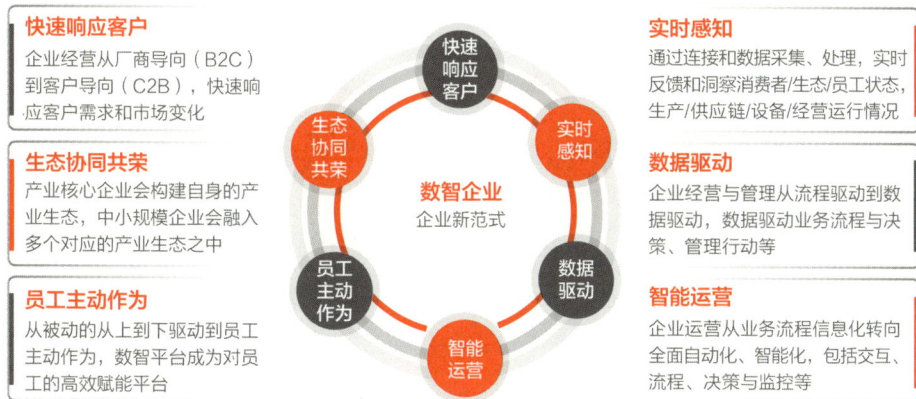

快速响应客户
企业经营从厂商导向（B2C）到客户导向（C2B），快速响应客户需求和市场变化

生态协同共荣
产业核心企业会构建自身的产业生态，中小规模企业会融入多个对应的产业生态之中

员工主动作为
从被动的从上到下驱动到员工主动作为，数智平台成为对员工的高效赋能平台

实时感知
通过连接和数据采集、处理，实时反馈和洞察消费者/生态/员工状态，生产/供应链/设备/经营运行情况

数据驱动
企业经营与管理从流程驱动到数据驱动，数据驱动业务流程与决策、管理行动等

智能运营
企业运营从业务流程信息化转向全面自动化、智能化，包括交互、流程、决策与监控等

快速响应客户　实时感知　数据驱动　智能运营　员工主动作为　生态协同共荣　**数智企业** 企业新范式

图 2-2　企业新范式——数智企业

2.2　数智企业的 6 个主要特征

数智企业的竞争力呈现双重维度。从业务视角看，数智企业具备"快速响应客户""员工主动作为""生态协同共荣"三大特征。从技术视角看，"实时感知""数据驱动""智能运营"构成其技术支撑体系，两大维度互为表里，驱动企业向数智企业新范式演进。

2.2.1　快速响应客户

数智企业能够快速响应客户需求和市场变化，本质上是从企业经营转变为客户导向的经营，即构建了以客户为中心的经营模式（见图 2-3），当然，这个过程必然借助了数智化手段，先连接客户，继而洞察客户和服务客户，进行客户驱动的产品和服务创新。

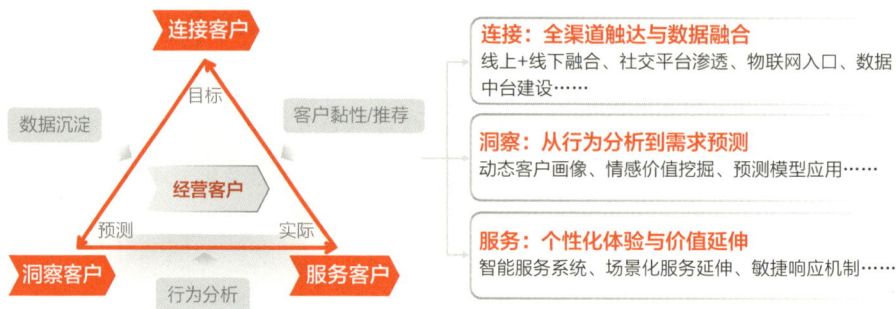

图 2-3 以客户为中心的经营模式

以华住集团的数智化转型为例，可以看到数智化在企业经营转变为客户导向经营的过程中的创新作用。首先，连接客户。传统酒店获客，一般与携程、去哪儿网等 OTA 平台合作，除了平台会收取一部分费用外，酒店面临的最大问题是，客户都保留在平台上，酒店并不掌握客户，因此后续很难经营客户。为此，华住打造了自有的客户服务平台"华住会"。根据 2024 年报，华住会会员数量已经突破 2.7 亿人，并且会员贡献了 70% 以上的销售额。

华住通过华住会 App，整合线上预订、自助选房、智能入住与退房等功能，覆盖用户行前、中、后全流程，实现了对客户的快速响应。借助线下部署自助办理机，将高峰期入住效率提升至 30 秒 / 人，做到了 30 秒入住，0 秒退房。

其次，基于对客户的连接能力，华住分析客户的入住偏好、消费习惯等数据，细分客群并定制服务。例如分析商旅客对效率的核心需求，针对性推出"一键开票"（支持增值税发票预约打印）和"航班动态联动"（自动保留晚点订单）服务。用户的需求和反馈还可以直接驱动产品迭代。例如后续在酒店中采用的双面荞麦枕、波绒地毯以及小米智家服务等产品和服务，均与用户的体验需求和反馈密不可分。

要实现快速响应客户，企业必须向客户导向转变。随着数据的持续积累，模型的不断完善，企业将会找到之前无法想象和实现的业务着力点，快速响应客户需求和市场变化。

2.2.2 员工主动作为

在传统企业中，员工往往自上而下接收指令，工作多呈现被动性。数智企业的技术赋能，在于激发员工的创造力和主观能动性。企业通过数智化平台和创新机制设计，将员工从被动的执行者转变为主动的参与者，如图 2-4 所示。

数智企业员工主动作为

平台共享赋能

> 数智企业的各项能力，通过数智平台沉淀，并下沉共享至一线员工，形成数智赋能

员工达成业绩

> 员工基于实时数据和业务场景快速响应问题、自主决策，达成业务目标，获得成就与收益

图 2-4　员工主动作为

仍以华住为例。人房比（员工数与客房数的比例）是酒店业反映经营效率的一项重要指标。华住的人房比达到 0.17，而业界平均是 0.3。华住是如何做到覆盖相同数量房间，用的人更少，且不影响服务质量呢？这很大程度上归功于华住的数智化应用。

例如，华住内部的"易客房"应用可以显示所有房间的空置情况、清洁状态等，保洁人员通过该应用抢单做服务，服务越多收入越高。入住的房客还可以对房间的保洁服务进行评价。保洁人员的评价等级越高，就拥有越高的优先抢单权，服务质量直接影响个人收入。通过内部市场化的竞争和数据透明，自驱型组织逐步构建。

数智企业将数据和算法能力下沉至一线员工，员工基于实时数据和业务场景快速响应问题、自主决策。企业的能力通过数智企业的组织从"管控"走向"赋能"，员工从"被动"转变为"自驱"。员工在主动作为中获得成就与收益，进一步推动企业从"管理驱动"迈向"价值共创"。

2.2.3　生态协同共荣

大型企业，尤其是产业核心企业，其产业增值模式呈现出从链状增值到网状增值的变化趋势，如图 2-5 所示。核心企业（链主）聚集各产业要素，形成科技 + 金融 + 平台的产业生态型价值创造，共同推动整个生态的繁荣发展。

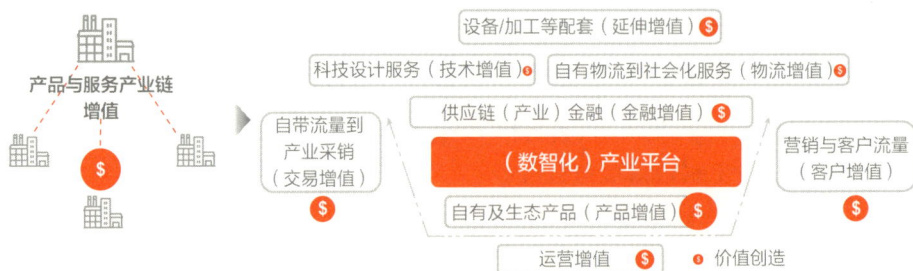

图 2-5　从链状增值到网状增值

对核心企业（链主）而言，实现产业生态型价值创造的核心之一是基于数智化技术构建的产业平台。核心企业通过构建产业平台，整合数据、算法、算力，借助平台把客户、供应商、员工、伙伴连接起来，汇聚价值链资源，实现资源优化配置，推动业务创新和管理创新，塑造数据驱动的生态运营能力。中小微生态企业上云上平台，借助核心企业的平台能力，实现转型升级。通过上平台，中小微企业将融入核心企业生态，获得更丰富、更稳定的科技、金融、产业服务。

海尔集团作为全球知名的家电制造企业，构建了以用户为中心的智能制造生态。其沈阳冰箱互联工厂作为全球首个家电智能互联工厂，实现了用户全流程参与定制，订单交付周期由 15 天缩短至 7 天，人员配置减少了 57%，单线产能提升了 80%。海尔旗下的卡奥斯工业互联网平台连接了大量的供应商、制造商和用户等生态资源，实现了产业链上下游的协同合作，并将海尔的大规模定制和智能制造能力对外输出。目前，已有家电、汽车、电子、化工等 15 个行业的 160000 家企业借助海尔的工业互联平台，实现数智化转型。

大型企业通过数智技术构建产业生态，实现生态协同共荣，不仅推动了自身的发展，也带动了整个产业生态的繁荣，促进了产业的升级与转型。

2.2.4　实时感知

数智企业的实时感知能力依托物联网（IoT）、边缘计算、5G 等技术，构建覆盖"人－机－物－场"的全域数据触点网络，这种全域数据触点的深度链接在不同行业有各自的具体实践，但最终都是为了实现从物理世界到数字世界的实时映射与动态反馈。

例如在制造业工厂中，设备内置传感器实时采集冲压机振动频率、焊接机器人工作电流等数据，结合 AI 模型预测设备故障概率，使维护响应时间从小时级缩短至分钟级。

零售业的智能货架通过重量传感器与摄像头融合，实时监控商品库存和顾客停留时长，从而动态调整陈列策略。

农产品企业通过区块链 +IoT 技术，将种植环境温湿度、运输车辆轨迹、仓储条件等数据上链，使消费者扫码即可查看全流程溯源信息。

如图 2-6 所示，国内生猪养殖龙头企业牧原将数智化技术应用到养殖的每个环境中，实时采集数据，如每头猪的饲喂数据，猪舍的空气、能耗等，以及每头猪的行为监控。牧原应用数智化手段深度管理 1600 多个养猪场、15 万名员工，其 170 余万套智能设备每天产生 10 亿条数据。

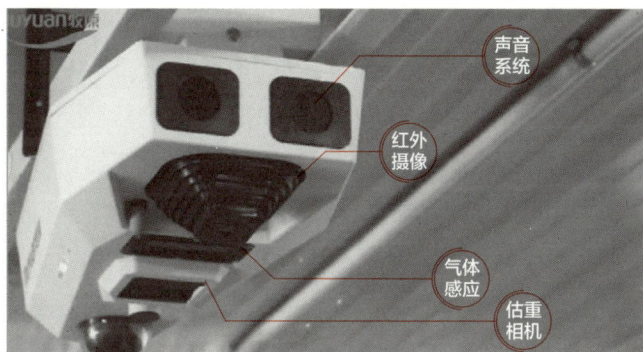

牧原通过智能化手段实时对猪舍环境进行监测，集温度、湿度、有害气体浓度、料槽水槽、群体盘点估重及个体健康状况等17项指标检查监测功能于一体，实现远程监控，通过人工智能技术对猪进行健康实时诊断，实时预警，可以智能调节猪舍环境，并调度其他机器人装备协同作业，提升猪群健康管理水平。

图 2-6　牧原的猪群智能化健康管理

实时感知打破了传统数据采集的滞后性与碎片化，促使企业实现了业务状态的秒级监控与动态优化，为数据驱动和智能运营提供了底层数据支撑。

2.2.5　数据驱动

有了实时感知到的大量数据，企业就可以将数据资源转化为业务洞察与行动指令，推动企业转向数据驱动。

首先进行全域数据融合。例如，银行金融类企业通过整合客户交易数据、App 行为数据、外部征信数据，构建 360° 客户画像，提升反欺诈模型准确率。

再如，钢铁企业整合高炉传感器数据、供应链物流数据、下游客户订单数据，构建生产能耗优化模型，降低吨钢综合能耗，提升订单交付准时率。

全域数据融合后，企业就可以做到智能决策赋能。例如服装企业基于历史销售数据与天气预测数据，通过 AI 仿真生成季度生产计划，降低滞销库存占比。再如连锁超市基于历史销售数据、节假日客流预测、天气数据，通过 AI 生成动态补货策略，降低生鲜品损耗率，提升库存周转率等。

牧原通过数智化手段，管理精细到每一间猪舍、每一个员工、每一台设备、每一头猪。每天产生的 10 亿条数据，使牧原可以将生猪养殖每个环节的成本精细核算到极致，从而在生猪养殖行业的激烈竞争中持续保持竞争优势。

数据驱动不仅提升了决策效率，更重构了企业价值创造逻辑——从"事后补救"转向"事前预测"，从"局部优化"升级为"全局最优"，为决策提供量化支撑。

2.2.6 智能运营

AI 技术已经渗透到交互触达、流程执行、状态监控等企业运营的核心环节，正推动企业运营模式从"人力密集型"向"算法自适应"演进。

在交互变革方面，智能客服早已被广泛运用于银行等行业。AI 语音助手通过自然语言理解技术识别客户来电意图，自动处理账户查询、转账等高频业务，人工坐席介入率大为降低。同时分析通话记录中的情绪关键词，还可以预警潜在客户流失风险。

在流程再造方面，企业可以通过 AI 重塑流程。例如，AI 智能招聘包括 AI 评估简历、AI 智能推荐、AI 面试题库等场景，帮助企业实现了更高的招聘效率、更低的工作成本以及更优的雇主品牌形象。智能裁切满足了冶金、造纸、涂布等不同行业的裁切需求，比如造纸厂将大纸卷裁成小纸卷，装备制造企业裁钢板等（见图 2-7）。通过 AI 智能裁切，可以减少边角料，提高材料利用率，降低成本。

在运营决策方面，通过整合多源数据、实时可视化分析及 AI 预测模型，企业能够打破信息孤岛，实现运营状态的全局洞察。例如，CEO 管理驾驶舱（见图 2-8）将经营、投资、财务、人员等关键指标动态聚合，并向下穿透，助力管理者精准识别瓶颈、优化资源配置。

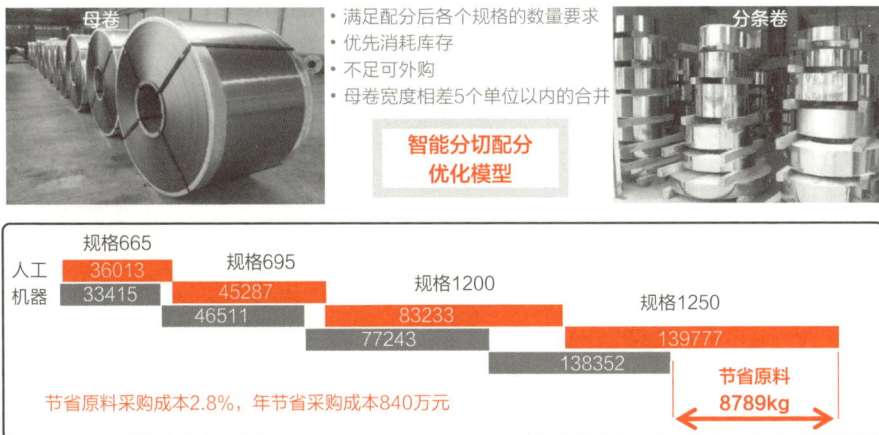

图 2-7 钢材智能分切配分优化

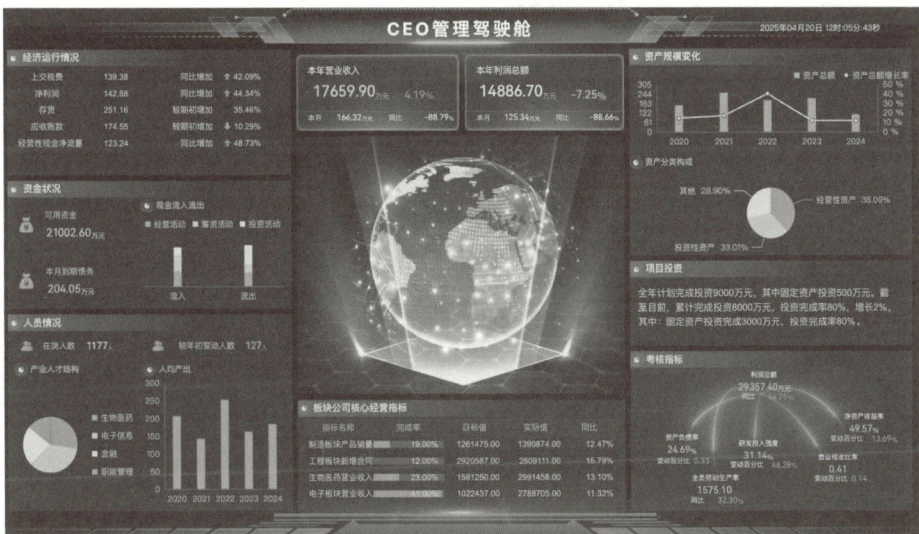

图 2-8 CEO 管理驾驶舱示例

AI 正在全方位地变革企业的运营。融合数据的智能运营，企业能实现客户需求即时满足、资源效率极限提升、风险管控前置化，最终构建"越用越智能"的运营生态。

3

企业数智化的目标体系

本章精彩观点

如何正确、成功地推进数智化转型，成为数智企业，是大型企业面临的重要课题。在此之前，企业必须深刻认识到数智化转型的目标。本章对大型企业数智化的目标体系进行了深入探讨。企业推进数智化转型并非为了追逐潮流，其根本目的在于推动企业的壮大和可持续发展。通过数智化转型，企业能够实现业务敏捷、精益管理和全球运营的创新目标。然而，创新本身并非终点，所有创新举措的终极目标都是提升企业的经营绩效，增强市场竞争优势，实现可持续发展。

本章将围绕企业数智化的目标体系展开深入探讨，通过对企业产品与服务创新、业务模式创新、管理方式变革和工作方式转变的典型场景分析，揭示数智化如何重构传统要素，提高大型企业的运营效率，并创造全新的价值。

3.1　创新目标与发展目标

大型企业要推进数智化转型，就必须先对其目标体系有一个清晰的认知，如图 3-1 所示。企业的最终目标是达成**"更高经营绩效、更强竞争优势、更可持续发展"**。要实现最终的发展目标，企业需要从多个维度设置具体的发展目标，进行针对性改进和提升，如开拓市场、创新产品、增长收入、降低成本、提高效率、管控风险、改进体验、提升质量、增强安全及履行责任等。我们认为企业创新是实现这些发展目标的关键驱动力，而"业务敏捷、精益管理、全球运营"三个领域的创新尤其值得企业关注：

- ❏ 业务敏捷：通过业务模式创新来开拓市场、创新产品、增长收入、降低成本和提高效率。业务敏捷性是企业在快速变化的市场中保持竞争力的关键。

- ❏ 精益管理：侧重于管理方式的变革，包括管控风险、改进体验、提升质量和增强安全。企业可以优化流程，减少浪费，提高效率和质量，从而增强企业的运营效率和市场竞争力。

- ❏ 全球运营：企业能够在全球范围内整合资源，实现在地经营，并强化合规风控，从而在全球市场中实现可持续发展。

图 3-1　企业数智化转型的目标体系

数智化转型是企业实现业务敏捷、精益管理和全球运营的加速器和使能器。它通过数据、技术和组织的深度融合，将传统战略目标升级为动态、智能、全球联动的能力体系。未来,企业需以数智化为基础,持续构建"感知 – 分析 – 执行 – 学习"的智能闭环,以便在充满不确定性的环境中保持竞争优势。

3.2 产品与服务创新

数智化技术的快速发展正在深刻推动产品与服务的创新,随着人工智能、物联网、大数据等技术的不断融合与迭代,传统的产品与服务模式正在被重新定义。

3.2.1 智能产品新形态

智能产品创新,让 AI 赋予产品独特的竞争力和核心卖点,开拓新的客户群体,创建新的收入模式,进而开拓增量市场,实现营收增长,如图 3-2 所示。

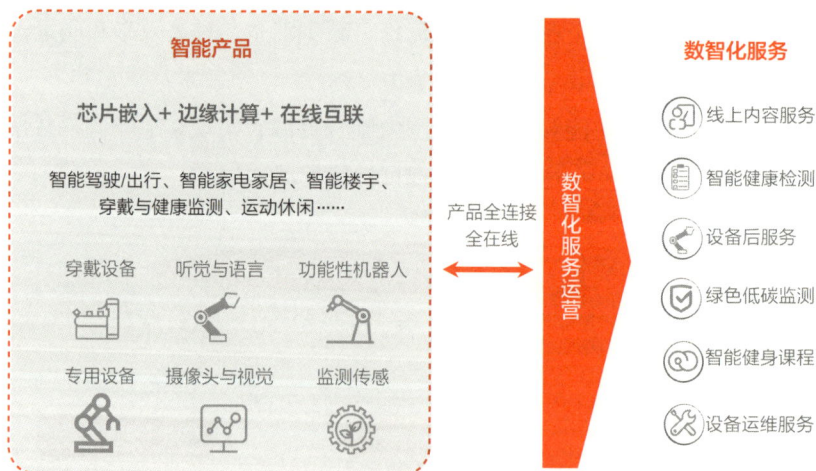

图 3-2 智能产品创新

在新能源车行业,车载软件系统是必不可少的重要环节。尤其是新能源车企都在大力宣传自己的软件系统,仿佛没有先进的软件系统和算力十足的芯片就不是领先的产品。事实也的确如此,新生代消费者十分看重车机体验。为了持续提升用户体验、修正软件 BUG,甚至推送新开发的功能,软件系统更新

（OTA）成为又一个热门话题。OTA 可以收集汽车的各种数据，例如车辆位置、行驶速度、油耗等，这些数据可以用于分析车辆性能、优化车辆设计和提高车辆效率。同时 OTA 还可以收集用户的驾驶习惯或避险操作等。使用 AI 模型分析这些海量的驾驶数据，形成新的算法，可以让智驾系统更安全，辅助用户驾驶更像是"老司机"在协助一样。

根据摩根士丹利的预测，当前汽车的价值构成仍以硬件为主，占到 90%。但未来，这一比例将下降到仅为 40%，而剩余的 60% 将由软件主导。在这个逻辑下，付费订阅将为车企开辟出一块新的盈利空间，打开市场对汽车行业未来成长的想象力。特斯拉的 FSD（全自动驾驶）功能、OTA 升级以及超充服务等软件相关业务，已经成为其重要的收入来源，并且毛利率极高。特斯拉预计未来 FSD 将成为公司最核心的利润来源，为公司打造第二利润支撑逻辑。

企业应积极推动产品模式从传统的硬件主导转向智能化软件主导，通过引入智能化、软件化的技术手段，将产品转化为可持续升级和优化的平台。

3.2.2　数字服务新业态

数字服务创新，让企业不再局限于提供标准化服务的旧框架，而是以数据流动为纽带，开创新的服务模式，从被动响应转向主动创造价值。

数字技术让"按使用付费""按需订阅"从概念变为现实，企业通过实时捕捉用户需求数据，将传统的一次性产品转化为可计量的服务单元。例如，企业软件与服务提供商改变传统的一次性买断软件授权的模式，推出云服务订阅制。客户可以通过订阅，持续获得软件提供商的产品升级和高价值服务。再如，工业设备制造商通过物联网传感器实时监测设备运行状态，推出"设备即服务"订阅模式：用户无须购买设备，只需按使用时长或效能付费；企业则从设备销售转向提供包含维护、升级、数据洞察的全周期服务。订阅模式，本质是将产品价值拆解为可实时交付的服务流，既降低了用户决策门槛，又为企业创造了可预测的现金流。

用户生态运营，将用户从服务接受者转化为价值共创者。例如，小米通过"米粉社区"收集用户对 MIUI 系统的改进建议，每周选取高票提案进行开发验证，并邀请用户参与内测。星巴克与阿里巴巴合作推出"88VIP 会员互通"，通过会员互通，星巴克会员在淘宝、天猫的消费数据可同步至星巴克账户，累计的"星享值"可兑换咖啡券或专属权益。用户数据中台实现跨平台标签整合，提升了星巴克会员的复购率和客单价。

服务创新的背后是通过数智技术重构服务逻辑。未来，随着边缘计算、生成式 AI 等技术的普及，服务创新将进一步突破物理世界与数字世界的边界，创造更具想象力的价值场景。

3.3 业务模式创新

业务模式创新成为获取竞争优势和超额利润的关键。约瑟夫·熊彼特的创新利润理论认为，利润的形成源于企业家的创新活动。企业通过重新组合生产要素或引入全新的生产要素，能够打破市场平衡，创造出独特的价值主张。例如，通过采用新的商业模式、引入新的产品线或者整合上下游资源，企业不仅能够满足未被满足的客户需求，还能在短时间内获得创新带来的利润。然而，这种利润是暂时的，因为市场竞争会促使其他企业模仿或超越。因此，企业必须持续进行行业务模式创新，以应对不断变化的市场环境。这种创新过程正是熊彼特所说的"创造性破坏"——通过不断推陈出新，企业不仅能够巩固自身地位，还能推动整个行业的升级与发展。

3.3.1 以客户为中心的战略

"以客户为中心"的理念已经被企业接受多年，而近几年企业数智化技术的不断成熟又为"以客户为中心"的战略落地提供了强大的支持，如图 3-3 所示。

借助大数据分析，企业可以深入挖掘客户行为模式、偏好和痛点，从而实现精准营销和个性化服务。同时，人工智能和机器学习技术的应用，使得企业能够实时响应客户需求。例如，智能客服系统能够快速解答客户问题，而自动化流程则能够简化客户操作，减少等待时间。此外，数智化转型还为企业提供了与客户深度互动的机会。社交媒体、在线社区和客户反馈平台成为企业倾听客户声音的重要渠道。通过这些渠道，企业能够及时收集客户反馈，快速调整产品与服务策略，真正实现以客户为中心的动态优化。

图 3-3　以客户为中心的战略

亚马逊作为全球最大的电商平台之一，它成功的秘诀在于始终把客户放在首位。无论是便捷的购物体验、超快的配送，还是优质的客户服务，都是为了吸引和留住顾客。这种以客户为中心的战略与飞轮营销的核心理念完美契合。例如，亚马逊通过其云服务 Amazon Connect，结合生成式 AI 技术，自动处理客户咨询，并通过实时分析客户数据，主动提供解决方案。在新冠疫情期间，亚马逊 AI 系统通过预测性分析提前通知客户可能的延迟，并提供替代方案。这些措施不仅缓解了客户的焦虑，还进一步巩固了客户忠诚度。

3.3.2　驱动业务链高效运作

数智化技术正全方位渗透企业的"研产供销"各业务环节，驱动业务链高效运作，帮助企业在复杂多变的市场环境中有效应对风险，开拓新空间，如图 3-4 所示。

在研发环节，研发过程的智能化协同，使研发团队可以通过云端平台实时共享数据、协同设计，打破地域限制，提升研发效率。虚拟现实（VR）和增强现实（AR）技术的应用，让研发人员能够在虚拟环境中对产品进行模拟测试和优化，减少物理原型制作次数，降低研发成本。数智化驱动的研发模式使产品迭代周期大幅缩短，让企业能够更快地推出符合市场需求的创新产品，抢占竞争先机。

在采购环节，智能采购平台实现了供应商管理、采购需求预测和采购执行的全流程优化。例如，数智采购可以帮助企业建立动态的供应商分级管理体系，优选合作伙伴，降低采购风险。整合内外部数据的需求精准预测有效减少了库存积压和缺货现象。区块链记录采购交易的每一个环节，实现了供应链数据的不可篡改和可追溯，有力保证了采购流程的合规性等。

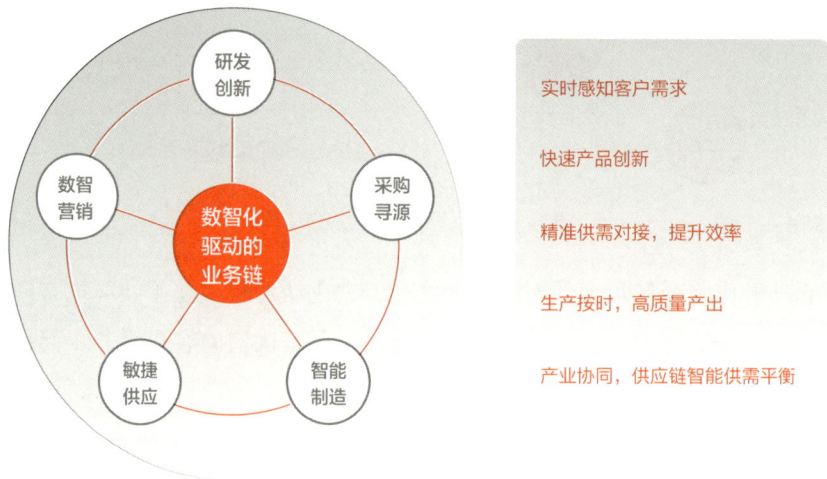

研发创新

数智营销

数智化驱动的业务链

采购寻源

敏捷供应

智能制造

实时感知客户需求

快速产品创新

精准供需对接，提升效率

生产按时，高质量产出

产业协同，供应链智能供需平衡

图 3-4　数智化驱动业务链高效运作

在制造环节，智能制造让柔性化生产模式成为可能。通过模块化设计、快速换型技术和智能排产系统，企业能够根据客户订单需求灵活调整生产流程，实现多品种、小批量生产的快速切换，在满足客户个性化需求的同时，保持生产的高效性和经济性，有效应对市场需求波动带来的风险。

在销售环节，数智化技术重塑了企业与客户的连接方式，推动营销模式从粗放化向精准化、智能化转变。通过构建客户数据中台，企业能够整合线上线下多渠道客户数据，形成完整的客户画像，深入了解客户需求、购买行为和偏好，实现精准营销。

而智慧供应链让企业能够将研发数据、采购信息、生产状态与销售预测深度融合，基于 AI 算法生成精准的产销计划，并联动智能排产系统实现生产资源的动态调配。数字孪生技术模拟供应链运行，优化资源配置，提升决策效率。

企业能够显著提高库存周转率，缩短交付周期，增强供应链敏捷性和抗风险能力，实现精细化、智能化的产销协同。

数智化技术将企业内部业务链紧密连接，形成一个高效协同的有机整体。通过各环节的模式创新和智能化升级，企业不仅能有效应对市场风险，更能在激烈的竞争中开拓增量空间，实现可持续发展。

3.3.3　整合产业链协同发展

传统产业链往往呈现线性结构，各环节之间的信息流通不畅，导致协同效率低下。数智化技术，如物联网、大数据、人工智能和区块链，能够将产业链的各个节点连接起来，形成一个动态的、智能化的网络。这种网络不仅能实现信息的实时共享，还能通过数据分析和预测优化资源配置，提升整个产业链的效率和灵活性。

在数智化技术的推动下，产业链整合与协同发展已成为企业提升竞争力和实现可持续发展的关键路径。例如，服装企业通过数智化转型建立高度集成的供应链管理协同平台，将研发、生产、销售、物流等环节全面打通，形成了"研产供销服"全链协同的生态系统。这种全链路的数智化转型不仅解决了传统供应链信息不透明、响应速度慢等问题，还为企业提供了更智能、更灵活的运营模式，同时带动了产业链伙伴（从原材料供应、设计生产到门店销售终端）共同打造现代化产业集群。

此外，数智化技术还推动了产业链的绿色化转型。通过大数据分析和智能化决策系统，企业能够实现资源的高效利用和节能减排，推动产业链向绿色、低碳方向发展。数智化与绿色化的融合不仅提升了企业的社会价值，还为企业的长期发展奠定了坚实基础。

在产业链整合过程中，企业需要充分发挥"链主"企业的引领作用，通过平台化运营和技术共享等多种方式，带动上下游企业共同参与数智化转型，形成产业链数智化协同（见图3-5）。同时，打破数据孤岛、构建要素共享的数字生态也是提升产业链协同效率的重要举措。通过这些措施，企业不仅能够在数智时代提升自身竞争力，还能够推动整个产业链的转型升级，实现高质量发展。

产业**生态**企业

产业**核心**企业

敏态商业，网联新模式，卫星式发展

- 数字营销、B&C全渠道融合
- 智能制造&工业互联、服务转型
- 互联网采购&一站式服务能力外溢
- 物流服务&社会化物流服务
- ……

稳态管理，变革创新

- 战略绩效、数据穿透与可视
- 大财务、大人力、全域共享服务
- 供应链、产业链、直至社会化商业服务
- 集团资产、泛资产管理、运营服务
- 生产制造、物流运作、项目管理经营

产业配套企业

分销流通渠道

研发设计组织

其他产业要素

产能供给企业

物流服务企业

劳务服务企业

质量检测组织

售后服务站企

金融服务组织

管理连接

产能连接

技术连接

产品连接

客商连接

金融连接

企业/产业社会化商业网络，数智化新底座

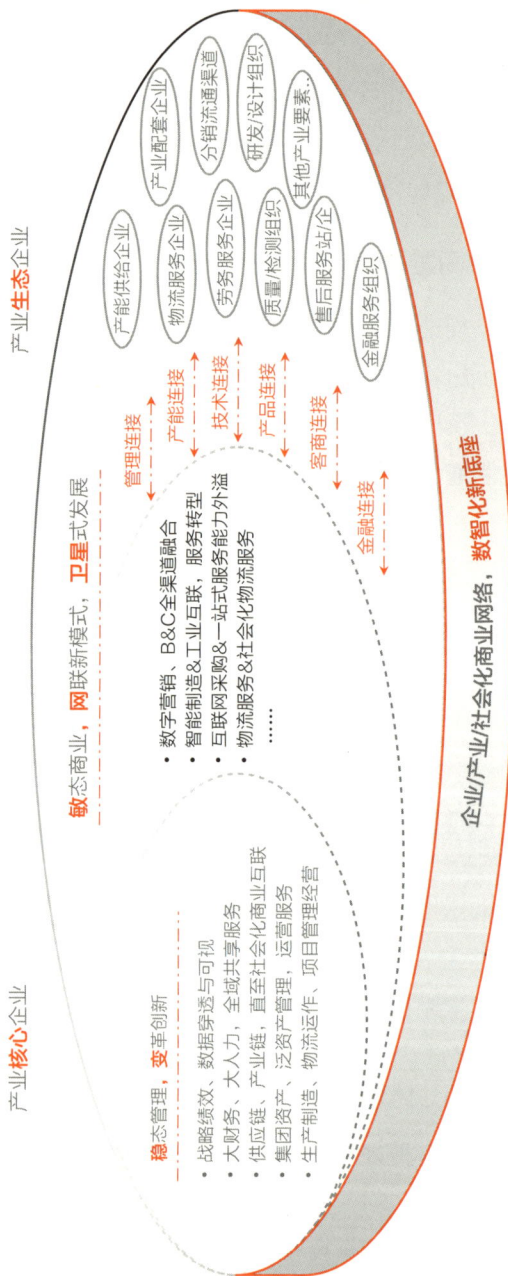

图 3-5 产业链数智化协同

3.4　管理方式变革

数智化正在重塑企业管理的底层逻辑，推动传统管理模式向"数据智能中枢"驱动的范式跃迁。通过全域数据资产的沉淀与穿透式分析，企业首次实现了战略决策、组织协同与执行管控的全局可视化，打破了部门壁垒下的信息割据。新一代数智技术同步推动组织向共享式架构转型，将管理要素转化为可调用的共享服务，将人力、财务等职能从管控枢纽转向赋能平台。数智企业的管理可以做到"业务放权"与"数据集权"，数据在整个系统内流动和穿透，确保能及时预警企业风险并有效应对。

3.4.1　PDCA 战略闭环与绩效联动

企业战略管理体系是数智化推动管理方式变革的重要对象。通过"战略－预算－考核"闭环联动与数智化技术赋能，将集团战略解码为可量化、可追踪的绩效行动，驱动多元化业务在战略航道上实现价值创造与组织进化的动态平衡。

某综合性央企集团是战略管理的标杆企业，它的"6S 战略管理体系"是融合战略规划、执行监控与价值创造的一体化管理系统。该体系的核心逻辑在于以战略为原点，通过"战略解码－资源配称－过程纠偏－绩效牵引"的循环机制，破解多元化集团战略落地难题。

如图 3-6 所示，针对战略规划体系，采用"五年战略滚动修订＋年度预算承接"模式，将集团愿景拆解为业务单元可执行的战略主题；针对全面预算体系，通过"战略－财务－业务"三轴联动，将战略目标转化为资源配置的量化标准；针对管理报告体系，依托数智化平台实现战略执行数据的实时穿透，构建"集团－SBU－基层"三级预警雷达；针对绩效考核体系，通过差异化 KPI设计（如成长型业务侧重市场份额，成熟型业务聚焦 ROE）与战略贡献系数，确保考核与战略强关联；针对战略审计体系，引入第三方机构进行战略健康度评估，防止执行偏差；针对企业文化体系，通过"业绩导向、协同共赢"理念渗透，强化组织战略共识。通过动态迭代与数智化升级（如 AI 战略推演、区块链数据溯源），集团在多元化布局中实现"战略韧性"与"管理弹性"的平衡，近五年战略目标达成率稳定在 90% 以上。

战略规划体系
企业战略规划、中长期经营计划

全面预算体系
全面预算编制、滚动调整、预算控制与分析

企业战略 PDCA闭环

绩效考核体系
多层级绩效、绩效评价、激励制度

管理报告体系
责任分析报告、重点专项报告和高管层分析报告

图 3-6　某综合性央企集团的战略闭环

3.4.2　职能管理走向全面共享

　　传统职能管理模式以科层制组织架构为基础，将财务、人力、采购等职能分散于各业务单元独立运作。这种"诸侯分治"的管理方式在数字经济时代暴露出结构性缺陷，如信息孤岛阻碍决策穿透（某企业区域分公司财务数据需层层汇总，耗时长达 15 天）、重复建设导致资源冗余（某央企集团曾出现多套独立 HR 系统并行）等。据咨询机构研究显示，离散式职能管理会造成企业运营成本增加和战略执行效率下降。

　　职能领域通过多维共享、资源整合、统一运营、深度管控、专业共享、高度协同，全面共享公共职能（如财务、人力资源、采购等），实现数据共享、流程优化和成本降低，以及资源的优化配置和规模效应（见图 3-7）。以某央企实践为例：建立集团级共享中心后，会计凭证处理效率提升 400%，错误率从 7.2% 降至 0.5%；标准化采购流程使集采覆盖率从 35% 提升至 82%，年节约成本 9.3 亿元；数字化人力平台通过 AI 简历筛选将招聘周期缩短 60%，并精准识别出 23% 的冗余岗位。数智化技术在此过程中发挥核心支撑作用，技术赋能让职能部门从"成本中心"转型为"价值中枢"。

资源整合、统一运营、深度管控、专业共享、高度协同

| 财务
共享服务 | 人资
共享服务 | 采购
共享服务 | 营销
共享服务 | 物流
共享服务 | 法务
共享服务 | 信息
共享服务 |

产业集团

产业集团

集团总部

权属企业

权属企业

产业集团　　产业集团

权属企业　　权属企业

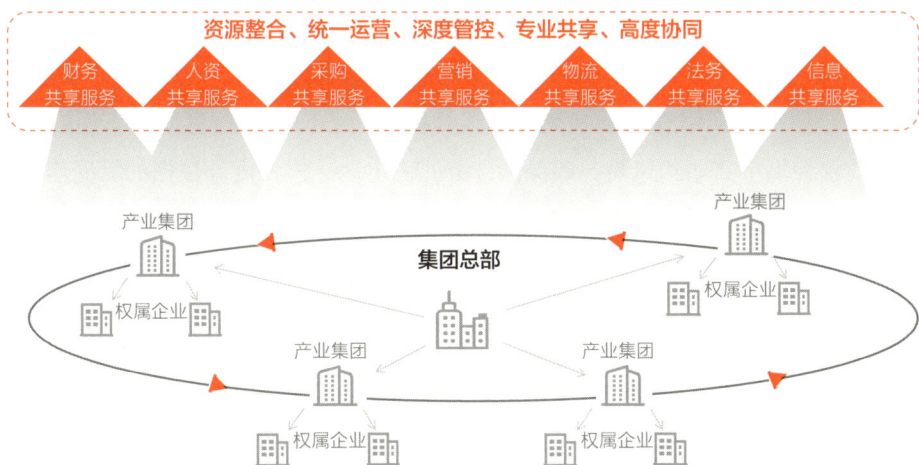

图 3-7　职能领域多维共享，高度协同

职能共享在实施过程中可能面临多种风险。首先，可能面临人力资源风险，如因岗位调整或冗余引发员工抵触情绪，阻碍变革推进。其次，可能面临技术风险，如系统平台建设初期的流程衔接不畅、数据丢失等问题，可能影响共享服务的顺利实施。最后，可能面临流程标准化与个性化需求的冲突，如在统一管理中忽视业务单元的特殊性，降低灵活性。为应对这些风险，企业需科学规划、优化流程设计，并加强员工培训与沟通，确保管理变革的平稳推进和高效运行。

3.4.3　数据穿透，实时风险防控与预警

数据，作为新时代的"石油"，正以其强大的穿透力和连接性，重塑企业的风险防控与预警体系，为企业高质量发展、精益化管理保驾护航。

企业级数据共享是这一变革的基石。在传统管理模式下，企业内各部门之间往往信息孤立、数据分散，难以形成统一的风险防控体系。而通过数据共享，企业能够打破部门壁垒，将人力资源、财务数据、物资库存等信息汇聚于同一平台，实现信息的实时流通与共享。例如，人力资源部门通过共享员工绩效、考勤等数据，与财务部门协同，能够精准识别薪酬异常，防范薪资欺诈风险；同时，物资管理部门也能依据财务预算数据，合理规划采购，避免库存积压或短缺。

内外部数据的连接则进一步拓展了风险防控的边界。借助先进的信息技术，

企业将内部数据与外部市场环境、供应商信用、客户反馈等数据相连接。以财务管理为例，通过与银行、税务等外部机构的数据对接，企业能够实时掌握资金流向，精准识别资金链断裂风险。在物资采购方面，连接供应商信用数据，可提前预警供应商违约风险，确保供应链的稳定性。这种内外数据的无缝连接，使企业能够从更宏观的角度洞察风险，提前布局。

通过对海量数据的深度挖掘与分析，企业能够穿透表面现象，洞察潜在风险。借助大数据分析、人工智能等技术，企业能够构建实时的风险监控模型，一旦发现异常数据，立即发出预警信号。在人力资源管理中，通过对员工行为数据、社交网络数据的穿透分析，可提前发现内部违规行为。在财务管理领域，数据穿透能够识别隐藏在复杂交易背后的财务舞弊风险。在物资管理领域，通过对物流数据、库存周转数据的穿透分析，可优化库存管理，降低损耗。

3.5 工作方式转变

除了业务模式创新和管理方式变革，数智化也改变了企业的工作方式。曾经需要线下操作的业务，如今全部线上完成。过去依赖人工执行的流程，现在更多地由智能化的流程处理。而原本由人主观决策的环节，也逐渐被基于数据分析的决策所取代。可以说，数智化使企业的每一个岗位、每一个员工的工作方式发生了翻天覆地的转变。

3.5.1 实时在线沟通、云端协作

数智时代的协作不再受限于物理空间与工作时间，云端工具与实时通信技术让全球团队实现"零时差"互动。这种转变不仅降低了沟通成本，而且通过数据留痕与知识沉淀，推动了组织能力从个人经验向系统化资产升级。

例如，小米集团自 2020 年启用统一协作平台后，实现了跨部门、跨地域的实时协同。所有文档进行在线协同，无须通过邮件加离线文档工具交换信息。在文档里 @ 同事，对方即可在 IM 中收到通知，快速跟进。信息流转周期随着沟通流程的简化而大大缩短。通过协同平台，还可以很方便地组织内容体系，

确保信息有效沉淀。身为传统企业的双良集团，早在 2017 年，就借助用友友空间打造了集团协同办公的超级入口，多端覆盖，各类消息多端同步，各项业务多端同步处理，聚焦组织协作，打造敏捷团队。同时双良集团的协同办公系统对内深度融合了财务、供应链等核心系统，对外深度连接生态伙伴，成为公司不可替代的管理中枢。

而在发电厂的运维管理中，巡视工作是非常重要的一环。传统的巡视工作往往依赖纸质工单和人工记录，效率低下且容易出错。运维人员通过佩戴 AR 眼镜，可以自动识别设备，通过语音或手势记录巡视结果和发现的问题（见图 3-8）。当设备出现故障或需要进行复杂的维修时，AR 技术可以实现"眼见为实"的远程协作。远程专家可借助 AR 眼镜，将虚拟操作指令叠加在本地工厂的真实设备画面上，指导现场人员完成精密维修。

图 3-8　采用 AR 技术的设备巡视（图片来源于网络）

实时在线沟通、云端协作的本质是打破时空边界的组织协同，实现组织能力的"云端化迁移"。企业通过工具链整合与数据互通，将分散的个体智慧转化为可复用的组织资产，这种转变从新冠疫情常态化时代起已成为企业韧性的核心支撑。

3.5.2　自动化流程替代人工操作

　　流程自动化与智能机器人正在重新定义生产力边界。它们不仅替代了重复性人工操作，更通过数据闭环推动了业务流程重构，使企业从"人力密集型"向"智能驱动型"模式进化。

　　在制造业领域，在特斯拉上海超级工厂中，焊装车间数量密集的机械臂给特斯拉带来高达95%的全自动化生产。总装车间车辆下线的时间被缩短至30多秒。监控软件的应用，将零部件加工精度提升15%，产品不良率下降至0.3%。这种"机器换人"不仅能提升精度，通过分析检测到的生产数据，还能反向优化研发设计。

　　服务业同样经历深刻变革。京东物流的亚洲一号智能仓库部署了智能分拣机器人，结合无人配送系统形成全链路自动化（图3-9）。全自动化的亚洲一号无人仓的单日处理量可达到100万单以上，运营效率是传统仓库的至少3倍以上。一些应用成熟的机器人，比如自动打包机的订单处理速度，是传统仓库的5倍以上。通过自动化分拣技术，京东仓储物流成本持续降低，周转效率不断提升。自动化能力甚至成为京东对外输出的技术服务，帮助第三方企业改造仓储流程。

图 3-9　京东的智能分拣机器人（图片来源于网络）

自动化并非简单的人力替代，而是通过"机器－数据－业务"闭环重构价值链。如前所述，特斯拉自动化生产线实时数据反馈至研发端，京东物流信息流驱动了其供应链的重组，这些实践正推动着企业商业模式的进化。

3.5.3　数据分析驱动决策

数智时代，企业的决策方式也在发生改变。数据智能将企业决策从"主观经验主导"推向"客观事实驱动"。通过挖掘海量数据中的隐藏关联，企业得以预判市场趋势、量化风险收益，实现从粗放管理到精准治理的跨越。

流媒体巨头 Netflix 的爆款制造体系堪称典范。Netflix 利用机器学习和统计建模方法，基于用户行为数据预测潜在观众规模、最佳上线档期及主角人设偏好。例如，在制作《纸牌屋》之前，Netflix 分析了近 3000 万用户的观看数据，包括每天近 3000 万次的播放行为、400 万次的评价和 300 万次的搜索。这种数据驱动模式使 Netflix 的新作品成功率达到 80%，远高于传统电视剧的成功率（30%～40%）。

拼多多构建的"农地云拼"系统，通过分析全国范围内的农业数据，包括地理位置、特色产品和成熟周期等信息，能够将分散的农业产能与分散的农产品需求进行高效匹配，从而提高流通效率和市场响应速度。基于对 10 亿级消费数据的分析，"农地云拼"系统构建了农产品需求预测模型，将农产品滞销率从18% 降至 5%，缩短流通环节 3 层。相关数据显示，云南雪莲果通过定价模型，产地收购价提高 40%，有效解决了农产品销售难的问题。

而在传统行业，泸州老窖通过"五码合一"数字化系统追踪产品流向，精准记录消费者扫码数据，构建真实消费数据库。以"开瓶率决定配额"政策倒逼渠道推动扫码，结合现金红包、限量礼盒等激励培养扫码习惯，形成数据闭环。基于 BI 系统分析用户地域、频次、偏好，划分群体并定向推送权益，实现精准营销。最终通过数据反哺产品迭代、区域配额及活动优化，扫码率达40%，显著提升动销效率与渠道透明度。

基于数据分析驱动的决策，企业能实时感知市场信号、快速推演业务影响并及时制定应对策略，真正实现"用数据说话"的科学决策。

4

企业数智化进阶模型（企业数智化 1-2-3）

本章精彩观点

大型企业推进数智化转型，成为数智企业，有助于达成企业最终发展目标，即更高经营绩效、更强竞争优势、更可持续发展。然而，如何正确、成功地推进企业数智化转型，是众多大型企业面临的关键课题。用友结合众多大型企业客户在数智化转型过程中的经验，提出了**企业数智化进阶模型**，即**企业数智化 1-2-3**。

一般来说，大型企业数智化要跨越三个阶段：**业务在线、数据驱动、智能运营**。每个阶段都是向下一阶段跃迁的基础，具有特定的工作重点。虽然企业在某一时期可能同时开展多个阶段的工作，但必须明确自身所处的发展阶段，并集中资源优先完成该阶段的关键任务。

4.1　企业数智化 1-2-3

企业数智化转型是一个综合、复杂、循序渐进的长期过程。对数智化战略的缺位和理解偏差、对数智化的意义和路径没有精准的判断等问题，往往制约着企业的数智化进程，数智化的价值也难以有效发挥。

为助力更多企业分层级、科学化、体系化地推进数智化转型，用友在服务众多行业内领先企业数智化建设的过程中，总结提炼出企业数智化进阶模型，即"企业数智化 1-2-3"，如图 4-1 所示。处在不同发展阶段、不同行业的企业可以参考此模型，构建数智化能力，发挥数据价值，创新应用，加速数智化进程。

"企业数智化 1-2-3"明确了企业在推进数智化转型的过程中会经历三大阶段。

❑ L1 业务在线：企业通过构建部分底座能力和云化部署，进行网络连接和实时感知，实现业务及管理的线上化。

❑ L2 数据驱动：企业通过全面升级数智底座、推进数据治理，充分发挥数据资源在企业经营管理中的作用和价值，全面推进数据融合应用创新，最终成为"数据驱动"的企业。

❑ L3 智能运营：企业在数据驱动的基础上，基于基座大模型、企业服务大模型和智能化的应用软件等 AI 技术和工具，以及完善的数据治理和知识治理，成为"智能运营"的企业。

根据企业数智化转型在应用创新、新技术运用、数据价值挖掘程度等层面的差异，企业数智化进阶模型从应用、技术、数据、智能和底座五个维度去描述三个阶段的特征。

❑ **应用维度**：企业会经历从 L1 的场景化局部应用，如报账费控、协同云、采购云、MES、招聘云等，到 L2 的主题化融合应用，如业财融合、产销协同、智能制造、人才发展等，最后进阶为 L3 的智慧化灵动应用，如智能审核、智能排产、AI 面试、智能助理等。

❑ **技术维度**：在 L1，企业核心是实现 IT 技术架构的云原生。在 L2，企业要运用新一代数字化、智能化技术，同时要实现信创化、自主安全可控；进阶到 L3 后，企业将熟练掌握 AI 原生技术的运用。

	应用	数据	智能	底座	技术
L3 智能运营（赋智） 业务运营智能化 人机交互自然化 知识与应用生成	智慧化 灵动应用 —智能审核 —智能排产 —AI面试 —智能助理 —数智交互	数据服务：创新 如产品优化 数据管理：量化管理、优化级 数据资源：社会级数据	慧知层 大模型 智能体	GAI增强 智能底座	AI原生
L2 数据驱动（用数） 全面数据服务 统一数据治理 统一数智底座	主题化 融合应用 —业财融合 —产销协同 —智能制造 —人才发展 ……	数据服务：控制、决策 如风险预警、智能定价 数据管理：受管理、稳健级 数据资源：全局数据	认知层 NLP VPA 数智员工 智能搜索 知识图谱 机器学习平台	升级并统一 数智底座	信创化
L1 业务在线（上云） 业务及管理线上化 实时感知即时沟通 云化部署与连接	场景化 局部应用 —报账费控 —协同云 —采购云 —MES —招聘云	数据服务：展现、分析 看板、经营分析 数据管理：初始级 数据资源：分散数据	感知层 RPA OCR 语音识别 图像识别 规则引擎 基础搜索	构建部分 底座能力	云原生

注：数据服务按照用友 [数据服务价值层级模型]；数据管理按照 [数据管理能力成熟度评估模型（DCMM）] GAI-生成式人工智能，NLP-自然语言处理，VPA-虚拟个人助理，RPA-机器人流程自动化，OCR-光学字符识别，MES-制造执行系统

图4-1 企业数智化进阶模型（企业数智化1-2-3）

- ❏ **数据维度：** 企业应用数据服务分为 5 个层级，即展现级、分析级、控制级、决策级和创新级。在模型的三个阶段中，企业的数据管理能力成熟度和数据价值释放程度都是逐步递增的。
- ❏ **智能维度：** 随着企业数智化的进阶，企业对 AI 技术的应用层级也逐步从基于传统 AI 算法的感知层、认知层，进阶到基于企业服务大模型和智能体的慧知层。
- ❏ **底座维度：** 企业所有的业务创新、技术迭代、数据智能应用与服务，都需要依赖底座的不断升级。因此，企业数智化进阶模型也包含企业底座的进阶之路，即从构建部分底座能力，到全面升级数智底座，再到 GAI（生成式人工智能）增强的智能底座。

虽然不同企业所在的行业不同、发展阶段不同，但所有企业的数智化进程都会大致经历这三大阶段，从五个维度不断迭代、发展，最终实现数字化、智能化，成为数智企业。

4.2　业务在线

业务在线是企业数智化的第一个阶段。所谓"业务在线"不是简单地把企业内部流程搬到线上执行，而是将企业所有资源管理、交易过程与经营活动都转移到线上运营。具体来说，企业通过计划、销售、采购、研发、生产、仓储物流、运维服务的一体化运营，能够实现所有资源连接在线、交易流程穿透可视、需求变化实时感知。这样一来，组织高效协同、业务运营敏捷的目标变成现实。

企业"业务在线"目标的落实需要获得三个层面的业务与技术支撑，分别是业务及管理线上化、实时感知与即时沟通、云化部署与连接。

4.2.1　业务及管理线上化

业务及管理线上化的具体内容包括交易过程线上化、资源管理线上化及运营管理线上化，如图 4-2 所示。通过线上化，打通端到端价值链，形成业务流、数据流与决策流的闭环。这不是简单地将线下流程线上化，而是通过重构业务流程、融合智能技术，实现效率跃升与价值创造。

运营管理线上化
• 涵盖企业日常运营的各个环节，包括生产调度、质量控制、成本核算等

资源管理线上化
• 涉及人力、物力、财力等资源的全面数字化管理，实现资源调配最优化

交易过程线上化
• 包括客户报价、合同签订、订单履行以及售后服务等业务流程

图 4-2　业务及管理线上化能力

1. 交易过程线上化

企业的生存与发展都要围绕交易活动展开，交易过程包括客户报价、合同签订、订单履行以及售后服务等业务流程，是企业的核心业务流程，需要被重点线上化重构。以订单履约流程为例，企业需打通商机识别、合同管理、生产排期、物流跟踪、发票处理等 30 多个节点，保证每个业务动作都能转化为可追溯、可优化的数字记录，从而让企业能够基于这些数据，持续改进业务。在线上化过程中，要融合数智技术，实时监控交易状态，优化资源配置，提升交易效率，降低交易成本，确保交易透明化，增强客户信任。

例如，某太阳能发电企业通过线上销售平台，实时监控光伏组件销售订单状态，跟踪发货进度，实时调配库存，快速响应客户需求。通过线上化管理，该企业不仅提升了交易效率，还降低了运维成本。它自主研发的智能控制器为客户提供了精准的在线发电数据，并与电站运维服务商的清扫机器人、巡检机器人协同作业，实现了最大 9% 的发电量增益，进一步巩固了其在国内外市场的竞争优势。

2. 资源管理线上化

这涉及人力、物力、财力等资源的全面数字化管理，实现资源调配最优化。在人力资源领域，企业可构建覆盖"选、用、育、留"全生命周期的管理体系：从智能招聘（AI 简历筛选、在线测评）到员工极速入职体验，从线上绩效追踪到培训资源按需推送，彻底打破人事数据孤岛，提升人效。在财务管理领域，将"预算""资金""核算"等业务一体化、智能化管理。例如基于业务战略将年度预算目标自动拆解至部门，通过智能算法动态分配资金额度；借助银企直连和电子票据技术，实现从供应商对账、发票验真到自动化支付的全程线上流转；依托司库系统实时归集全球账户资金，利用大数据预测未来 3 个月的现金流缺口并提前调度融资，降低资金使用成本等。另外，企业可通过线上平台实时监控资源使用情况，精准预测需求变化，避免资源闲置或短缺，提升资源利用率。例如，某制造企业通过线上资源管理系统，实时追踪原材料库存，精准预测生产需求，优化采购计划，减少库存积压，提高资金周转率。资源管理线上化依托数智化平台，实现人力、财力、物力等资源的全流程穿透式管理，不仅提升了资源利用率，还增强了企业应对市场变化的能力，实现了可持续发展。

3. 运营管理线上化

这涵盖企业日常运营的各个环节，包括生产调度、质量控制、成本核算等。通过线上平台，企业可实时监控运营状态，及时发现并解决问题，优化运营流程，提升运营效率。例如通过物联网设备，实时采集生产线上的数据，并借助 AI 算法预测设备故障，提前做好维护工作；基于机器学习技术，动态优化仓储路径等。某物流公司通过线上运营管理系统，实时追踪货物配送进度，精准调度车辆，优化运输路线，降低运输成本。系统还能实时监控车辆状态，预防故障，确保运输安全。运营管理线上化不仅提升了运营效率，还提高了客户满意度，巩固了市场地位。

综上，业务管理及线上化能力通过数字主线串起企业的端到端流程，让每个决策都有数据可依，每个流程都有智能加持，帮助企业在不确定的商业环境中，用确定性的数字化能力构筑竞争壁垒。

4.2.2　实时感知与即时沟通

大型企业要充分利用 IoT 等数字化技术与设备，包括智能设备、智能仓储、智能制造、智能物流等，进行业务在线系统与智能化设备的数据互联。这种互联不仅能让企业通过实时感知生产、库存、物流等各个环节的数据变化，还能借助数据分析与实时通信技术，让信息在企业内外部的流动更加迅速、通畅，形成企业的实时感知与即时沟通能力，如图 4-3 所示，将业务及管理线上化服务水平提升到新的高度。

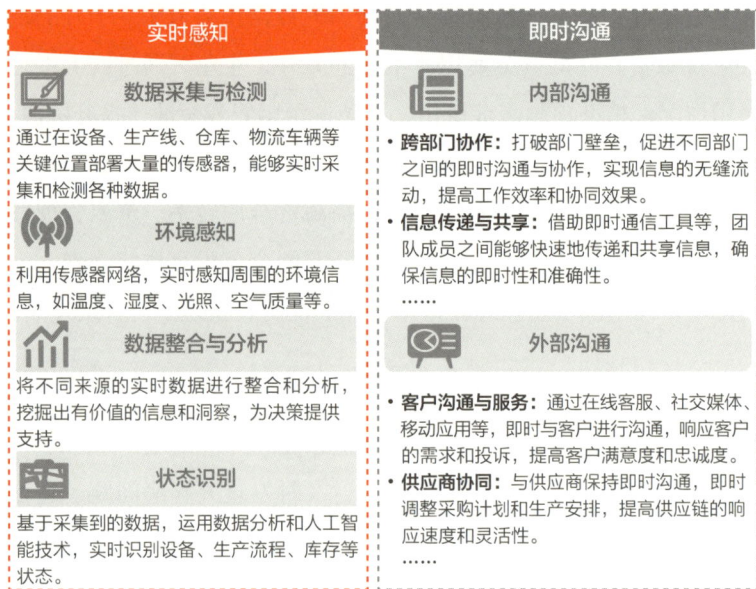

图 4-3 实时感知与即时沟通能力

例如，某电商平台通过智能仓储系统实时感知库存变化，结合即时通信工具，快速响应订单需求，优化配送路线，提升客户体验。系统还能实时监测仓储物流设备状态，预防故障，确保运营稳定，提升整体运营效率。通过智能化设备的互联互通，企业能够实时感知各个环节的数据变化，精准决策，快速响应，进一步优化资源配置，降低运营成本，增强市场竞争力。

再如，宁德时代作为全球领先的动力电池研发制造公司，通过数字化转型，实现了从"制造"到"智造"的跨越。宁德时代建立了庞大的物联网终端设备体系，打造了物联网神经末梢，实现了对生产信息全面的采集和识别。通过物联网技术，宁德时代实现了生产全过程的可控，并对产品生命周期进行了全流程追溯，从而提升了生产效率，降低了制造成本。

实时感知与即时沟通能力的建立，本质上是企业运用物联网等技术，将物理世界与数字世界连接起来。企业通过技术手段重构了与客户、供应链、产品、员工等实体之间的交互模式，同时，海量实时感知数据沉淀，为企业敏捷运营和精益管理提供了有力的数据保障。

4.2.3　云化部署与连接

在系统部署层面，业务在线阶段还有一个重要基础性工作，即云化部署。简单来说，云化部署就是把企业的计算、存储、网络等 IT 资源和应用程序，从传统的本地环境迁移到云计算环境中。在数智时代，企业无论大小，都得在算力成本和效益之间找到平衡，特别是那些跨地域经营的企业，比如有多个分支机构和大量客户的企业。云化部署能帮这些企业集中管理资源，高效分配，降低运维成本，同时提升数据安全性。

例如，某乳品生产与销售企业通过云化部署，将全国各地门店的销售数据实时汇总至云端，精准分析市场需求，优化供应链管理，从而实现产品的快速迭代，满足消费者的多样化需求。云化部署还提升了数据安全性，确保了各门店数据的实时同步，避免了数据孤岛问题，进一步提升了企业的市场响应速度和决策效率。通过集中管理和高效分配资源，企业有效降低了库存成本，提升了整体运营效能。

当然，云化部署并不是将所有的应用系统都在云端运行，企业可以根据业务需求灵活选择。关键业务系统可保留本地运行，确保数据安全和业务连续性，同时将非核心业务迁移至云端，实现成本优化与效率提升。这种混合部署模式既保障了数据安全，又充分利用了云计算的弹性优势，为企业提供了灵活、高效、安全的 IT 架构解决方案。

例如，某大型零售企业将库存管理系统迁移至云端，实时监控各地库存情况，精准预测市场需求，优化补货策略，减少库存积压，提升资金周转率。同时，保留核心财务系统在本地运行，确保数据安全，实现混合部署的最佳效益。通过这种灵活的部署策略，企业不仅能有效应对市场变化，还能在保障数据安全的前提下，最大化利用云计算的便捷性和经济性，进一步巩固其在竞争激烈的市场中的领先地位。

云化部署与连接能力可以帮助企业实现数据的随时随地访问和即时查询，确保信息实时同步，拓展管理幅度和范围，提升工作流程效率和质量；也可以帮助企业灵活应对管理需求，如企业重组、并购或市场变化，确保业务连续性和高效性；此外，云端协同工具还能打破信息壁垒，提升团队协作效率，确保项目进度同步，减少沟通成本，增强企业整体执行力。

4.3 数据驱动

发挥业务在线阶段沉淀的企业数据价值，是数据驱动阶段的目标。在数据驱动阶段，企业应该在统一数智底座和全局数据治理之上构建企业的全面数据服务。数据服务如同企业运营的智慧引擎，为企业在复杂多变的市场环境中指引方向、保驾护航。它主要涵盖了 5 个层级和 2 种形态，深入理解这些层级和形态，对于企业充分挖掘数据价值、提升竞争力至关重要。

4.3.1 全面数据服务的 5 个层级

宝塔模型（数据服务价值层级模型），如图 4-4 所示，描述了企业数据服务的 5 个层级。层级越高，数据要素释放的价值越大。

5 创新级 如：产品创新

4 决策级 如：智能定价

3 控制级 如：风险预警

2 分析级 如：经营分析

1 展现级 如：报表报告

图 4-4 宝塔模型

1. 展现级：企业运营的直观窗口

展现级作为企业数据服务的第一级，承担着将企业各经营统计数据进行计算和呈现的重任。它就像是企业运营的一面镜子，直观地反映出企业的经营状态。这一层级的主要成果表现为常规统计报表，例如每日的销售报表、每月的财务报表等。这些报表以清晰、简洁的格式将企业运营过程中的关键数据进行汇总和展示。

以某零售企业为例，该企业每天的销售报表会详细列出各个门店的销售额、销售量、客单价等数据。通过这些数据，企业管理层可以快速了解当天的整体销售情况，如哪个门店表现出色，哪个门店需要关注。展现级数据服务为企业提供了最基础的信息支持，让企业对自身的运营现状有一个直观的认识，为后续的分析和决策提供了数据基础。

2. 分析级：洞察业务问题的关键

当企业拥有了展现级的数据后，就需要进一步深入挖掘，这时候分析级数据服务就发挥了重要作用。分析级的核心任务是透过数据及它们之间的关联关系，找到潜藏在业务背后的问题。此层级倾向于采用多维数据关联分析，如结合产供销（所谓宽表）的联合数据分析。企业多视角经营分析报告是这一层级的典型成果。

例如，某制造企业通过分析级数据服务发现某产品线的生产成本在过去几个月持续上升。通过对原材料采购数据、生产流程数据以及人力成本数据等多维度数据的关联分析，企业发现是由于原材料供应商价格调整以及生产线上部分设备老化导致生产效率降低，从而增加了生产成本。分析级数据服务帮助企业从纷繁复杂的数据中抽丝剥茧，找出问题的根源，为企业解决问题提供了方向。

3. 控制级：反哺业务执行的利器

在分析级找出业务问题后，控制级数据服务就开始发挥作用了。它通过对问题的洞察，将数据转化为实际的业务行动，反哺业务执行。这一层级可能广泛使用智能体和融合相应的 RPA 技术，也是数据驱动类应用的显性表现。对风险的识别和控制是控制级数据服务的重要应用场景。

以某家为制造业提供零部件的企业为例，该企业利用大数据分析技术对供应链数据进行实时监测。当发现某关键原材料供应商的交货周期突然延长且库存水平已接近警戒线时，系统会自动触发风险预警。该企业基于预警信息，迅速与备用供应商沟通，增加紧急采购订单，同时调整生产计划，优先保障对交付期要求最紧迫的客户订单，有效避免了因原材料短缺导致的生产停滞和交付延迟风险，保障了业务的稳定运行。

4. 决策级：辅助业务决策的智囊团

决策级数据服务基于企业长期的实践经验，将其沉淀为知识库和知识图谱，从而辅助企业进行业务决策。把数据转化成知识，再服务于业务，是这一层级的典型特征。智能定价数据服务就是决策级数据服务的一个典型例子。

以某工业设备租赁企业为例，它通过建立智能定价模型，综合考虑设备采购成本、维护成本、市场租赁需求、竞争对手定价策略以及不同行业客户的租赁周期等多方面因素，为不同类型的工业设备制定最优租赁价格。当某一行业处于旺季，对设备需求旺盛时，适当提高租赁价格；当竞争对手推出优惠活动时，及时调整价格，推出针对性的套餐服务，在保证利润的同时，提高市场竞争力，帮助企业在 B2B 租赁市场中做出更明智的定价决策。

5. 创新级：引领企业发展的新动力

创新级是企业数据服务的最高层级，它致力于对企业海量数据进行深度挖掘，甚至可能结合社会化数据，从而实现创新级的数据应用。创新级应用往往是模式性的、体系性的，不止是解决某一单一场景问题，而是基于复杂场景和融合数据下的智慧型创新。产品创新是创新级数据服务的重要体现。

例如，某家专注于工业物流服务的企业长期积累了大量的货物运输路线、运输时间、货物类型、运输成本等数据。通过对这些数据的深度分析，并结合物流行业的新技术趋势，如物联网设备的应用以及新能源运输工具的发展，发现客户对于高效、低碳且可实时监控的物流解决方案的需求日益增长。基于此，该企业创新推出了一套融合物联网追踪设备、优化运输路线算法以及新能源车辆调配的综合物流服务方案。这一方案不仅提高了货物运输效率，降低了运输成本，还满足了客户对环保和实时信息掌握的需求，让企业在 B2B 物流服务市场中脱颖而出，为企业开拓了新的业务增长空间。

4.3.2　全面数据服务的 2 种形态

1. 数据应用服务（DSaaS）：个性化的数据解决方案

数据应用服务（DSaaS）就像是一个为企业量身定制的数据工厂，它向用户提供基于用户数据的整理、加工、建模、展现等多场景的应用服务。

以一个为电子制造企业提供供应链管理服务的 B2B 平台为例，DSaaS 平台对电子制造企业的原材料采购数据、生产排程数据、库存数据以及销售订单数据进行全面整理。通过构建专门的供应链分析模型，深入挖掘数据背后的关联。例如，分析出不同原材料供应商在不同时间段的供货稳定性与价格波动关系，以及生产排程与订单交付周期之间的优化点。基于这些分析结果，为企业提供可视化的供应链风险预警图表，以及针对不同订单的最优生产排程建议。企业能够根据这些精准的分析结果，及时调整采购策略，优化生产流程，提高供应链的整体效率和稳定性，有效降低运营成本，增强它在 B2B 电子制造供应链市场中的竞争力。

2. 数据即服务（DaaS）：丰富的数据资源宝库

数据即服务（DaaS）则侧重于向用户提供数据本身的服务。这些数据涵盖了通用型的如工商、司法、舆情等公共数据，专业型的如行业、产业、区域等统计、对标类数据，以及高阶型的合同条款、合规规则、品类资源等知识库数据。

例如，某家专注于为中小制造企业提供供应链优化服务的企业在为客户制定供应链策略时，通过 DaaS 平台获取某区域内同行业内企业的原材料采购价格波动数据、物流配送时效统计数据以及生产周期对标数据等。利用这些数据，该企业能够为客户精准分析供应链环节中的成本控制点和效率提升空间，制定更具针对性的供应链优化方案，帮助客户降低采购成本、缩短生产周期，提升其在 B2B 市场中的整体竞争力。

企业数据服务的 5 个层级和 2 种形态，共同构建了一个完整的数据服务生态系统。从展现级的基础数据呈现、分析级的问题洞察、控制级的业务反哺、决策级的辅助决策，到创新级的引领发展，5 个层级层层递进，逐步挖掘数据的深度价值。而 DSaaS 和 DaaS 这 2 种形态，则从不同角度为企业提供了数据处理和获取的方式，满足了企业多样化的数据需求。尤其在 AI 普及时代，外部成熟知识库的加持，将显著推动 AI 在企业业务场景中的落地。

在未来的发展中，随着大数据技术、人工智能技术等不断进步，企业数据服务将不断演进和完善。企业只有充分认识到数据服务的重要性，合理运用数据服务的层级和形态，挖掘数据背后的巨大价值，提升企业的核心竞争力，才能在数字化浪潮中乘风破浪，实现可持续发展。

4.4　智能运营

企业全面实现业务在线和数据驱动后，智能运营成为必然进阶方向。在智能运营阶段，企业的重点工作聚焦在感知、认知和慧知 3 个层级，全面运用 AI 技术，尤其是以大语言模型为代表的生成式人工智能技术，从而实现智能化业务运营、自然化人机交互、智慧化知识生成和语义式应用生成。

4.4.1　AI 技术发展的 3 个层级

当前，全球数智化转型浪潮汹涌，以大语言模型、AI 智能体为代表的 AI 技术已融入企业服务的方方面面，撬动新一轮生产力革命。人工智能（AI）技术自诞生以来，经历了从感知级到认知级再到慧知级的逐步进化，如图 4-5 所示。这一发展历程不仅反映了技术的不断突破，也体现了 AI 在理解和适应世界方面质的飞跃。从最初的简单感知，到如今能够进行复杂认知和决策，AI 正逐渐成为推动社会进步和变革的重要力量。

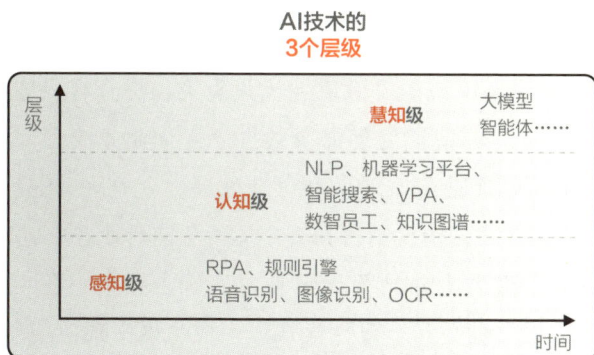

图 4-5　AI 技术的 3 个层级

　　感知级 AI 是人工智能发展的初级阶段，主要赋予机器类似人类的"感官"能力，使其能够接收并理解外部信息。这一阶段的技术突破主要是对环境进行感知和识别。它能够通过传感器（比如摄像头、麦克风等）来获取数据，识别图像中的物体、语音中的文字等简单任务，例如智能语音助手识别语音指令、安防系统中的人脸识别系统等，重点在于数据的获取和初步处理。在企业财务系统中，OCR 可以自动识别和提取发票信息，减少手动输入错误，提高财务处理的准确性。

　　认知级 AI 是人工智能发展的中级阶段，它在感知物理世界的基础上更进一步，赋予机器理解和推理的能力。这一阶段的 AI 不仅能接收和识别外部信息，还能对这些数据进行深入分析和处理，从而做出更加智能和合理的决策。认知级 AI 的核心技术包括自然语言处理（NLP）、知识图谱和强化学习等，这些技术使 AI 能够从数据中提炼意义，根据情境调整行为，处理复杂任务。比如市场部门使用的智能客服系统，不仅能识别用户的问题（感知），还能根据知识规则推理出合适的回答，帮助企业了解市场需求，优化产品和服务。

　　慧知级 AI 是人工智能发展的高级阶段，这一阶段的 AI 不仅具备感知和认知能力，还能进行自主决策、创新和自我优化。慧知级 AI 的核心技术包括大模型、智能体、多模态交互和具身智能等，这些技术使 AI 能够在复杂环境中自主学习和适应，提供更加智能和人性化的服务。比如企业服务大模型 YonGPT 的使用，帮助企业生成高质量的文档和报告，减少人工编写的工作量。

4.4.2　AI 在企业应用的 4 类方向

企业级 AI 应用主要围绕提升效率、优化决策和提升客户体验展开。通过自动化和智能化手段，AI 能够处理海量数据、优化业务流程，并提供精准的洞察和预测，从而推动企业降本增效和创新发展。企业级 AI 应用呈现出明显的"前台优先"趋势。在营销、销售和客户运营等前台业务中，AI 技术的落地应用成为核心场景，潜力十分显著。AI 技术实现主要集中在 4 类方向：智能化业务运营、自然化人机交互、智慧化知识生成、语义式应用生成，如图 4-6 所示。

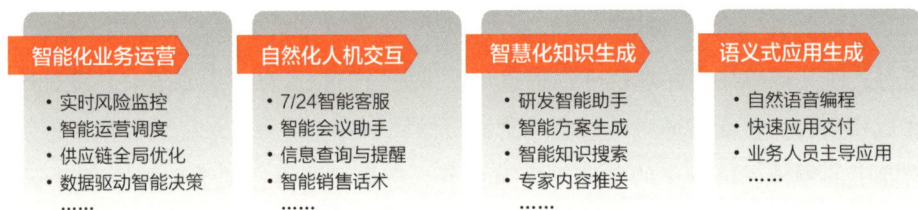

智能化业务运营	自然化人机交互	智慧化知识生成	语义式应用生成
• 实时风险监控 • 智能运营调度 • 供应链全局优化 • 数据驱动智能决策 ……	• 7/24 智能客服 • 智能会议助手 • 信息查询与提醒 • 智能销售话术 ……	• 研发智能助手 • 智能方案生成 • 智能知识搜索 • 专家内容推送 ……	• 自然语音编程 • 快速应用交付 • 业务人员主导应用 ……

图 4-6　AI 在企业应用的 4 类方向

1. 智能化业务运营：构建企业数字神经中枢

随着 AI 技术与业务场景的深度融合，企业正以智能化业务运营为核心构建"数字神经中枢"，通过数据驱动的实时感知、智能决策与动态执行，重塑传统业务逻辑。这一中枢系统依托 AI 大模型、物联网与云计算技术，将分散的业务节点（如供应链、库存、客户交互等）串联为有机整体，实现全链路数据互通与协同优化。

例如，在零售业，AI 驱动的智能补货系统可实时分析销售数据、天气情况及物流状态，动态调整库存策略，将缺货率降低 25% 以上；在制造业，工业 AI 质检平台通过视觉识别与异常检测算法，使良品率提升 18%，同时减少 30% 的人工巡检成本。通过构建"数字神经中枢"，企业不仅实现了运营效率的指数级跃升，更将业务响应速度从"天级"压缩至"分钟级"，为敏捷创新与市场竞争构筑核心壁垒。

2. 自然化人机交互：重塑企业服务界面

自然化人机交互的实现依赖于大模型技术的突破。以用友 YonGPT 为代表的企业服务大模型，通过深度学习行业知识与业务场景，构建了覆盖财务、人力、供应链等领域的专业能力。例如，在财务管理中，用户可通过自然语言查询实时生成财务报表，并基于语义理解自动定位经营问题。智能客服系统则通过语音识别与情绪分析，实现"对话即服务"的全渠道接入，客户可直接用口语化表达需求，系统会自动生成精准响应。

自然化人机交互不仅简化了操作流程，更推动企业服务从"功能导向"转向"体验导向"。例如，用友的"数智员工"通过 RPA 与 AI 结合，可自动完成财务对账、招聘筛选等重复性工作，使财务月结效率提升 58%，招聘周期缩短30%。在营销领域，AI 助手能根据用户对话内容动态生成个性化推广方案，实现"千人千面"的精准触达。

未来，随着多智能体协作与开源生态的发展，企业服务界面将向"超级智能体"演进，融合语音、视觉、动作等多模态交互，最终实现"无界服务"的终极形态。

3. 智慧化知识生成：打造企业认知引擎

企业知识管理正从传统静态存储向动态智能生成演进。通过构建"企业认知引擎"，企业能够将分散的知识资源转化为可感知、可推理的智慧资产，为战略决策、业务创新提供核心驱动力。企业知识引擎以大模型为核心，结合知识图谱、语义搜索等技术，实现知识的全生命周期管理。如智能交互问答支持自然语言提问，通过深度学习与逻辑推理生成高质量答案，并提供知识溯源功能以确保可信性；自动解析 PDF、Word、网页等多种格式文件，构建结构化知识库，并通过向量数据库实现语义关联。

在企业数据爆炸式增长的背景下，AI 驱动的知识生成技术正成为企业的"认知中枢"。依托大模型、知识图谱与 NLP 技术，企业能够将分散的结构化 /非结构化数据（如合同、会议记录、行业报告）转化为可检索、可推理的动态知识库，实现从"数据沉淀"到"智慧涌现"的跨越。以某公开知识库为例，它通过多模态大模型自动解析客户历史交互数据，生成个性化营销策略建议，使业务人员方案产出效率提升 60%；某大型工程机械企业通过构建工业知识图谱，将多年积累的故障案例转化为智能诊断规则，使设备维修决策速度提升 92%。随着 RAG（检索增强生成）、AI Agent 协作等技术的成熟，企业知识引擎将具备自主迭代能力，形成"数据喂养—知识生成—决策验证"的闭环，真正实现"以智治数"的认知革命。

4. 语义式应用生成：重构软件开发范式

在人工智能与语义技术的双重驱动下，软件开发范式正经历从"代码驱动"到"语义驱动"的深刻变革。语义式应用生成通过语义建模、知识融合与自动化代码生成，显著降低了开发门槛，提升了开发效率。例如，AI 大模型能够将自然语言描述直接转化为代码，开发者只需输入业务需求，模型即可生成完整的应用程序，包括用户界面、业务逻辑和数据存储。这种开发方式不仅减少了手动编码的工作量，还通过自动化测试和优化提升了软件质量。

此外，语义式应用生成推动了软件系统向智能化、自适应化演进。AI 工具可以根据上下文预测代码需求、自动生成测试用例，并优化代码性能。例如，DeepSeek 模型在代码生成的准确性和可执行性方面表现出色，其 R1-0528 版本在代码生成方面的性能已经接近 OpenAI 在 2025 年 4 月中旬发布的 o4-mini 和 o3 模型高版本。这种智能化的开发方式不仅提高了开发效率，还为企业带来了更高的灵活性和创新能力。

随着 AI 技术的不断发展，软件开发将进一步向语义驱动的方向演进，开发者将更专注于高层次的设计和创新，而将重复性任务交给 AI 工具完成。

5

数智化时期的关键基础工作

本章精彩观点

企业信息化的关键工作是流程梳理，而企业数智化的关键工作是数据治理和模型运用。企业要建立数据治理组织和长效机制，开展数据治理咨询并形成方案，选择合适的数据治理平台来实现数据治理。在夯实数据治理基础后，企业要进一步融合多种 AI 技术，连接合适的基座大模型和企业服务大模型，将其全面嵌入企业核心业务场景。

5.1 企业数智化的关键基础工作

如果说流程梳理是企业信息化的关键基础工作，数据治理与模型运用则是企业数智化的两大关键基础工作，如图 5-1 所示。

图 5-1 企业数智化的关键基础工作

1）流程梳理：端到端流程梳理整合企业全价值链，融合数智技术以实现流程智能化，并建立持续优化及运营体系。

2）数据治理：数据标准化、数据资产化，建立组织框架、制度等管理机制以确保数据质量、安全、合规及有效利用。

3）模型运用：接入 / 部署大模型，构建智能体，将 AI 技术融入企业业务场景。

在数智化时期，企业需要构建全面的数据治理体系，实现多源异构数据的统一治理。在数据治理过程中，大型企业应特别关注数据标准和数据质量，打造坚实的数据资产，进而释放数据要素的潜在价值。随着 AI 技术的普及，AI 将逐渐渗透到企业运营的每一个环节。大型企业必须积极打造企业 AI，推动应用软件架构的创新，将 AI 嵌入核心业务场景，实现实时智能运营，重塑企业的运营模式和竞争力，从而充分释放企业的潜能。

5.2 流程梳理

企业数智化转型是一场涉及企业全方位的深刻变革。其中，流程梳理是转型过程中的必要环节。在数智时代，流程梳理依旧要坚持从实际问题出发，以创造价值为导向。通过分析和优化流程，企业能够精准识别出阻碍业务发展的瓶颈，进而对组织架构与系统能力进行重构，建立一套成熟的流程管理运营机制，实现业务的持续优化与高效运营。

对于企业而言，流程梳理是一项永无止境的工作。企业需要借助科学的方法论，搭建起一套完整的闭环管理体系，如图 5-2 所示。这套体系从目标设定开始，依次经过流程盘点、数据采集、流程还原、瓶颈识别、根因分析、优化改进、流程监控等环节，最终又回到目标设定，形成一个完整的闭环。

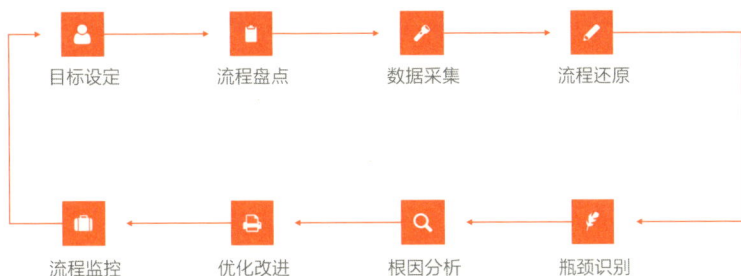

图 5-2　流程梳理闭环管理

在数智化转型的大背景下，端到端流程梳理依然是构建智能运营体系的基石。随着技术与管理理念的革新，流程梳理工作也被赋予了新的内涵。在流程分析环节，企业可借助流程智能化工具，对业务流程的执行过程展开数据采集、监控与分析，从而精准定位效率低下的环节。而在流程优化阶段，企业则要充分利用社交化工具，以用户中心思维简化冗余节点，提高执行效率，同时实现流程的透明化与协同化。

5.2.1　端到端流程管理，整合价值链

在信息时代，端到端流程管理便已成为与企业 IT 系统建设不可分割的重要工作，它打通了企业内部各环节，优化了流程，提升了运营效率。步入数智时代后，这一管理理念非但没有过时，反而成为企业开展数智化转型的重要基础。数智化浪潮带来海量数据与复杂业务场景，端到端流程管理能够梳理各环节关系，确保数据在流程中顺畅流动，同时为企业借助 AI 人工智能实现深度转型筑牢根基。

1. 端到端流程梳理

端到端流程梳理是一种以客户需求为导向、以业务全链条闭环为核心的管理方法，旨在打破部门壁垒，实现跨职能、跨系统的流程整合与优化。它以"端"（流程起点与终点）为边界，覆盖从需求产生到价值交付的完整业务链路（如从客户下单到产品交付及售后的全流程），关注流程的连贯性、效率与用户体验，而非孤立优化某一环节。

流程梳理通常采用层级化拆解方式，以清晰界定不同颗粒度的流程结构，典型分为1～5级流程，如图5-3所示。

- 1级流程（价值链级）：定义企业核心业务模式，聚焦端到端全链条。
- 2级流程（领域级）：将1级流程拆解为多个细分领域模块，明确跨部门协作边界。
- 3级流程（子流程级）：聚焦单一领域的具体业务流，细化至部门内跨岗位协作。
- 4级流程（活动级）：拆解至具体操作步骤，明确岗位责任与执行标准（SOP）。
- 5级流程（任务级）：最小颗粒度的操作细节，可关联系统字段或工具。

需要注意的是，不论是企业自行梳理还是引入咨询公司，一般梳理到3级流程。4～5级流程已经到了落地层面，要梳理这一层级的流程，企业必须与具体的系统实施过程相结合。

2. 端到端流程的数字化

端到端流程管理是夯实数智化系统的根基。在数智时代，企业的数智化系统必须全面覆盖企业的各个业务流程与应用场景。从LTC（从线索到收款）这一主价值链，到IPD（集成产品开发）、ISC（集成供应链）等关键支撑体系，各个环节之间要实现无缝对接。端到端流程管理提供了清晰的业务流程框架。数智化系统依据流程框架进行数据交互与功能协同，确保数据的一致性与准确性。例如，在销售订单生成后，相关数据能依照端到端流程，顺畅地流转至生产、采购、物流等系统，驱动各环节有序运作，避免因流程混乱导致的系统冲突与数据错误。

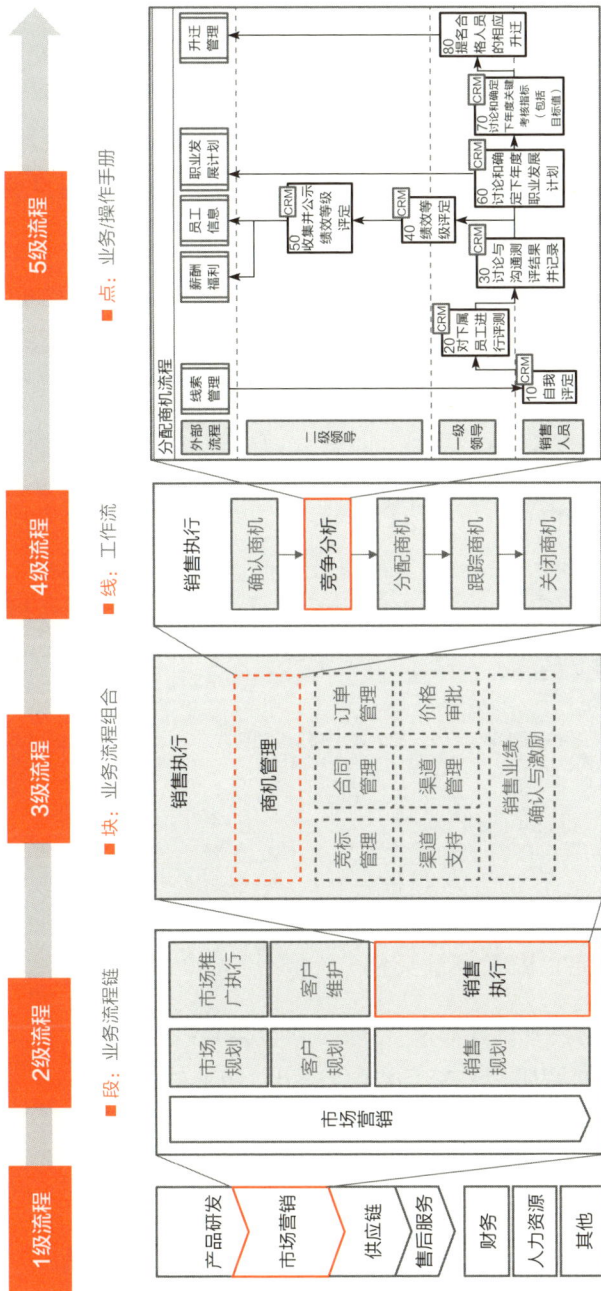

图 5-3　1～5 级流程示例

基于企业端到端价值链，当前主流的企业服务软件可以快速帮助企业落地。如用友 BIP 融合场景地图（图 5-4）所示，作为"流程服务 + 数据服务 + 智能服务"原生一体化的企业应用，用友 BIP 既能快速配置 L2C、S2P 等标准流程，也能通过低代码平台，定制符合行业特性的应用场景，更能依托预置的 AI 能力组件，实现智能化的快速部署与应用。企业可以充分发挥一体化系统的原生端到端价值链融合优势，提升企业整体数智化运营水平。

用友BIP端到端融合场景地图

战略
SPE从战略到执行　战略计划、全面预算、执行、分析

运营
L2C从线索到收款
营销/销售、出库/运输、开票、收款

S2P从采购到付款
寻源、订单、协同、付款/核算

P2M从计划到成本
计划、任务、领料、入库、成本核算

P2C从项目到成本
项目立项、执行、收尾分析、项目成本

EAM从资产规划到退役　资产实物、资产运营、全员资产、维修维护、资产核算

支持
R2R从核算到报告
税票、核算、报告与合并、会计档案

TES从商旅费控到共享
商旅出行、预算控制、共享作业、财资结算

TRM资金流动性到投融资
资金计划、资金结算、投融资、资金风险

HRM人力资源全周期管理
组织人事、绩效、人才发展、薪酬

EOC企业数智化协同办公
企业门户、社交沟通、办公审批、团队协作

CLM合同全生命周期管理
合同起草、合同审核、合同签署、合同履约

DM数字化建模与低代码　组织、权限、流程、主数据、应用开发……

图 5-4　用友 BIP 融合场景地图

5.2.2　流程智能、极简与社交化

传统的流程管理强调标准化与效率，而在数智时代，流程管理呈现出智能、极简与社交化的新特征。这些变化不仅提升了企业的运营效率，还重塑了组织协作方式。

1. 从基于规则的自动化向智能化演进

传统的 RPA（机器人流程自动化）仅能执行基于明确规则的重复性任务（如数据录入、表格填写），随着机器学习、自然语言处理和计算机视觉等技术

的深入应用，企业可以在流程中实现对非结构化数据的理解和复杂场景的自主决策。例如，自动解析客户邮件中的投诉内容，提取关键信息（如订单号、问题类型），并触发相应的售后流程，不需要人工分类。再如，在供应链管理中，实时分析天气、交通、供应商产能等多维数据，自动调整采购计划或物流路线等。

知识图谱技术将企业内的流程规则、政策文档、历史案例等结构化，形成可推理的语义网络。借助知识图谱，企业可以实现在流程执行中的智能决策辅助。例如，员工可通过自然语言查询流程规则（如"海外出差报销标准"），系统会自动返回最新政策及关联流程。再如，法务合同审查流程可自动关联历史相似条款，提示风险点等。

随着物联网（IoT）的普及，部分流程决策还下沉至边缘设备，实现实时响应。例如，在智能制造场景中，AGV 小车根据实时订单数据自主调整运输路径，不需要中央系统调度。在零售场景中，智能货架通过摄像头识别缺货商品，直接触发补货流程，同时调整促销策略，做到了即时决策。

2. 流程极简，回归本质的用户体验

在信息过载的时代，"少即是多"正在成为企业流程管理的新哲学。流程极简不是简单的删减步骤，而是借助新技术，深度重构流程，打造"无感化"的用户体验变革。

用户体验的变革首先体现在交互体验上，采用更智能、更自然的方式对流程体验进行重塑。像用友 BIP 这样的平台已经实现了自然语言交互，如图 5-5 所示，员工不用再记忆复杂的系统操作，只需像聊天一样描述需求，系统就能自动匹配相应流程。例如，用户语音输入"需要到上海出差 3 天"，系统会自动生成完整的差旅申请单。另外，流程的启动可融入日常工作场景，例如销售人员在 CRM 中标记客户成交后，系统会自动弹出合同审批流程。很多企业将分散的流程入口整合为统一工作台，如很多大型企业建设的"员工服务大厅"将分散的上百个流程整合为不同的主题场景，大大提升了流程使用率。

传统多级审批模式也正在被智能审批彻底颠覆。领先企业普遍采用 AI 预审机制，让系统自动完成 90% 的合规性检查，例如用友 BIP 打造的流程合规官

数智员工可以代替人工完成大量的单据合规检查，甚至一些高标准化的流程可以做到全程系统自动审批，不需要人工审批。

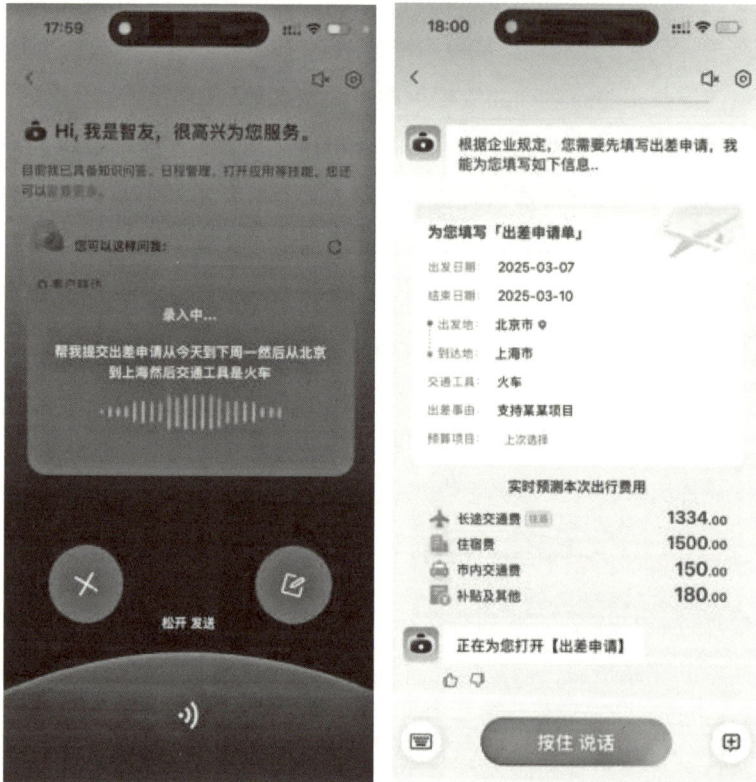

图 5-5 自然语言交互的流程体验

后台服务的隐形化是另一个重要突破，很多领先企业正在将复杂流程封装为"即用型"服务。例如用友 BIP 的商旅云通过 OCR 自动识别发票，自动生成报销单，提升了员工报销体验。再如一些保险公司做到了让客户仅拍照就能完成理赔，实现用户对流程中复杂的填报、解析、审查等环节完全"无感"，通过技术化繁为简，让流程回归到以用户为中心的本质。

3. 流程社交化：流程和协作网络的融合

在数字化工作场景中，流程社交化首先体现在即时通信与流程管理的深度融合上。以友空间、飞书和钉钉为代表的协作平台将审批、任务分配等流程自然地嵌入日常对话场景。比如，市场团队在群聊中讨论活动方案时，可以直接 @ 相关成员发起审批流程，系统会自动生成任务卡片并同步更新进度。这种"流程即对话"的模式让原本割裂的沟通与执行实现了无缝衔接。

5.2.3　流程持续运营与优化依然重要

业务流程的运营与优化依然是当今企业提升竞争力的关键所在。虽然人工智能、大数据等新技术层出不穷，但如果没有科学合理的流程管理作为支撑，这些技术往往难以发挥预期效果。

1. 流程运营与优化是技术落地的关键保障

许多企业在数智化建设时常常陷入误区，认为只要部署先进技术就能自动提升效率。实际上，先进的技术也需要适配的流程才能发挥作用。一些大型数智化项目，在上线初期，往往会被员工抱怨没有达到提效的目的，反而让工作更加烦琐，经过一段时间的流程优化和系统调整后才逐渐稳定。企业不仅需要在流程设计阶段考虑未来的发展可能性，还需要在实施过程中不断监控，及时调整以适应内外部环境的变化。通过建立反馈机制和持续改进的文化，企业能够确保流程始终处于最优化状态，为业务持续增长奠定坚实基础。

2. 流程挖掘：数据驱动的流程优化

流程挖掘技术正在改变企业优化流程的方式：通过采集 ERP、CRM 等系统的操作日志，可以完整还原实际业务流程的全貌，精准识别效率瓶颈。运用流程挖掘技术，企业可以从流程数据中识别出隐藏的低效或冗余环节。比如，某企业发现其设备维修流程中 30% 的时间浪费在等待工程师签字环节，通过电子化审批后缩短了平均处理时间。

3. 建立流程运营与优化的体系

在数智时代，企业业务流程管理的生命周期包括流程规划、设计、实施、评估和改进五个阶段（图 5-6）。这一过程强调快速迭代和适应性，确保流程与组织战略及市场变化保持一致。

流程输入
- 企业战略
- 业务需求

流程规划
- 流程需求分析
- 数据需求分析
- 组织权责分析
- 组织资源评估

流程改进
- 优化与迭代
- 流程持续监控

流程设计
- 业务流程设计
- 组织岗位职责
- 数据表单设计
- 集成架构设计

流程评估
- 流程合规监控
- 流程绩效分析

流程实施
- IT蓝图设计
- IT系统实施
- 培训与推广

| 组织 | 制度 | 系统 | 人员 |

图 5-6　数智化阶段的流程持续优化与运营

为形成业务流程管理的核心竞争力，企业需要从流程管理的组织、制度、系统以及人员四个方面加强能力建设，确保具备流程持续运营与优化的能力。卓越的企业不仅会将流程管理视为一种技术手段，更会将其融入企业文化的每一个细胞，确保从高层到基层员工都能对流程优化的重要性达成共识。通过不断强化培训和激励措施，鼓励员工主动参与流程创新，将流程优化视为日常工作的一部分。

例如，某生产制造集团通过线上系统重塑管理流程，实现了绩效提升。在组织方面，企业可以通过创建线上统筹看板，强化规范化过程审查，确保高层领导对业务流程的全面掌控。在制度方面，企业可以构建线上沟通平台，引入延期预警功能，确保工作进展的及时性。在系统方面，企业可以采用电子档案作为统一数据存储模式，集中存放于一个系统，便于即时查看和深入分析数据。在人员方面，企业可以通过培训和激励措施，鼓励员工主动参与流程创新，将流程优化视为日常工作的一部分。通过这些措施，企业能够确保流程管理的各个方面都得到持续优化和提升。

5.3　数据治理

在数智时代，数据已成为驱动企业创新与增长的核心引擎，而数据治理则是释放数据价值的关键基石。"数据治理"涉及内容宽泛，本节主要从大型企业对数据治理的四个主要关注点展开：

❑ 主数据管理奠定标准化基础，确保核心数据唯一性。

❑ 业财一致性倒逼数据质量提升，打通业务与财务的系统壁垒。

❑ 数据资产化推动资源向资产转化，重塑企业价值体系。

❑ 建立数据治理组织、制度和沟通机制，保障数据治理工作长期持续开展。

5.3.1　主数据管理与数据标准化

1. 主数据与主数据管理

主数据也被称作企业的"黄金数据"，通常指企业的核心业务数据，如客户、产品、供应商、物料等信息。这些数据是关键业务实体，被多个系统或部门使用。以供应商和产品为例，其主数据、交易数据和指标数据的范围示例如图 5-7 所示。

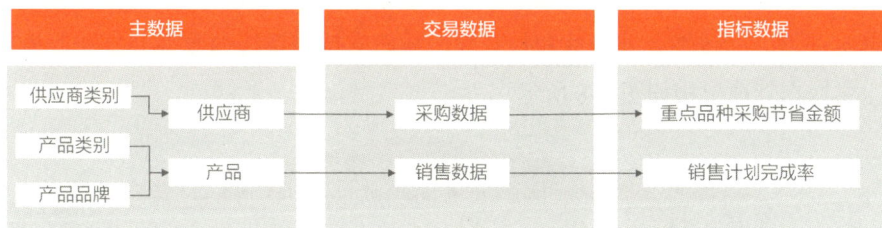

图 5-7　主数据、交易数据和指标数据的范围示例

企业中典型的主数据包括：

❑ 客户数据：客户编号、姓名、联系方式、地址等。

❑ 产品数据：产品编码、名称、规格、型号等。

❑ 供应商数据：供应商编号、名称、类别、级别、付款账号等。

❑ 员工数据：员工编号、职位、部门、岗位、职级等。

在企业中，主数据具有以下特征：

- ❑ **共享性**：主数据被多个部门、系统或业务流程使用，贯穿各个业务环节。例如，客户数据会被用于客户管理系统、财务系统、营销系统、物流系统的业务场景中，企业从订单到回款（OTD）的整个业务过程都围绕客户信息展开。

- ❑ **稳定性**：主数据信息相对稳定，变更频率远低于交易数据。如员工数据中的岗位、职级等信息虽会变化，但并不频繁，多数员工可能几年才会调整一次。

- ❑ **高价值**：主数据描述的通常是企业核心业务对象，能直接影响业务决策和运营效率。例如，产品信息贯穿企业从计划、采购、生产到销售的核心业务链条，基于产品信息可拉通各个环节，进行成本核算、利润分析、生产决策等各类业务运营。

- ❑ **跨系统性**：与共享性类似，主数据在各个业务系统间需保持一致，以统一标准进行描述。比如，采购系统和财务系统在涉及供应商相关业务时，供应商信息必须一致，否则可能导致错付，给企业造成损失。

主数据管理（Master Data Management，MDM）是一套涵盖技术、规范、流程和治理策略的体系，旨在通过对企业主数据进行标准化、集成和治理，确保其唯一性、一致性、准确性和权威性，从而支持跨系统的数据共享和业务协同。主数据管理架构如图 5-8 所示。

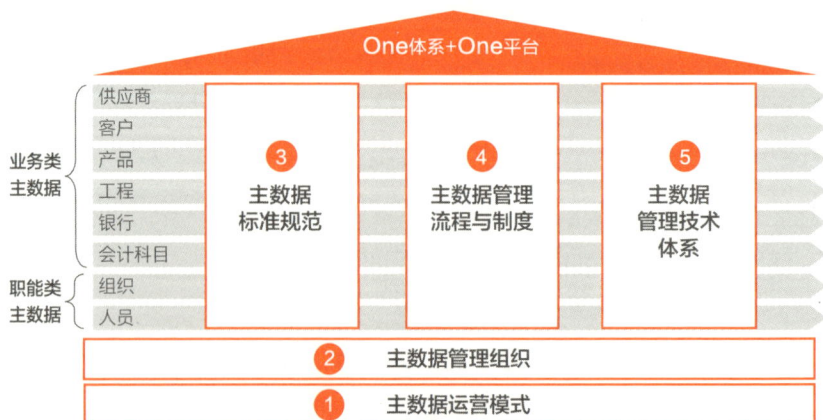

图 5-8　主数据管理架构

通过主数据管理，企业在主数据方面可实现以下目标：

❑ 统一数据标准：避免同一实体（人员、产品、客户、供应商等）在不同
系统中采用不同数据标准存储，如不同名称、规格描述、编码等，防止
出现一物多码或一码多物的问题。

❑ 统一数据来源：提供单一可信的数据来源，通过唯一数据源保障数据准
确性。例如，以 HR 系统作为员工数据来源，基于此形成企业标准员工
信息，并在所有系统中推广使用。

❑ 提升数据质量：通过清洗、校验和标准化解决数据中存在的错误。对于
企业存量主数据，可利用主数据管理提供的数据质量检测和清洗工具进
行扫描处理，发现并处理其中的重复、错误及不一致情况，如去重、去
错、合并等操作，最终产出高质量的主数据信息。

❑ 合规性检测：主数据管理从源头保障主数据合规性，支持唯一性校验、
模型数据限定、编码规则制定等功能，结合相应业务流程，保障数据的
一致性、准确性和权威性，形成企业真正的数据标准规范。

2. 主数据管理体系建设

主数据管理体系建设是企业数据治理的核心工程，其目标是通过标准化、
集中化的管理，确保核心业务数据在全组织范围内的一致性、准确性和可访问
性。这一体系的构建需要从战略规划、组织架构、技术工具到流程规范的全方
位协同，下面从多个维度阐述其建设内容。

（1）主数据范围和标准

主数据范围的确定需结合企业战略与业务场景，通过业务影响分析和跨部
门协作，识别对企业运营起关键支撑作用的数据实体。例如，在制造企业中，
产品主数据可能涵盖物料清单（BOM）、工艺参数等；在金融行业，客户主数
据则需包括身份信息、信用记录等。为避免数据冗余，需建立主数据清单，明
确每个实体的核心属性，并通过数据血缘分析厘清数据在不同系统间的流转
关系。

主数据标准制定是主数据管理的基石（见图 5-9）。

主数据模型标准

规格型号
物料简称
物料分类
物料名称
物料
计量单位
物料描述
图号
物料状态

主数据编码标准

流水码，4位数字
小类码，2位数字
中类码，2位数字
大类码，2位数字

物料主数据编码采用一级分类码+二级分类码+三级分类码+四位流水码，共10位字符，流水码取值范围为0001~9999。例如：35kV动力电缆-YJLV22-26/353×240的物料编码为1010010001。

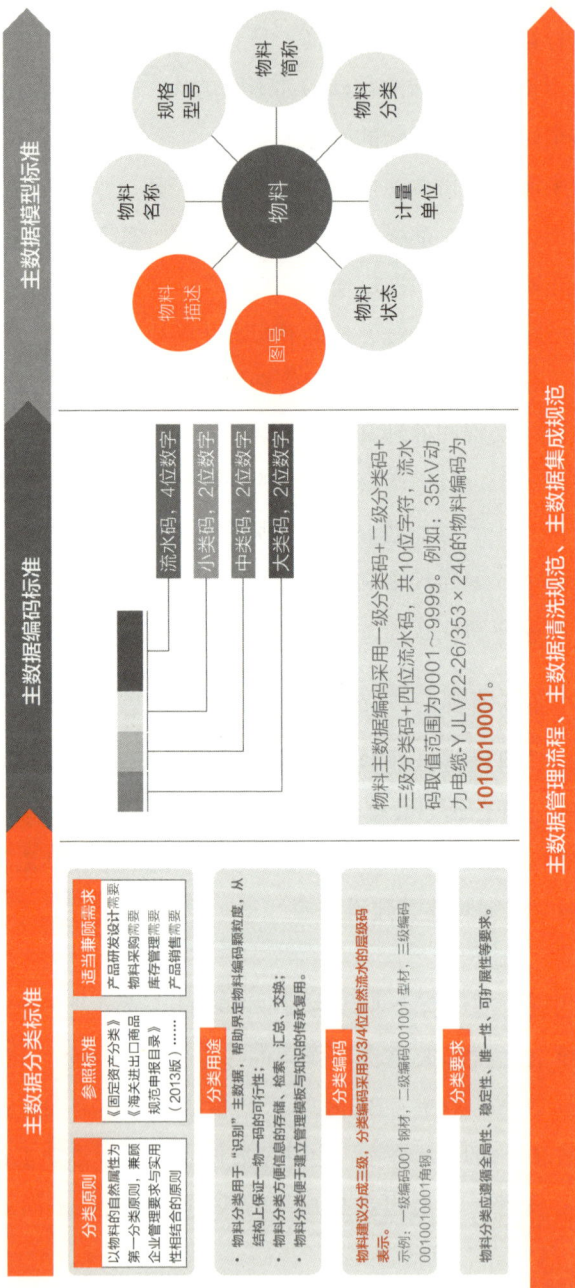

主数据管理流程、主数据清洗规范、主数据集成规范

主数据分类标准

分类原则	适当兼顾需求
以物料的自然属性为第一分类原则，兼顾企业管理需求与实用性相结合的原则	产品研发设计需要 物料采购需要 库存管理需要 产品销售需要

参照标准
《固定资产分类》 《海关进出口商品规范申报目录》 （2013版）……

分类用途
- 物料分类用于"识别"主数据，帮助界定物料编码颗粒度，从结构上保证一物一码的可行性；
- 物料分类方便信息的存储、检索、汇总、交换；
- 物料分类便于建立管理模板与知识的传承复用。

分类编码
物料分类建议分成三级，分类编码采用3/4位自然流水数的层级码
表示：一级编码001钢材，二级编码001型材，三级编码0010010001角钢

分类要求
物料分类应遵循全局性、稳定性、唯一性、可扩展性等要求。

图5-9 主数据标准制定

企业需建立数据标准体系，包括：

❑ 格式标准化：统一数据格式（如日期格式为 YYYY-MM-DD）、编码规则（如客户编码采用"区域代码 + 顺序号"）。

❑ 值域标准化：定义数据字段的合法取值范围（如性别字段只能为"男""女""未知"）。

❑ 语义标准化：通过数据字典明确每个字段的业务含义（如"客户状态"分为"活跃""休眠""注销"）。

（2）主数据治理组织与流程

1）主数据治理组织架构如图 5-10 所示。

成立主数据标准管理委员会，通常由企业的 CIO 牵头，成员包括业务部门负责人或骨干成员（如销售、采购、IT 人员），负责制定战略、审批标准及协调跨部门冲突。各个业务部门配备专职数据管理员，负责主数据的日常维护、质量监控及培训，确保本领域数据的合规性和准确性。

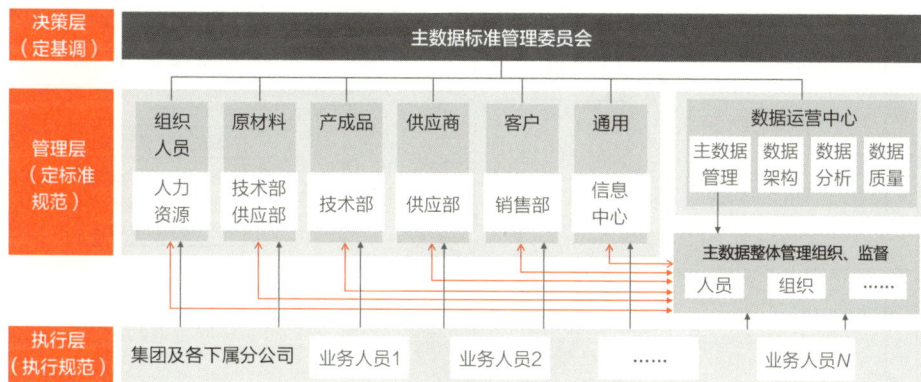

图 5-10　主数据治理组织架构

2）全生命周期流程管理示例如图 5-11 所示。

❑ 数据申请：新主数据的创建需通过标准化模板提交，经主数据治理委员会审批后录入系统。例如，新增供应商需填写资质文件并通过审核。

❑ 数据更新：建立版本控制机制，记录数据变更的原因、时间和责任人。比如，汽车制造企业通过主数据管理系统追踪产品参数变更，确保生产与研发数据同步。

❑ 数据归档：对无效或过时数据（如已注销的客户）进行标记和归档，避免冗余。

❑ 数据分发：将管理的标准数据通过主数据管理系统提供的接口分发到各个业务系统中，实现标准数据在企业范围内的推广和使用。

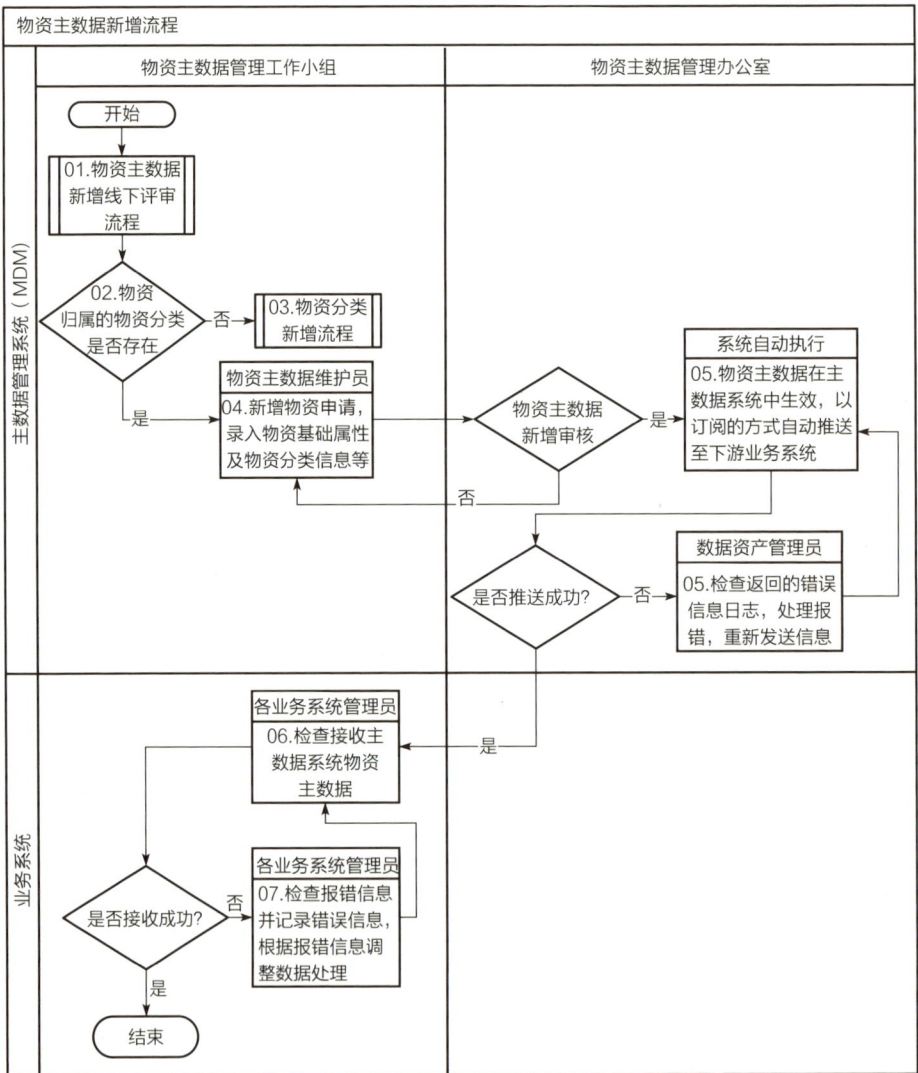

图 5-11　全生命周期流程管理示例

3）主数据质量管理。

主数据标准管理：包括模型标准、数据质量管理，并通过数据血缘关系建立主数据与企业中存量数据的对照关系。

- ❑ 数据建模：支持自定义主数据实体及属性，灵活适应业务变化。例如，电商企业可动态扩展"商品属性"以适应新品类。

- ❑ 数据清洗与匹配：利用数据清洗工具对主数据进行去重、去错和合并等操作，引入机器学习算法来进行自动清洗，如通过模糊匹配技术将不同系统中的客户数据合并，减少客户信息冗余。

- ❑ 数据血缘与影响分析：追踪数据来源及流向，评估数据变更对业务的影响，实现业务数据与主数据的映射与追溯。

数据质量闭环管理：

- ❑ 制定数据质量规则库，包括唯一性、完整性、一致性校验。例如，客户主数据必须包含姓名和联系方式，否则视为无效。

- ❑ 部署自动化监控工具，实时生成数据质量报告，对问题数据触发预警并自动分派整改任务。

数据安全体系：

- ❑ 实施分级保护：将主数据分为公开、内部、敏感等类别，敏感数据（如客户身份证号）需加密存储并限制访问权限。

- ❑ 基于角色的访问控制（RBAC）：根据岗位职责分配权限，如财务人员只能查看供应商的财务数据，而采购人员可访问供应商的联系方式。

- ❑ 审计与追溯：记录所有数据操作日志，确保合规性、可追溯。

3. 主数据和主数据管理的价值

主数据和主数据管理作为企业数据治理的核心部分，从基础业务运营到战略决策支持，在企业运营各环节均能体现价值，是企业数字化转型的重要基础。其价值如下：

1）业务标准统一：主数据帮助企业消除"数据孤岛"，构建关键业务实体（如客户、产品、供应商）的标准属性和唯一标识，确保不同部门对同一实体理解一致（如"客户ID"相同则代表同一客户）。主数据管理作为中央枢纽，将主数据统一分发给各系统，保证所有部门使用同一套主数据，减少跨团队协作摩擦。例如，销售、财务和物流部门使用同一套客户数据标准，避免因数据歧义引发沟通错误。

2）协同运转流畅：主数据是跨系统协同的基石。企业凭借高质量主数据支持业务快速扩展（如推出新产品线、进入新市场），整合全渠道客户数据（如线上、线下、客服系统），提供一致服务体验。例如，订单管理系统（OMS）、供应链系统（SCM）和财务系统（ERP）共享同一套产品主数据，确保订单处理、库存管理和结算流程无缝衔接。

3）数据驱动赋能：基于统一的主数据，企业可构建更精准的分析模型（如客户分群、产品生命周期分析），为管理层决策提供支撑。同时，主数据也是AI、大数据分析的基础。例如，机器学习模型依赖高质量的产品和客户数据进行预测。

5.3.2 业财一致性倒逼数据质量提升

数据质量在数字化转型的过程中至关重要，企业普遍面临的困境是业务运营与财务管理的数据鸿沟正在吞噬企业价值。当业务部门的生产数据与财务部门的核算数据长期存在系统性偏差时，不仅影响经营决策的准确性，更可能触发监管风险。在这样的背景下，业财一致性已从管理优化的可选项升级为企业生存的必答题，其背后蕴藏的数据质量提升逻辑正在重塑现代企业的治理范式。

1. 业财脱节的困局

在传统的企业组织架构中，业务与财务通常分属不同的部门，业务部门关注市场占有率、客户满意度等运营指标；财务部门聚焦利润、现金流等价值指标。这种组织架构经常会造成业务系统记录和财务入账数据的偏差，比如一些零售企业中业务系统记录的月度销售额与财务入账金额的偏差，这种偏差通常是源于业务部门促销活动核销延迟、跨平台交易对账滞后等问题，让企业陷入业财脱节的困局，如图 5-12 所示。

图 5-12　业财脱节的困局

企业中各类业务系统和财务系统之间的数据孤岛问题导致每个业务单元都形成了独立的数据标准，如销售部门用 SKU 编码、财务系统采用会计科目、仓储部门使用物料编码，这种编码体系的割裂使得数据整合成为不可能完成的任务。除了数据标准之外，数据的时效性断层同样也在增加企业决策的风险，比如企业的库存业务实时更新，但是财务的成本核算却是以两周为周期进行，这就导致管理人员看到的财务报表反映的是半个月之前的状态，无法有效地进行业务运营决策，最终导致企业的经营损失。

2. 业财一致性要求倒逼数据治理

业财一致性的要求本质是对数据质量的要求，数据质量直接影响业财一体化中业务流程的协同效率、决策准确性及合规性。当业务单据必须与财务凭证一一对应、每个客户订单都要实时转化为会计科目时，这种刚性约束迫使企业重新审视数据的生产链条。企业需要构建贯穿数据全生命周期的多维质量管控体系，在数据生成事前、事中及事后分别部署自动化校验规则和监控机制，确保数据质量全流程合规达标，如图 5-13 所示。比如在制造企业中，生产过程中

图 5-13　数据质量控制

的上百个业务审批节点需要与财务核算规则深度绑定，使数据校验从事后检查转变为事中控制，提前拦截异常数据，这就要求整个业务流程中的每个数据单元都要符合预设标准。

数据治理为提升数据质量、实现业财一致性提供了基础。

1）统一数据标准：由于业务部门与财务部门对数据定义、分类和颗粒度要求不同，因此需要构建适配业财共性需求的数据标准，包括统一编码、统一属性、标准映射等，形成业务与财务之间的标准化融合，填平业财鸿沟。

2）数据整合能力：通过数据整合技术实现跨系统数据抽取与清洗来支撑业财一体化下数据整合的场景。

3）实现业财集成：企业通常拥有多个业务系统（如 ERP、CRM、供应链系统）及财务系统，需进行跨系统数据整合和业务协同，实现业务系统和财务系统一体化，在建立统一数据标准的基础之上，借助系统集成能力，快速建立业务和财务系统之间的关联，让业财一体化实现更平滑的协同与交互。

4）数据安全合规：业财一体化涉及财务数据（如付款记录、成本信息）与业务数据（如客户信息）的共享，数据治理能够帮助企业建立严格权限控制与加密机制，降低数据泄露风险。

5）治理团队建设：业财一体化中，业务部门追求效率与增长，财务部门强调风险管控，通过数据治理团队的建设，协调业财各方的目标差异，通过高质量的数据消除录入与使用的标准分歧，推进业财融合的进度。

3. 数据价值推动业财一体持续改进

数据质量提升为业财一体化的融合带来正向的持续改进。当企业建成业财融合的数据底座后，在诸如月度关账时间缩短、闲置产能识别这类业务效率提升的刺激之下，业务部门能够主动完善数据录入规范，财务部门则能够开发出动态盈利预测模型，使数据质量与业务价值形成螺旋上升的共生关系。而组织能力的进化则体现在数据文化层面，比如将数据质量指标纳入部门 KPI 体系，使数据责任从 IT 部门扩散到每个业务单元。

业财一体融合将业务运营的动能转化为财务价值的势能，在这个过程中，每个数据单元都承受着质量检验的压力测试。当企业建立起"数据质量即核心竞争力"的认知，业财一致性就不再是被动应付的合规要求，而是主动拥抱价值的创造引擎。数据质量的变革，将引领企业进入智能化运营的时代，加速数字化转型的落地。

5.3.3　数据资产化与数据入表

在数字经济时代，数据已成为与土地、劳动力、资本、技术并列的关键生产要素。随着企业中业务系统增多以及外部信息和各类设备的接入，数据量也实现了飞速增长，由此，数据资产化与数据入表正成为企业数智化转型的核心命题。这不仅是会计核算体系的革新，更是对企业价值创造逻辑的重新定义，标志着企业向数字经济的"数据逻辑"加速跃迁。

1. 数据资产化

数据资产化是将企业沉淀的原始数据转化为具有经济价值的资产的过程。这一过程包含数据采集、清洗、分析、建模等多个环节，通过技术赋能使数据具备可量化、可交易、可增值的属性。其核心是将数据从"成本中心"转变为"价值中心"，推动企业实现数据驱动的业务创新与价值提升。比如，电商平台积累的用户行为数据，经过脱敏处理和深度分析后，形成消费者画像、市场预测等数据产品，为商家提供精准营销服务，创造了数百亿元的年收益。

企业数据资产目录如图 5-14 所示。

数据资产化的价值体现在三个维度：首先，数据资产能够提升企业运营效率，如通过物联网数据优化供应链管理，降低库存成本；其次，数据资产可以创造新的商业模式，如之前例子中提到的电商平台数据开发增值服务；最后，数据资产能够增强企业的核心竞争力，在金融领域，基于大数据的风控模型已成为金融机构的核心资产。

当前大多数企业的数据资产化仍处于初级阶段，还有诸如数据质量、数据孤岛、数据确权、隐私保护等问题需要解决。

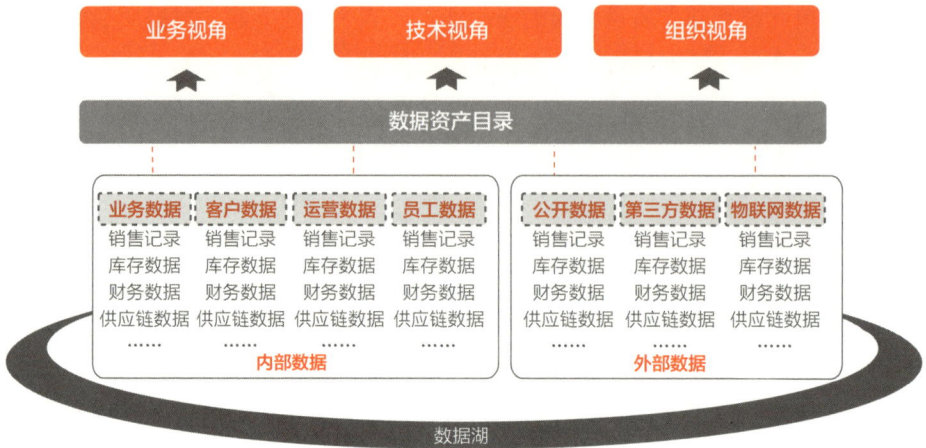

图 5-14　企业数据资产目录

（1）数据质量和数据孤岛

企业数据常呈现碎片化、低质化的特征，部门间数据壁垒导致资产化难以推进。比如电商企业的会员数据分散在电商、线下门店等多个系统，无法形成完整的用户画像，导致营销精准度低下。在数据治理体系中，数据清洗、标准化和主数据管理可以提升数据质量，搭建数据中台可以实现跨部门数据流通，进而打通企业的研发、生产、销售数据，形成覆盖全价值链的数字资产。

（2）数据确权与隐私保护

在数据资产化进程中，数据确权与隐私保护是核心挑战，需通过技术创新、制度完善和多方协作构建平衡的方案。

数据确权可通过为数据添加时间戳、哈希值等元数据，记录数据采集、加工、流转的全生命周期信息；根据数据来源和敏感程度制定差异化确权规则，比如明确数据是用户数据、企业内部数据还是第三方数据等。企业也需要建立数据合规审查制度，在数据资产化前进行权属鉴定，规避法律风险。

从数据隐私方面进行数据资产化时要遵循"最小必要"的原则，仅采集与业务目标直接相关的数据；同时要明确告知员工数据采集目的和使用范围，通过内部数据目录系统标注数据敏感性等级，从源头控制隐私风险。对存储的敏感数据（如用户身份证号、医疗记录）实施加密，采用 AES-256 等高强度加密算法，并定期更新密钥。建立分级存储机制，将匿名化数据与原始数据分开存储，限制只有授权人员可访问原始数据。实施细粒度的访问控制，根据员工岗位职责分配数据权限。例如，采用 RBAC（基于角色的访问控制），确保研发人员只能访问测试数据，而客服人员仅能查看客户基本信息。部署数据审计系统，记录所有数据访问和操作行为，便于追溯违规操作。

数据资产价值化以实现交易定价是释放数据要素价值的关键，如图 5-15 所示，这包括数据产权登记、数据质量评价、数据资产评估等多个环节。通过规范登记、精准评估、安全交换等流程，构建起完整的数据资产化体系，不仅能让数据资产的价值得以彰显，还能促进数据在市场中的有序流通，为数字经济的蓬勃发展注入强劲动力。

图 5-15　数据资产价值化

2. 数据入表革新会计体系

数据入表是指将符合条件的数据资产纳入企业财务报表，这意味着数据从传统的费用项转变为资产项。2023 年，财政部发布《企业数据资源相关会计处理暂行规定》，明确了数据资源被确认为无形资产或存货的条件，标志着我国在数据资产会计处理上迈出关键一步。

数据入表对企业财务管理产生了深远影响。从资产负债表来看，数据资产的确认将增加企业的总资产规模，改善资产结构；从利润表来看，数据资产的摊销或减值将影响企业的当期损益；从现金流量表来看，数据资产的开发、交易等活动将产生新的现金流项目。

实施数据入表面临多重挑战。

首先是数据计量难题，数据资产的价值具有动态性和不确定性，传统的历史成本法难以准确反映其真实价值。解决这一问题需要更新估值方法，结合数据生命周期、应用场景和预期收益，采用未来收益现值法、市场比较法等多元化的计量方式。同时，可引入第三方数据评估机构，确保估值的客观性和权威性。

其次是数据披露标准不统一，不同行业的数据资产具有不同特征，需要制定差异化的披露规则。制定分行业的数据披露指南，明确数据资产的分类、计量方法和披露要求。

最后是企业内部管理的配套改革，数据入表要求企业建立完善的数据治理体系，确保数据的合规性和可追溯性。数据入表要求企业确保数据来源合法、处理合规，但实际操作中仍存在风险。企业需建立全流程数据合规管理体系，从数据采集、存储到使用、交易，实施严格的合规审查。同时，利用区块链技术实现数据溯源，确保每一笔数据资产的合规性可追溯。

3. 数据资产化与数据入表的协同

数据资产入表是指企业依据会计准则，将符合条件的数据资产纳入财务报表进行核算和披露。数据资产入表管理架构如图 5-16 所示。数据资产化与数据入表之间存在着密切的互动关系。一方面，数据资产化是数据入表的前提，只有经过资产化处理的数据才能满足会计确认的条件；另一方面，数据入表反过来推动数据资产化进程，通过财务报表的价值显现，企业将更加重视数据资产的管理和开发。

比如大型制造企业通过数据资产化，将生产设备产生的海量数据转化为预测性维护模型，缩短了设备停机时间；同时，这些数据资产成功入表，提升了企业的资产估值，为其获得银行贷款提供了更有力的支撑。

未来，随着数据要素市场的完善和会计标准的细化，数据资产化与数据入表的协同效应将进一步增强。企业需要构建"技术＋管理＋财务"的三位一体能力，既要加强数据技术研发，又要完善数据治理体系，还要提升财务人员的数据资产核算能力。

资源管理	资源盘点			资源使用				
	资源导入导出	资源发布	资源目录	资源申请	资源查询	资源分析	资源下载	资源服务

入表管理	资产管理		成本管理	合规审查	资产计量	智能分摊
	数据关联	摊销管理	数据关联	权属合规	评估模型	规则配置
	智能摊销	合规审查	发票管理	成本合规	评估报表	大模型推荐
	价值评估	……	成本类型	数据合规	评估任务	分摊报告

企业报表	报表项目：无形资产、开发支出、存货增设项目"数据资源"		
	资产负债表-无形资产/存货/开发支出-数据资源	无形资产-数据资源附注明细表	存货-数据资源附注明细表

总账	总账凭证	科目余额

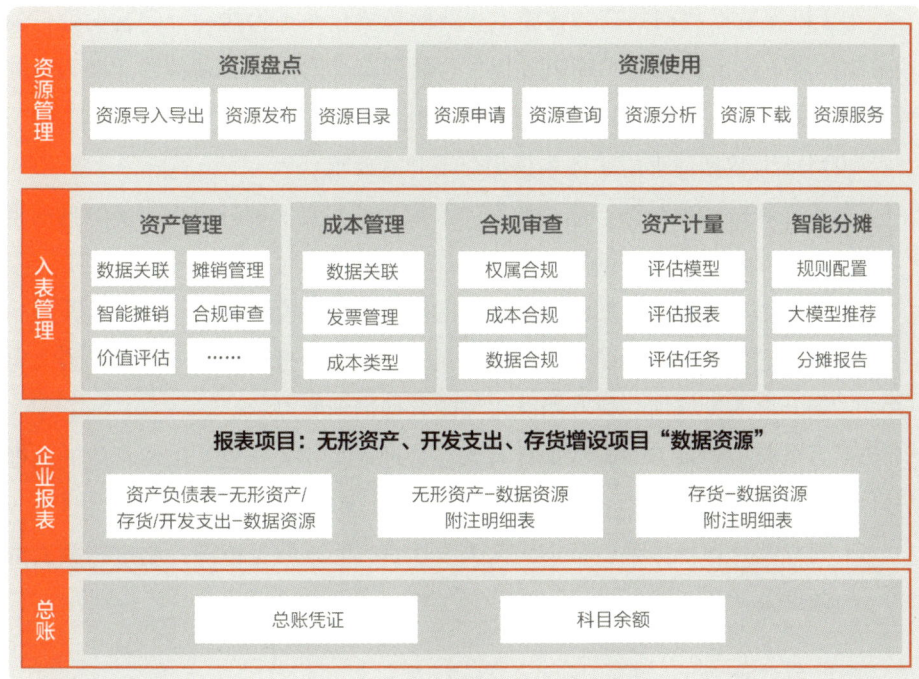

图 5-16 数据资产入表管理架构

在数字经济的浪潮中，数据资产化与数据入表不仅是企业的战略选择，更是时代发展的必然趋势。当数据真正成为可计量、可流通的资产，企业的价值创造逻辑将发生根本性变革，整个社会的资源配置效率也将迎来质的飞跃。这既是挑战，更是机遇，只有那些能够敏锐捕捉数据价值、高效管理数据资产的企业，才能在未来的竞争中立于不败之地。随着技术的进步和制度的完善，数据资产化与数据入表的深度融合，必将推动人类社会迈向更加繁荣的数字文明新时代。

5.3.4 企业数据治理组织、数据制度建设与沟通机制

企业为确保数据战略目标的有效落实，还需要从组织、制度以及内部沟通的流畅性方面开展数据治理工作。具体来说，企业应着重从数据治理组织、数据制度建设和数据治理沟通机制三个方面推进。

为了确保数据战略的高效实施，企业的首要任务是构建一个完善的数据治理组织体系。这个体系应明确职责划分、促进跨部门协作、具备专业实力，并持续寻求改进，以支撑企业的数据管理活动。

DCMM 对数据治理组织体系提出以下几点要求。

- ❑ 建立数据治理组织：建立数据体系配套的权责明确且内部沟通顺畅的组织，确保数据战略的顺利实施。
- ❑ 岗位设置：建立数据治理所需的岗位，明确岗位职责、任职要求等。
- ❑ 团队建设：制订团队培训、能力提升计划，通过引入内部、外部资源定期开展人员培训，提升团队人员的数据治理能力。
- ❑ 数据归口管理：明确数据所有人、管理人等相关角色，以及具体的数据归口管理人员。
- ❑ 建立绩效评价体系：根据团队人员职责、管理数据范围，制定相关人员的绩效考核体系。

1. 数据治理组织

结合各大中小型企业实际数据建设落地的情况，数据治理组织有三种模式，分别为分散式、联邦式和集中式，如图 5-17 所示。企业可根据自身业务特点、数据治理需求以及资源状况，选择最适合的数据治理组织模式。分散式主要是指企业的各业务部门独立管理数据，拥有灵活的管理模式和标准，能够迅速响应业务变化，实现数据问题的即时解决。联邦式是指企业的数据管理部与多个业务部门协同合作，共同维护统一的数据定义和标准，促进数据管理与业务管理的深度融合。集中式需要企业建立强大的数据管理专业组织，负责企业级数据管理，职责明确、目标清晰。此模式对数据管理人员能力的要求很高，需有效协调跨部门资源。

无论企业选择哪种数据治理组织模式，其核心架构均需涵盖决策层、管理层与执行层三个关键层级，各司其职，协同推进数据治理工作，如图 5-18 所示。

- ❑ **决策层**：提供数据标准管理的决策职能，简而言之，就是确定方向、拍板定案，为整个数据治理体系提供指引。

	分散式	联邦式	集中式
	将所有数据决策置于"本地"，业务部门IT或职能区域。每个业务部门都有独立的数据管理模式和标准	在治理结构的每个级别做出一些决策。数据管理部门与多个业务部门协同，以维护一致的定义和标准	所有决策都是在企业级别集中做出。数据管理部门监督所有业务领域中的活动
优势	• 能够较好地理解各业务部门的业务和文化，业务管理较易在单个业务领域/IT系统上实现。 • 在应用需求高的基础上，可以在单个部门内快速理解数据问题，服务满意度高且对资源源的要求不高。	• 数据管理和业务管理得到更好的融合，根据职责需要设置岗位角色，执行效率较高。 • 能够实现较好的情境协调与调整能力。 • 专业化分工清晰，有助于员工提升能力。	• 有一个强有力的数据管理专业组织负责企业级数据。 • 职责明确，目标强烈，组织固定而集中，因而员工有较强的归属感。 • 组织内专业化分工强，汇报条线清晰，自上而下执行、驱动力强。
劣势	• 缺乏集团企业的数据管理视角和统一管理，资源重复的情况办比较为常见。	• 纵向需要较强的组织影响力与协调能力来推动企业数据管理工作。 • 需要强的数据的评价手段进行过程监督。	• 对数据管理人员能力的要求非常高，必须精通所有业务领域的业务与技术，成本高。 • 其他部门缺乏对数据认知数据管理能力，跨部门的沟通成本高，协作不足。 • 过于集中的情况下容易僵化，影响工作效率。

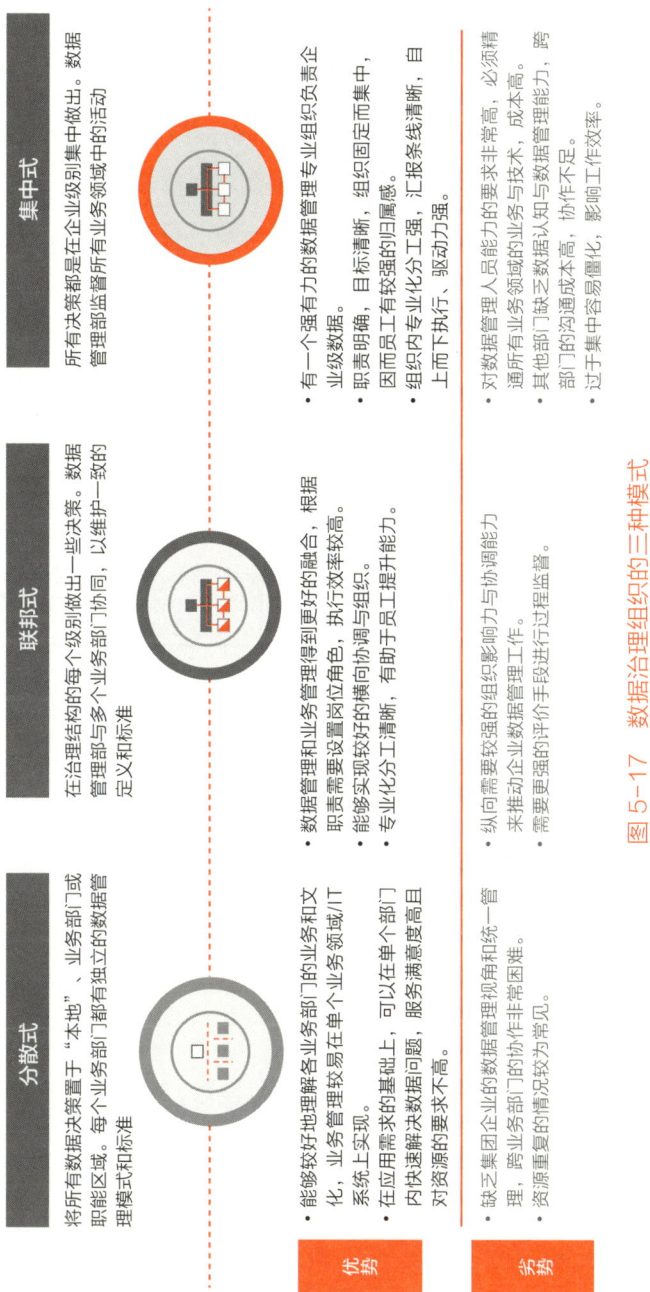

图 5-17　数据治理组织的三种模式

81

❑ **管理层**：此层级专注于构建和完善数据管理相关制度，针对跨部门间的数据管理争议事项及重大数据标准事项进行讨论及决策，并负责提交相关信息给治理委员会进行最终审议，确保决策的科学性。

❑ **执行层**：涵盖业务部门和科技部门，业务部门负责业务线数据管理工作，包括数据标准、质量、安全等决策的制定、修改、复审及推广落实，确保业务数据与企业整体数据治理策略一致。科技部门则要承担数据治理平台的建设与维护，提供技术开发支持，确保在系统设计与开发过程中严格遵守数据治理的各项要求，为数据治理提供坚实的技术支撑。

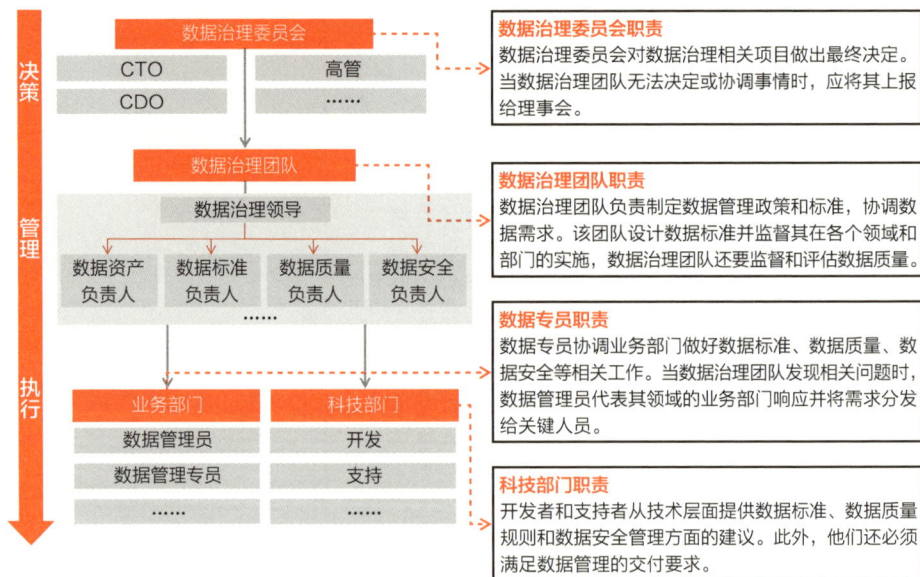

图 5-18　数据治理组织架构及分工

2. 数据制度建设

为构建高效、有序的数据管理体系，企业需要根据数据职能的层级及决策授权顺序，进行数据制度框架的搭建，如图 5-19 所示。此框架由政策、管理办法、操作规范三个层级构成，涵盖了数据管理与应用的具体领域、各领域目标、行动准则、具体任务、工作方式、采取的一般步骤及具体措施。

1）数据政策说明数据管理与应用的目的，明确其组织与范围。

2）数据管理办法是为确保数据管理与应用在各领域内开展活动而制定的相关规则和流程。

3）数据操作规范是为确保各数据方法落实而制定的相关工作细则。

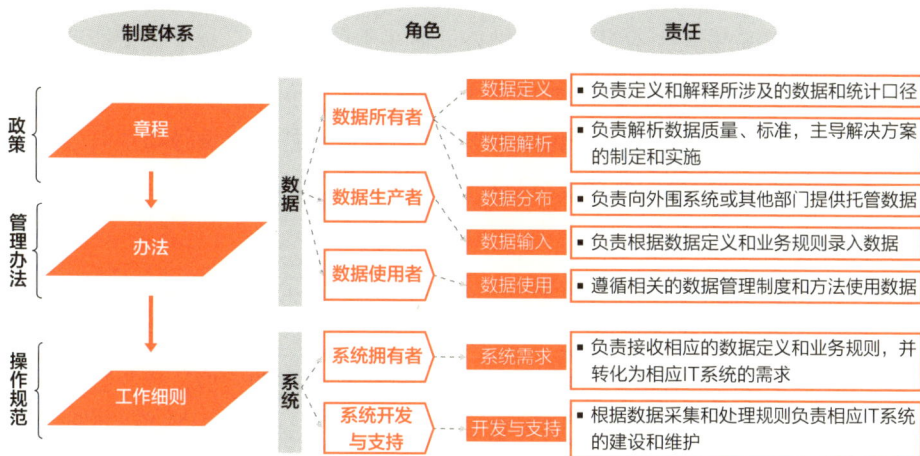

图 5-19　数据制度框架

3. 数据治理沟通机制

数据治理沟通对于增强跨部门及内部数据管理至关重要，它旨在提升全员数据资产意识，塑造数据文化，确保组织内全部利益相关者都能及时了解相关政策、标准、流程、角色、职责、计划的最新情况，以及开展数据管理与应用相关的培训，掌握数据管理相关的知识和技能。

为此，在数据治理沟通机制方面，用友建议企业相关业务部门和数据管理部门通过邮件、文件、培训赋能、例会机制、方案研讨、经验交流等机制，建立对应的数据管理系统，以在执行层解决 80%～85% 的数据问题。

某化工集团近年启动数智化转型，利用 2～3 年的时间，依托用友 BIP 建设集团级经营管理平台，覆盖集团企业内部管理、业务运营、商业连接，扩展产业链、生态链，全力打造新的数智化管理体系。

在项目实施过程中，管理层发现数据质量成为系统顺利实施的一大障碍。多年来，集团并没有开展数据治理，各下属单位数据标准不统一、格式混乱，且存在大量重复、缺失和错误的数据，直接影响项目的进度和最终效果。因此，该集团决定从主数据标准化入手，同步开展数据治理，建立了集团级数据治理组织，如图 5-20 所示。信息标准化委员会主任由集团总裁担任，各业务分管副总裁为成员。信息标准化办公室主任由集团分管数智化的副总裁担任，各业务部门及 IT 部门负责人为成员。各层级人员根据流程、职责、标准化文档模板等工具持续开展数据治理工作。

经过专项治理，项目主数据的标准化推进迅速，数据质量问题得到显著改善，系统实施重回正轨，集团也将数据治理纳入了长期战略。

5.4 模型运用

数智时代，企业必须全面拥抱 AI，最大化数据治理的价值，成为智能运营的企业。当今 AI 技术快速迭代，普惠应用的趋势日益显著——大语言模型、智能体等技术正在重新定义企业软件的运行方式，AI 也渗透到企业管理的每个环节。本节重点探讨 AI 普惠化背景下，企业服务应用的价值重构，并介绍典型的企业级 AI 的应用场景。

5.4.1 人工智能 +，加速普惠化

当前人工智能技术正在经历从实验室研究到产业化应用，再到社会普及的快速演进过程。2025 年斯坦福 AI 指数报告显示，AI 模型的推理成本从 2022 年到 2024 年骤降 280 倍，封闭模型与开源模型的性能差距已缩小至 1.7%，这为技术普惠化奠定了坚实基础。与此同时，全球 78% 的企业已开始应用 AI 技术，尽管价值实现仍存在差距，但普及速度远超预期。

中国在人工智能普惠化进程中呈现出多维度的特点。在技术层面，开源生态蓬勃发展，以 DeepSeek 为代表的中国开源模型崛起，实质性地打破了人工智能领域长期由美国企业主导的技术格局，使更多的企业和实体能够以更低的成本享受 AI 发展的红利。在政策引导层面，政府连续两年提出"人工智能 +"战略，强调 AI 与制造业、服务业的深度融合，并推动核心技术攻关及产业链升级。

决策层
- ✓ 主数据管理规划组织；
- ✓ 负责审定数据治理体系建设规划内容及目标；
- ✓ 跨部门资源协调与整合；
- ✓ 对数据管理体系建设中重大事项进行决策，推进数据管理体系在集团的推广与应用。

管理层
- ✓ 全面落实主数据治理委员会审定的主数据体系建设的内容及目标；
- ✓ 组织开展集团主数据治理制度建设，开展主数据标识别，数据标准、流程、考核体系、数据安全策略的研究及建设等工作。

执行层
- ✓ 参与制度、标准、方案的讨论；
- ✓ 本业务领域的数据标准提供、资料提供、标准梳理、验证；
- ✓ 审核数据申请、新增、修改、删除的合理性、填报、验证；
- ✓ 监督、检查数据标准的清洗、整理、变更的应用情况，验证；
- ✓ 积极参与培训，并能提出改进意见；
- ✓ 组织主数据标准的推广、宣贯活动；
- ✓ 负责主数据模型与主数据流程配置的创建、变更、发布；
- ✓ 负责提供主数据接口系统开发，优化，问题处理，应用指导；
- ✓ 负责对主数据系统用户提供主数据管理系统应用指导；
- ✓ 组织实施数据质量管理活动。

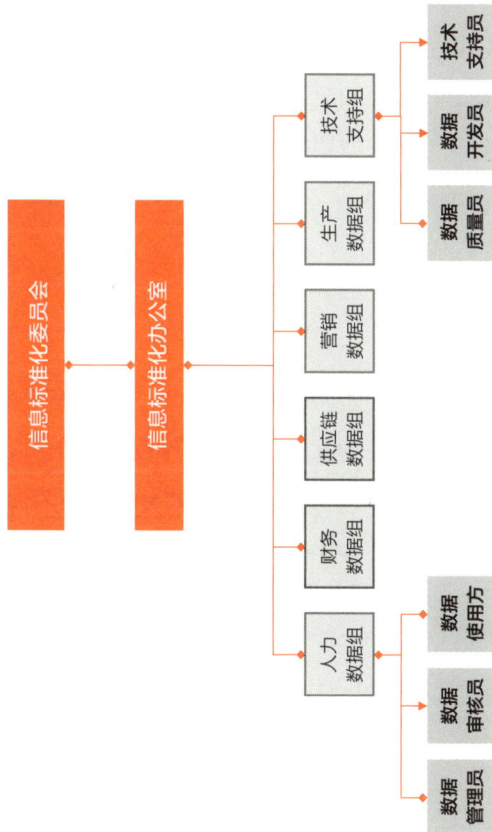

图 5-20　某化工集团成立数据治理组织

各省市也陆续发布有针对性的支持措施，助力本区域企业应用。在治理层面，与美国的"发展优先"和欧洲的"安全至上"不同，中国探索出一条兼顾发展与安全的中间道路，形成了具有中国特色的治理模式。在社会层面，垂直领域模型快速发展，它在教育、医疗、政务等公共服务领域的应用让普通民众切实感受到技术红利。

在 AI 普惠化加速的背景下，企业 AI 应用也已从早期的实验性探索转向规模化落地的阶段。根据 Google Cloud 2024 年发布的一份报告，从 2024 年 4 月到 2025 年 4 月，全球领先企业实施的生成式 AI 用例数量增长了 6 倍，覆盖了从汽车、零售、医疗、金融等 11 个主要行业。这些应用不仅提升了运营效率，更创造了全新的商业价值。

AI 普惠化改变了技术获取方式，也重塑了中国企业创新的逻辑。自 2025 年春节以来，由 DeepSeek 带动的中国 AI 普及大潮正在全国广泛、快速地推进。为实现 AI 落地，各级政府、各企业和公共组织都在积极行动，中国企业从上（董事长工程）到下（员工自主）的热烈拥抱，各级政府的主动应用，在全球范围内比较罕见。这种全民参与的创新氛围，为中国企业数字化转型提供了独特优势。

5.4.2 从应用功能到智能体，AI 重新定义软件

1. 人工智能时代的软件革命

人工智能技术的迅猛发展正推动软件行业经历一场深层次的变革。从简单功能实现到复杂智能决策，从单一任务执行到多维度自主学习，软件系统的角色正发生根本性转变，这不仅是技术的进步，更是一场软件架构的革命。

传统软件开发长期以功能为导向，通过模块化设计和流程控制实现特定任务目标，在工业自动化、企业信息化等领域发挥了重要作用。但在数据爆炸的时代，面对日益复杂的业务需求和实时决策挑战，基于规则和流程的功能驱动模式逐渐显露出局限性，难以满足现代应用场景的需求。

人工智能技术的引入为软件行业带来新的可能。通过深度学习、自然语言处理、强化学习等技术，软件系统不再只是执行预设指令的工具，而是能理解上下文、推理判断并自主决策的智能体（AI Agent）。这标志着软件开发从"功

能驱动"向"智能体驱动"转型,"AI 原生(AI-Native)"的概念应运而生。AI 原生架构是以人工智能为核心设计思想的软件系统架构,基于大模型构建,从底层设计就融合 AI(尤其是大语言模型能力),模拟人类的逻辑思维过程,帮助系统实现更高级别的抽象推理和决策判断。

智能体的演进彰显了软件形态的根本性变革,从静态函数集合转变为动态认知实体。现代智能体框架(如模型上下文协议)已实现任务分解、工具调用、记忆迭代的闭环运行,支持多模型信息处理与跨系统 API 调度。更具前沿性的多智能体协同系统通过自主式编排模式尝试构建通用型智能体,意味着智能体正从"工具性"向"社会性"的信息网络发展。

人工智能和智能体技术正以前所未有的速度重塑软件行业格局。随着 AI 原生架构崛起和智能体技术成熟,软件系统从传统功能驱动模式迈向智能化、自适应的全新形态,提升了企业业务效率和精准度,为用户带来更个性化、更沉浸式的体验。

2. 智能体,企业落地 AI 的重要形态

智能体的独特之处在于它能够采取行动以实现特定目标,包括提升生产力、自动化流程和现代化客户体验。Google Cloud 分析全球企业的生成式 AI 技术应用案例,将企业应用 AI 系统性地划分为六大类智能体:员工智能体、客户智能体、创意智能体、代码智能体、数据智能体和安全智能体,每类智能体针对不同的业务需求创造独特价值,如图 5-21 所示。

- ❑ 员工智能体(Employee Agent):约占 30%,用于提高工作效率、自动化重复任务和辅助决策。典型应用:文档自动化、会议助手、知识管理、决策支持系统。
- ❑ 客户智能体(Customer Agent):约占 25%,主要用于提升客户体验、自动化客户服务和个性化推荐。典型应用:虚拟助手、聊天机器人、个性化推荐系统、智能客服。
- ❑ 创意智能体(Creative Agent):约占 15%,用于内容创作、设计和营销素材生成。典型应用:内容生成、图像创作、营销文案、多语言翻译。

- 代码智能体（Code Agent）：约占 10%，用于软件开发、代码审查和技术文档生成。典型应用：代码生成、代码优化、Bug 修复、API 文档生成。
- 数据智能体（Data Agent）：约占 15%，用于数据分析、预测和业务洞察。典型应用：预测分析、异常检测、数据可视化、业务智能。
- 安全智能体（Security Agent）：约占 5%，用于网络安全、风险评估和合规监控。典型应用：威胁检测、欺诈防范、合规监控、风险评估。

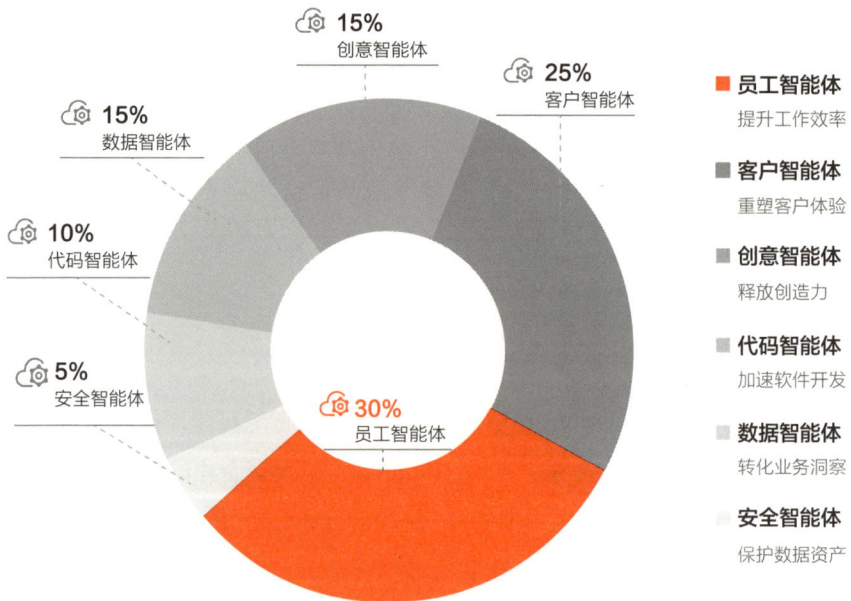

图 5-21　Google Cloud 中的 AI 智能体的类型及应用比例

　　不同行业基于其业务特性和痛点，发展出了差异化的 AI 应用模式。例如，金融服务业将 AI 智能体主要应用于欺诈检测、风险评估和投资咨询。这些智能体能够实时标记可疑交易，通过模拟市场情景评估风险，为客户提供个性化投资建议，显著提升了行业的风险管理能力和服务个性化水平。

　　制造业的 AI 智能体应用集中在流程自动化、供应链优化和质量控制 3 个方向，如利用 AI 智能体创建工厂和供应链的数字孪生，进行模拟优化；部署 AI 助手优化生产流程等。

在医疗健康领域，AI 智能体最常见的用途包括预约日程安排、诊断协助和病历处理，如利用 AI 智能体分析医疗影像辅助诊断，加速药物发现和开发过程等。这不仅提高了医疗服务的效率，更在精准医疗和药物研发等前沿领域开辟了新路径。

电信行业作为 AI 基础设施的主要建设者，也在积极应用 AI 技术，主要集中在客服机器人、客户体验智能体和安全监控智能体。如利用 AI 智能体提升客户服务解决方案效率，分析合同，提取关键信息，加速业务流程等。

当前，智能体已经是企业落地 AI 的重要形态。有调查报告显示，全球高达 96% 的受访企业计划在近期扩大 AI 智能体的应用领域，其中半数受访企业计划在整个机构内大幅扩展 AI 智能体的使用。2025 年 AI 智能体将成为焦点，进一步推动生成式 AI 与企业业务运营的深度融合。

5.4.3　企业 AI 应用场景，无处不在

随着人工智能和智能体技术的快速演进，大语言模型正逐渐成为企业数字化转型的核心驱动力，应用于企业各业务场景，如图 5-22 所示。从客户营销到生产制造，从财务管理到组织管理，大模型为企业提供了智能化、数据化的解决方案，助力企业在竞争激烈的市场中占据先机，更有可能打破传统企业花费海量成本构建的技术壁垒，让新的加入者成为颠覆者。本节以大模型在 4 个企业的业务应用场景为例，阐述了 AI 如何嵌入企业核心业务，实时智能运营，释放企业潜能。

1. 精准洞察，驱动增长——大模型在客户导向与数智营销中的应用

AI 技术能够深度挖掘客户的交互数据，包括点击流、购买记录、社交媒体评论等，构建客户行为图谱。通过自然语言处理和机器学习算法，企业可以识别客户的潜在需求和偏好，从而实现精准的需求预测。例如，企业可以根据客户的浏览历史和购买记录，生成个性化的推荐列表，提升客户转化率。基于大模型的客户画像构建能力，可以对客户按照行为特征、兴趣偏好等维度进行精准分类，帮助企业识别高价值客户，并为其设计专属的营销策略。这种细分不仅可以提升客户的忠诚度，还能帮助企业优化资源配置，降低市场营销成本。

图 5-22　企业 AI 应用场景

大语言模型可以自动生成个性化、多样化的营销文案，满足不同场景的需求。企业可以根据目标客户的特点，快速生成吸引人的产品描述和促销信息。同时，结合多维度数据（如地理位置、时间敏感性等），企业可以实现精准的广告投放策略，提升广告点击率和转化率。企业也可以实时分析客户的互动行为，并动态调整推荐内容。这种精准推荐不仅能提高转化率，还能增强客户对品牌的信任感。

2. 智能化生产，赋能未来——大模型在柔性生产和智能制造中的应用

随着工业 4.0 和数字化转型的深入推进，智能制造已成为全球制造业发展的主要方向。大语言模型作为人工智能的核心技术之一，在生产流程优化、质量控制、供应链管理等领域展现了巨大的潜力。通过 AI 的智能分析能力生成可操作的洞察，从而实现生产流程的智能化管理，包括对于生产过程中的瓶颈和浪费点的识别，排产计划的优化或者提升以及生产过程风险（如设备故障）的提前预警。

数据智能技术通过分析供应链中的海量数据，可以帮助企业做到更精准的需求预测和资源分配。一方面，实现供应链各环节的协同优化，通过对供应商、生产工厂和销售网络的全链路数据整合，利用 AI 预测市场需求变化，提前调整生产计划。另一方面，在物流和仓储环节实现智能化管理，通过分析运输路线、货物重量和天气条件等数据，AI 可以为物流企业推荐最优配送路径，并预测可能出现的延误风险，从而提高物流效率。

3. 数据驱动决策——大模型在精细核算与业财融合中的应用

在当今快速变化的商业环境中，企业必须实现业务与财务的高度融合，以更好地应对市场挑战和抓住发展机遇。传统的割裂式管理模式已经无法满足现代企业的需求，业财融合成为提升管理效率和决策质量的关键。通过整合业务数据和财务信息，企业可以建立一个全面的数据驱动决策体系，通过对销售数据、成本结构、利润分布等关键指标的深入分析，企业能够清晰地了解业务运营状况，并识别潜在问题和机会。用友的智能分析技术可以帮助财务部门快速生成详细的财务分析结果，并通过大语言模型能力提供数据解读建议。这使得

非专业人员也能轻松理解复杂的财务信息，并基于数据分析结果做出决策。

4. 人机协同，释放潜力——大模型在赋能员工与激活组织中的应用

智能的培训系统支持个性化的学习路径设计，员工可以根据自身需求选择适合的学习内容。同时，平台还提供实时反馈和评估机制，确保学习效果的最大化。知识共享是提升员工能力的重要方式。通过建立知识管理系统，企业可以促进员工之间的交流与合作，并形成良好的学习氛围。用友的协作平台支持实时沟通和文档共享，员工可以在平台上分享经验和最佳实践，从而实现集体智慧的积累和应用。用友的智能技术可以帮助企业建立全面的员工绩效评估系统，并通过数据分析优化激励策略，确保公平性和有效性。

6

大型企业数智化转型——总体框架与关键行动

本章精彩观点

在数字经济蓬勃发展的浪潮中，大型企业的数智化转型不仅是提升自身竞争力的关键，更是推动行业发展的重要力量。然而，这个转型过程充满挑战，涉及战略规划、技术架构、组织文化等多个层面的深刻变革。

本章系统阐述了转型的总体框架、关键行动及实施落地的核心策略。首先总结了大型企业数智化转型的总体框架和关键行动，阐述了关键行动包含统一数智化规划、数智底座、数据治理和关键应用系统。然后，针对如何实施落地，从战略、技术、组织三方面介绍了相关的核心策略。在战略方面，强调数智化规划的指引作用。在技术方面，强调选择一个强大的平台系统，构建数智底座；在组织方面，打造企业 AI，实现流程服务 + 数据服务 +AI 智能服务的原生一体应用。最后，探讨了打造数智化团队的方法，从搭班子选人才、消除转型阻力，到重塑 IT 组织和文化，为大型企业转型赋能。

6.1 总体框架与关键行动

目前，我国大型企业的数智化发展程度和水平并不均衡。有不少企业还在用传统的报表来管理人、财、物等信息，但也有部分行业的领军企业、龙头企业的数智化水平领先于全球多数企业。因此，对处于不同发展阶段、不同规模的企业而言，其数智化转型的特征与方式也有所不同。

相较于数智化领先企业，部分大型企业虽然高度重视数智化，诉求也很迫切，但确实不知道如何正确地推进，甚至走过弯路。因此，用友从服务众多大型企业客户的实践中，总结出大型企业数智化转型的关键行动和总体框架，如图 6-1 所示，旨在指引大型企业正确地推进企业数智化转型。

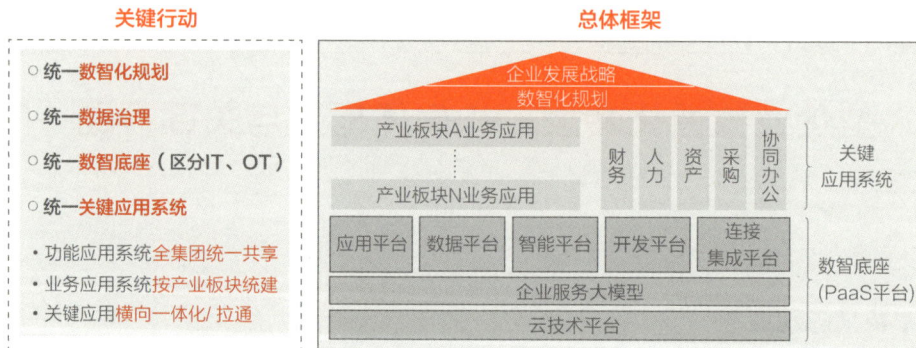

图 6-1　大型企业数智化转型的关键行动和总体框架

注："OT"指工业控制等操作 / 运营技术。

1. 统一数智化规划

大型企业需要在数智时代重新思考业务战略，重新思考和定义如何为客户创造价值，重新思考企业的商业模式，以清晰的业务战略作为数智化转型规划的输入，通过愿景来描绘未来 5～10 年数智化转型能取得的成就，进而设计架构蓝图，对愿景进行系统性的、分层分级的梳理和诠释，最后规划出变革项目，承接数智化转型举措，并为每一个项目确定优先级。

2. 统一数据治理

对于板块众多的集团类企业来讲，全局数据治理至关重要。企业积累了海量数据，并且还在爆发式增长。虽然数据很多，但真正能产生价值的数据却很少。数据普遍存在分散的问题，缺乏统一的定义和架构，找到想要的、能用的数据越来越难。因此在数智化建设的初始阶段，企业就要开展数据规划和治理，建立数据标准、确保源头数据准确、打破数据孤岛、促进数据共享、提高数据质量，保障数据隐私与安全。

3. 统一数智底座

数智底座是大型企业升级数智化系统的关键基础，这里要区分 IT 类和 OT 类底座，其区别如表 6-1 所示。涉及企业经营管理和业务运营的 IT 类系统，是一个底座；制造类企业，涉及工业控制的 OT 类系统，是另外一个底座。这要在数智底座的概念界定和功能范围上进行区分。

表 6-1　IT 类和 OT 类底座平台对比

	IT 类底座平台	OT 类底座平台
核心目标	优化信息流转与业务协同	保障物理设备高效稳定运行
实时性要求	秒级至分钟级	毫秒级至微秒级
数据特征	结构化数据为主（如交易记录）	时序数据为主（如传感器流数据）
典型技术	云计算、API 网关、数据库	边缘计算、SCADA、工业协议转换
安全重点	防网络攻击、数据泄露	防物理中断、操作劫持

企业统一的数智底座应包括应用平台、数据平台、智能平台、云技术平台、开发平台、连接集成平台，并接入或部署企业服务大模型。

4. 统一关键应用系统

从关键应用系统的部署框架来看，大型企业数智化要部署的应用与服务主要分两大类：一类是功能应用系统，如财务、人力、资产、采购、协同办公，全集团下属企业和产业板块之间，完全可以做到集团统建，其趋势是走向共享化，在实现资源整合、服务共享的同时，推进企业监管；另一类是业务应用系统，这些系统承载着特定行业下的核心业务，不同产业板块／下属公司应用的层级不一样，具备很强的行业属性，部署策略是按产业板块分别构建和运营，实现产业化发展。

在上述应用部署框架中，很多大型企业往往陷入关键应用整合的困境。在转型的一定阶段，不同应用系统各自为政的现象极为突出。不仅各系统的供应商不同，就连同一应用系统下的子应用也由多家供应商开发。这种情况造成应用系统如林立的烟囱，彼此孤立，数据孤岛问题突显。

因此，除了持续推进功能应用系统的集团统建共享，以及按产业板块构建运营业务应用系统外，大型企业还需大力推动关键应用的拉通，通过横向一体化的整合策略，让数据与业务流程顺畅，充分释放数智化转型的价值。

大型企业推进数智化转型，落地上述总体框架，要从战略、技术、组织上多管齐下，全方位赋能转型进程。

战略上，大型企业需制定契合自身发展的数智化转型战略规划，明确转型的阶段目标、实施路径以及预期成效。同时，依据市场变化与企业发展需求，灵活调整战略规划，确保其适应性与前瞻性。尤其是在"十五五"规划的开局之年，企业在完成战略规划的同时，要尽快启动并进行"十五五"规划的数智化子规划，指引企业实现数智化转型。

在技术上，一方面选择一个强大的平台系统统一数智底座。大型企业要基于 PaaS（平台即服务），实现应用的快速开发、灵活部署与高效运维。同时，底座平台还要具备强大的数据和智能能力，不仅需要能够自主可控，融合国产企业软件和国产大模型，还需要结合行业 Know-How 知识，为企业构建坚实的数据和技术基础，最终形成驱动业务创新的智能引擎。

同时，以流程服务 + 数据服务 +AI 智能服务原生一体应用落地企业 AI。其中，流程定义"做什么"，数据决定"怎么做"，智能实现"高效做"。企业要落地 AI，必须由技术与业务双驱动，让 AI 技术与业务场景融合，最终实现业务流程、数据资源与智能应用的一体化。

在组织上，打造适应数智化转型的团队，是企业实现转型目标的关键。从搭班子选人才，到消除转型阻力，再到重塑 IT 组织和文化，每一个环节都至关重要。通过强化变革管理意识、化解利益冲突等措施，消除转型过程中的各种阻力，重塑组织和文化，为企业数智化转型提供源源不断的动力。

6.2　以数智化规划为指引，确保战略落地

开展数智化规划并将其作为后续转型工作的指引，是确保战略有效落地的首要环节。大型企业的数智化转型要实现从战略愿景到执行落地的闭环，需要在规划层面聚焦三个方面：首先，准确把握数智时代企业架构的演变趋势，从集中化、流程驱动向云原生、数据驱动的智能化架构转型；其次，强调规划与业务深度融合的重要性，通过战略适配、分阶段迭代及组织重构弥合"知"与"行"的鸿沟；最后，发挥全要素运营的持续价值，将技术能力转化为业务竞争力，形成从规划到运营的完整闭环。

6.2.1　数智时代的企业架构演变

信息时代，企业架构以集中化、流程驱动、标准化为目标，SOA 是信息时代主流的架构方法。这一时期企业主流的应用系统是以 ERP 为代表的企业级一体化套件。紧耦合的架构使得企业应用表现为巨石型系统，虽然展现出了业务集中化管理、流程标准化和数据强内部集成等优势，但是也存在用户体验差、迭代慢、扩展性低等主要问题。

在数智时代，企业架构正从传统的集中式、一体化模式向更灵活、敏捷、智能化的方向演进，企业应用软件也从巨石型系统，转变为**集工具、能力、资源为一体的融合服务群（Bussiness Innovation Platform，BIP），**以应对快速变化的业务需求和技术挑战，如图 6-2 所示。

1. 从单体架构到云原生与微服务架构

云原生与微服务架构最初由阿里巴巴、腾讯等数智原生公司应用，以实现高频次更新和全球弹性扩展。近年来，传统企业的技术架构也开始向云原生与微服务转型。采用容器化（Docker/Kubernetes）、无服务器计算（Serverless）、服务网格（Service Mesh）等技术，企业应用的各模块可以独立开发、部署和扩展，支持快速迭代和灰度发布。同时可根据业务负载弹性扩展，动态调整资源，降低成本并提升稳定性。

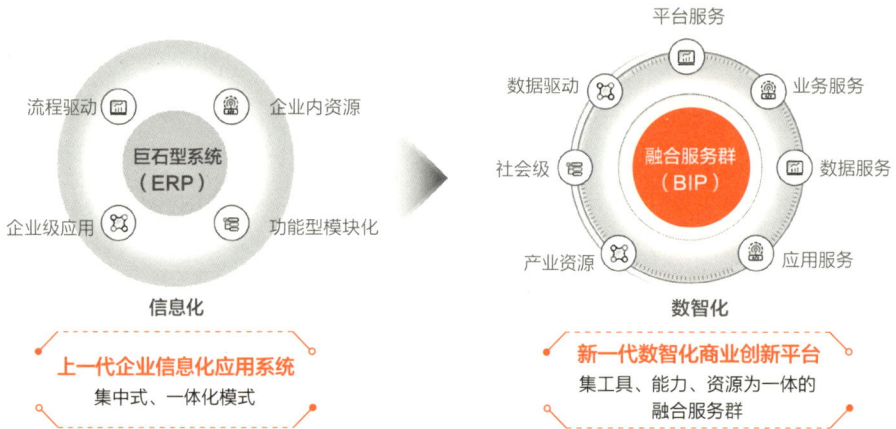

图 6-2 数智时代的企业架构演变

2. 从流程驱动到数据驱动 + 智能嵌入

上一代企业架构强调业务流程化和标准化，在数智时代，业务流程化仍然是基础，将数据服务和 AI 能力（机器学习、自然语言处理等）嵌入业务流程，实现自动化与智能决策，成为新的趋势，如智能供应链预测、自动化财务对账等流程优化，以及基于用户数据的智能推荐和精准营销等个性化服务。这一改变使新一代企业应用形成了数智驱动的三区一协同交互界面，如图 6-3 所示。

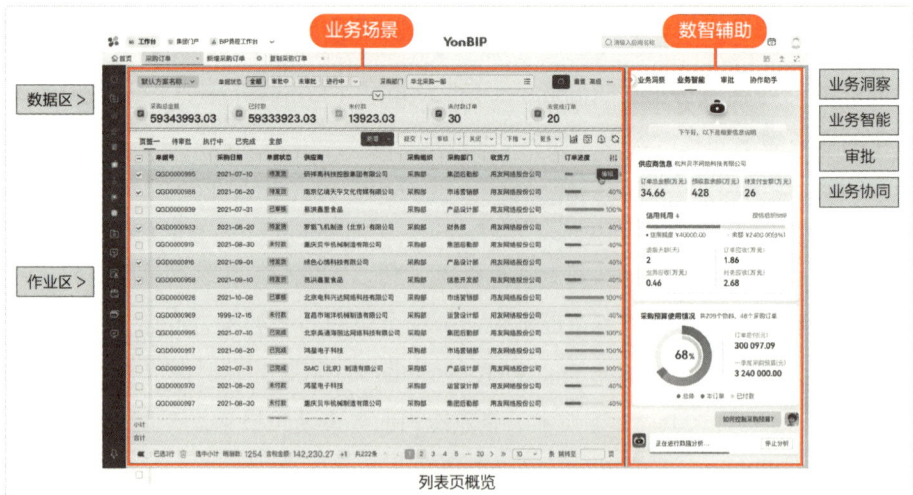

图 6-3 数智驱动的三区一协同交互界面

3. 从系统安全到合规管控

在早期的企业架构中，系统安全主要聚焦于防范外部恶意攻击、保障数据不被窃取或篡改，以确保系统的稳定运行。比如，企业通过部署防火墙、入侵检测系统来阻止黑客入侵，采用数据加密技术保护敏感信息。然而，随着信息技术在各个行业的深度渗透，数据安全、隐私保护等问题甚至上升到国家战略的层面。国家信创政策出台，旨在推动信息技术应用创新，实现核心技术自主可控，保障国家信息安全。这要求企业在保障系统安全的基础上，必须满足更为严格、全面的合规管控要求。

4. 从业务局部开展到全球化运营支撑

在企业发展初期，业务范围仅局限于本地或特定区域，IT 系统只需满足局部业务需求，如支持单一语言、本地货币结算等。但随着企业全球化战略推进，拓展海外市场，开展跨国业务合作，原有的局部业务支撑架构难以满足全球化运营的复杂要求。为了在全球范围内吸引客户、优化供应链、整合资源，企业必须对 IT 架构进行升级，以支持多语言交互、全球币种处理以及适应不同地区的法规政策、业务流程差异等。

5. 从企业内部资源协同到产业链生态协作

ERP 的全称是企业资源计划，是指将企业内部的人财物产供销一体化运作。在数智时代，多租户、API 管理平台、区块链（跨企业协作）、边缘计算等技术，支撑企业架构从企业级转向社会级，从封闭系统转向开放生态。例如，企业可以通过 API 市场快速连接内外部服务，实现与供应商、客户、第三方服务的无缝集成。

6.2.2　规划牵引，从战略到落地，务必知行合一

企业数智化转型必须以规划为指引，这已在大型企业中形成共识。业界也有成熟的数智化转型规划模型和方法论，如图 6-4 所示。总体来讲，数智化规划包含以下三个层面的内容。

❑ 数智化战略：需要明确数智化愿景、数智化发展的目标、数智化在客户业务发展中的角色以及应该具备的数智化能力四个方面的问题。

❑ 数智化架构：包含业务架构、数据架构、应用架构以及技术架构（技术平台、硬件设备和网络等）四个方面的内容；如有必要，企业可能需要对部分业务流程进行适当的调整与优化。

❑ 数智化管控：包括数智化部门的业务流程、数智化部门的组织模型、数智化部门与人员的业绩目标和考核方法以及各种数智化业务规范和业务标准等。

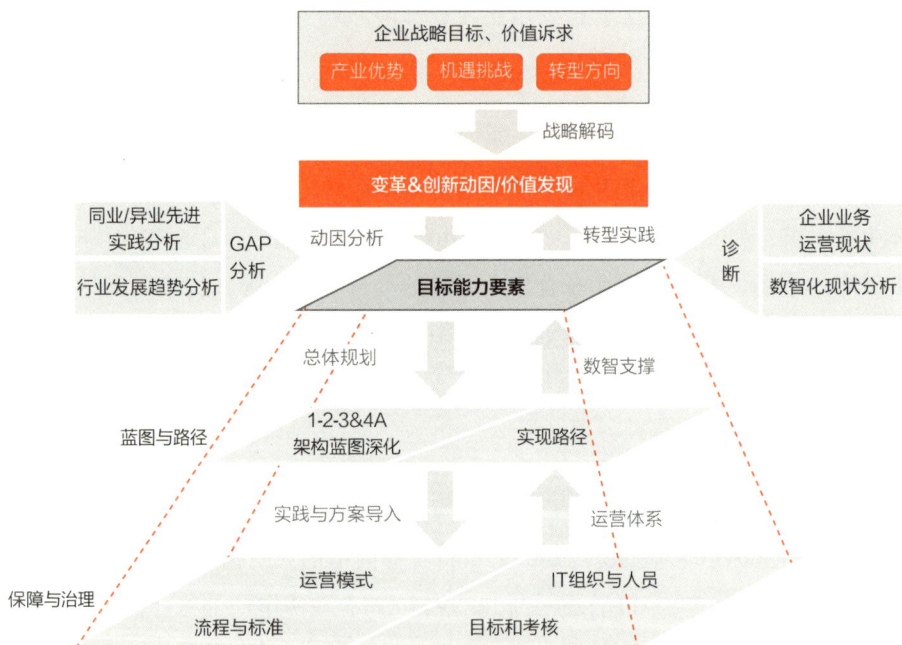

图 6-4　数智化转型规划模型

然而，从大型企业推进数智化的情况来看，很多企业存在规划和落地"两张皮"的现象。总结经验，应从战略适配、路径可行、组织管控三个方面入手，弥补规划与落地的"知行链路断裂"。

1. 战略与业务深度融合，以终为始，明确价值锚点

规划不能脱离业务，战略解码是数智化规划的起点，将企业战略（如"十五五"规划）逐层拆解为数智化目标，明确数智化在业务增长、效率提升、风

险控制等领域的价值贡献。之后通过业务分析与数智化能力评估，识别关键业务场景（如供应链协同、业财融合），优先聚焦高价值场景的落地。在规划阶段定义可衡量的 KPI，避免"口号式"目标。

2. 分阶段迭代推进，从蓝图到落地的敏捷路径

一次性规划过于宏大，实施周期长且难以调整。因此，蓝图和实施路径设计要按照分步走的原则，选择 1～2 个场景，快速验证技术方案与业务适配性，之后逐步覆盖核心业务领域。落地执行过程中可动态调整项目的优先级。

3. 组织与管控体系重构，打破"权责利"壁垒

针对传统组织架构与数智化流程冲突、权责不清的问题，可以进行数智化管控设计，如图 6-5 所示，设立"数智化转型办公室"（CDO 或专职团队），明确跨部门协同机制。将端操作层的端到端流程与系统功能匹配，避免流程与系统"空转"。将数智化目标纳入业务部门绩效考核（如数据治理达标率、系统使用率），与激励机制挂钩。

图 6-5　数智化管控设计示例

针对转型过程中出现的各层级人员认知偏差，通过启发式思维活动（如数智 DT 工作坊等），在员工与管理层之间建立数智化的思维方式，并在团队中形成共识，破除实施落地的思维障碍。

6.2.3　流程、数据和智能，全要素运营

数智化转型并非"交钥匙工程"，其核心价值在于通过数智化运营将技术能

力转化为业务竞争力。新时期，大型领先企业的数智化转型实践已经从传统的项目更迭转变为持续运营。领先企业将战略牵引、连接构建与平台运营连系起来，形成从战略到执行的数智化转型闭环，如图 6-6 所示。

图 6-6　从战略到执行的数智化转型闭环

战略牵引通过明确业务目标和技术路径，为转型提供方向性指导。企业需结合行业趋势与自身需求，制定长期数智化战略，确保技术投入与业务发展协同。这一环节为后续的迭代与运营奠定基础，避免盲目投入，实现资源的高效配置。

连接构建通过平台建设、快速试点、反馈优化，逐步完善技术架构与业务场景的融合。企业需建立敏捷机制，以数据为纽带连接各部门，推动流程再造与能力升级。这一环节强调动态调整，确保技术能力始终匹配业务需求，为平台运营提供支撑。

平台运营通过持续运营将技术转化为业务价值。企业需建立专门的运营团队，挖掘数据潜力，优化用户体验，实现降本增效或创新增长。这一环节与战略牵引形成闭环，通过实际效果反哺战略优化，推动数智化转型进入良性循环。

在这一闭环中，依托数智平台的全要素运营是真正创造数智化价值的阶段，是数智化价值的最终出口。

1. 数智化运营的核心要素

数智化运营不只是 IT 部门视角下的系统运营，更是包含 IT 和业务的系统、流程、数据、客户、产品、生态等全要素的运营。各维度的运营对象、运营目标、运营内容都各有侧重，如表 6-2 所示。

表 6-2　数智化运营的核心要素

	运营对象	运营目标	运营内容
战略导向	战略与要素配置	实现可持续的竞争优势及价值创造	企业战略计划、全面预算、组织与绩效
业务运营	客户、产品、服务、生态	驱动业务增长与模式创新	实时业务洞察、客户画像迭代、智能推荐策略调优、产业平台生态运营
IT 支撑	系统、流程、数据	保障技术架构稳定、敏捷、可扩展	系统性能监控、流程自动化优化、数据治理与质量提升、AI 模型迭代训练、风险预测与干预

2. 数智化运营的价值创造

数智化运营从技术工具跃升至驱动企业价值重构，在技术、业务和生态三个维度贯穿企业全价值链。

- ❑ 技术价值：通过系统健康度监控（如平台实时预警）、流程自动化率提升（如某制造企业通过 RPA 将采购对账效率提升了 70%），降低运维成本。
- ❑ 业务价值：基于数据资产运营（如某零售企业通过客户行为数据优化 SKU 组合，毛利率提升了 15%）和智能应用迭代（如某银行通过风控模型动态调优使坏账率降低了 30%），实现持续创效。
- ❑ 生态价值：通过产业互联平台运营（如某农业链主企业连接 500+ 上下游伙伴，交易规模年增 200%），重构商业生态。

6.3　基于强大的平台系统，构建数智底座

数智底座是如今大型企业在推进数智化转型过程中的核心概念。通过数智底座平台的支撑，企业能够全面提升整体的数智化能力，实现功能应用的共享

化与业务应用的产业化，进而优化基础能力，支持业务创新，并推动管理变革。在能力方面，面向企业数智化转型的数智底座，以用友 BIP 数智底座（iuap 平台）为例，应该具备六大平台能力，如图 6-7 所示。

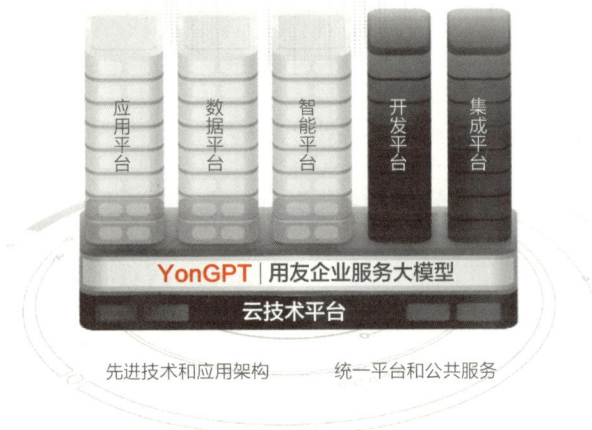

图 6-7　企业数智底座的六大平台能力

（1）云技术平台：构建弹性支撑

云技术平台提供灵活的计算、存储资源。企业应采用混合云或多云架构，根据业务需求动态调配资源，确保高可用性与扩展性。同时，依托云平台的安全防护体系，保障数据与应用安全，为业务创新提供稳定、弹性的技术环境。

（2）应用平台：加速业务响应

应用平台以模块化、组件化设计为核心，将业务功能抽象为可复用的服务模块。通过零代码、低代码开发，快速搭建个性化应用，缩短开发周期，使企业能更敏捷地响应市场变化，满足客户的多元化需求。

（3）数据平台：夯实数据根基

数据是数智化的核心生产要素。企业需构建统一的数据治理体系，整合分散在各业务系统的数据，并通过清洗、标注、建模等流程，形成标准化、高质量的数据资产。借助大数据分析与挖掘技术，释放数据价值，为精准决策、智能运营提供支持，实现"数据驱动业务"。

（4）智能平台：注入智慧动能

将生成式 AI、机器学习、知识图谱、RAG、智能体等 AI 技术融入智能平台，以复合式 AI 组合的方式实现智能预测、自动化决策与智能体交互等功能。例如，通过智能算法优化供应链管理，或利用自然语言处理提升客户服务体验，推动企业运营向智能化、智慧化升级。

（5）开发平台：赋能敏捷创新

开发平台应包括零代码、低代码、专业开发、移动开发、集成开发、数据开发等各种开发方式，提供一站式开发环境，支持 DevOps 开发模式，实现代码托管、持续集成与部署。结合微服务架构，将应用拆分为独立服务单元，便于迭代更新，加速技术与业务的融合创新。

（6）集成平台：打破系统壁垒

企业常面临多系统并存的"信息孤岛"问题。集成平台通过中间件技术与标准化接口集成资产，实现不同系统间的数据互通与业务协同，确保流程无缝衔接，提升运营效率，形成一体化的业务生态。

在构建数智底座时，大型企业需重点关注以下几个方面：首先要确保底座与业务的高度适配，避免技术与业务脱节；其次，在技术层面，要全面兼顾技术的自主可控与敏捷创新能力；最后，数智底座的建设不仅要注重初期搭建，更要重视后期运营，通过数据驱动、生态开放以及动态迭代，将其转化为推动业务创新的核心引擎，实现持续的价值创造。

6.3.1　最懂业务的底座，技术业务不脱节

从企业数智化转型视角来看，技术底座的核心价值在于面向业务场景构建可生长的业务数字孪生体，技术底座不是"技术堆砌"，而是业务的"数字骨架"——既要懂业务痛点，又要随需而变。技术底座的架构设计以满足业务需求的价值为首要考量。

第一是"源于业务"，如用友 BIP 累积了用友 37 年服务数百万企业客户的"研产供销服、人财物项协"十大领域和众多行业的应用实践，同时通过应用架构的多项领先创新和强大的业务、数据和智能中台能力，实现了技术、数据、

业务的深度融合，能够更好地帮助企业构建强大的数智底座平台。

第二是"服务业务"，如用友 BIP 始终坚持以"企业业务"为核心导向，以"应用落地"为落脚点，实现了多项应用架构的领先创新，如图 6-8 所示，包括支撑业务变化和精准运营的特征体系、支撑产业链及价值网业务协同的社会化商业组织与数据模型、支持组织柔性与灵动发展的多维组织模型、支撑企业实时管控与精益运营的 PDCA 管理循环、实现业务导向的场景化应用可组装等，这些创新使企业能随需而变、柔性扩展、韧性成长。

特征体系是用友 BIP 3 在精确描述物料及服务的特征属性方面的革命性创新，拥有不受限制的数量扩充能力及强大的特征属性间的规则配置能力，充分实现了高弹性、高可配。基于特征管理，可帮助企业实现对客户订货需求的动态描述，以及精细定价、精准生产、精细管理和核算，助力各行各业企业实现精细化管理、卓越运营。

用友 BIP 3 还提供了灵活的多维组织能力，可按照企业的管理思想进行完全定义。从纵向组织架构维度来看，多维组织树可以帮助企业协调刚性组织架构和组织灵动性需求的矛盾，与权限和流程等融合，增强企业围绕业务的组织变化能力；从横向时间维度来看，支持基于时间轴进行组织创建、变更，追溯过去、模拟未来，可以帮助企业全面掌握组织、人员现状及变化趋势，为各类人力资源管理和企业经营决策提供有力支撑。

第三是"应用可组装"，如用友 BIP 把通用的企业服务功能封装为可复用、可扩展、可运营的中台能力，包括用户、企业、组织、权限、流程、报表、供应商、物料、商品、电子发票、全球化应用等服务，并为中台能力的开发、运营提供系列能力支撑；用友 iuap 数据平台沉淀了众多先进管理思想和领先企业实践，预置了覆盖财务、人力、采购、制造、营销等十大领域超过 240 种业务模型和多个行业的主题包，支持业务人员轻松生成分析报表，大幅度降低使用门槛，提高数据服务能力。

技术底座与业务的深度融合，本质上需要突破传统架构"刚性固化"的桎梏，通过灵活性与规范性的动态平衡实现"业务生长式适配"。面对大型企业多业态、多层级、多场景的复杂需求，数智底座必须既能支撑集团级标准化管控，又能满足产业板块的个性化创新需求。

多维组织模型

支持组织柔性，灵动发展

多管理目的维度的组织模型
单组织→多组织→企业群
灵活组织树报关系
灵活组织权限管控

标准成本体系

精细管控，提质增效

全过程管控
实时核算
差异管理
决策支持

特征体系

支撑业务变化和精准运营

动态特征属性的革命性创新
"物"的精细化描述、行业化扩展
服务高弹性、高可配

时间轴

支持灵活组织构建和变化的全生命周期管理

组织的时间轴
回溯历史、精准分析、预测未来

事项法会计

重构企业精细管理的关键基础

事项驱动的新一代会计架构
细颗粒度、多维、实时的核算
重新定义业财融合

场景化应用可组装

实现业务导向的随需应用

中台化
场景化应用、角色工作台
解耦、重构、连接、组装

社会化商业组织与数据模型

支撑数智化的产业协同

社会级数字化建模
企业群模型
产业链主数据

PDCA管理循环

支持企业实时管控，精益运营

计划到执行、检查分析、
改进的闭环
流程与数据服务融合
业务运营与管理控制一体

图 6-8 用友 BIP 多项应用架构的领先创新

6.3.2 零代码 / 低代码 / 专业开发，怎么选

随着数智化转型进程持续加速，企业对应用开发的需求呈井喷式增长。传统的专业开发模式，在面对快速更迭的业务需求时，暴露出诸多弊端，突出表现为交付周期冗长、成本居高不下。在此形势下，零代码 / 低代码开发平台顺势而生，成为企业实现应用敏捷构建的重要助力。

据权威研究机构预测，未来数年，零代码 / 低代码开发市场将维持高速增长的态势，被越来越多的大型企业纳入数字化建设的战略体系中。零代码 / 低代码开发平台凭借可视化、拖曳式的操作模式，大幅度降低了应用开发的技术门槛，使得业务人员能够参与到应用开发流程中，实现"全民开发"的新局面，如图 6-9 所示。这将彻底重塑企业的应用开发生态，显著提升企业应对市场变化的敏捷性。

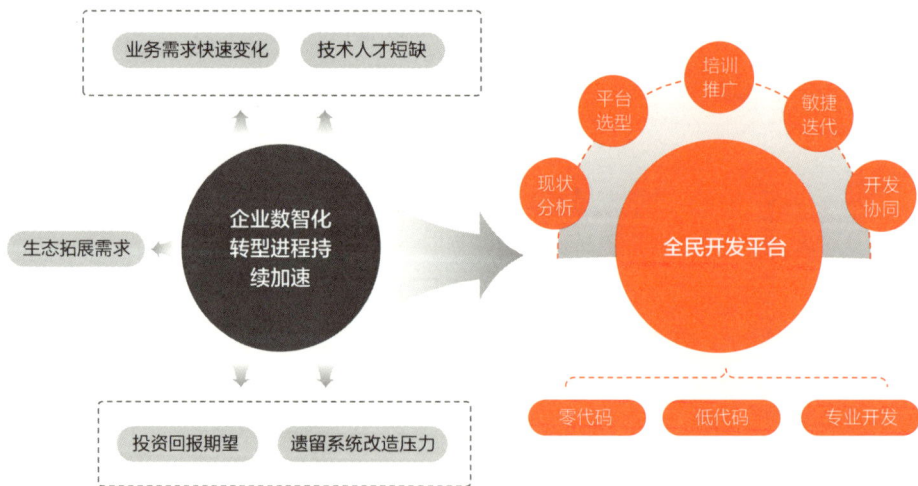

图 6-9　数智化转型驱动企业"全民开发"平台建设

1. 背景解析

（1）业务需求快速变化

在全球化市场竞争日益激烈的当下，大型企业的生产供应链体系面临着前所未有的挑战，业务需求呈现出快速且复杂的变化态势。

以汽车制造业为例，消费者对汽车的个性化需求愈发显著，不仅要求车型款式多样，还对车辆配置、内饰风格等有着独特偏好。同时，市场需求受宏观经济环境、政策法规以及突发公共事件的影响波动明显。

从市场需求调研、产品设计开发，到生产计划调整、供应链协同系统优化，这一系列流程涉及多个部门协同作业，而传统专业开发模式在应对此类复杂多变的生产供应链业务需求时，暴露出明显的局限性：各环节沟通成本高、开发周期冗长。在此期间，市场需求早已发生多次变化，开发出的应用可能已无法满足实际的业务需求。

（2）技术人才短缺

尽管大型企业在技术人才储备方面相较于其他规模企业具备一定优势，但随着数智化转型进程的不断深入推进，企业对专业开发人员的需求呈现出井喷式增长的态势，远远超出了人才市场的供给能力。

数智化转型覆盖企业运营的各个关键环节，从前端的客户交互系统、营销渠道数字化建设，到后端的供应链管理、财务核算、风险管理等核心系统的数智化升级改造，无一不需要大量专业开发人员的深度参与。根据权威人力资源调研机构发布的数据，在过去三年，大型企业数智化转型相关技术岗位的招聘需求增长率超过 50%，然而人才供给增长率仅维持在 20% 左右，供需缺口持续扩大且短期内难以有效弥合。零代码 / 低代码开发平台的出现为缓解这一严峻困境提供了切实可行的解决方案。

在某生产制造企业，内部的业务人员虽然对生产流程、质量管理、设备维护等业务环节有着深入且直观的了解，但普遍缺乏专业的编程技能。通过对这些业务人员开展为期 1~2 周的零代码 / 低代码开发平台集中培训，利用平台所提供的可视化操作界面以及预置的功能模块，搭建出生产数据实时监测应用、设备维护管理应用、质量追溯应用等。这些由业务人员主导开发的应用，由于紧密贴合企业实际业务场景和需求，在提升业务效率、优化业务流程方面往往能够获得立竿见影的效果。这一举措不仅极大地缓解了企业技术人才短缺的压力，而且有力地促进了业务与技术在企业数智化建设过程中的深度融合，使企业数智化建设成果更加贴近业务本质，为企业创造更大的价值。

（3）企业数智化转型投资回报期望

企业在推进数智化转型的进程中投入了巨额的资金成本，因此迫切期望能够获得显著且高效的投资回报。在传统的专业开发模式下，由于开发周期漫长，企业资金回笼速度缓慢，并且在开发过程中存在诸多不确定性因素，最终交付的成果有可能无法达到企业预期的收益目标。

零代码/低代码开发平台凭借其快速构建应用的特性，能够大幅度缩短项目从启动到上线的周期，使企业能够更快地从数字化项目中获取实际收益。

（4）遗留系统现代化改造压力

众多大型企业在长期的发展历程中，积累了大量技术架构陈旧的遗留系统。这些遗留系统虽然承载着企业的关键业务功能，但技术体系老化，维护成本不断攀升，且在适配新的业务需求以及当前先进技术环境方面存在严重困难。若全面替换这些遗留系统，企业不仅需要投入巨额的资金成本，还将面临业务中断等一系列高风险问题。

零代码/低代码开发平台为企业提供了一种轻量化、低成本且低风险的遗留系统现代化改造方案。企业可以在不推翻原有遗留系统核心架构的基础上，通过零代码/低代码开发平台开发新的应用，并将其与遗留系统进行有效集成，从而实现对遗留系统的功能扩展与升级。

（5）外部合作生态拓展需求

在数智时代，市场竞争愈发激烈，为了增强自身市场竞争力，大型企业积极致力于拓展外部合作生态，与供应商、合作伙伴等构建紧密且高效的协同关系。

这一趋势要求企业能够迅速开发出适配合作业务流程的应用系统，以实现各方信息的实时共享与高效协同工作。然而，传统开发模式在响应合作过程中多变的业务对接需求方面表现乏力，难以满足企业快速拓展合作生态的需求。

零代码/低代码开发平台赋予企业灵活定制合作应用的能力。例如，企业可以通过该平台搭建与供应商的库存协同管理系统，实现双方库存信息的实时共享，从而优化供应链整体效率；也可以开发与合作伙伴的联合营销推广平台，实现客户资源共享与精准营销。以某汽车制造企业为例，该企业通过零代码平台快速搭建了与零部件供应商的库存信息共享应用，实时掌握零部件库存动态，有效避免了因库存不足导致的生产停滞问题，极大地提升了供应链的协同效率，助力企业更好地融入外部合作生态，创造更大的商业价值。

2. 建设路径

（1）评估企业现状

在选择通过零代码 / 低代码 / 专业开发实现应用敏捷构建前，企业需全面且深入地评估自身现状，涵盖业务流程复杂度、现有技术架构、人员技能水平以及企业数字化战略目标等关键要素。

对于业务流程相对标准化、对系统集成要求不高的部门，零代码 / 低代码开发平台凭借快速开发与灵活迭代优势，可作为优先选择；而涉及核心业务逻辑、对性能和安全性要求极高的应用，专业开发更为适宜。通过精准评估，明确不同类型应用适配的不同开发方式，为制定合理的开发策略奠定基础。

（2）平台选型

基于企业评估结果，审慎选择零代码 / 低代码开发平台至关重要。市场上此类平台众多，功能与特点各异。需重点考量平台的功能完整性，确保能满足多样化业务需求；关注可扩展性，以便适应未来业务发展；重视安全性，保障企业数据资产安全；评估与现有系统的集成能力，实现无缝对接。

（3）培训与推广

为确保零代码 / 低代码开发平台在企业内顺利应用，需全面开展系统培训工作。针对业务人员，重点培训平台基本操作、业务逻辑搭建等内容，使其能快速上手开发简单应用；针对技术人员，重点培训平台高级功能、系统集成等知识，以便其更好地进行定制化开发和维护。同时，通过内部宣传、成功案例分享等方式，在企业内广泛推广零代码 / 低代码开发理念，提高员工对新开发方式的接受度和参与度。

（4）构建与迭代

平台搭建完成并完成培训后，企业即可启动应用构建工作，遵循先易后难原则，从简单业务场景入手，逐步积累开发经验。在开发过程中，注重与业务部门沟通协作，依据业务反馈及时优化迭代。建立严格的应用质量管控机制，确保开发出的应用符合企业的业务规范和技术标准。随着应用数量增加，对应用进行科学分类管理，构建企业应用资产库，便于后续复用和维护。

（5）与专业开发协同

零代码/低代码开发与专业开发并非相互替代关系，而是协同互补关系。对于复杂业务场景和系统集成需求，由专业开发团队负责开发，将其成果与零代码/低代码开发的应用整合。通过建立统一开发规范和接口标准，实现不同开发方式下应用的无缝对接，共同为企业数智化转型提供强大的应用支撑。

6.3.3　数据中台不仅是 BI 可视化

BI 一词最早是由 Gartner 在 1996 年提出的，Gartner 将商业智能定义为通过应用基于事实的支持系统辅助商业决策制定的技术与方法。也有一种观点认为 BI 这个概念，早在 1989 年就被 IBM 的研究员使用了，他将商业智能定义为对事物相互关系的一种理解能力，并依靠这种能力去指导决策，以达到预期的目标。不论是 1989 年还是 1996 年，都说明 BI 不是一个新事物。BI 为企业提供了迅速分析数据的技术和方法，包括收集、管理和分析数据，通过将这些数据转化为有用的信息，帮助企业进行决策。

随着数智化的不断发展，人们对数据洞察力的期望越来越高，渐渐地人们发现：不是企业不再需要 BI，而是成功的 BI 实在太少了。毋庸置疑，数据是有价值的，将数据作为生产要素，把数据比作石油、金矿，其实毫不为过！在数据大爆炸的数智时代，企业缺少的并不是数据，而是如何有效地管理和利用数据的手段。事实上，企业对于数据利用的探索一直没有停止，除了传统 BI，还有数据仓库、数据集市、数据湖、大数据平台、数据中台等。经过大量的实践验证，当前很多企业都将期望放在了数据中台上。

数据中台是一套"让企业的数据可持续用起来"的机制，也是一种战略选择和组织形式。它是依据企业特有的业务模式和组织架构，通过有形的产品和实施方法论支撑，构建出的一套持续不断地把数据变成资产并服务于业务的机制。

数据中台需要具备数据汇聚整合、数据提纯加工、数据服务可视化、数据价值变现 4 种核心能力，让企业员工、客户、合作伙伴能够方便地应用数据。数据中台是在组织数智化转型过程中对各业务单元的业务与数据进行沉淀，并构建包括数据技术、数据治理、数据运营等数据建设、管理、使用体系，从而实现数据赋能与数据驱动。

在企业的数据架构（图 6-10）中，BI 属于数据前台的范畴，提供数据分析和可视化能力，是数据中台的用户对象之一。数据中台则更多是一种统一的数据管理架构，一种技术和组织的解决方案，可以支持 BI 分析，并实现数据采集、数据加工、数据开发、数据服务、数据治理等。

图 6-10　企业的数据架构

因此，我们看到业内的数据中台解决方案常常将 BI 融合其中，搭配使用。数据中台从数据源获取数据，整合、清洗和统一管理数据，然后通过接口服务将数据提供给各个系统使用。

数据中台与 BI 有很多类似的地方，但它们本质上是两类不同的平台。两者主要有以下区别。

❑ **解决的问题不同**：数据中台主要用于收集、存储、整合和管理不同数据源的数据，以便更好地支持业务分析；BI 则是通过分析和可视化数据，找出潜在的问题和机会，从而帮助企业更好地执行决策。

❑ **技术的架构不同**：数据中台主要采用分布式架构，可以支持大规模的数据存储及计算；而 BI 主要采用集中式架构，可以支持多维度、高效的数据分析。

❑ **提供的服务不同**：数据中台主要提供数据资源资产化，以及 API 化（或其他共享方式）的数据服务；而 BI 主要提供数据报表、数据应用可视化服务。

❑ **处理的数据不同**：数据中台的数据主要是原始数据，如原始的日志数据、业务数据、IoT 数据等；而 BI 的数据主要是加工过的数据，如报表数据。

❑ **归属的部门不同**：数据中台主要属于 IT 部门，IT 部门负责搭建和维护数据技术平台，沉淀数据资产，并提供数据服务；而 BI 属于业务部门，负责利用平台上的数据进行分析和挖掘，从而获取有价值的数据洞察，制定更加明智的决策。

数据中台提供一站式数据工作台，将加速推动企业的数据平民化进程，让"人人都能成为数据分析师，人人都会找数据、用数据，用数据说话、用数据决策"，真正实现企业的"数据驱动"。

1. 自上而下，全面盘点企业数据资产

自上而下梳理是一种以业务视角进行数据梳理的方式，通过对企业的相关制度文件、职能体系、业务流程、业务单据等进行全面分析，逐层分解，梳理数据资产的三级目录、业务属性和相关管理属性。

❑ 三级目录，即数据资产的分类，是按照业务视角对企业数据资产的梳理和分解，例如，数据域 - 数据主题 - 数据子主题 - 数据对象（三级目录不限于三级，但一般建议控制在五级之内）。

❑ 业务属性，即用来描述数据资产的业务元数据。常见的业务属性包括所属数据域、数据主题等分类属性，数据对象、业务定义、业务规则、敏感等级等。

❑ 管理属性，即用来描述数据资产的管理、维护、使用等相关元数据。常见的管理属性包括管理部门、管理人员、联系方式、更新频率、最后更新时间、数据共享条件等。

2. 自下而上，深入分析企业业务痛点

数据治理、数智化转型首先是需要消除企业痛点，这是见效最快的方式。但很多企业最大的痛点是不知道自己的痛点在哪里。对此，笔者给出以下思路供参考。

1）找到那些对业务影响很深的点，如不解决业务就无法顺畅执行的问题。

2）找到那些对业务影响很广的点，牵一发而动全身，做好一点就能带动全局。

3）找到那些对业务有高价值的点，能够为客户带来更好的产品或服务，提供更好的客户体验，或者为企业带来更多的收入和利润。

4）找到那些相对成熟且容易实现的点，先易后难，逐步推进，不要上来就选择一个根本无法完成的目标。

3. 全面汇聚、整合和沉淀数据资产

将企业数据转化为生产力，需要业务用户快速定位、理解和充分利用数据。与传统数据仓库主要用于支撑管理决策分析不同，数据中台是将企业数据服务转化为数据资产，提供给业务系统，并渗透到企业的各个业务环节。数据中台的能力是将企业的数据资源经过统一治理、汇聚、加工、处理，然后形成数据资产，并自动注册生成数据资产目录。数据资产目录解决了跨部门数据资产的共享问题，便于业务决策者找到、理解和信任他们需要的数据，进而支持业务部门利用数据来优化业务。

通常，IT 人员不会从业务的角度理解数据，他们往往只专注于数据相关的技术问题，而业务人员缺乏 IT 技能，也很难将数据转换为业务洞察力。数据中台提供了有效的数据管理方法和工具，帮助企业管理数据资产，并将其转化为对企业有价值的信息和有意义的业务洞察力。数据中台建设的意义，在很大程度上是实现了 IT 和业务的联通，让 IT 与业务形成合力，朝着同一个方向和目标努力。

4. 按需"组装"数据服务，构建数据供应链

数据中台坚持"以终为始"的原则，以业务需求为导向，通过数据采集、数

据处理、数据计算等能力，按需对数据进行加工处理和组装，形成数据服务，再利用 BI 工具对数据进行分析和可视化，从而实现企业数据资产的一站式应用。

数据中台提供了数据萃取、数据共享、数据资产运营等服务，是构建企业数据供应链的关键，让企业的数据能够以服务的形式快速供给相关的业务。这是数据中台的灵魂——数据即服务。

5. 敏捷 BI，自助分析，驱动业务决策

敏捷 BI 是从工具侧和方法侧对传统 BI 的全新升级。敏捷 BI 与传统 BI 的区别在于交付方法。传统 BI 更多的是由 IT 人员进行数据报表开发，业务人员只管"看"，十分被动。而敏捷 BI 更强调业务的自助式分析，即业务人员自己进行数据探索和分析，增强了业务人员对数据的洞察能力。

6.3.4 融合式 AI，驱动智能场景实现

融合式 AI 不是"技术堆砌"，而是根据业务需求灵活搭配 AI 能力模块，让智能真正服务于场景。用友 BIP 的实践表明，企业可通过"场景分级 + 模块化技术 + 数据闭环"，实现从局部智能到全局智能的跃升。

1. 什么是融合式 AI

融合式 AI 是指通过整合多种人工智能技术，构建协同工作的系统，以解决复杂问题或实现多功能的应用。它强调不同技术的互补与协作，而非单一模型的优化。它的核心是"灵活拼装"——把自然语言处理、机器学习、知识图谱、RPA 等不同技术像积木一样组合使用，针对复杂问题定制解决方案。融合式 AI 架构如图 6-11 所示。与传统 AI 只解决单一任务（如预测销量）不同，融合式 AI 能让多技术协同工作（如同时预测销量、调整定价、优化补货），形成完整决策链条。

例如，某钢铁企业将销量预测模型与库存优化算法结合，相当于给系统装上"预测大脑"和"调度双手"，使库存周转率提升了 30%，需求预测准确率提高了 25%，资金投入成本减少上亿元。这种模式已应用于制造、零售等行业，帮助企业用更低成本实现全局优化。

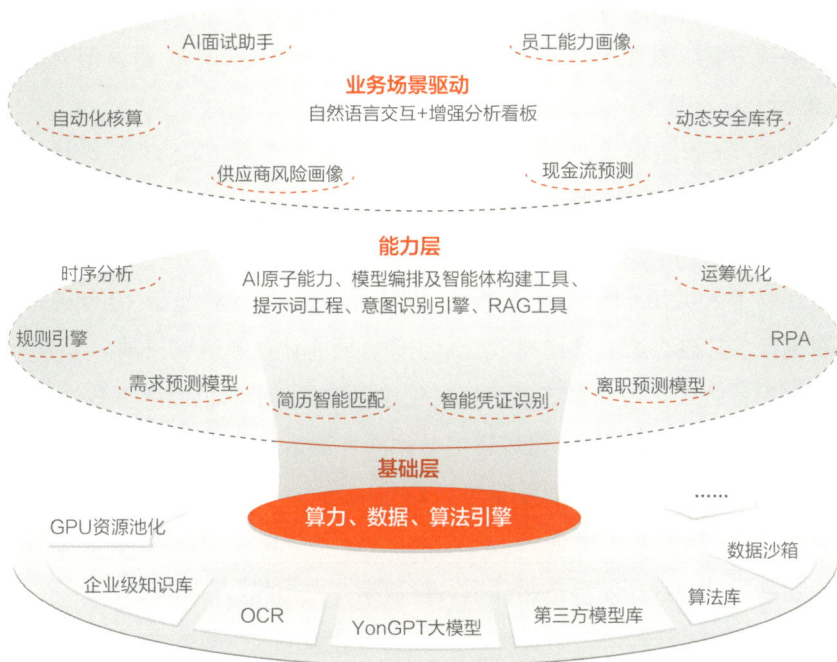

图 6-11　融合式 AI 架构

2. 三步构建融合式 AI 技术栈

步骤 1：场景分级，对症下药

1）基础场景。以财务对账自动化为例，用"规则引擎 +RPA"组合轻松搞定重复劳动：在预设对账规则后，机器人能自动比对银行流水和系统数据，1 周就能上线。某企业应用该功能后，实现财务人员从每天 3 小时手工对账变为"一键完成"，效率提升了 70%，将人力从重复手工作业中解放出来，转向高价值的分析决策。

2）进阶场景。以供应链智能预测为例，面对复杂的库存管理，某零售商用"机器学习 + 时序分析"预测需求：模型自动学习历史销量、节假日等规律，2 周建成动态调价系统。实施后库存积压减少 30%，利润率提升 15%，每年可多赚千万元。

3）复杂场景。以智能生产排程为例，某车企用"AI+ 运筹优化"破解排产难题：系统同时考虑订单量、设备状态、人员班次等 10 多个因素，用 40 秒就生成了最优方案。某工厂应用该功能后，排程效率提高 40%，每月节省加班成本超 50 万元，交货准时率逼近 100%。

步骤 2：技术适配，平台赋能

用友 BIP 智能平台如同"AI 乐高工厂"，业务人员不用写代码，拖曳模块就能搭建智能应用。平台提供自动生成代码、智能运维、机器人搭建等全套工具，比如财务人员用 ChatBI 分析报表，供应链团队用预置模板 10 分钟生成库存预警流程。其核心逻辑是让技术适配业务，而非让业务适应技术。

平台配备两大实用武器：一是可视化建模工具（小白也能调参数），二是覆盖 20 多个行业的场景模板（如零售销量预测、制造设备巡检）。数据显示，企业平均智能化落地周期从 6 个月缩短至 2 周。

步骤 3：数据闭环，持续优化

构建高质量的数据闭环供给体系，给数据"大扫除"，如图 6-12 所示。

图 6-12　构建高质量的数据闭环供给体系

企业成立专门的数据管理团队（如数据治理委员会），像整理杂乱房间一样清洗数据：统一命名规则、修正错误信息。某银行清理 10 万条问题数据后，使得 AI 模型预测准确率从 65% 提升至 88%，相当于给系统换了副"高清眼镜"。

1）模型"健身计划"。建立每日体检＋每周强化的机制：系统自动监测模型效果（如预测偏差率），发现异常立刻预警；每周根据新数据调整参数。某电商的动态定价模型经过 3 轮迭代后，它制定的价格策略更贴合市场变化，最终带动销售额增长 12%，相当于多开 3 家新店。

2）滚雪球式升级。通过"清洗数据→训练模型→验证效果→再优化"的闭环，使 AI 系统越用越"聪明"。某制造企业持续运行该模式半年后，使得设备故障预测提前量从 3 天延长至 2 周，维修成本下降 40%。这种模式让企业从"一次性 AI 项目"转变为"持续增长引擎"。

6.3.5　云技术平台，软件"生产线"

在数智化转型过程中，企业对软件交付的要求已从单纯的"稳定可靠"升级为追求"敏捷、高效、稳定"的全方位能力。

DevOps 是云技术平台的核心价值，从软件"流水线"进化为"生产线"，如图 6-13 所示，将简单的自动化构建部署流程转变为全面高效的生产系统，可适应多变需求，提供标准化、自动化流程，并通过持续优化实现高效上线。

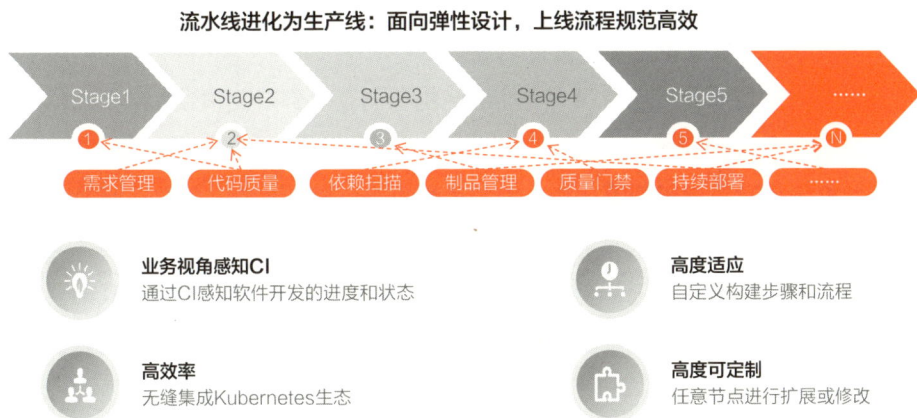

图 6-13　从软件"流水线"进化为"生产线"

这一转变涵盖以下关键层面。

❑ 在弹性设计方面，生产线必须具备可扩展性，能根据工作负载动态调整资源，在高需求时处理更多任务，在低需求时避免资源浪费；具备容错性，在组件故障时快速恢复，保障系统稳定可靠；还需具备灵活性，以适应不同类型应用程序与服务需求，快速调整重新配置。

❑ 在上线流程规范方面，标准化至关重要，既要定义清晰的工作流程、规范部署步骤与一致测试策略，又要确保各环节按既定标准执行；自动化贯穿全流程，从代码提交到部署减少人工干预，降低错误率；内置监控与反馈机制，实时跟踪流程状态与性能指标，助力团队快速响应问题并持续改进。

❏ 在高效上线流程依赖持续集成/持续部署（CI/CD）方面，应快速响应代码变更需求，自动化测试与部署，缩短开发到生产周期；通过并行处理多个任务，如同时开展多项测试或部署，充分利用资源加速上线；持续优化流程，识别并消除瓶颈，优化任务执行顺序，缩短等待时间。

进化为软件"生产线"的云技术平台，具备支撑软件全生命周期管理的能力，为数智化转型企业打造更安全可控的开发环境。支撑内部各业务 CI/CD 过程平稳可靠运行，有效保障企业业务连续性与稳定性，验证自身的安全与稳定性，高效率打造低成本、高质量的软件。

云技术平台以灵活性与强大功能满足从初创企业到行业领导者的多元需求，面对复杂业务流程与高流量场景，提供云原生技术支持、弹性扩缩容、基础治理、服务编排和镜像管理等功能，提升工程效率，降低成本，增强市场竞争力，并通过定制化服务满足大型企业在效率、成本、质量和创新方面的高要求。它在功能与灵活性上具有显著优势，适合需要高度定制化及集成多种工具的企业。通过全自研平台与全流程自动化能力，为企业数智化转型与业务创新提供强大、灵活且易用的解决方案。

6.3.6　企业混合云架构下的跨云集成

在企业数智化转型的浪潮中，绝大多数企业的较为敏感的核心系统都采用私有云或专属云建设，其他应用部分则采用公有云 SaaS 服务，或者云上的接口服务或数据服务，这就是典型的混合云架构，如图 6-14 所示。混合云集成了公有云的灵活性与扩展性，以及私有云的安全性与可控性，允许企业根据业务需求动态分配资源。例如，企业可将核心业务数据存储在私有云，确保数据安全与合规；同时利用公有云的强大算力处理海量的非核心业务数据，如市场推广数据。这种"按需分配"的模式，既满足了企业对成本的控制要求，又提升了业务的敏捷性。

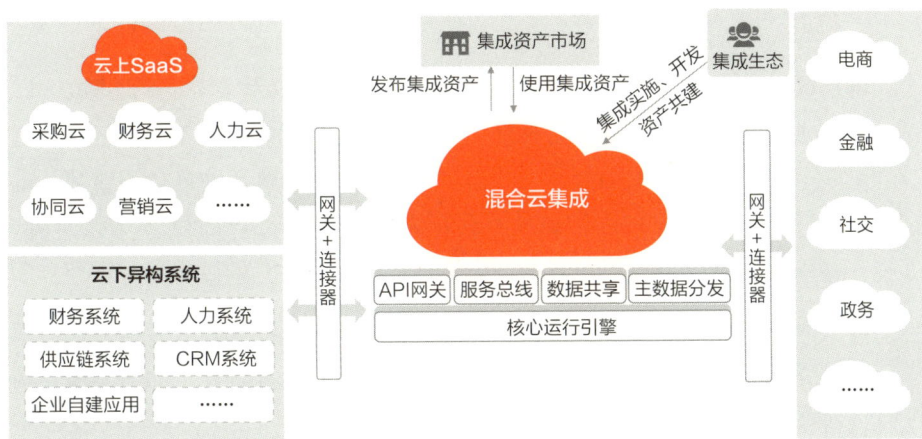

图 6-14　典型的混合云架构

1. 价值

混合云架构下的互联互通，让公有云与私有云之间形成有机整体，打破数据与应用的壁垒，从而释放更大的价值。

跨云穿梭的互联互通具有如下价值。

☐ 提升业务敏捷性：使企业能够在不同云环境间快速迁移应用与数据。当业务面临突发增长需求时，可迅速从私有云扩展至公有云，利用公有云的弹性资源满足需求；当业务回归常态，又可将资源收回，避免浪费。这种无缝的切换，让企业能够更敏捷地应对市场变化，抓住转瞬即逝的商业机会。

☐ 优化资源配置：企业可对多云环境中的资源进行统一调度。例如，将计算密集型任务分配给公有云的高性能服务器，将存储敏感数据的任务留在私有云。这种优化配置不仅提升了资源利用率，还降低了整体运营成本。

☐ 增强数据价值挖掘：在混合云环境下，企业内部数据（如客户关系管理系统数据）与外部数据（如市场趋势数据）得以融合，打破了数据孤岛，使企业能够进行更全面的数据分析，获取更深层次的商业洞察，为决策提供有力支持。

2. 挑战

架构带来便捷的同时也带来了一些技术挑战，具体体现在以下几方面。

❑ 数据一致性难题：在混合云环境中，数据可能同时存在于公有云和私有云中。当两端数据同时被修改时，如何保证数据的一致性成为挑战。例如，某电商企业的库存数据在私有云管理，而订单数据在公有云处理，若两者更新不同步，将导致库存与订单数据脱节，影响客户体验。

❑ 多云整合：企业可能使用多个云服务商的服务，形成云上与云下、云与云之间的模式，不同云平台的技术架构与接口标准各异，如何实现异构平台间的无缝整合，是互联互通的一大技术难点。

❑ 安全与合规复杂性：在混合云环境下，安全管理需覆盖公有云和私有云。不同云服务商的安全策略与合规标准存在差异，企业需建立统一的安全框架，确保数据在传输与存储过程中的安全，同时还需要满足行业合规要求。

3. 解决方案

针对上述挑战，具体有以下几种解决方案。

❑ **统一架构设计**：企业应构建统一的云管理平台，对公有云和私有云进行集中管理。该平台必须具备资源监控、应用部署、数据同步等功能，确保混合云环境下的操作一致性。例如，通过容器化技术（如 Docker）和编排工具（如 Kubernetes），实现应用在不同云环境间的快速迁移与部署。

❑ **强化数据治理**：建立统一的数据标准与治理流程，确保混合云环境下的数据一致性。可以采用数据同步技术（如双向数据复制），实时更新公有云和私有云的数据。同时，加强数据加密与访问控制，保障数据安全。

❑ **构建统一安全体系**：制定覆盖混合云的安全策略，包括身份认证、访问控制、入侵检测等。定期进行安全审计，确保符合行业合规要求。例如，采用零信任架构，对混合云环境中的每一次访问进行严格验证。

❑ **标准化接口与集成**：通过标准化的 API，实现不同云平台之间的应用与数据集成。企业可建立 API 管理平台，对 API 的调用进行统一管理与监控，确保异构平台间的无缝协作。

例如，某大型制造企业在数智化转型中采用混合云架构，其生产数据因涉及核心工艺存储在私有云，而办公自动化系统、采购系统、营销管理系统则存储在公有云。通过构建统一的混合云网关及云上／云下主数据管理体系，利用数据同步技术实现生产数据与客户订单数据的实时交互。在安全方面，在云上／云下实施统一的身份认证与访问控制，确保数据安全。

在 AI 时代，混合云的互联互通将朝着更加智能化的方向发展，这不仅可以提升企业的业务敏捷性与资源利用率，还可以为数据价值挖掘提供更广阔的空间。尽管面临技术挑战，但通过统一架构设计、强化数据治理、优化网络与安全等策略，企业能够实现混合云环境下的高效互联互通，在数智化浪潮中占据领先地位，为未来的持续创新与发展奠定坚实基础。

6.3.7 全栈信创适配，自主可控

从国家战略层面来看，信创产业旨在实现信息技术领域的自主可控，减少对国外技术的依赖，保障国家信息安全。在政策的大力支持下，国内信创产业蓬勃发展，在芯片、操作系统、数据库、应用软件等领域均取得了显著进展，为大型企业数智化建设提供了坚实的技术支撑。

同时，国内大型企业在国民经济中占据着重要地位，其数智化转型的成效不仅关乎企业自身的发展，更对整个产业生态和国家经济发展具有深远影响。

在当前形势下，实现全栈信创适配已成为大型企业数智化建设的必然选择。然而，在实现全栈信创适配的过程中，企业也陷入一系列困局，如图 6-15 所示，需要从技术、生态、人才、成本方面破局。

1. 面临的挑战

❏ **创新能力不足**：尽管国内在信创领域取得了一定进展，但与国际先进水平相比，仍存在技术短板。例如，高端芯片、核心基础软件等关键技术仍面临"卡脖子"问题，这在一定程度上制约了大型企业数智化建设的深度和广度。此外，企业自身的技术创新能力不足，难以快速将信创技术与企业业务深度融合，实现创新应用。

	1.基础设施层信创适配	2.基础软件层信创适配	3.应用平台层信创适配	4.数据层信创适配	5.安全保障体系建设	6.运维管理体系建设
破局	服务器、存储、网络等基础设施层面，采用国产信创产品	操作系统、数据库、中间件等基础软件层面，采用国产信创产品	基于统一数智底座，对企业的各类应用平台进行信创适配改造	加强数据治理，确保数据的安全、合规和有效利用	构建全面的安全保障体系，确保全栈信创体系的安全运行	建立完善的运维管理体系，对全栈信创体系进行统一监控、管理和维护

统一数智底座 **加强技术创新投入** **积极参与生态建设** **加强人才培养与引进** **优化成本管理**

困局

挑战与困难　**创新能力不足**　**生态体系不完善**　**人才短缺**　**成本压力**

宏观局势　**国际形势**　**国家战略**　**企业经济地位**

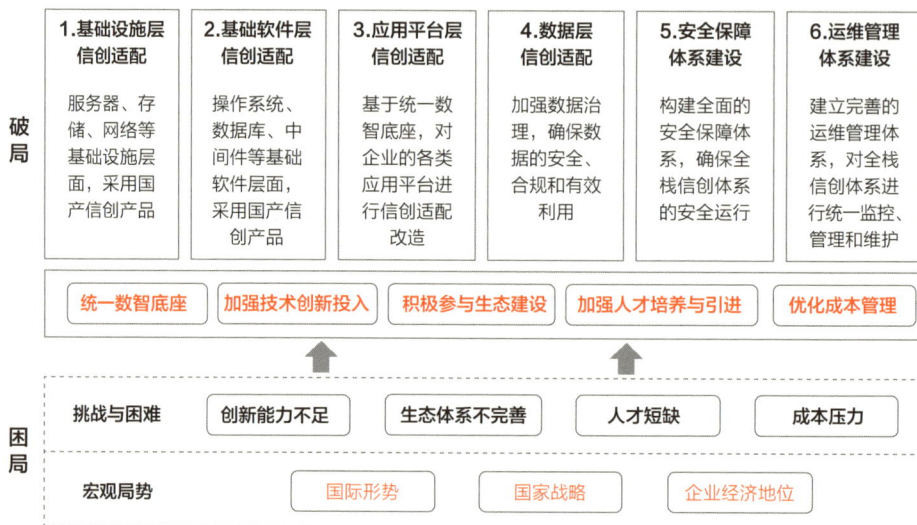

图 6-15　全栈信创适配困局与破局

- ❑ **生态体系不完善**：全栈信创适配需要构建一个完整的生态体系，包括硬件、软件、应用等各环节协同发展。目前，国内信创生态体系尚不完善，不同厂商之间的产品兼容性、协同性有待提高，缺乏统一的标准和规范，导致企业在选型和集成过程中面临诸多困难。

- ❑ **人才短缺**：数智化建设与信创技术的应用需要既懂信息技术又懂业务的复合型人才。然而，当前这类人才严重短缺，企业内部员工的信创技术素养和应用能力也有待提升，这使企业在实现全栈信创适配时遇到了人才瓶颈。

- ❑ **成本压力**：采用全栈信创产品和解决方案，在初期可能会面临较高的采购成本和实施成本。同时，由于信创生态体系尚不成熟，产品的稳定性和性能可能不如国外的产品，企业需要投入更多的资源进行维护和优化，进一步增加了成本压力。

2. 应对策略

- ❑ **统一数智底座**：统一数智底座作为企业数智化建设的核心支撑，能够实现数据、技术、业务的深度融合与协同。在全栈信创适配中，统一数智底座可提供一个标准化、开放性的平台，为各类信创产品和应用的集成提供基础，确保信创体系的高效运行。

❑ **加强技术创新投入**：加大在信创关键技术领域的研发投入，与高校、科研机构等合作，共同攻克技术难题。同时，加大企业内部的技术创新力度，建立创新激励机制，推动信创技术与企业业务的深度融合，开发具有自主知识产权的创新应用。

❑ **积极参与生态建设**：积极参与信创生态体系建设，与上下游厂商加强合作，共同推动产品的兼容性测试和优化，不断完善信创生态。同时，企业可通过参与行业标准的制定，提升自身在信创领域的话语权，推动信创产业的规范化发展。

❑ **加强人才培养与引进**：加强内部员工的信创技术培训，通过组织培训课程、开展技术交流活动等方式，提升员工的技术素养和应用能力。同时，积极引进外部优秀的信创人才，充实企业的技术团队，为全栈信创适配提供人才保障。

❑ **优化成本管理**：在选型和实施全栈信创解决方案时，应进行充分的成本效益分析，选择性价比高的产品和服务。同时，通过优化实施流程、加强运维管理等方式，降低实施和维护的成本。此外，企业可与信创厂商协商，争取更优惠的采购价格和服务。

3. 构建全栈信创体系

❑ **基础设施层信创适配**：在服务器、存储、网络等基础设施层面，采用国产信创产品，如国产服务器（基于鲲鹏、龙芯等芯片）、国产存储设备、国产网络设备等，实现硬件基础设施的自主可控。同时，通过虚拟化、超融合等技术，对基础设施资源进行统一管理和调度，提高资源利用率。

❑ **基础软件层信创适配**：在操作系统、数据库、中间件等基础软件层面，采用国产信创产品。对基础软件进行优化配置，确保其与硬件基础设施和上层应用的良好兼容性和稳定性。

❑ **应用平台层信创适配**：基于统一数智底座，对企业的各类应用平台进行信创适配改造。例如，对企业资源计划（ERP）、客户关系管理（CRM）、供应链管理（SCM）等核心应用系统进行国产化替代或改造，使其能够在信创环境下稳定运行。同时，利用低代码/零代码开发平台，快速开发信创适配的应用模块，满足企业个性化的业务需求。

❑ **数据层信创适配**：加强数据治理，确保数据的安全、合规和有效利用。采用国产信创的数据管理工具和技术，如数据脱敏、数据加密、数据备份与恢复等，保障数据在存储、传输和使用过程中的安全。同时，通过数据集成和共享，实现企业内部数据的互联互通，为信创应用提供数据支持。

❑ **安全保障体系建设**：构建全面的安全保障体系，确保全栈信创体系的安全运行。在网络安全方面，采用国产信创的防火墙、入侵检测系统、安全审计系统等，加强网络边界防护和内部网络安全监控。在数据安全方面，采用国密算法对数据进行加密保护，建立数据访问权限管理机制，防止数据泄露。在应用安全方面，加强应用系统的安全漏洞检测和修复能力，确保应用的安全性和稳定性。

❑ **运维管理体系建设**：建立完善的运维管理体系，对全栈信创体系进行统一监控、管理和维护。利用智能化运维工具，实现对基础设施、基础软件、应用系统和数据的实时监控和故障预警，及时发现和解决问题。同时，建立运维服务标准，规范运维流程，提高运维效率和质量。

通过以上步骤，基于统一数智底座构建全栈信创体系，能够实现企业数智化建设的自主可控，有效防范外部技术风险，提升企业的核心竞争力和可持续发展能力。在未来的发展中，随着信创技术的不断进步和生态体系的不断完善，企业应持续优化全栈信创体系，推动数智化建设向更高水平迈进。

6.3.8 从"建底座"到"运营底座"

企业数智化转型正经历关键转折：过去重在搭建技术平台（建底座），如今进入挖掘平台价值的运营阶段（运营底座）。这如同建筑完工后需要精细装修，企业必须通过持续运营释放数字化平台的全部潜力，应重视"柔性扩展、持续进化、生态共荣"三方面的建设，实现从"建底座"到"运营底座"的跨越。

1. 柔性扩展

柔性扩展能力，通过调整系统参数、业务对象、业务规则、业务流程等，轻松应对业务变化；可以借助开发平台和特征体系扩展甚至开发新的业务应用；通过便捷集成能力，快速接入外部数据、服务，扩展系统能力边界。

2. 持续进化

数智底座的本质是支撑企业动态进化的能力引擎，其关键在于构建"业务－数据－智能"三螺旋体系。三者相互赋能，形成闭环，以此催生强劲的动态进化能力。企业以场景为入口，将业务流程全面在线化，通过数据反哺智能决策，进而增强了重构业务的能力。这三者紧密缠绕、相互促进，就像一台高效运转的引擎，为企业提供源源不断的强大内生动力。

3. 生态共荣

通过"平台＋生态"战略及赋能体系，联合 ISV（独立软件开发商）伙伴构建协同服务能力。依托标准化接口快速接入第三方服务（如电子发票系统可在 1 小时内完成对接），同时通过社会化架构打通从供应商、生产商到经销商的全链条数据，既能汇聚产业链资源挖掘商业机会，又能联合开发多个行业解决方案，形成从技术赋能到商业价值转化的完整闭环。

从"建底座"到"运营底座"，是企业从"技术应用"到"价值创造"的关键跃迁。通过"柔性扩展、持续进化、生态共荣"模式，助力企业将数智底座转化为持续创新的动力源。未来，随着 AI 与大模型的深度渗透，数智底座将更趋"主动化"——从响应需求到预见需求，从支撑业务到定义业务。企业唯有以运营思维持续激活底座潜能，才能在数智化深水区中破浪前行。

6.4　企业 AI，加速企业数智化

随着以 DeepSeek 为代表的中国大模型的横空出世，中国乃至全球正在经历一场前所未有的智能化应用热潮。AI 在为个人消费者带来全新体验、普惠应用的同时，也为企业经营管理者带来了一场更为深刻的变革与创新，即 AI 在企

业应用落地，并成为企业创新发展的核心驱动力。

6.4.1 企业 AI 的四大核心特性

AI 在 B 端企业市场和 C 端消费市场的应用存在显著差异。在 C 端市场，消费者更注重创新体验和即时满足，偏好轻量化、易上手的 AI 应用，对模型的迭代速度和交互便捷性要求较高。尽管当前大语言模型主要基于公开网络数据训练且存在"幻觉"问题，但 C 端用户通常具有较高的容错度，能够通过自主判断进行纠偏。

相较而言，B 端市场对 AI 应用的要求更为严苛。企业级 AI 服务（以下简称"企业 AI"）必须将稳定和效率置于首位。企业 AI 旨在助力经营，唯有深度融入具体业务场景，才能充分释放其价值。这种差异本质上反映了消费级产品与企业级服务在可靠性、安全性和业务适配性等方面的不同标准。

用友聚焦企业服务领域 37 年，已发展为全球领先的企业软件与智能服务提供商。基于企业 AI 落地应用需求，用友依托在行业深耕积累的业务经验、强大的数据治理能力及多领域行业 Know-How，结合新一代企业软件与智能平台——用友 BIP 的技术优势，于 2025 年年初在业内率先推出用友 BIP 企业 AI。用友认为，企业 AI 具备四大核心特性，驱动企业的决策与运营数智化升级，如图 6-16 所示。

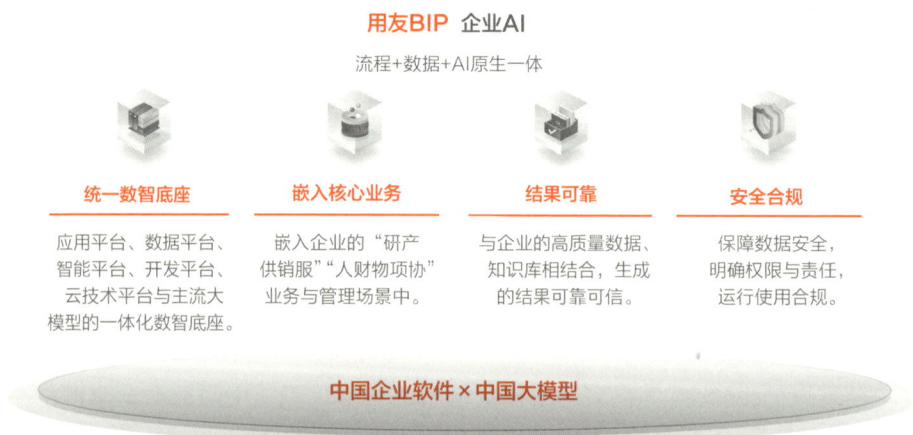

图 6-16　用友 BIP 企业 AI 的核心特性

1. 统一数智底座

企业需要建设统一的数智平台，以满足数据治理、知识治理、智能体配置、多模态大模型接入、组织权限管理，以及自定义开发构建等需求。例如，用友 BIP 提供了应用平台、数据平台、智能平台、开发平台、云技术平台与主流大模型一体化的数智底座，为企业 AI 应用提供了统一、稳定的技术支撑底座，各平台协同一体，方便企业进行多模型的编排，以及 AI 应用与智能体的快速开发、部署和高效管理，降低技术门槛和应用成本。

2. 嵌入核心业务

对企业来讲，AI 技术的真正价值不在于其算法本身的先进性，而在于其与业务场景的深度融合。企业 AI 深入企业价值链的各个环节，从客户体验到运营效率，全方位释放企业潜能。

（1）客户体验重塑

企业 AI 重塑了员工和系统的交互体验。从原来的图形交互界面（GUI），转变为图形交互和对话式交互界面（CUI）相结合。企业 AI 智能体成为员工日常工作的超级入口。员工只需口头告知系统下周的出差安排，智能体便能迅速拆解任务、合理规划流程，自动生成出差单，并同步完成机票、酒店预订等，如图 6-17 所示。企业经营者也只需口头下达查看上月经营状况的指令，智能体即可自动生成可视化图表，还支持进一步的语音自助分析，极大地提升了工作效率。

技能描述表：我明天到下周一去北京出差，定个行程。
- 技能1：查询我是否有出差申请的权限（power）
- 技能2：根据预计日期查询出发地到达地相关高铁、航班信息和进展情况
- 技能3：根据预计到达日期、预计返程日期查询/预定酒店信息
- 技能4：根据预订方案生成出差申请
- 技能5：根据已审批出差申请生成预定信息
- 技能6：生成查询员工邮箱，发送邮件（mailto, content）

LLM任务分解与技能编排：
1. 查询我是否有出差申请的权限（power）
2. 查询出差地信息
3. 查询高铁/机票/酒店
4. 查酒店任务
5. 查出差申请单状态

图 6-17　企业 AI 智能体为员工制订出差安排

（2）业务运营提效

企业 AI 通过自动化、数据驱动决策，进行资源优化配置，降低运营成本，提升执行效率。例如，用友 BIP 的"财务智能体"能够自动完成凭证审核、对账、记账等财务流程，从而提高业务处理的准确性和效率，减少财务人员的人工操作，降低作业成本，如图 6-18 所示。"采购智能体"可以依据规则，实现询价单自动填写业务规则信息，自动邀请供应商并发布。在供应商报价后，还支持自动比价定标。"资产维修智能体"可以实时采集关键设备的温度、压力、振动等数据。当监测到设备在短时间内的异常状态时，"资产维修智能体"能借助预测分析模型，精准判断出可能问题；同时，通过大模型识别行业知识库中的设备故障图谱和历史维修记录，迅速给出具体维修建议。

核算、月结、分析报告生成端到端流程自动化

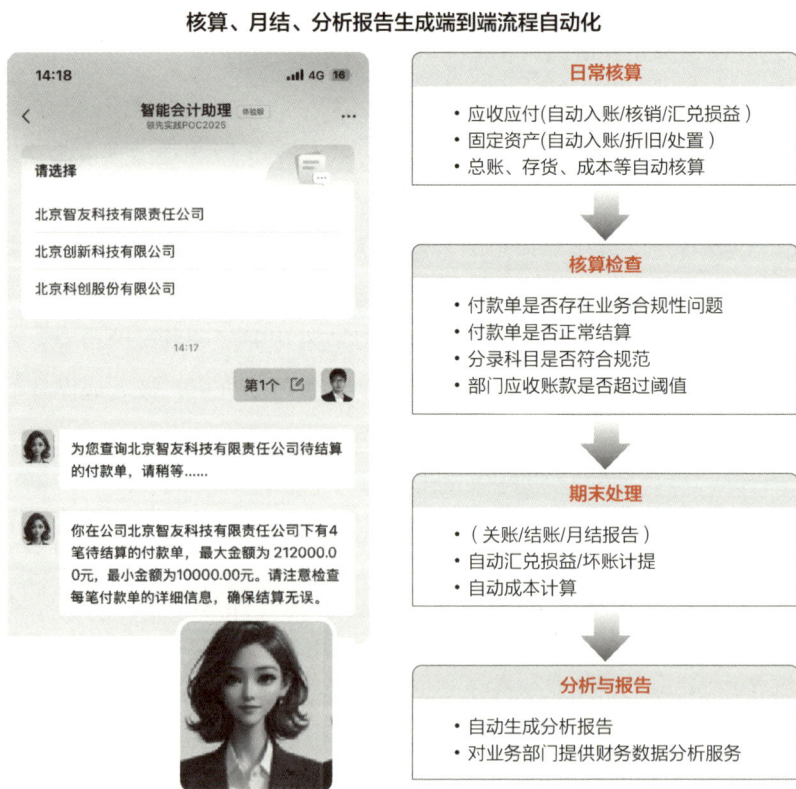

图6-18　用友 BIP 的"财务智能体"流程示意

3. 结果可靠

结果可靠是指企业 AI 输出的结果具备高准确性、高专业性和高可信任度。这是企业 AI 与 ToC 端的 AI 应用的重要差异。对企业来讲，造成 AI 不可靠的因素主要有两个方面：一是大模型的幻觉问题；二是数据的质量问题。

（1）大模型的幻觉问题

大模型的底层技术本质是基于概率的 token 预测机制，这种基于统计规律而非真实认知生成文本的架构，虽然在语义理解和内容创作上表现出色，但容易在缺乏明确答案的场景下"编造"信息。同时，模型预训练阶段可能过度依赖训练数据中的噪声或偏见，导致输出结果偏离实际需求。

（2）数据的质量问题

一方面大模型的预训练数据主要来自公开网络，存在时间滞后性（如无法获取最新行业动态），且缺乏企业私有知识（如内部流程、客户数据等），因此大模型在垂直场景中的表现受限。另一方面，大模型对企业私有知识的应用仍然符合 GIGO（Garbage In，Garbage Out）原则，如果企业输入的私有数据质量不高，那么大模型也无法输出准确可靠的结果。

因此，对企业来讲，首先要进行数据治理和知识治理，形成高质量的数据和知识。然后采用微调（Fine-tuning）和检索增强生成（RAG）等技术，将高质量的数据和知识与大模型相结合，提升模型输出的准确性和可靠性。

另外，企业 AI 还将 AI 深入融合到规范的业务流程中，用业务规则、流程等降低大模型的不确定性，确保最终结果可靠。例如，在模型应用层，用友 BIP 采用了融合使用生成式 AI 和判别式 AI 的策略，实现 YonGPT 企业服务大模型和 AI 工坊机器学习平台的判别式 AI 算法，在功能、任务处理、特征利用等方面相互协作，提升企业整体的模型应用效果，确保业务价值实现。

4. 安全合规

一些开源的大模型工具被披露存在安全风险。对企业来讲，保障数据安全，明确权限与责任，保证运行使用合规，是企业应用 AI 的首要关注项。

企业 AI 通过加密、访问控制等措施，以及接入企业权限管理与制度体系，保障企业的数据安全、对用户明确权限与责任、规范 AI 应用在企业内的使用流程，以保证 AI 使用符合企业和国家的相关法规。

例如，用友 BIP 企业 AI 将企业级的权限体系与大模型做了融合，包括组织权限、数据权限、文档访问权限。为每个角色设置相应的访问应用和数据的能力，没有权限的用户则无法访问应用和数据，进而保证数据安全。

用友 BIP 企业 AI 打造了"中国企业软件 × 中国大模型"的企业数智化双轮引擎，将 AI 技术与企业业务深度融合，构建数据驱动、智能运营的数智企业新范式，为企业提供覆盖全领域、全场景的智能化解决方案，助力企业加速实现数智化转型与升级。

6.4.2　企业 AI 如何成功落地

与消费端 AI 的碎片化应用、体验性试新和误差容忍度不同，企业端的 AI 应用更加追求稳定、可靠与安全。企业 AI 要与研发、生产、制造、供应链、财务管理、人力资源管理等环节深度融合，其使用场景更为复杂且高度关联，并且对时效性要求高。

这就要求企业落地 AI 时必须由技术与业务双驱动，让 AI 技术与业务场景融合，实现业务流程、数据资源与智能应用的一体化。

所以，应用新一代企业软件、做好数据治理与知识治理，并接入或部署主流大模型 / 垂类大模型，成为企业 AI 成功落地的关键要素，如图 6-19 所示。

应用/升级到 **新一代 企业软件** ＋ 加强/开展 **数据治理 知识治理** ＋ 接入/部署 **主流大模型 垂类大模型**

图 6-19　企业 AI 成功落地的关键要素

1. 应用新一代企业软件是企业 AI 成功落地的前提条件

企业软件，尤其是通用型软件，是企业科学管理智慧的精华。自 20 世纪 90 年代以来，西方发达国家得益于其全球领先的经济地位和企业管理理念，孕育了以 ERP 为代表的企业管理软件（如 SAP、Oracle），并迅速在全球普及应用。然而，ERP 这种信息化应用的设计理念和架构制约了企业在数智时代落地 AI。

传统 ERP 系统以事务处理为核心，其数据模型侧重于事务记录，缺乏多维分析与实时决策的能力，无法为 AI 提供高质量、高关联度的数据基础。此外，ERP 的架构未内置智能化引擎，需依赖外部工具实现 AI 功能，无法将 AI 与业务深度融合。封闭式架构也导致其扩展和灵活性不足，难以适应快速变化的业务需求。基于原有系统进行 AI 适配，改造成本非常高。

在数智时代，企业必须应用新一代企业软件。这类软件从设计之初便以"数据驱动、智能运营"为核心理念，以"云化、数据化、智能化、全球化、移动化、协同化、信创化、安全合规"为产品特征，是大型企业落地 AI 应用的载体。

当前，中国企业软件主流厂商围绕企业数智化的三大核心技术——AI、大数据和云计算，进行了技术升维，并完成了产品换代。比如用友通过数年的持续攻坚，推出了用友数智商业创新平台——用友 BIP。用友 BIP 是新一代的企业软件，其流程 + 数据 +AI 的原生一体应用，天然满足了大型企业在数智时代快速落地 AI 的诉求。

用友 BIP 作为全球领先的企业软件与智能服务平台，是一个以"iuap 企业数智底座 + 十大领域的场景服务 + 大规模生态"为基本产品形态的融合服务群，如图 6-20 所示。

（1）平台技术，持续创新，升级并统一数智底座

用友 BIP PaaS 平台 iuap 基于六大平台（云技术平台、应用平台、数据平台、智能平台、开发平台、集成平台）及 YonGPT 用友企业服务大模型，通过全面的信创技术体系以及数智化工程、可持续运营体系，助力企业构建了一个全面的、可控的企业数智底座。2024 年，用友 BIP 3 R6 实现了六大领先技术突破，在更智能、更强数据处理与服务能力、零代码开发、简强微服务架构、安全可信、用户体验与易交付能力等方面取得重要突破。

（2）跨领域、一体化融合应用

在强大的底座、领先的应用架构之上，用友 BIP 3 R6 支撑企业前端业务的

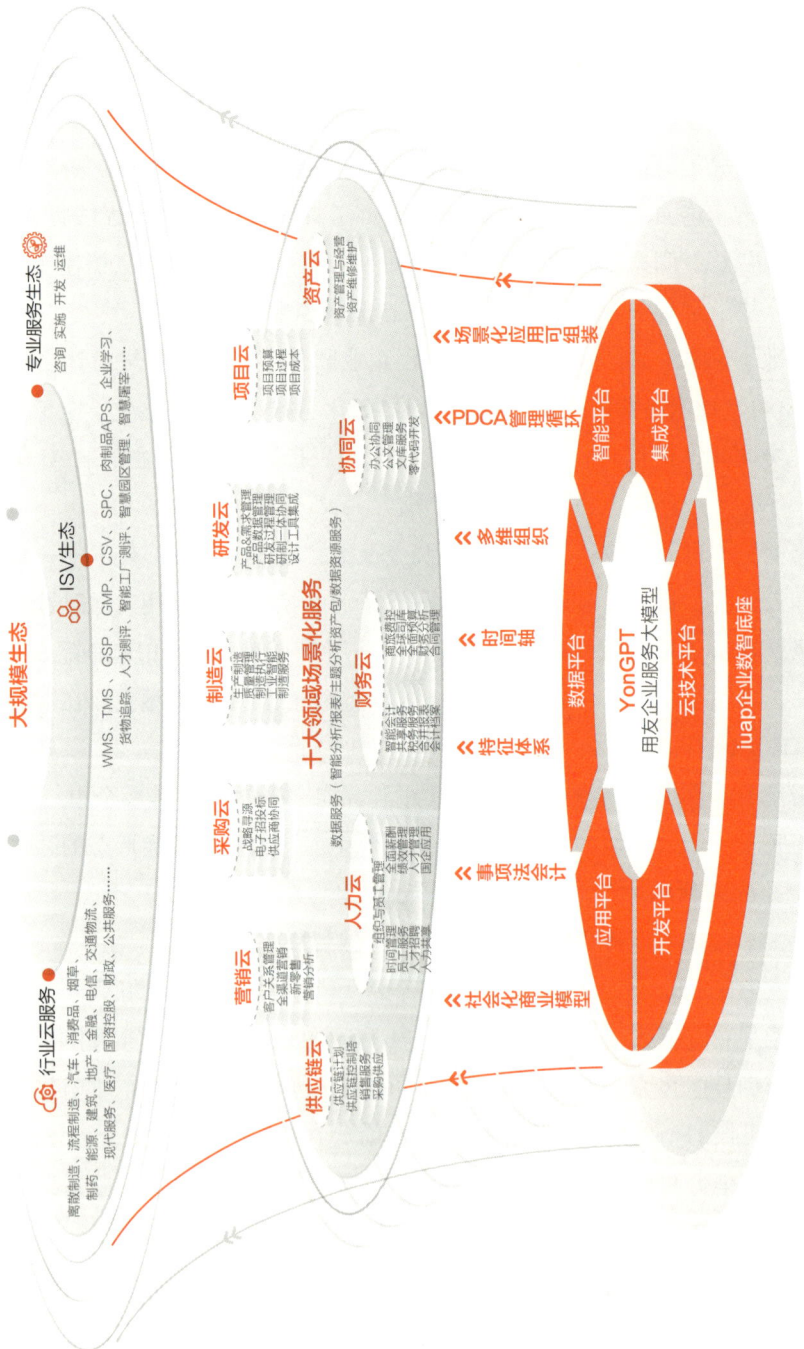

图 6-20　用友 BIP 3 的融合服务群

快速创新，提供覆盖财务、人力、供应链、营销、采购、制造、研发、项目、资产及协同等十大核心领域的 564 个创新服务，是目前全球覆盖领域最多的企业云服务群。

用友 BIP 不断增强数据、智能化能力，在企业业务场景中嵌入数据应用服务和智能化应用，通过数智驱动重塑流程。目前，用友 BIP 3 R6 已经有 50 项数据应用服务、108 项智能应用，实现数智服务能力的大升级。

同时，用友基于高客户价值数智化实战的经验，结合前沿洞察研究，聚焦创新业务、面向高客户价值，提供十大核心领域、近百个细分行业的领先实践，让企业尽享领先的数智化成果。

（3）生态规模不断扩展

用友始终坚持"长期合作、共赢发展"的伙伴合作方针。截至目前，用友 BIP 拥有 ISV 合作伙伴 3680 家、专业服务伙伴 413 家、认证顾问 4508 人、生态解决方案超 310 个、注册开发者 115.5 万人，并与 5600 所院校合作，为客户提供专业化、便捷化、规模化的数智化服务，加速各行各业、各个领域的数智化转型升级。

经过连续多年的研发投入和全力打造，用友 BIP 在平台技术、应用架构、场景服务、用户体验、生态体系等领域均实现了全面的突破创新，达到了全球领先水平，在中国和全球市场具有显著的竞争优势。

用友 BIP 通过三层架构将 AI 技术与企业业务深度融合，构建数据驱动、智能运营的数智企业新范式，为企业提供覆盖全领域全场景的智能化解决方案，助力企业 AI 应用落地，加速数智化转型与升级。

2. 做好数据治理和知识治理，是企业 AI 结果可靠的基石

"无数据不 AI"，数据治理已从"成本项"转变为"核心能力项"，企业必须高度重视数据治理：成立公司级的组织，持续推进与运营数据治理工作；引入专业的咨询公司，根据企业实际情况，给出科学规划方案，并辅助企业提高数据治理水平；根据企业实际需求，选择专业的数据治理平台，巩固与优化数据治理（确保数据质量）和知识治理（构建企业知识库）成果，为 AI 提供高质

量输入，确保结果可靠与可信。

（1）数据治理

数据治理是企业数据资产管理与 AI 应用的基础工作，为企业 AI 提供高质量数据，如图 6-21 所示。它以数据战略为引领，依据企业业务规划与发展愿景，确立数据管理目标与方向。在组织架构上，构建涵盖数据治理委员会、数据治理部门以及业务部门数据专员的多层级体系，明确各方在数据治理中的职责，促进协同作业。通过制定数据标准，统一数据定义、格式、编码规则等，保障数据一致性与准确性。同时，建立数据质量管控流程，对数据采集、存储、使用等环节进行监控与评估，及时发现并解决数据质量问题。在数据安全层面，用友 BIP 运用加密、访问控制、审计等技术与管理手段，确保数据不被非法获取、篡改与泄露。借助成熟的数据治理工具，如数据集成平台、数据质量管理软件等，提升治理效率，优化治理结果，助力企业挖掘数据价值，提升决策科学性与竞争力。

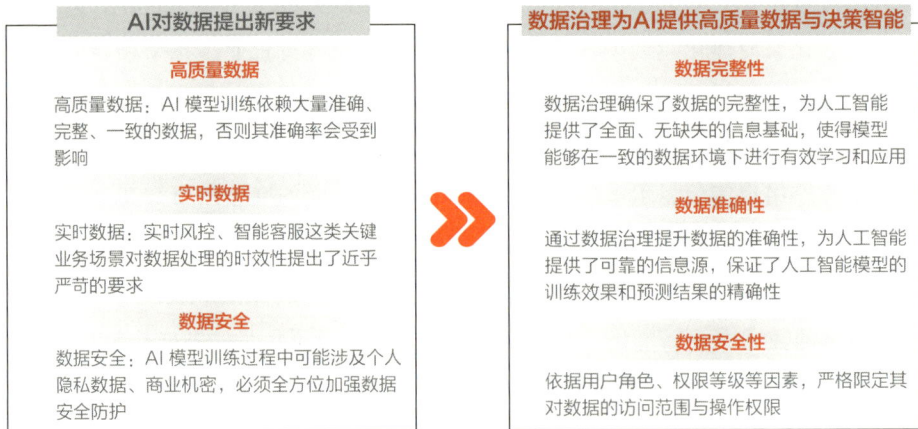

AI对数据提出新要求

高质量数据
高质量数据：AI 模型训练依赖大量准确、完整、一致的数据，否则其准确率会受到影响

实时数据
实时数据：实时风控、智能客服这类关键业务场景对数据处理的时效性提出了近乎严苛的要求

数据安全
数据安全：AI 模型训练过程中可能涉及个人隐私数据、商业机密，必须全方位加强数据安全防护

数据治理为AI提供高质量数据与决策智能

数据完整性
数据治理确保了数据的完整性，为人工智能提供了全面、无缺失的信息基础，使得模型能够在一致的数据环境下进行有效学习和应用

数据准确性
通过数据治理提升数据的准确性，为人工智能提供了可靠的信息源，保证了人工智能模型的训练效果和预测结果的精确性

数据安全性
依据用户角色、权限等级等因素，严格限定其对数据的访问范围与操作权限

图 6-21　数据治理为企业 AI 提供高质量数据

用友 BIP 为企业提供了全面的数据治理解决方案，帮助企业优化数据治理，释放数据价值。用友 YonData 以"技术 + 智能 + 安全"为核心，通过超融合架构、AI 大模型及工程化治理体系，为企业提供从数据整合到智能决策的一体化平台，助力实现业务创新与竞争力的提升。基于 DAMA 数据管理理论，覆盖数据标准制定、质量监控、元数据管理等十大功能模块，实现从数据治理到

智能分析的全周期闭环管理。用友 YonData 支持结构化、半结构化和非结构化数据的统一开发与管理，提供从采集、建模到加工的全流程工具链，使企业可以更加便捷地进行数据治理，提高工作效率。

（2）知识治理

针对企业中的非结构化数据，如文档、音频、视频等内容，知识治理需要从多维度展开。在流程梳理阶段，详细绘制内容产生的流程图，明确不同部门、岗位在生成这些非结构化知识时的具体操作，例如，市场部策划活动所形成的文档、录制的宣传视频等，梳理流转路径，了解其如何在企业内部传递。

搭建合理的知识架构尤为关键。依据业务领域，如研发、销售、售后等不同板块，还可进一步按主题细分，以销售为例，还可细分为客户案例、产品介绍、销售技巧等主题。同时设定规范的命名规则，提升查找与管理效率。

引入先进的人工智能技术助力知识治理。利用自然语言处理和知识图谱等技术，可对文档进行深度剖析，提取关键信息、生成摘要，如将冗长的技术文档提炼成要点清晰的知识卡片。利用语音识别技术可处理音频内容，精准将语音转化为文字，便于检索与分析，如把培训讲座音频快速转化为文字稿。利用图像识别技术可解析视频片段，识别关键画面、人物等元素，如在产品宣传视频中自动标注产品展示环节。

为鼓励员工贡献和使用知识，还应配套激励措施。如设立积分制度，员工每贡献一篇优质文档、一段有价值的音频或视频，都可获得相应积分，积分可兑换奖品、晋升加分等。开展知识分享竞赛，评选优秀分享者，给予荣誉与奖励，营造良好的知识共享文化，促进企业知识资产的不断增值与高效应用。

用友 BIP 3 友智库是基于企业服务大模型的企业级数智化搜索平台，该平台聚焦企业搜索场景，快速获取行业、领域、企业级知识，通过智能联想推荐，提供"沉浸式"对话搜索新体验。在最新发布的用友 BIP 3 R6 中，友智库基于企业服务大模型实现了多类型数据的快速索引、精准定位，利用知识图谱实现了知识体系化，构建了"搜、问、推、创一体化，知识全程伴随"的闭环流程，如图 6-22 所示。友智库把非结构化数据嵌入业务流程中，为企业提供了全新的企业级知识管理解决方案。

五步构建闭环　知识全程伴随

图 6-22　用友 BIP 3 友智库的闭环流程

3. 接入或部署主流大模型、垂类大模型，是企业 AI 成功落地的主引擎

当前，部分企业已经接入甚至部署了各类大模型。但是在这个过程中，企业要避免盲目追求技术的先进性，而忽略了业务的适配度。

（1）AI 大模型的选择

企业需要利用主流大模型（如 DeepSeek、通义千问、豆包、文心一言等），提供通用的自然语言处理能力、多模态扩展能力和智能体构建能力等，低成本、快速地使用 AI。如覆盖文本生成、语义理解等通用场景，以及依托千亿级参数与海量开放域数据训练，具备跨领域常识推理和逻辑判断能力等。

同时，针对特定行业或业务场景，部署垂类大模型（如企业服务大模型YonGPT 等），通过对企业数据和专业知识的训练，根据企业业务需求对模型进行微调，以确保智能化能力嵌入业务流程中。

企业需要接入或部署适合的 AI 模型，以满足业务需求。选择 AI 模型时，需综合考虑性能、成本、可解释性和安全性等因素。在企业落地 AI 的过程中，技术实现的核心在于如何高效接入和部署 AI 模型，使其与业务系统深度融合。

大模型规模庞大，结构复杂，运行需要强大的硬件设施支撑，如高性能的GPU 集群以及充足的内存资源等。企业在选择大模型部署模式时，公有云与专属云相较私有化部署具备显著优势，更值得考虑。公有云平台依托强大的基础设施与专业运维团队，能为企业提供一站式大模型部署服务。专属云则为有特定需求的企业提供了相对定制化的服务。它在一定程度上保证了企业数据的安全性与隐私性，同时享有云服务带来的便捷运维与资源弹性。企业在专属云中可根据自身业务特点，对大模型进行针对性配置与管理，在保障数据合规与安全的前提下，借助云服务的高效性提升大模型的应用效能。

（2）用友企业服务大模型

YonGPT 企业服务大模型，是用友融合企业各个领域专业知识和各行业 Know-How，经过大量业务数据预训练和精调得到的企业服务大模型，可帮助企业实现智能化的业务运营、自然化的人机交互、智慧化的知识生成、语义化的应用生成四大能力，为企业提供智能化的人机协作、业务洞察、商业决策支持和智能运营服务，是深懂企业服务的垂类大模型。

2024 年 8 月，用友发布 YonGPT 2.0，其目标是实现百亿模型（13B-33B，易私有化）企业应用的专业能力超过千亿模型。YonGPT 2.0 由八大专业能力提升的 YonGPT 大模型、用于模型学习的大模型平台和扩展大模型能力的两个应用框架（Agent、RAG）三部分构成，如图 6-23 所示。

用友基于此将各种各样的企业应用抽象为四类：业务运营、人机交互、知识生成、应用生成。通过应用中的数据闭环，训练提升 YonGPT 的专业能力，可实现定制开发，生成持续进化的多种应用，使其成为更懂企业服务的大模型。

基于 YonGPT 企业服务大模型和专业 AI 模型能力底座，用友 BIP 通过构建 AI PaaS 能力，融合友智库、数智员工、智能助理、机器人流程自动化（RPA）、企业画像、知识图谱等智能应用，提供基于 AI 技术驱动的全场景智能服务，助力企业用户降低门槛、高效率应用 AI 技术，打造企业智慧大脑，推动更便捷的商业创新。

6.4.3　全流程、全级次、全链条端到端

流程 + 数据 +AI 的原生一体应用，在流程层面是端到端融合的，如图 6-24 所示。诸如 SPA（从战略到执行）、LTC（从线索到收款）、STP（从采购到付款）等企业核心端到端流程同时贯穿业务全流程、组织全级次、产业全链条，在此之上实现数据智能流动、社会化资源整合，帮助企业打破内外边界，实现商业创新。

图6-23 YonGPT 2.0架构

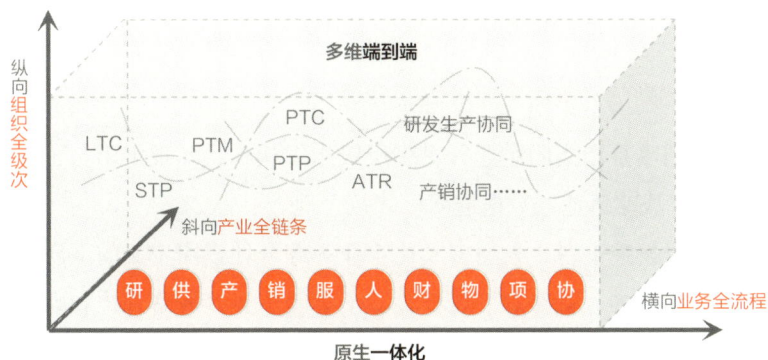

图 6-24 全流程、全级次、全链条端到端

1. 全流程端到端：跨领域横向一体化

全流程端到端是指企业一体化应用覆盖研发、供应、生产、销售、服务、财务、人力、资产、项目和综合管理等众多领域。对于大型企业，尤其是业务应用紧耦合型的、一体化企业集团来说，它的数智化转型需要从这些维度进行全盘分析与系统规划。

通过端到端流程的梳理与优化，解决信息断点、流程堵点、功能缺失等问题，并结合新的流程与数智化技术，提升效率与效益。全流程端到端的一体化应用可以横向打通企业多个职能。足够的领域宽度，确保了各职能部门可直接基于该应用推进本职能的数智化转型，而企业流程在多个职能之间端到端的天然贯通，避免了各职能自建系统带来的流程孤岛与数据孤岛问题。企业不用再耗费大量精力用于后期的系统集成和数据治理中。

例如，LTC（线索到回款）贯穿销售、财务、供应链，实现从商机挖掘→合同签订→交付→回款的自动闭环，可助力企业缩短订单交付周期，并减少人为干预导致的错误。STP（采购到付款）整合采购、仓储、财务，实现供应商协同、智能比价、自动三单匹配，降低采购成本。通过实施供应链网络计划，可满足集团企业间对多级供应关系、多工厂生产协调的计划协同与供应链规划需求；利用数智化的供应链网络计划管理系统，可优化整体供应链的各个环节，确保从需求到最终产品的高效流动。

全流程端到端使企业各个领域的业务能够一体化运作，数据无障碍流动，打破了部门壁垒，促进了企业整体的效率提升。

2. 全级次端到端：集团企业的纵向穿透

全级次端到端是指集团企业针对多层级组织架构，实现集团与子公司的一体化管理，确保战略落地、数据透明、管控合规。

央企、产业投控平台、大型多元化企业等综合性集团企业的下属业务板块复杂、管理层级众多，总部对下属板块、子集团主要以战略管控和财务管控为主，需要通过整合优化资源配置，推动业务发展、建立竞争优势。

这类企业的数智化转型，以对标世界一流、提升管理能力为目标，主要以集团管控职能（财务、人力、资产、采购、协同办公等）为抓手，统一全集团管理业务流程、数据标准、应用系统。

综合性集团企业的数智化建设更加强调数据标准、集团管控等内容。需重点关注流程与数据的标准化、集团管控与共享服务、业务与管理的融合等问题，具体有以下几方面。

- ❏ 管理流程差异大，需确保数据标准的统一性。下属各级单位管理流程差异大，集团管理效率较低。各级单位的数据标准不统一、数据统计口径不一致，难以为经营管理提供有效支撑。

- ❏ 管理协同难，需提升管理效率。因为缺乏统一的管理策略和协调机制，企业相关制度与政策无法向各级单位有效推行，各级单位在执行政策过程中出现偏差较多。同时，各单位管理人员的水平参差不齐，也影响了管理效率，还可能影响决策质量。

- ❏ 业务和管理系统衔接难，需实现深度融合。下属各单位都有自己的财务系统、人力系统，并且技术标准不一。业务系统没有和管理系统打通，或者下属单位部分业务和本级管理系统有一定连接，集团级业管融合基础较差。

全级次端到端一体化应用，满足了大型集团企业以上管理诉求，通过诸如R2R（从核算到报告）、TES（从商旅费控到共享）、TRM（从资金流动性到投融资）、HRM（人力资源全生命周期管理）等端到端流程全级次贯通，实现如统一集团科目、统一资金账户、统一薪酬管理等功能，更有效地进行集团层面的资源优化配置，提升管理能力和效率。全级次端到端一体化应用的实施，也是对标世界一流的企业和领域的数智化转型的过程。比如引入资金风险预测模型、人才画像、数智员工、智能税务筹划等数智化能力，企业能够实现更智能的运营和更精准的决策。

3. 全链条端到端：社会化商业网络协同

全链条端到端，是指突破企业边界，连接上下游伙伴，构建社会化协同平台，推动产业链效率优化。

纵观产业演进路径，产业发展基本上遵循着从单一企业各自发展阶段，向产业集群、群链发展、强链补链、价值共生的阶段转变。产业链核心企业要发挥链主的优势，基于数智化技术实现全链条端到端是必然。核心企业的数智平台不再局限于支撑自身的业务和管理，还能够连接上下游生态企业，基于统一的数智底座，形成社会化产业链协同平台，如图 6-25 所示。

链主企业规划数智化转型策略时，必须思考企业的数智化系统是否具备对大型、中型、小微型等不同类型企业的管理和连接能力，以支撑产业链战略。链主企业的数智底座及应用，必须从支撑企业或集团内部经营管理，转变到支撑企业间的交易、协同、共享和社会化交易网络。基于新一代的企业软件，链主企业首先要打通内部的运营管理（稳态）和外部商业创新（敏态），全面向数智企业转型。生态企业通过平台提供的云服务，快速上云，借鉴领先实践，快速商业创新。基于全链条端到端的新一代企业软件，核心企业和生态企业要构建企业群，在各自保持独立经营的同时，形成产业价值网络，最大化生态协同效应。

6.4.4　从上云到云优先，"全栈云"服务

"云优先"策略是一种企业或组织在数智化转型过程中将云计算作为首选解决方案的指导原则。其核心思想是：在满足业务需求的前提下，优先采用云服务（公有云、专属云、私有云或混合云），而非传统的本地（On-Premises）部署方式。随着数字经济的深入发展和技术的快速迭代，云优先策略正从单纯的技术选项升级为企业构建未来竞争力的关键战略选择，而"全栈云"服务可以帮助企业快速、低成本实施云优先策略。

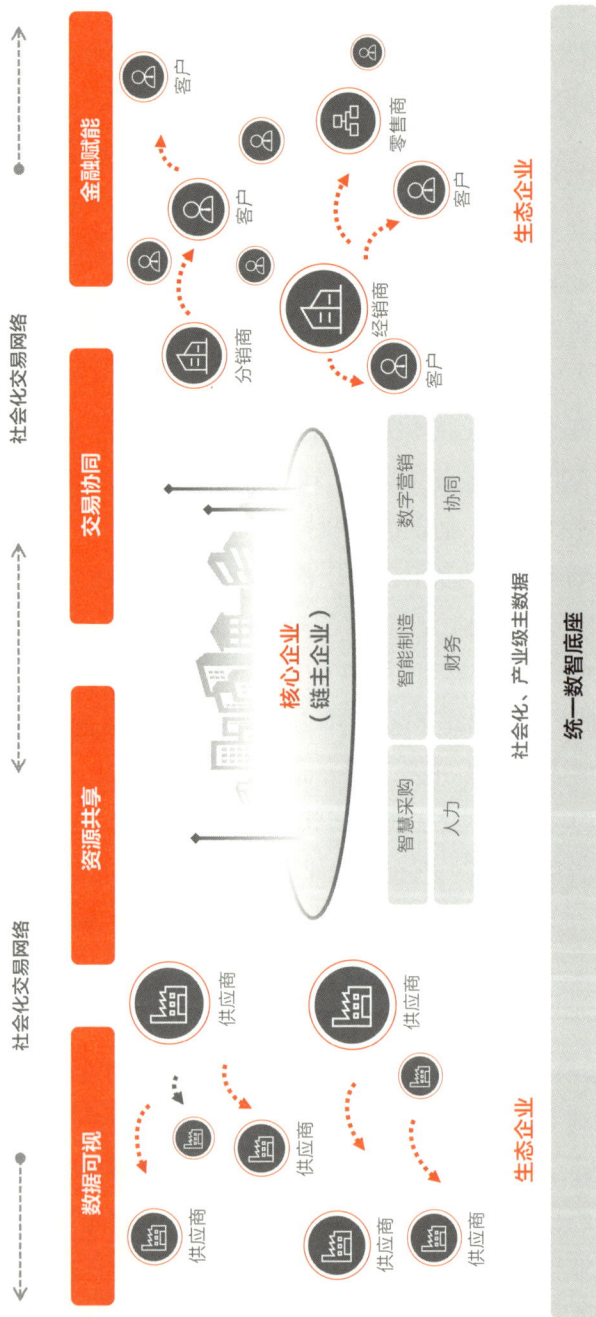

图6-25 核心企业与生态企业的社会化产业链协同平台

1. 大型企业在传统模式下的数智化建设挑战

当前很多大型企业都在推动数智化转型，与一些行业龙头企业相比，这些企业在技术、经验、人才、投入等方面都面临一些困难，具体有以下几点。

1）前期投入成本高昂。要全面推进数智化建设，企业不仅要在内部的人力、财力、物力方面进行大量投入，还要应对外部的咨询服务、软硬件选型及合作事宜，交互关系错综复杂，导致一次性投入的数额巨大。

2）实施周期漫长且成效迟缓。数智化项目建设往往需要历经三年甚至五年的时间，尤其是实施交付环节耗时较长，转型过程繁杂，企业难以在短期内实现预期目标。

3）后期运营与运维困难。数智化项目上线后，需要由专业团队持续进行运营和运维工作，这对企业的专业能力和成本投入都提出了较高要求。

4）数智化转型路径缺失。由于数智化建设经验匮乏，又缺少方法论的指导，企业迫切希望能够借鉴同行的领先实践，以明确自身的数智化转型成功路径。

5）专业人才与能力短板。在数智化建设过程中，企业缺少具备丰富经验的项目管理、咨询设计、产品实施、技术开发以及持续运营等方面的专业人才，且对人才的能力复合度要求较高。

6）供应商选择复杂。从基础设施、底座平台，到领域应用软件、行业应用软件以及专业服务商，企业需要与多家供应商进行对接。这不仅对企业的专业性要求极高，而且沟通成本也居高不下。

以上这些困难束缚了大型企业数智化转型的步伐。大型企业需要找到一条有别于传统数智化建设的新模式。当前，从基础设施到企业应用与服务全面上云的解决方案，成为大型企业的主流选择。

2. 从"上云"到"云优先"

对大型企业来讲，传统上云仅将云计算视为补充性资源，而云优先策略则将其上升为战略核心，要求企业在新业务构建、技术选型和架构设计时，默认优先评估云解决方案。这一转变的驱动力源于云在敏捷创新、成本优化、安全合规方面的显著价值。

（1）原生驱动，加速业务敏捷创新

云优先策略通过云原生技术栈彻底重构了企业创新能力。基于容器化（如Kubernetes）、微服务架构和 DevOps 流水线，实现应用发布周期从"月"缩短至"天"。传统企业也能像互联网企业一样实现快速迭代。利用云的动态资源分配，企业能轻松应对业务峰值（如电商大促、秒杀场景），避免陷入传统 IDC的容量规划困境。另外，企业还可直接调用云平台提供的 AI、大数据服务，无须自建算法团队即可实现智能推荐、预测分析等功能。

（2）从资本支出（CapEx）到运营支出（OpEx）的成本优化

云优先策略重构了企业 IT 的经济模型。首先是资源利用率的提高：云服务采用按需付费的模式，企业只需为实际使用的计算资源、存储空间等付费。这避免了企业在硬件设施上的大量前期投资，以及后续持续的维护和升级成本。其次是运维成本的降低：云服务商承担硬件维护、机房运维等基础工作，企业IT 团队可聚焦高价值任务。同时，通过云服务商提供的云成本监控工具，企业可实现资源使用可视化和浪费治理，优化开支。

（3）安全合规，超越传统自建系统的防护体系

云优先策略通过专业化的分工提升了整体的防护水平。当前主流的 IaaS 云服务商（如阿里云等）已获得 GDPR 等数百项认证，企业可继承其合规资质，降低审计成本。领先的 SaaS 产品（如用友 BIP）还具备 ISO 27001、等保三级、C-Star、可信云等认证，安全性远超多数企业自建系统。云服务商内置的云原生安全能力，如 DDoS 防护、WAF 防火墙、加密服务等，让企业可以开箱即用。云服务商负责基础设施安全（如物理机房、hypervisor 等），企业专注应用层和数据安全，形成防护合力。

3."全栈云"服务落地企业云优先策略

全栈云服务是基于云计算技术提供的从基础设施（IaaS）、平台（PaaS）到应用（SaaS）的完整云服务解决方案，为企业提供从底层基础设施到上层应用开发、部署、运维及管理的完整能力。其核心目标是让企业无须依赖多个分散的服务商，即可在云环境中完成从资源搭建到业务创新的全过程，最终满足企

业数智化转型的多样化需求。

有别于传统的本地部署模式，在全栈云模式下，企业只需要管理自身的数据，其他 IaaS、PaaS 和 SaaS 层则由统一的服务商提供服务。两种模式对比示意图如图 6-26 所示。

图 6-26　全栈云服务与本地部署对比

以用友 BIP 为例，全栈云服务具备 8 种主要价值，为企业数智化转型提供强劲助力，如图 6-27 所示。

1）在 AI 加持与持续创新方面，全栈云服务将 AI 能力深度融入财务、营销、人力、采购等关键业务领域，显著提升业务运行效率。

2）从解决方案来看，全栈云服务提供覆盖企业管理十大领域的全面方案，不仅包含标准服务，还设有可选配服务及生态扩展服务，充分满足企业多样化、个性化的业务需求。

3）全栈云服务的弹性可扩展与灵活性表现卓越。企业可依据自身发展阶段、业务规模变化来灵活调配云服务资源，从容应对业务波动，实现资源高效利用，同时支持多地点、多场景的服务部署，适应性极强。

4）在快速迁移与部署方面，借助智能迁移工具等先进手段，全栈云服务能够快速搭建业务系统，大幅压缩项目上线周期，简化实施流程，帮助企业迅速开启数智化进程。

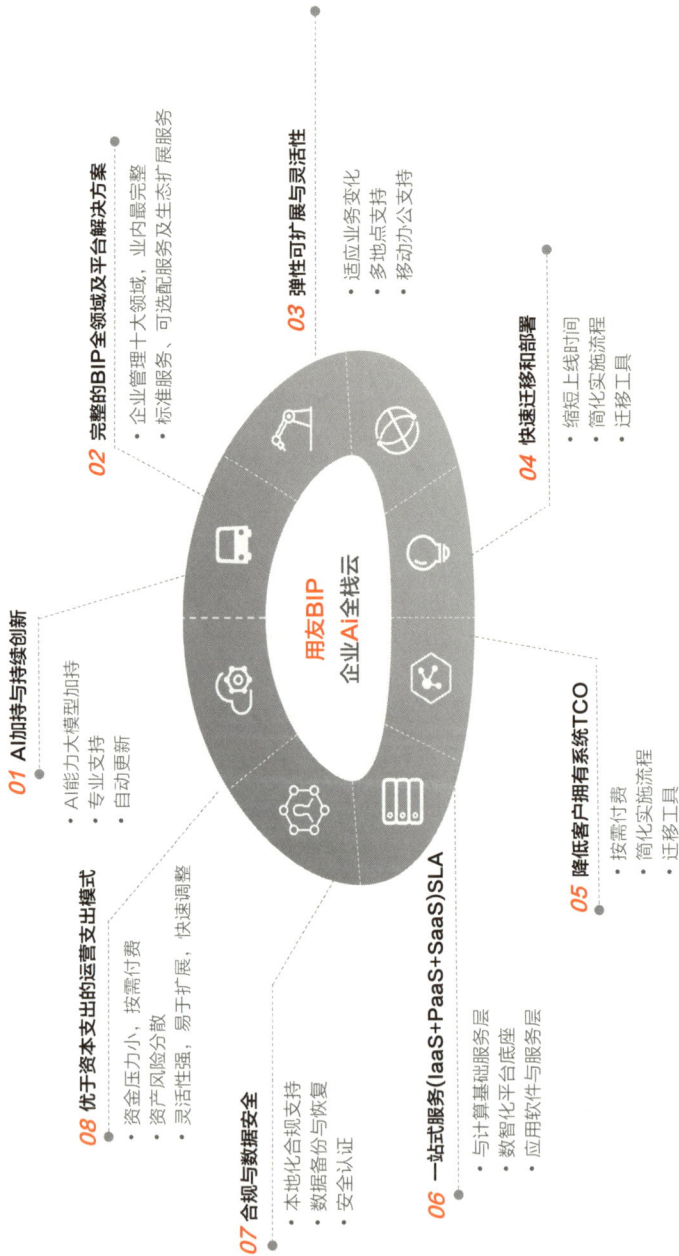

图6-27 企业全栈云服务的价值

用友BIP
企业AI全栈云

01 AI加持与持续创新
- AI能力大模型加持
- 专业支持
- 自动更新

02 完整的BIP全领域及平台解决方案
- 企业管理十大领域，业内最完整
- 标准服务，可选配服务及生态扩展服务

03 弹性可扩展与灵活性
- 适应业务变化
- 多地点支持
- 移动办公支持

04 快速迁移和部署
- 缩短上线时间
- 简化实施流程
- 迁移工具

05 降低客户拥有系统TCO
- 按需付费
- 简化实施流程
- 迁移工具

06 一站式服务(IaaS+PaaS+SaaS)SLA
- 与计算基础服务层
- 数智化平台底座
- 应用软件与服务层

07 合规与数据安全
- 本地化合规支持
- 数据备份与恢复
- 安全认证

08 优于资本支出的运营支出模式
- 资金压力小，按需付费
- 资产风险分散
- 灵活性强，易于扩展，快速调整

5）在成本控制方面，全栈云服务通过优化资源配置减少了硬件采购与维护费用，有效降低客户系统的总体拥有成本（TCO），为企业节省大量资金。

6）在服务保障方面，全栈云服务提供全栈（IaaS+PaaS+SaaS）服务水平协议（SLA），从底层基础设施到上层应用，一站式满足企业需求，确保服务质量稳定可靠。

7）在合规与数据安全方面，全栈云服务严格遵循行业合规标准，构建严密的数据安全防护体系，防止数据泄露，保障企业数据资产在本地化存储的同时，也能确保其合规安全。

8）在支出模式方面，全栈云服务采用优于资本支出的运营支出模式。企业无须在前期投入大规模资本以购置硬件设备，而是以运营支出形式按需使用云服务，资金压力小、灵活性强，便于扩展与快速调整。

基于以上特点和价值，全栈云服务具备三大突出优势，助力企业更高效地落地云优先策略。

其一，端到端融合。全栈云服务深度融合端到端价值链，打通业务与管理闭环。覆盖从战略到执行、从线索到收款、从采购到付款等多个关键流程，实现各环节紧密协同，消除信息孤岛，提升企业整体运营效率与协同能力，让业务与管理无缝对接。

其二，两快两省。在快速部署与快速见效方面，全栈云服务的业务部署速度惊人，虚拟机可实现分钟级提供，容器资源和业务存储上线达秒级，专属云部署从订单开通生成到安装完毕可在 4 小时内完成。同时，能快速获取行业领先实践，不需要复杂配置即可助力企业快速推进数智化并见到成效。在省事省人方面，系统运维、升级及安全维护等基础工作可外包，节省企业 IT 人员投入。与主流云计算提供商合作，以专属云部署减少企业复杂的 IT 基础设施与资源部署，一键直达应用。

其三，高性能、高可靠、高可用。以阿里云为例，它基于自主研发的高性能、高可靠、高可用的飞天云操作系统，拥有强大的计算、存储和网络能力。阿里云还具备高数据可靠性、服务可用性和吞吐能力，承诺高服务可用性 SLA，能有效防御攻击、拦截有害传播，保障业务持续稳定运营，为企业数智化转型筑牢坚实基础。

6.5　重塑数智化转型组织与文化

大型企业数智化团队的打造是一项系统而长期的工程。从搭班子、选人才的精心布局，到消除转型阻力的步步为营，再到重塑 IT 组织和文化的持续深耕，每一个环节都紧密相连、相辅相成。只有在这三个关键方向上持续发力，大型企业才能构建出一支适应数智时代需求、富有战斗力的团队，为企业数智化转型的成功奠定坚实基础，在激烈的市场竞争中赢得未来。

6.5.1　搭好班子，选对人才

1. 选择业务骨干

业务骨干作为企业运营的中流砥柱，在数智化转型中扮演着至关重要的角色。选拔时，需要关注其对企业核心业务流程的精通程度。以制造业为例，业务骨干应清晰掌握原材料采购、生产加工、质量检测、产品销售及售后服务的全流程细节，能够敏锐洞察各环节的痛点与潜在提升空间。他们不仅要熟悉现有业务模式，更要有前瞻性思维，能够理解数智化技术为业务带来的变革机遇。

在过往项目经历方面，着重考察人才是否主导或深度参与过业务优化项目。例如，在销售业务中，成功推动销售业绩显著增长、优化客户关系管理流程的业务人员，极有可能在数智化转型中凭借丰富的经验，精准提出契合实际的业务需求，助力销售环节的数智化升级，如通过数据分析实现精准营销、利用智能客服提升客户服务质量。同时，沟通协调与团队领导能力也是重要的考量因素。数智化建设涉及多部门协作，业务骨干要能够与技术团队顺畅沟通，将业务语言转化为技术需求，组织协调本部门及跨部门团队，推动数智化项目在业务端的顺利落地。

2. 选择技术能手

技术能手是企业数智化建设的技术先锋。对于数据科学家，要评估其数据建模、算法优化以及数据可视化等方面的专业能力。他们应该具备运用先进的数据挖掘技术，从海量、复杂的数据中提炼有价值信息的能力，为企业决策提供有力支持。对于软件开发工程师，需关注其对主流编程语言、开发框架以及软件设计模式的掌握程度。对于云计算架构师，需关注其是否具备设计、搭建和管理云计算平台的能力，以确保企业的 IT 资源能够灵活、高效地支持数智化业务。此外，技术能手还应具备持续学习与创新的能力。数智化技术日新月异，他们只有不断学习新技术、探索新应用，才能为企业带来前沿的技术解决方案，推动企业在数智化浪潮中保持领先地位。

6.5.2　消除转型阻力

1. 强化变革管理意识

企业高层领导要率先垂范，成为数智化转型的坚定推动者。通过制定明确的数智化战略规划，向全体员工传达转型的决心与目标，为团队建设指明方向。定期召开数智化转型专题会议，亲自参与讨论与决策，将数智化建设列为企业核心工作，确保资源优先配置。开展面向全体员工的变革管理培训，提升员工对变革的认知与接受度。

2. 化解利益冲突

数智化转型可能会带来企业内部利益格局的调整，为避免因此产生的阻力，企业高层领导需识别利益相关方的利益诉求，建立合理的利益再分配机制，如表 6-3 所示。为因转型而调整岗位的员工提供新岗位的技能培训与职业发展规划，帮助其顺利适应新角色。同时，设立数智化转型专项奖励基金，对积极参与转型、为企业创造价值的团队与个人给予奖励，激励员工转型。

表 6-3　转型利益相关方应对策略

利益相关方	影响力	对转型的态度	可能的阻力	应对策略
高层管理者	高	通常支持，将转型视为提升企业竞争力的关键	可能因担心短期业绩波动而在资源投入上有所保留	加强战略沟通，提供转型的长期效益分析，制定明确的转型路线图和阶段性目标，让其看到转型的可控性

（续）

利益相关方	影响力	对转型的态度	可能的阻力	应对策略
中层管理者	中高	态度不一，部分支持以提升部门绩效，部分反对因为担心权力调整和工作方式改变	对新的管理模式和流程不熟悉，推动执行力不足；在跨部门协作中存在本位主义	开展针对性培训，使其理解转型对部门和个人发展的益处；建立跨部门协调机制，明确各部门在转型中的职责和目标
基层员工	中	普遍对变化有担忧，害怕工作压力增加或岗位调整	对新技术和新流程的学习能力有限，可能出现操作失误；消极对待转型工作	提供充分的培训和指导，帮助员工掌握新技能；建立反馈渠道，倾听员工意见，及时解决他们在转型过程中遇到的问题
客户	高	期望通过企业转型获得更好的产品和服务体验，但可能对转型过程中的一些变化感到不适应	对新产品或服务的接受度不高；因企业转型导致服务中断或质量下降而不满	加强与客户的沟通，提前告知转型可能带来的变化；关注客户反馈，及时调整产品和服务，以满足客户需求
供应商	中	希望与企业保持良好的合作关系，可能受企业转型影响调整合作模式	对新的采购流程和标准不熟悉；担心企业转型导致订单减少或付款周期变化	与供应商提前沟通转型计划，共同探讨合作模式的优化；通过长期合作愿景和合理的商业条款稳定供应商关系

3. 建立快速反馈机制

建立试点项目的快速反馈机制，及时收集项目实施过程中的数据与反馈意见。运用敏捷开发理念，对试点项目进行持续优化与调整。将试点项目的经验教训及时总结推广，为后续大规模的数智化建设提供参考，降低转型风险。

6.5.3 增强组织与文化驱动力

传统的职能型IT组织架构存在部门之间沟通不畅、协作效率低下等问题，难以适应数智化快速发展的需求。企业应基于流程再造理论，打破部门界限，构建以项目或业务场景为中心的敏捷组织。企业可以尝试设立数智化创新中心等类似机构，集中调配企业内外部资源。成立数科公司也是大型企业在推动数智化转型的过程中可考虑的一种战略举措，且在打破传统职能型IT组织架构局限、构建敏捷组织的大背景下具有一定可行性与独特价值。

在大型企业数智化转型进程中，文化重塑是凝聚团队力量、驱动持续创新的核心要素。企业需大力培育开放包容的文化氛围，鼓励员工接纳新思维、新技术，敢于突破传统业务边界进行探索。设立创新容错机制，对于在数智化创新尝试中出现的非原则性失误予以宽容，让员工摆脱后顾之忧，全身心投入创新实践。借助企业内部宣传平台，广泛宣扬数智化创新典范，分享成功经验，激发全员创新热情。同时，强化团队协作文化建设，通过开展跨部门联合项目、组织主题团建活动等形式，增进员工之间的信任，打破部门壁垒，使业务与技术团队形成有机整体，携手推动企业数智化转型不断迈向新高度，以文化软实力为企业数智化发展注入源源不断的内生动力。

实　施　篇

7

数智企业的"业务敏捷"创新与实践

本章精彩观点

当今市场环境瞬息万变，企业若想在激烈的竞争中立于不败之地，就必须拥有迅速应对市场变化的能力。"业务敏捷"是指数智企业通过全方位、全链路的业务连接与感知，快速响应市场变化，灵活调整战略，创新产品和服务，从而高效地发掘新的商业机会，拓展市场份额并实现收入增长，最终在商业竞争中保持持续领先。围绕业务敏捷的众多主题，包括全渠道管理、精准营销、高效采购、柔性生产和快速研发创新等，都体现了企业在不同方面的灵活应变能力。

本章将深入探讨数智企业在营销、制造、采购、创新等场景下的业务敏捷创新与实践，展现企业如何实现从传统模式向数智模式的转变。

7.1　客户导向，数智营销

近年来我国大力推进 5G、物联网、云计算、大数据、人工智能、区块链等新技术和新应用，数字化、智能化基础设施迅速普及，推动企业从信息化时代进入数智时代，为企业与客户之间建立在线化实时链接、交互化业务协同、精细化场景覆盖、智能化数据赋能打下基础（如图 7-1 所示），激发数字经济新活力，有力促进各类要素在生产、分配、流通、消费各环节有机衔接。

在线化　　　交互化　　　精细化　　　智能化
实时链接　　业务协同　　场景覆盖　　数据赋能

图 7-1　数智化基础设施普及带来的影响

基于当前的数字化与智能化环境，领先企业正在以客户为导向重构企业营销管理体系与商业生态。通过引入新技术、新平台、新模式来推动企业数智化转型，发掘传统品牌企业庞大的市场存量优势和资源优势，从以商品为中心转变为以客户为中心，把提升客户体验作为核心目标，通过全面链接客户实现存量业务的数智化管理。通过资源整合实现大数据精准营销，将客户的需求和满意度置于首位，构建数智化的营销服务协同一体化和可视化，赋能经营决策。

7.1.1　客户在线，AI 提升服务体验

今天我们作为消费者可以方便快捷地从电商、外卖等各类平台购买商品，每个消费者都可以体验到全流程可视。电商平台的交易体验往往被视为核心竞争优势来进行打造，而传统企业客户的交易体验与之有霄壤之别。在当前市场低迷、产品同质化竞争的环境下，整合企业优势资源与商业要素，以数智化打通企业与客户沟通桥梁，全方面提升客户服务体验，将成为企业竞争中制胜的关键。

1. 客户在线化是数智化转型的地基

据中国信息通信研究院发布的《中国数字经济发展研究报告（2024 年）》，我

国数字经济规模达到 53.9 万亿元，数字经济占 GDP 的比重达到 42.8%，数字经济增长对 GDP 增长的贡献率达到 66.45%。在数智化基础设施普及与数字经济蓬勃发展的趋势下，"客户在线"不再是企业的可选项，而是生存与发展的必选项。

（1）客户在线将重构企业与客户的链接方式

在数智化的浪潮下，企业与客户之间的关系正在发生深刻变革，传统的客户关系管理模式已难以满足现代企业的需求。过去，客户交互依赖线下人工服务，成本高且效率低；现在客户在线化不仅是客户信息的数字化，更是业务触达的新方式，通过门户、App、小程序、微信服务号等，让服务突破时空限制，使企业与客户建立更紧密的联系，客户可以实时获取商品及政策信息、自主按需下单、业务协同全在线，享受更个性化的服务。

通过在线化全渠道触达客户（如图 7-2 所示），企业可以更加深入地了解客户的需求和偏好，进行客户分类和分层管理，提供个性化的产品和服务；通过实时互动和优化业务流程，企业可以提升客户的满意度和服务体验；通过客户关系维护与管理、客户流失预警与挽回以及客户价值挖掘与提升等措施，企业可以稳固与客户之间的关系，实现长期的共赢发展。

图 7-2　全渠道触达客户

（2）传统企业存量客户数字化

传统企业都有较大体量的存量客户和存量业务，传统管理模式已经不能适应当前客户需求分层化、小众化、个性化的市场特点。当前阶段，大部分企业已经实现了内部管理信息化以及与客户的有限协同，但大多数企业并没有建立起以客户为中心的商业模式和流程，没有真正实现客户在线化与实时协同，没有实现真正意义上的盘活存量客户资源。

传统企业盘活存量客户资源必须基于实时化、在线化建立链接关系，依托交互化、精细化、智能化重构业务场景，厘清信息传递、营销推广、业务协同、个性服务的关系，实现企业存量业务的数字化转化，构建企业自己的营销数据资产。如东北某珠宝行业企业这样形容客户在线化盘活的影响：在之前的信息化时期，ERP 系统中的客户像一张 A4 纸，只有花名册，需要靠业务员线下联系沟通业务，效率极低且受制于人。在现在的数智化时期，企业可以通过门户网站、微信、App 等多个触点链接客户，企业的新品上市信息与政策可以精准触达每一位客户。同时，企业能倾听客户的反馈，极大地提高与客户的沟通效率。

（3）客户在线化的实施路径

没有客户的在线化，就没有数据的资产化，更谈不上服务的智能化。企业必须将"客户在线"作为数智化转型的第一优先级，并围绕数据闭环持续优化体验。

企业如何实现客户在线化？核心有三个关键点：第一是触点数字化，将传统服务场景（如合同签署、商品上市、政策发布、售后咨询）迁移至 App、小程序、网页等数字平台，现阶段大部分企业均可以通过工具方便实现。第二是整合数据、贯通业务，打通企业内部系统（CRM、ERP）与外部平台，消除信息孤岛。这一点的实现难度较大，主要因为 B 端客户业务交易的复杂性、协同服务的行业化特性差异明显。但在线化实现后，客户体验与工作效率将大幅提升。如河南某化工企业将客户在线化与交易流程优化、风控点位梳理等整合打通，大幅提高了厂商协同效率，减少了销售内勤 80% 的工作量。第三是生态协同，通过 API 与合作伙伴共享数据，构建服务生态。如浙江某水泥企业，通过整合第三方运输平台，将提货订单与运输抢单结合起来，不仅解决了客户提货运输的难题，每年还能节约 2000 万元的运费成本，在提高客户满意度的同时实现了企业的降本增效。

2. 场景化服务是客户体验的内核

客户在线化是数智化转型的基础设施，构建了企业与客户之间的"数字桥梁"，而场景化服务则是在这座桥上铺设的"智能轨道"，通过精准匹配客户需求、场景化设计、优化服务流程、嵌入增值环节，将单纯的交易履约升级为双向的价值共生。

（1）B端客户交易履约场景提升空间大

与电商交易相比，B端客户交易具有规模大、个性需求多、交易流程长、交易节点多等特点，数字化交易的场景化服务设计应当从客户的交易旅程开始，客户在交易旅程中对体验的要求决定了我们要如何重构交易流程与IT系统。

（2）场景化服务行业特性差异大

场景化服务是为客户提供最契合的服务，企业需要结合行业特性与场景化需求，增加数字化与业务的贴合度，提升客户的交互体验。其中交易服务是降本增效的重点，其应用场景示例如图7-3所示。交易服务有复杂营销政策与风险点位管控，能通过数智化梳理交易服务流程，推动交易风险管理与流程结合，提前感知与预警，从而大幅提高客户服务体验与交易协同效率。例如，竞拍竞价+配额场景可满足随行就市销售模式、分销渠道压款压货模式、多资金池与费用综合兑付模式的风险管理需求。

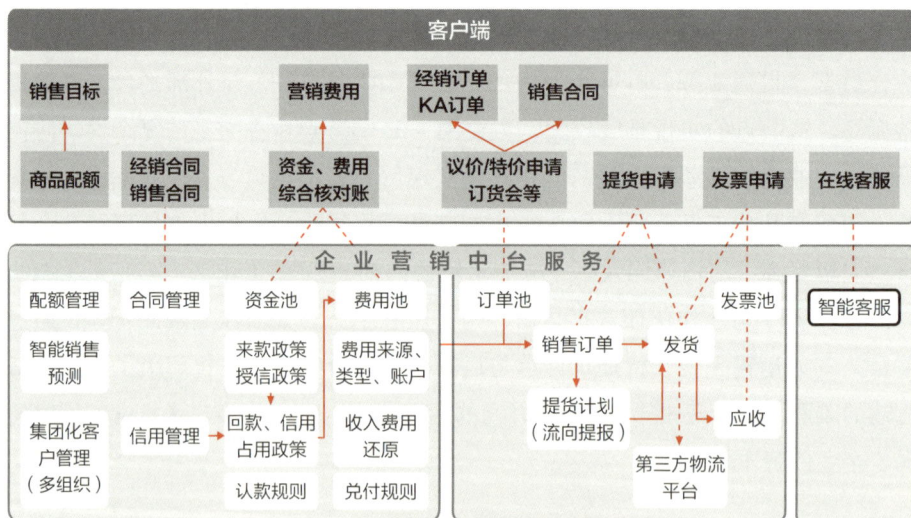

图7-3 交易在线化业务应用场景

据麦肯锡研究表明，场景化服务可使客户转化率提升30%，客单价增长

15%。场景化不仅是体验升级，更是企业从"产品供应商"向"解决方案服务商"转型的必经之路。

3. AI 赋能重新定义客户价值

当通过客户在线化与场景化服务打下坚实基础后，AI 技术便能真正释放威力，从效率工具进化为价值创造者，甚至重塑行业竞争态势。AI 的终极目标不是替代人类，而是通过"人类＋机器"的协同，让服务更人性化、决策更科学化、价值创造更可持续化。

（1）AI 赋能基础层：效率提升——让 AI 做"人不想做的事"

- ☐ 智能客服：北京某科技企业的智能客服整合了微信小程序、公众号、PC 官网、移动端、400 电话等全渠道服务，能够根据用户画像与目标商品提供售前虚拟导购和售后服务，智能 AI 独立接待率大于 72%，人工成本降低 50%，客户满意度从 75% 提升至 92%。

- ☐ 机器人流程自动化（RPA）：广东某食品企业 22 家 KA 客户的业务量占整体营收的 30% 左右。该企业通过 RPA 快速抓取各家 KA 客户的单据信息（见图 7-4），实现了自动抓单、系统集成和数据转换，以及 KA 单据流程标准化，提高了工作效率，缩短了单据采集时间。系统上线后，该企业每月的订单处理时间减少约 330 小时，开单效率提升 8 倍，数据准确率达到 100%。

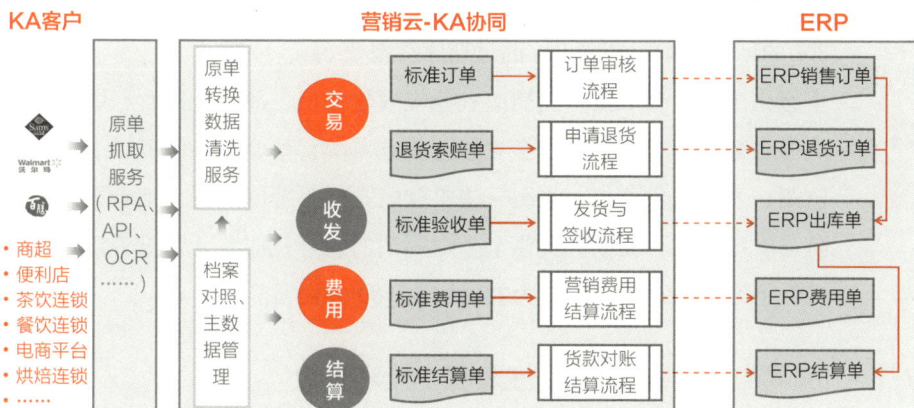

图 7-4　RPA 自动处理 KA 订单、跟单、对账

（2）AI 赋能进阶层：体验升级——让 AI 做"人做不好的事"

❑ **个性化推荐**：广东某调味品企业利用运营数据和终端客户画像，构建个性化的商品推荐模型。通过自动标签规则，系统能智能地识别不同渠道和终端的需求特点，实现个性化新品推荐和商品结构调整。这不仅提高了商品与目标客户的匹配度，还大幅提升了渠道铺货、要货的效率，使分销渠道产品出样率平均增加 30%~45%，当年销售收入增长率从 6.8% 增长到 21%，新品销量增加。此外，优化商品结构也促使利润增长率提高了 5%。

❑ **智能风控**：某乳品企业通过 AI 对终端客户网点进行数据清洗，校验数据的真实性、重复性，将终端客户的准确率从 65% 提升至 93%，大幅降低费用投放失控的风险；同时通过整合地图等外部数据，用 AI 推荐未覆盖的目标渠道客户，将渠道终端覆盖率提升 15%。

（3）AI 赋能战略层：价值共创——让 AI 做"人想不到的事"

❑ **预测性服务**：在传统方式下，销量预测需要依赖人工经验来进行估算，而经验容易忽略或放大某些影响因素。此外，人工处理需要耗费大量的时间、成本，并且高估需求容易带来库存积压，而低估需求会造成缺货影响销售。AI 智能销售预测能帮助企业感知需求变化，依据历史销售情况，综合各类影响因素，滚动预测企业未来一段时间内的商品销售趋势，帮助企业快速响应需求变化，从而合理进行资源配置。根据实践，企业每提高 1% 的销售预测准确度，产品库存周期将缩短 7%，并降低 2% 的运输成本、减少 9% 的过期库存报废。

❑ **生态化协同**：某农资企业顺应农业规模化种植、商品化经营、绿色化发展的趋势，基于种植大户全方位的服务需求，整合测土服务、卫星遥感监测、公共气象监控、水肥一体机及配肥站等智能设备，结合无人机飞防与农技指导，为农户提供全生命周期的差异化服务（见图 7-5），大幅提升了客户满意度，累计为农民增收 160 多亿元。

7.1.2 交易与履约端到端，数据穿透、全程提速

通过数智化技术，能够实现交易与履约端到端的数字化重构，以及品牌企

业、经销商、分销商／终端的在线链接和交互，使商品、政策、订单、库存、交付、结算、对账等数据全链路贯通，从而消除信息孤岛，并通过 AI 算法，实现智能下单、智能预测等，助力交易和履约全程提速，使全流程时效大幅缩短，异常预警准确率大幅提升，最终构建高效可信的商业协作生态。下面将从营销推广、交易、履约三个方面进行阐述。

| 测土 | 农事 | 遥感 | 气象 | 肥机 | 农技服务 |

图 7-5 生态融合智慧农田，精准服务农户

1. 实现品牌企业与经销商、终端的在线链接和交互，实现高效、精准的营销推广

高效交易的前提是高效的营销推广，只有让客户及时了解到品牌企业有哪些产品、哪些政策，才有可能让客户快速下单。传统模式下，新品推广和政策传递存在不足，需要通过数智化能力解决，具体如图 7-6 所示。

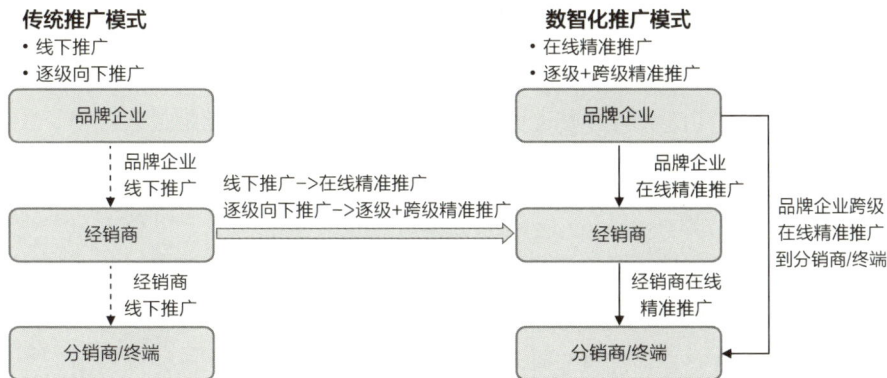

图 7-6 从传统推广模式到数智化推广模式

传统模式下，品牌企业依靠业务员传递销售政策信息给经销商，但可能由于时间问题、理解问题或利益问题，导致政策传递不及时、政策传递有偏差等，造成政策执行不到位。通过数智化平台，政策管理人员可以在平台维护销售政策，设置政策适用范围。政策审批生效后，经销商可实时收到平台发布的提醒信息，实时查看销售政策信息，实现厂商信息对等，产品、价格、促销、返利、信用等政策直达经销商，减少利益寻租，确保政策得到有效执行，从而促进销量提升。

传统模式下，新品推广主要靠推力，逐级向下推广，品牌企业组织经销商开会，让经销商了解新品及配套政策，让经销商进货，并培训经销商的业务员，让经销商的业务员找到终端并把产品卖到终端。如果产品铺货不对，就会形成滞销，滞销的原因不一定是产品不好，也有可能是业务员把产品推广到不适合的终端所造成的。这会使经销商不敢轻易推广新品，从而导致品牌企业的新品推广不下去。通过数智化平台，可以实现品牌企业与经销商、终端的在线链接和交互，实现产品在线、客户在线、交易和服务在线，积累大量的渠道多层级交易数据，以及完成对数量庞大的终端画像的描绘。有了这些数据和画像后，品牌企业就可以对终端进行新品精准推广；终端对新品感兴趣后，会向上游经销商订货；上游经销商看到终端有需求后，会对新品产生信心，从而向品牌企业订货，形成市场拉力。推拉相结合助力新品快速推广。

2. 通过多种交易模式、政策模型、AI 技术等，实现品牌企业与客户的高效交易

品牌企业的客户可能是渠道商（经销商或终端），也可能是最终客户（B 端客户或 C 端消费者）。品牌企业与客户的交易模式有很多种，图 7-7 列出了几种典型的模式。

- 单层渠道交易：品牌企业只管理与经销商的交易，经销商与分销商的交易不纳入品牌企业的管理范围，这是典型的 B2B 交易模式。
- 多级渠道交易：品牌企业不但管理与经销商的交易，也管理经销商与分销商的交易，这是典型的 B2B2b 模式。

❑ 渠道转型模式：经销商角色转换，由原来的交易角色转换为运营商或服务商。分销商可直接与品牌企业交易，产品由品牌企业配送或经销商代配送均可，品牌企业与经销商结算服务费用和价差返利。

❑ 渠道扁平化模式：品牌企业将分销商升级为经销商进行管理，经销商和分销商处于同一个渠道层级。

❑ 大客户交易模式：KA 客户在自己的采购系统中下达采购订单，品牌企业订单员登录 KA 采购系统下载采购订单，并在品牌企业的销售系统中录入销售订单。

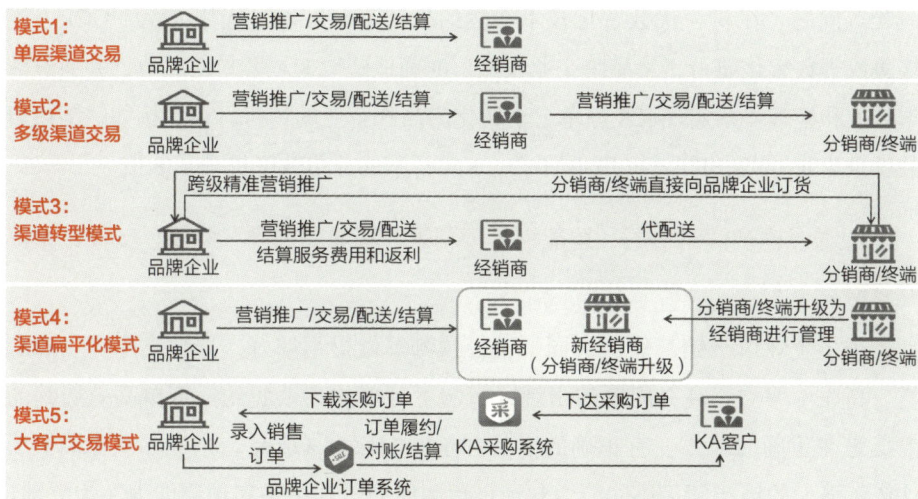

图 7-7 品牌企业与客户的典型交易模式

为了实现企业与客户的高效交易，需要建立 B2B 交易服务平台和 KA 经营协同平台。

通过 B2B 交易服务平台，可以实现价格的灵活制定及自动取价、促销模式的制定和自动执行、信用的授予和自动信用控制、资金在线支付和资金池管理、返利政策的制定和自动计算、返利使用规则的制定和返利核销，支持配额销售、竞拍销售、压货销售、居间销售、议价销售、挂牌销售等多种模式，满足企业对高效交易的需求。

B2B 交易服务平台还支持多级渠道交易，即除了品牌企业与经销商的交易能在平台上完成外，经销商与分销商的交易也可以在平台上完成。经销商可以在平台上制定针对分销商的价格和政策，甚至上架自己的商品。分销商可以在平台上查看产品、政策，自助下单、跟单、对账等。

通过 KA 经营协同平台，可以实现品牌企业与 KA 客户高效的交易协同。KA 客户普遍都拥有自己的供应商要货平台，品牌企业的业务员需要登录 KA 客户提供的供应商要货平台下载订单。但人工下载订单、手工录入品牌企业订单系统的模式，效率低、易出错。过去，为了解决 KA 客户订单录入的问题，品牌企业通常会采用爬虫技术，但是爬虫技术存在运行不稳定、资源消耗高、网站防爬等问题。在新一代数智化技术浪潮的推动下，可通过运用 RPA、OCR、连接集成等数智化能力，使品牌企业快速、准确地获取 KA 客户的原单，并通过数据转换和检查体系实现 KA 原单自动转化为品牌企业的销售订单。例如，某烘焙品牌企业通过实施 KA 经营协同平台，KA 订单的开单效率提升了 8 倍。

3. 通过销产储运协同、智能销售预测等，解决"三高"问题，支撑订单高效履约

很多企业由于销产储运协同、销售预测等做得不够好，导致高库存、高缺货、高成本等"三高"问题的出现，影响了订单的高效履约。订单高效履约的前提是在正确的地方、有正确的商品和正确的库存（成品、半成品或原材料），这依赖强大的销产储运协同能力和销售预测能力，其中销售预测能力尤为关键。

传统模式下，企业通过人工填报销售预测数据，并逐级汇总、调整、确认，最终形成预测数据给工厂进行生产。这种模式更多依赖个人经验，往往预测不准，导致高库存、高缺货、高成本等问题。这是预测方法的问题，也是协作流程的问题。通过数智化，企业以客户需求为导向，以提高质量和效率为目标，以整合资源为手段，协同多个部门实现销产协同，包括销售预测、库存计划、库存调拨和一盘货管理；实现储运协同，包括缩短销售周期、提高产品销售速度。管理的重心在于库存优化和高效配送。

在销产储运协同中，做好销售预测是核心。企业可通过 AI 技术，结合历史销售情况，综合考虑各类影响因素（如促销、缺货等），进行数据清洗（填充／

插补缺失值、剔除离群值等）和需求分类（高价值、高波动等），然后调用已经过预训练的智能模型，滚动预测未来一段时间内的商品销售趋势，形成基线预测。计划员结合企业的实际情况做出判断，最终结果可用于指导后续库存、生产等计划的制订，并协助组织各层级做出适当的决策。最后，企业可结合执行结果与预测的差异不断完善模型和方法。

7.1.3 提升费效，用准、用好营销资源

消费品企业的营销费用占营业额的比例一般在 15%～40% 之间，且呈逐年上升的趋势。一方面，营销费用的确是企业在短期内的费用支出，为了推动销售、增加市场份额，企业需要投入资金用于广告、促销、市场调研等活动；另一方面，通过开展有针对性的营销活动，企业可以获得更多的客户、更高的销售额。

1. 营销费用既是成本，也是投资

对营销费用的管控能力通常是影响企业利润来源多寡的关键，营销费用对于企业来说并不是一般的成本支出，而是实现营销目标的一种投资，因此企业在制定营销策略时，需要综合考虑短期效益和长期价值，实现费用与投资的平衡。如果企业对营销费用资源的使用过程有很好的掌控，营销费用资源带来的投资属性将大于费用属性，企业可以获取更多的投资价值。反之，如果企业对营销费用资源使用过程的管控无法做到在线化和精细化，营销费用资源带来的价值就无法达到企业预期。不同规模的企业在营销费用资源的使用过程中多多少少会遇到以下问题：

（1）营销费用涉及部门多，管理流程各异

企业部门的差异化管理导致需求难统一。不同营销费用的业务管理流程不同，对精细化管理的诉求也不同。

（2）营销费用多报、虚报、重复报销

营销费用线下提报，人工汇总申请，可能存在业务员多报、虚报、重复报销的情况，且人工查询难度大，沟通监管成本高。

（3）费用预算监控延时

缺少费用预算事前预占机制，未使用预算未及时释放，导致预算超标或难以滚动执行。

（4）缺少审批决策依据

营销费用审批过程缺少相应的数据化决策依据，企业无法快速、合理地审批费用，无法对市场变化做出快速、合理的反应。

（5）缺少营销活动现场管控和结果反馈

缺少对营销活动执行过程的管理及效果反馈，导致营销费用的使用效率不高。

（6）核销过程采用人工对账，容易出错

费用申请、费用核销、财务报账等各个环节在流程上断裂，导致财务核销不仅工作量大，出错概率也高。

企业的营销资源投放需要总部、大区、城市经理的分层管理，需要厂家、经销商、终端零售商的配合。这种传统管理模式的效率非常低下，且易导致资源被层层截留，真正到达终端客户的营销资源大打折扣，并存在灰色空间，极大影响费效比。

2. 营销费用 PDCA 闭环管理优化资源配置

信息时代企业对营销费用的管理有多种模式：多数企业通过 OA 或人工报送营销方案签呈申请，建立了基于"事项审批控制"的管理模式；传统的 ERP 系统通过预算和费用报销组合方案，建立了基于"预算报销控制"的管理模式，用于解决营销费用预算、申请及报销问题；少部分企业通过 CRM 系统方案，建立了基于"流程化过程控制"的管理模式，解决了申请、发生、核销的问题。随着一物一码技术的普及，还有一些企业通过扫码领红包，建立了基于"一物一码"直投 C 端消费者拉动去库存的新模式，例如近年来白酒企业普遍上线扫码领红包模式，用于解决厂家要市场、商家要返利、消费者要实惠的问题，以刺激终端消费、提高开瓶率、帮助承受库存压力的渠道商"去库存"。以上这些营销费用管理模式对于企业来说都只能解决一部分问题。例如，白酒企业对扫码领红包模式的单一应用存在着一定的弊端和漏洞,不少企业已陷入饮鸩止渴的局面。

如图 7-8 所示,企业营销资源管理涉及预算管理、营销项目管理、供应链管理和财务管理等多个环节。

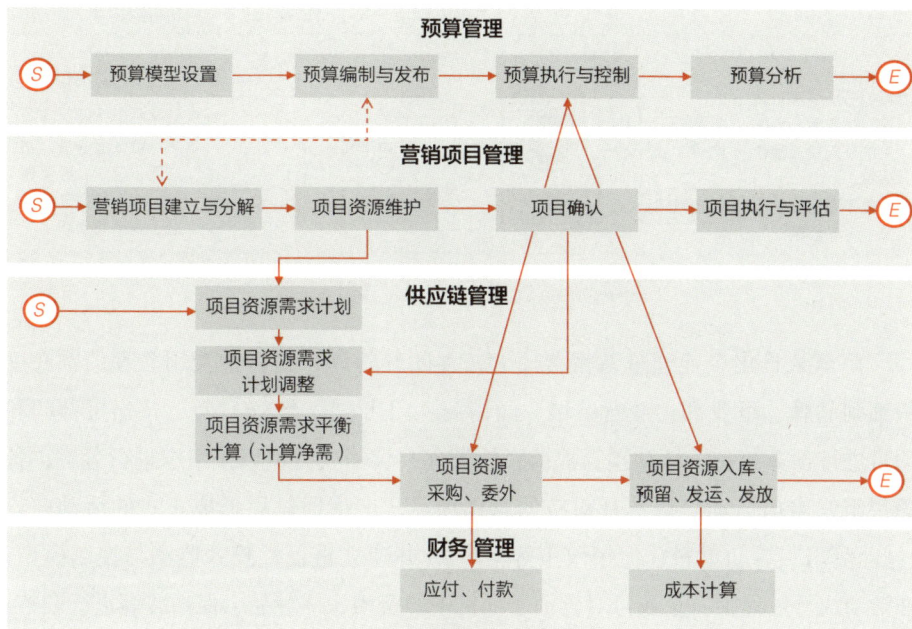

图 7-8 企业营销资源管理

营销费用 PDCA 闭环管理能为企业建立基于"事前、事中、事后全过程管理和兑付控制结合"的管理模式,解决营销费用控制中的预算计提标准、签呈审批控制、费用执行监控、费用效果评价、货补兑付等难题,最终以营销费用使用效果最大化和支持企业营销战略为目标。如图 7-9 所示,营销费用 PDCA闭环管理涉及对预算、计划、申请、执行、核销、财务报账、兑付全业务的闭环管理,业务全局透明可视可控。它通过费用数据在线化,结合公司预算,采用事前预占、事中跟踪、事后核销的方式,有效地解决了费用虚报、多报、重复报的业务问题;通过费用稽核,对费用申领、活动查核和费用核销流程进行精细化管控,将费用落实到每位客户和每个终端门店上,确保费用使用的真实性和效果。

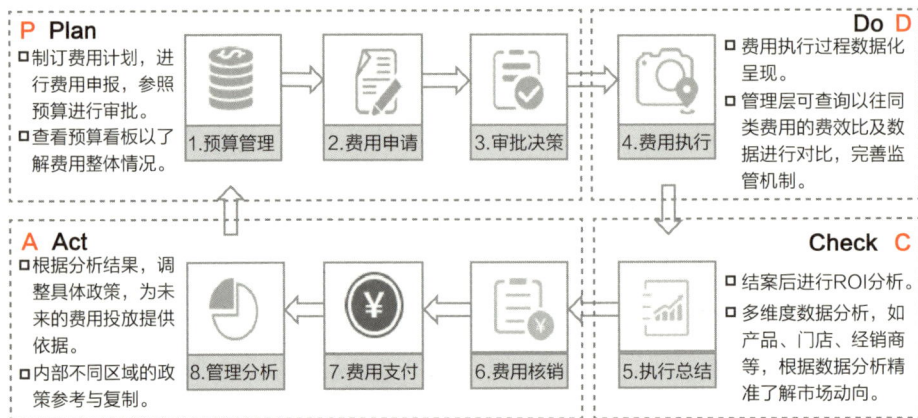

P Plan
- 制订费用计划，进行费用申报，参照预算进行审批。
- 查看预算看板以了解费用整体情况。

1.预算管理 → 2.费用申请 → 3.审批决策 → 4.费用执行

Do D
- 费用执行过程数据化呈现。
- 管理层可查询以往同类费用的费效比及数据进行对比，完善监管机制。

A Act
- 根据分析结果，调整具体政策，为未来的费用投放提供依据。
- 内部不同区域的政策参考与复制。

8.管理分析 ← 7.费用支付 ← 6.费用核销 ← 5.执行总结

Check C
- 结案后进行ROI分析。
- 多维度数据分析，如产品、门店、经销商等，根据数据分析精准了解市场动向。

图 7-9　营销费用 PDCA 闭环管理

　　广东某日化企业通过营销费用 PDCA 闭环管理，将营销费用管理的颗粒度精细到品牌、事业部、经营区域、经销商、门店、品类 SKU 等，按出资部门和项目进行预算控制、活动预算提前释放管理，营销项目可以按组织进行分解；各销售组织申请活动可以选择对应的营销项目，申请通过后形成正式的活动内容（包含费用、活动物料、促销政策等信息），并建立重复性投入监测与控制模型。在活动执行过程中，企业可对营销子项目中的费用、广宣品、促销装等进行调整。原有模式下，营销费用在活动结束后的 20～25 个工作日内才能进行兑付，而新模式下 1～2 天就可以核销完成。通过投放监测管理和多品牌、多渠道活动优化，该企业的重复性营销费用从原来的 7% 下降到 3.76%，营销资源管理效率提升 12%。

　　虽然营销费用 PDCA 闭环管理的逻辑很完善，但实践中往往存在过程烦琐、动作僵化等问题，导致企业难以快速、灵活地响应终端市场的各类状况。例如，在活动方案执行过程中，总部与大区存在临时调整行为，如调增、调减、调剂、加量、加码、预算的灵活释放等，导致活动计划与实际执行存在"两张皮"的情况。部分企业由于预算控制严格，对营销资源投入采取延期确认或集中核销的模式，导致营销资源实际的投入产出数据不真实。

3. AI 赋能精准营销，任务导向型营销资源配置提升费效

　　营销费用数智化管理的方向是在线化、任务化，通过目标导向以用好用对

营销资源，提高费用投入产出比。营销活动的在线化、任务化精准营销建立在对渠道客户数据沉淀的基础上，包括根据客情、成交、费用、陈列、客户活跃度等属性建立动、静态标签及分析指标。

1）基于产品分销与场景营销模型，实现促销活动直达渠道终端客户，以促销资源带动营销战术落地，把营销费用花在刀刃上，真正达成营销目的，而不是使费用在渠道分销过程中被逐步消耗。如为门店新进商品（按门店的生命周期管理）配置陈列、广宣品等活动资源；为新晋级门店配置大礼包；为新店配置亲子活动及促销物料等。

2）以任务导向配置资源，将目标融入业务过程，牵引落地并执行到位。企业通过在线系统发布营销推广任务，任务的规则明确、目标清晰，终端客户的参与情况可视、执行进度可视，过程可检验、投产比可衡量。终端客户可上传相关的执行凭据，企业审核结案并以返利等兑付方式直接向客户发放营销费用，提升费用兑付的效率及减少兑付环节中的无效沟通。这将大大降低业务人员的工作量，提高整体效率与费效，并可帮助企业积累区域营销工具模型，持续优化目标达成率。

例如上海某食品企业，其原营销活动从厂家逐层推到终端，即业务员去终端推广活动，并通过手机拍照上传活动效果，企业基于活动效果核销活动费用。这种方式既费时，也无法保证活动的真实性，活动费用还存在被截留的风险。采用精准营销模式后，该企业把营销活动以任务的形式直接在线精准推送至终端客户，终端客户在线接受任务，并把活动执行情况实时拍照上传，企业在线核销活动费用。通过这一改变，该企业的营销活动可以快速触达终端，活动费用不存在被截留的风险，同时活动的执行情况反馈、核销情况更加实时。该企业每年约有 5 万余个促销方案直达终端客户，营销费用的投入产出比提升25%，极大拉动了终端的动销。

模式创新实现营销活动管理的高效率。通过大数据精准营销，可以实现"千人千面、万人万促"，区分不同的客户需求、客户特点、产品销售场景等，实现高度灵活的在线化营销资源配置，减少线下的人为干预。更加丰富、更易被客户接受的营销方式，更加灵活、精准的数智化营销手段，彻底改变了以往盲目营销的局面，企业可以快速响应市场需求的变化，通过精准营销更多地收获市场增量红利。

7.1.4　客户运营，赋能全产业，重塑营销力

国内大型企业呈现集团化、多组织、多业态、多模式的特点，集团总部下属单位经营不同的产品和服务，销售模式包括产品项目型（以卖产品为主的项目销售）、工程项目型（以卖工程施工为主的项目销售）、服务项目型（以卖服务为主的项目销售）、重复销售型（通过签订合作协议，向大客户持续提供产品和服务）、渠道销售型（通过渠道商向客户提供产品和服务）等。

日趋严酷的市场格局和异常激烈的竞争态势，给 2B 制造企业的市场开拓带来巨大压力。2B 制造企业结合自身产业优势，营销模式从以经营产品为主，向以客户为中心、提供个性化产品和差异化服务转变。同时，由于以往集团各个下属单位各自为战的销售模式，无法实现整合营销，不利于集团整体作战能力的发挥。因此，企业需要实现管理模式转型，集团总部对下属单位的管理，需由财务管控型转变为业务管控与赋能型，由产品销售型转变为"产品 + 服务"销售型。

转型之前，部分集团企业没有统一的 CRM 系统，客户信息和销售数据分散在不同的系统中或掌握在下属单位手中，不能支撑集团统筹下的多层组织架构营销体系管理。企业急需建设集团型 CRM 系统，提升客户经营能力，赋能集团全产业，重塑营销力。集团型 CRM 架构如图 7-10 所示。

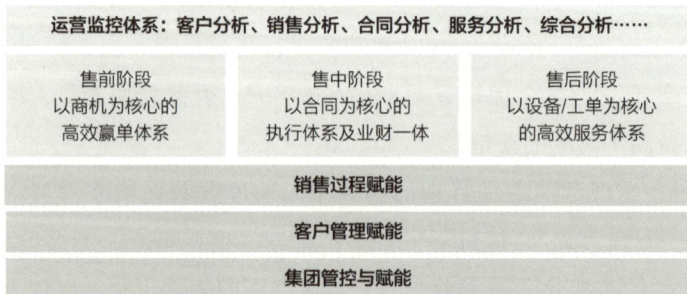

图 7-10　集团型 CRM 架构

借助 CRM 系统，企业可以从以下 9 个方面开展客户运营，重塑营销力。

1. 实现客户资源集中管理与差异化经营，开拓新客户，经营好老客户

建立集团统一的客户管理平台，实现客户资源集中管理，发挥客户资源最大价值。

建立集团统一的客户评级模型和客户评价体系，同时兼顾各业态的特殊性。通过设定多维度评价指标、集成内外部数据，对客户进行全面评价和分级分类，并根据客户等级给予差异化的营销资源和服务，如图 7-11 所示。

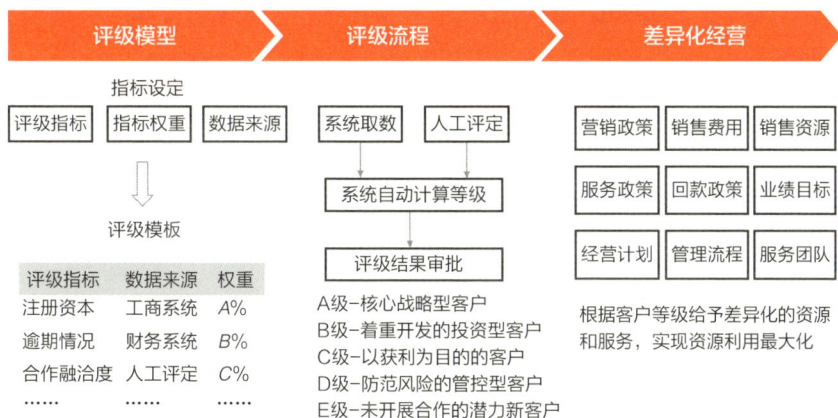

图 7-11 客户评级

为大客户管理提供可视化工作台，可以直观透视大客户的分布、商机信息、合同信息、回款信息等，并对异常信息及时预警，从而避免大客户经营过程中的风险，以及大客户的流失。

2. 规范销售过程，建立统一检查点及协同机制，强化销售过程管理，控风险、提转化

不同商机对应的管理要求不同，如重大商机需要集团重点关注，成立工作组、召开标前会等，且不同商机对于标前的客户拜访次数要求也不同。企业需要对商机类型进行全面梳理，确定每种商机类型的管理要求、阶段划分、参与角色、主要活动、阶段升迁规则等，实现销售过程的规范化、自动化、透明化，

既能保证规范推进商机进程，提升商机跟进效率，降低商机跟进风险，又能根据商机漏斗提升业绩预测的准确度。

大型工程项目一般会有多个标段，每个标段都有相应的销售项目，涉及主/子商机项目的拆分管理。主商机可能由集团统一跟进，子商机由下属单位跟进，企业需要协同主/子商机的跟进，提升集团的联合作战能力。

3. 投标过程精细化管控，实现过程规范、效率提升、风险可控、经验可复制

CRM 系统提供了强大的投标管理模型，可设置时间节点及相关负责人、责任人，对投标进行规范化、自动化、透明化管理，实现投标过程的效率提升和风险可控。

如图 7-12 所示，企业需要在投标前测算销售报价，通过 CRM 系统实现销售指导价多维度维护、报价录入和选配、拉通成本和盈利测算、报价在线审批，达成事前控制项目盈亏的目标。

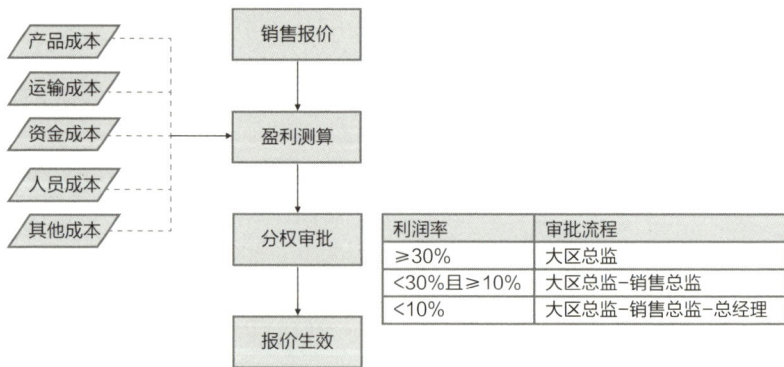

利润率	审批流程
≥30%	大区总监
<30%且≥10%	大区总监-销售总监
<10%	大区总监-销售总监-总经理

图 7-12　销售报价

投标完成后，企业应进行投标复盘，从技术、商务、价格、客户关系等维度分析投标，并记录详细信息，后续还可对赢失单因素做数据分析，让经验可复制，从而提升后续投标的赢单能力。

4. 加强合同签约及变更评审，强化风险预警

规范合同评审流程，实现合同签约在线评审，在源头控制合同风险。通过

AI 技术自动识别合同的风险条款,并给予特殊标记,帮助审批人识别合同风险;合同变更审批生效后,系统自动生成新的合同版本号,后续业务的执行、监控以最新版本的合同作为依据,防范合同变更执行风险。

通过打通 CRM 系统和合同履约系统,CRM 系统可以实时获取合同执行信息,前端业务人员可便捷地查询合同执行情况,助力业务员更好地服务客户,跟踪合同履约情况,并及时解决履约过程中出现的问题。

支持集团合同拆分与履约可视。集团与客户签订大合同后,可将大合同拆分成子合同,并由下属单位履约,集团与下属单位进行内部交易,与客户做销售结算。下属单位对子合同的履约过程会同步到集团组织,集团组织可以查看大合同的履约情况与异常情况预警。

5. 加强对合同应收账款的精细化管理,加速企业资金回流,降低应收风险

精细化应收账款管理,加速企业资金回流,降低应收风险。通过回款计划管理系统,企业可以根据合同付款条件设定回款计划,并设置提醒功能,到期系统自动提醒销售、财务催款。客户付款后,回款计划管理系统和财务系统进行对接形成完整的核销闭环流程,帮助企业简化回款流程,提升工作效率,如图 7-13 所示。

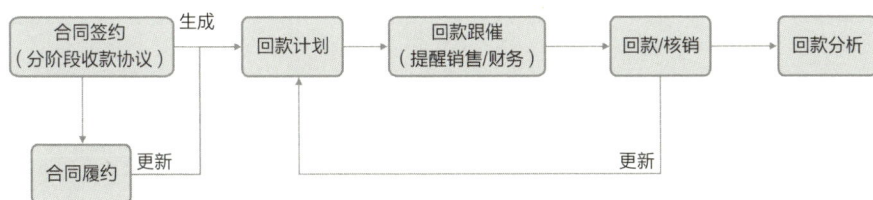

图 7-13 回款计划管理

6. 规范服务管理过程,统一服务语言,提升服务管理水平和客户满意度

建立服务标准,规范并实时监控服务过程,实现服务数据的可视化,强化对服务质量的分析与改进,提升客户满意度。

建立安装规范,确保过程安全、结果可控,质量满足客户需求。规范售后服务过程,通过在线服务人员及时响应服务请求,结合线上派工和线下服务,

实现流程规范、全程可控、过程可视、提质增效。

记录完整的设备信息以及所关联的保养计划、客户咨询投诉记录、安装、维修等服务记录，随时了解完整的设备状况和历史，支持设备主动巡检，主动为客户提供服务。

7. 实现对业务团队的管理和赋能，帮助团队更好地完成经营业绩目标

CRM 系统可以对销售目标进行分解，并通过目标达成分析来评估人员的业务能力，考核人员的工作绩效，指导并合理制定任务，从而提升团队的执行力和目标达成率。目标与行为管理如图 7-14 所示。

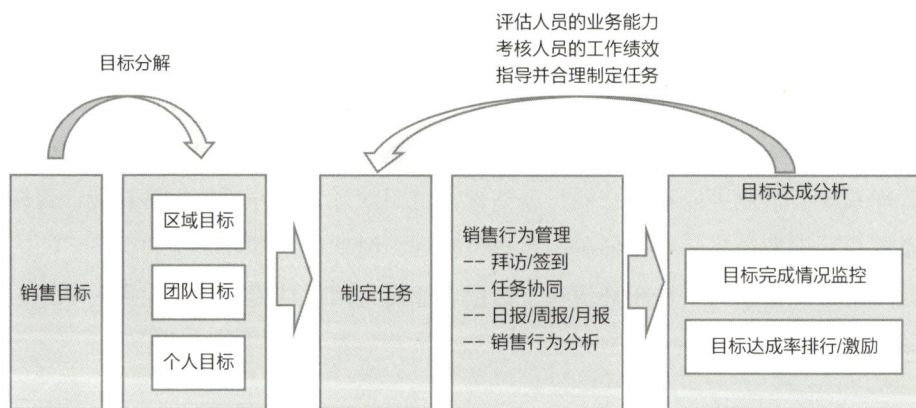

图 7-14　目标与行为管理

企业可以把营销相关的产品知识、资质文件、营销技巧、行业快讯等信息通过结构化知识库管理起来。依据事先设定的知识推荐规则，在商机跟进过程中，系统会主动推荐知识，赋能销售人员高效推进项目。

8. 借助智能销售教练，助力挖机会、赋能力、提赢率

传统 CRM 系统存在如下痛点：流程驱动（固定化、标准化）、被动响应（被动响应客户、被动式销售）、静态规则（固定规则、静态 & 人工维护）、低效交互协同（低效人工录入表单、低效人工沟通）等。

通过 AI 技术重构 CRM 模式，可以实现数智驱动（自动化、智能化）、主动

决策（预测客户需求 & 风险、引导销售 & 推荐动作）、动态优化（模型驱动、动态 & 个性化）、高效 AI 辅助协同（AI 自动识别和更新表单、AI 辅助培训 & 沟通）等。

通过智能销售教练，助力挖机会、赋能力、提赢率。智能销售教练主要有如下典型应用场景：智能销售简报推送、智能客户洞察、智能产品推荐、智能任务推荐、智能跟进与知识推荐、智能线索挖掘、引导式销售赋能、智能商机评估及建议等。

9. 建立多维度运营监控体系，帮助企业提升经营能力和决策水平

CRM 系统可以提供客户、商机、投标、合同、回款等多维度的数据分析，帮助集团、下属单位实时了解客户经营和业务运行情况；灵活定义角色工作台，主动推送集团、下属单位重点关注的信息；通过业务看板和营销数据大屏，支持集团、下属单位对业务进行实时监控和经营透视；通过设定预警规则，自动向对应人员发送消息提醒，从而避免或减轻风险造成的影响，比如客户流失、商机推进缓慢、投标潜在风险、应收账款无法回收等。

CRM 系统利用数字技术和 AI 技术，帮助集团型企业构建"集团高效赋能下属单位、下属单位高效业务执行"的数智营销平台，实现以客户为中心、以项目为主线，营销、销售、服务端到端的流程闭环，为客户、市场、销售、交付、服务、决策等赋能，助力企业获得更高的经营绩效、更强的竞争力。

7.2 柔性生产，智能制造

在全球经济深度变革与数智技术蓬勃发展的双重驱动下，智能制造正重塑制造业的底层逻辑与未来图景。本节聚焦大型企业实践智能制造的四大关注点：

- ❏ 多组织计划协同打破企业内外壁垒，通过物联网、大数据与云计算构建全球智造网络，实现资源精准调配与高效响应。
- ❏ AI+ 制造，深度融合生成式与判别式人工智能，从单点优化迈向全局自治，驱动生产流程革新与效率跃升。

❏ 敏捷生产依托数字化全链路协同与资源保障机制，快速响应客户个性化需求，构建交付透明化与客户满意度双赢体系；

❏ 制造运营管理（Manufacturing Operation Management，MOM）超越传统制造执行系统，整合全价值链要素，通过平台化架构与 AI 赋能，实现从车间执行到全生命周期运营的范式跨越。

7.2.1　多组织计划协同，全球智造

多组织计划协同，作为数智化转型的核心环节，其重要性日益凸显。它关乎企业能否在复杂多变的全球市场中，精准调配资源、高效组织生产，以满足客户个性化、多样化且快速变化的需求，提高企业在全球市场中的竞争力。

1. 多组织计划协同：全球智造的核心驱动力

全球智造是多种先进技术融合驱动下的制造业新范式。物联网（IoT）技术使设备之间能够互联互通，实时传递生产数据，从车间的机床到全球各地的仓储物流设备，皆可纳入统一的"数字神经系统"。大数据与人工智能则如同这一系统的"智慧大脑"，对海量工业数据进行深度挖掘与智能分析，预测市场需求趋势、优化生产流程、精准控制质量。云计算提供了强大的计算资源支撑，企业按需获取数据存储、数据处理能力，实现敏捷开发与部署。

在传统制造模式下，企业内部各部门以及与外部供应商、经销商之间，计划往往被分散制订，各部门各自为政。生产计划依据销售预测粗放式安排，采购计划滞后于生产需求变化，物流配送计划缺乏全局统筹，导致库存积压、生产延误、交付不及时等问题频发。

在全球智造体系中，多组织计划协同打破了这些壁垒，企业借助先进技术，构建起一个紧密相连、动态响应的计划网络。多组织计划协同涵盖了企业内部跨部门以及企业与全球合作伙伴之间的协同。它以统一平台为基础，整合生产、采购、销售、物流等各个环节的计划，使各组织在业务流程、信息共享、资源调配等方面进行紧密合作，确保目标一致、行动协调。以苹果公司为例，它的供应链遍布全球，通过高效的多组织计划协同，苹果能够协调全球各地的供应

商、代工厂和销售渠道，确保产品按时交付，满足全球市场需求。

2. 多组织计划协同面临的挑战

在企业数智化转型过程中，多组织计划协同面临着诸多挑战。

首先，信息孤岛现象严重。制造企业内部各部门以及与外部组织之间往往存在独立运行的信息系统，数据无法有效流通和共享。生产部门的制造执行系统（MES）、销售部门的客户关系管理（CRM）系统、采购部门的供应商关系管理（SRM）系统以及企业资源规划（ERP）系统等系统之间缺乏集成，导致数据重复录入、信息更新不及时，影响决策的准确性和及时性。例如某企业销售部门在 CRM 系统中录入了新的客户订单信息，但由于未与 ERP 系统实现无缝对接，生产部门未能及时获取订单详情，导致生产计划延迟制订，影响订单交付。

其次，业务流程不协同。企业内部各部门的业务流程往往是基于自身职能独立设计的，缺乏全局视角和协同意识。生产流程、销售流程和采购流程之间存在衔接不畅的问题，容易出现生产与销售脱节、采购清单与生产需求不符等现象。例如某企业生产部门按照既定的生产计划进行生产，但由于销售部门未能及时反馈市场变化和客户订单变更信息，导致生产出来的产品的包装与市场需求不匹配，从而造成库存积压。

最后，组织架构与职责不清。在传统的制造企业中，组织架构较为僵化，"部门墙"严重，缺乏跨部门的协同机制和团队。在产供销协同过程中，容易出现职责推诿、沟通不畅等问题，影响协同效率。例如，当出现产品质量问题时，生产部门与采购部门之间可能会相互推诿责任，导致问题无法及时解决，影响客户满意度。

3. 多组织计划协同应对之法

为应对上述挑战，企业需要制定相应的策略，采用一系列解决方案来实现多组织计划协同。

首先，建立统一平台，打破信息孤岛。企业应整合内部各部门的信息系统，建立统一平台，实现数据的集中存储、管理和共享。通过数据接口技术，企业可以将 MES、CRM、SRM、ERP 等系统集成，确保数据的实时传输和同步更新。企业统一平台应用架构如图 7-15 所示。

图 7-15　企业统一平台应用架构

其次，优化业务流程，实现流程协同。企业应从全局视角出发，对业务流程进行全面梳理和优化，建立跨部门的协同流程。通过业务流程再造（BPR）技术，重新设计企业流程，明确各部门在流程中的职责和任务，加强流程之间的衔接和协同。例如，某家电制造企业通过优化业务流程，建立了以订单为中心的协同流程，销售部门接到客户订单后，立即在系统中发起订单处理流程，生产部门、采购部门、物流部门等相关部门同时收到订单信息并开始协同工作，生产部门安排生产计划，采购部门采购原材料，物流部门安排产品配送，各部门之间通过系统实时沟通和协调，确保订单按时交付。河南某模具制造企业通过流程再造，建立了以订单为中心的协同流程（见图 7-16），并通过信息化建设，将跨部门组织协同流程固化到统一平台，实现了信息的互联共享。优化后，该企业的订单确认周期缩短 80%，物料齐套率从 68% 提升至 97%，交付周期缩短近 20%。

最后，调整组织架构，建立协同团队。企业应打破传统的部门壁垒，建立灵活的组织架构和跨部门的协同团队，为共同目标协同运作，保障协同流程顺畅。同时，针对特定的项目或任务，企业应组建专项团队，作为组织协同的重要补充。针对特定的项目或任务进行跨部门协作，可以提高协同效率和项目成功率。

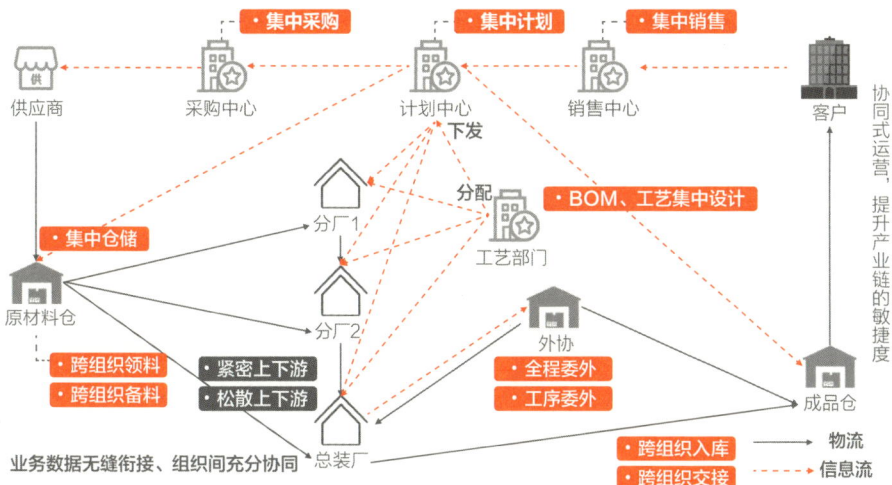

图 7-16　某企业以订单为中心的协同流程

多组织计划协同尽管面临诸多挑战，但只要企业能够制定科学合理的策略，充分发挥数智化技术的优势，构建起高效协同的计划网络，就能够在激烈的全球市场竞争中脱颖而出，实现智能制造的宏伟蓝图，引领全球制造业的新未来。

7.2.2　AI+ 制造，优化生产流程，提升效率

制造行业的数智化转型已步入深水区，AI 技术正从单点突破向体系化赋能跃迁。面对工业场景数据孤岛林立、业务逻辑碎片化的核心挑战，唯有构建"面向用户私域业务数据、多类别 AI 能力协同、从单点 AI 到全局 AI 统筹"的智能底座，才能将 AI 转化为真实生产力。

AI+ 制造聚焦三大价值锚点：

❑ 基于知识蒸馏技术，将行业通用智能与企业私有数据深度融合，打造轻量化、场景化的垂域模型，破解"大模型水土不服"的困局。

❑ 推动生成式 AI 与判别式 AI 双轮驱动，前者激活设备日志、工艺文档等数据价值关联，后者构建实时响应的动态优化引擎，实现从数据洞察到决策闭环的智能跃升。

❑ 打造"设备－产线－工厂－企业"多层级的智能体矩阵，通过自组织、自演进的 AI 能力，推动制造系统从局部优化迈向全局自治。重塑生产流程的底层逻辑，助力制造业跨越从经验驱动到 AI 应用的关键转型，实现流程优化与效率提升。

1. 实现不同制造企业的客异化 AI 能力构建

在制造企业对智能化应用的探索中，通用 AI 技术可规模化获取，但真正能将技术穿透业务本质的 AI 能力尤为稀缺。不同企业沉淀的工艺参数、生产流程、质量数据等核心资产具有高度专属性，切忌将通用 AI 能力简单套用为"标准答案"。若脱离业务场景强行嫁接技术工具，企业容易陷入"为 AI 而 AI"的陷阱，不仅无法精准解决痛点，还可能放大原有管理盲区。唯有以客异化业务价值为导向，在真实场景中校准技术应用，才能避免资源错配，打造真正"懂制造、能落地"的智能引擎。如图 7-17 所示，企业应以行业客户场景实现为导向，构建客异化业务 AI 能力。

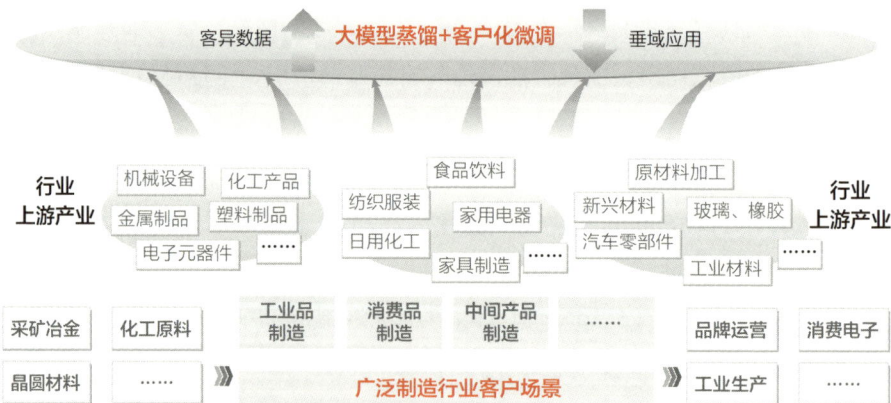

图 7-17　实现不同制造企业客异化业务 AI 能力构建

企业应构建"大模型筑基、小模型深耕"协同机制，通过大模型蒸馏技术，将通用大模型的感知、推理能力提炼为轻量化行业基座模型，既能继承大模型的泛化优势，又能规避高算力消耗。在此基础上，针对独有的管理数据、业务日志等垂域数据，企业应采用客户化微调机制，通过增量训练使模型深度适配具体场景需求,实现从"通用智能"到"专精特用"的价值跃迁,真正让 AI 能力扎根制造土壤。

2. 生成式 AI 与判别式 AI 交相辉映

在制造企业落地智能化应用的过程中,判别式 AI 与生成式 AI 如同"理性左脑"与"创新右脑"有机协同(见图 7-18)。前者以运筹优化、机器视觉构建确定性决策体系,在排程、质检等场景沉淀工业机理;后者依托大模型突破经验边界,驱动工艺创新与知识重构。二者形成"决策执行 + 知识反哺"的增强循环:判别式 AI 为生成模型提供场景化数据燃料,生成式 AI 为决策系统注入动态优化能力。

综合应用生成式AI和判别式AI,重构数智企业价值场景

- 大模型理解人的语义
- 调用经典算法(运筹算法&机器学习)
- 实现特定场景的计算和数据处理

生成式AI
生成式大模型

+

判别式AI
专业领域业务模型

- 传统机器学习模型
- 数学与概率推理模型
- 深度学习模型

图 7-18　综合应用生成式 AI 和判别式 AI,重构数智企业价值场景

山东某制造企业充分拥抱 AI 技术变革,在排产、生产下料、质量管控等场景中落地实践了多种 AI 应用:排产环节借助判别式 AI 基于历史数据生成最优排程,并依托生成式 AI 通过模拟突发状况(如设备宕机、订单插单)动态调整方案,帮助企业进行敏态排产调整及预测,提升计划的韧性。生产下料环节借助判别式 AI 通过三维仿真验证材料切割方案,并依托生成式 AI 基于余料特征生成创新拼接策略,帮助企业提高板材利用率,减少材料浪费,降低材料成本。产品检测环节借助判别式 AI 构建缺陷特征库支撑精准检测,并依托生成式 AI 自动生成针对新型缺陷的增强训练集,帮助企业摆脱高成本的生产试错,同时大幅缩短模型迭代周期。质量管控环节借助判别式 AI 通过工艺参数分析追溯

质量根因，并借助生成式 AI 生成工艺优化组合建议，帮助企业实现质量管控前置，从工艺源头改进生产，使产品不良率大幅下降。

数智融合不是简单的技术叠加，这种"判别式 AI 与生成式 AI"结合的协同机制，让确定性经验与创造性突破形成制造进化的双引擎。

3. 从 AI 辅助制造演进到生产 AI 自协同

制造企业智能化演进路径的核心不仅是技术升级，更是认知的升维与系统思维的重构。其本质是重构人、机器与系统的协同关系，在"从机器学习到学习机器"的跨越中不断演进：人机交互从单向干预转为双向融合，通过"成为机器"实现意图穿透，借助"机器自组织"形成动态响应能力；从单体 AI 场景的点状突破，演进为"车间、工厂、企业"多群体智能网络（见图 7-19）。

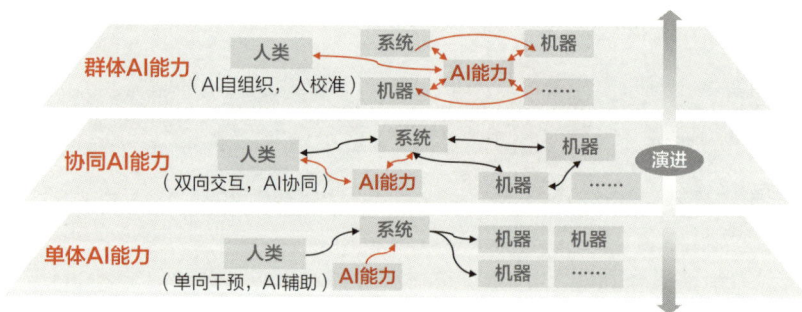

图 7-19　从单体 AI 能力到群体 AI 能力的演进

推动智能系统从"被动学习"向"主动进化"跃迁。在万物互联数据底座上，单体 AI 通过机器学习沉淀基础能力，通过机器间的自主对话形成协同智能，最终机器自组织涌现为群体智能，实现对工厂工序、企业分工的动态编排，人类成为策略校准者。AI 能力的演进将"人工喂养数据"转变为"机器自主进化"，真正实现了"让机器学习"到"机器自我学习"的质变飞跃，能够为产业升级提供源源不断的智能动能。

AI 技术正在驱动制造业全流程革新：

❑ 事前，基于垂域小模型将排产推演、工艺仿真前置设计端，预判风险并生成最优方案。

- 事中，融合生成式 AI 与判别式 AI，构建动态智能体，实时调优生产参数、协同人机作业。
- 事后，以业务数据反哺模型迭代，实现 AI 模型的自诊断、自优化，形成"感知 – 决策 – 进化"回路。

AI 技术将管理从末端治理推向源头规划，帮助制造企业从"流程固化"走向"智能自进化"，真正释放出"数据 × 技术 × 场景"的乘数效应。

7.2.3　敏捷生产，快速响应客户需求

客户的需求越来越细，交付周期越来越短，质量要求越来越高，那应该如何满足客户的要求？唯有通过企业数字化能力的变革，构建敏捷生产交付能力，快速响应客户需求，才能让客户满意。

1. 从订单到交付高效协同

从订单生成到交付完成涉及销售部门、设计部门、采购部门、仓储部门、生产部门、物流部门等多个部门，参与人员众多。由于企业存在"部门墙"，传统方式是依靠生产调度会和线下频繁沟通，整体效率低。虽然部分企业使用了一些单一的信息化系统，把一部分业务实现了数字化，但依然存在数据割裂问题，跨部门信息传递的时效性差，主要还是依赖人工或纸质单据，尤其在面对客户需求变更时，沟通协调成本极高，并且容易出错，达不到客户的要求。因此，企业需要通过数字化技术构建从订单到交付的高效协同能力。

（1）数字化全面覆盖，实现业务、流程、数据互联互通

运用数字化手段梳理再造企业流程，消除业务堵点与低效环节，构建从订单到交付的端到端闭环管理体系。通过部署 ERP、CRM、MES、WMS 等系统，实现全流程数字化覆盖，打通业务流、数据流与信息链，形成标准化、可视化、智能化的运营体系。通过数字化构建敏捷性组织，消除"部门墙"，大幅提升跨部门协同能力。

（2）从订单到交付业务全面线上化

通过企业流程梳理和再造，实现从订单到交付各个环节的全面线上化，企

业管理者尤其是高层领导，一定要培养数字化的管理思路，避免梳理和重构了流程后，管理还比较落后，部分业务还在线下处理，导致企业出现新的卡点和高耗能点。因此，企业需要实现从订单到交付全过程的线上化和结构化。

2. 交付资源保障，敏捷生产

企业的交付资源保障包括物料、计划调度、设备、人力资源等，核心是及时的物料准备、高效的计划调度，重点需要解决供应链与物料的瓶颈问题、生产计划与调度能力不足的问题。

❑ 供应链与物料瓶颈：大部分企业的采购协同率低，供应商交货效率普遍低于 70%，导致停机待料现象频发。此外，在面对物料周转不畅、现场物料堆积和缺料并存、物料齐套周期大幅延长，尤其是紧急插单时，企业应该如何快速匹配物料？如何快速评估对其他订单的影响？如何采取相关措施？

❑ 生产计划与调度能力不足：企业的小批量多品种订单占比高，且面临市场需求不稳定、客户频繁插单及交期压缩等问题。此外，面对设计工艺准备不足、设备工装准备不到位等多重因素，传统的生产计划与调度方式举步维艰，可能耗费大量人力物力，且各个部门之间容易互相推卸责任，导致订单无法按时交付，客户满意度低。

因此需要通过数字化能力构建企业的交付资源保障能力，重点构建企业数字化物料齐套管理机制，通过数字化系统提升企业的生产计划与调度能力。

（1）构建企业数字化物料齐套管理机制

依托数字化整体能力，构建企业物料齐套管理机制，使企业在生产装配前确保物料及时到位，避免停机待料现象发生。首先，梳理企业的 BOM 和物料替代关系，实现全面数字化管控并形成完善的运转机制；其次，构建企业完善的计划管理体系和预测模型，并使用它们来驱动物料采购；最后，构建动态的齐套分析模型，实时反馈齐套情况，构建完善的齐套预警机制和沟通协调通道，动态管理物料齐套，既能保障生产过程不缺料，又能避免物料的积压。如图 7-20 所示，通过物料齐套管理，企业能清晰把握各层级物料的需求与准备状态，合理安排采购、生产等环节，保障生产顺利进行，优化库存管理。

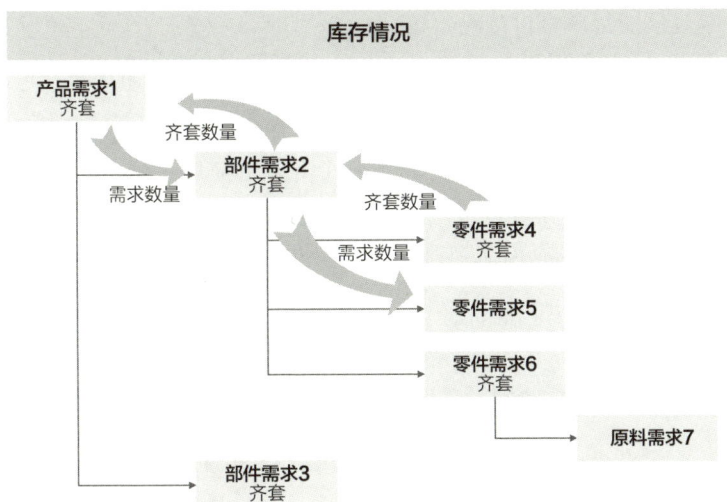

图 7-20　物料齐套管理的业务逻辑示意图

（2）通过数字化系统提升企业的生产计划与调度能力

通过数字化构建柔性、敏捷的生产体系，能够助力企业实现从"经验调度"到"数据调度"的跨越：通过搭建数字化系统（重点是 ERP、MES 和 APS），拉通销售、采购、生产等部门的业务和数据流；通过历史数据和算法实现需求预测，制订企业的生产计划和物料需求计划；通过智能算法实现多约束条件下的自动排程，解决订单碎片化与频繁插单问题，提升计划调度效率；利用数字化积累的生产数据，分析设备瓶颈、订单波动规律，实现设备人机协同。

某航空设备零件配套企业通过 APS 系统建设，实现了工厂高级排产，减少了设备等待时间，生产周期缩短了 15%；基于设备约束动态调整，综合设备利用率提升了 10%；利用系统自动排产，大幅度降低了计划员的工作强度，工作量减少 45%。

3. 通过数字化实时响应客户关注，提升客户满意度

客户下单后对供应商是否能及时交付非常关注，需要随时了解订单的状态和进度、评估供应商能否按时交付，并关注订单的生产过程和质量情况。企业需要通过数字化能力建设满足客户的需求，提升客户满意度。

（1）实时反馈订单交付情况

签订合同后，订单交付过程会涉及研发部门、生产计划部门、采购部门、生产制造部门、质量管理部门、仓储部门和运输部门。交付订单全过程如图 7-21 所示，其业务流、数据流分布在各个专业的应用系统中，企业需要搭建统一的数据平台，以合同或者订单为主线，实时更新订单的状态信息和阶段完工情况，并通过客户经理实时反馈给客户，甚至可以与客户的系统对接，实现数据实时分享，让客户有信心，让客户满意。

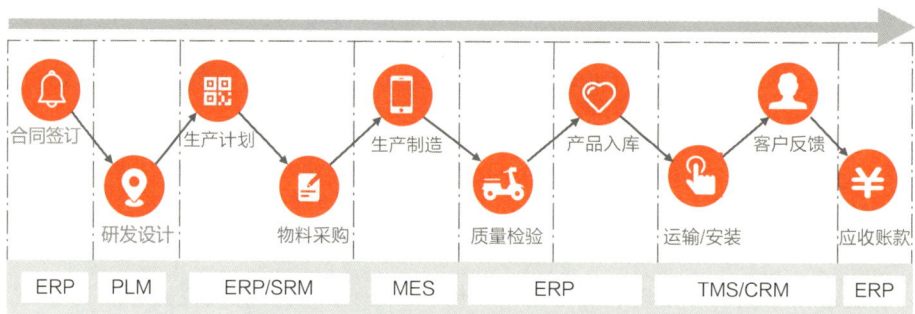

图 7-21 交付订单全过程示意图

某电子装配企业在数字化之前的交付及时率低于 50%。通过数字化系统和大数据平台建设，该企业的交付及时率显著提升，达到 90% 以上，客户可以实时掌握订单的进度情况，并对企业订单交付透明化给予了高度评价。

（2）实时反馈产品生产过程和质量数据

企业对客户的交付不再是简单的产品交付，越来越多的客户非常关注数字化交付。数字化交付重点关注生产过程和质量数据，如图 7-22 所示，因此企业需要构建数据平台能力，在各个领域业务系统搭建完成的情况下，拉通各个业务系统。企业应根据客户的关注程度，结合自身的安全保密要求，有针对性地输出客户关注的质量数据、生产过程数据，当然也可以与客户系统进行对接，实时传递相关数据。

某军工装备生产企业在交付产品的同时需要交付产品的三维模型、生产过程数据和质量检测数据。该企业通过全链条数字化应用系统建设，并结合大数据平台能力，根据客户管理诉求构建了完善的生产过程与质量数据包，实现了数字化交付，让客户非常满意。

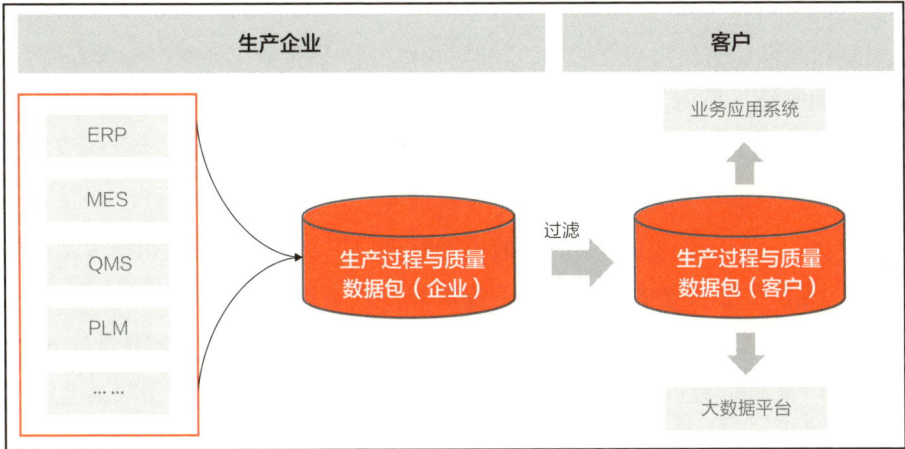

图 7-22　生产过程与质量数据包传递示意图

7.2.4　从 "制造执行" 到 "制造运营"

在工业 4.0 和智能制造浪潮的推动下，制造业的数字化进程正经历深刻变革。作为生产管理的核心工具，MES 已无法完全满足现代制造企业的需求，MOM 的兴起标志着制造业进入全价值链协同优化的新阶段，如图 7-23 所示。

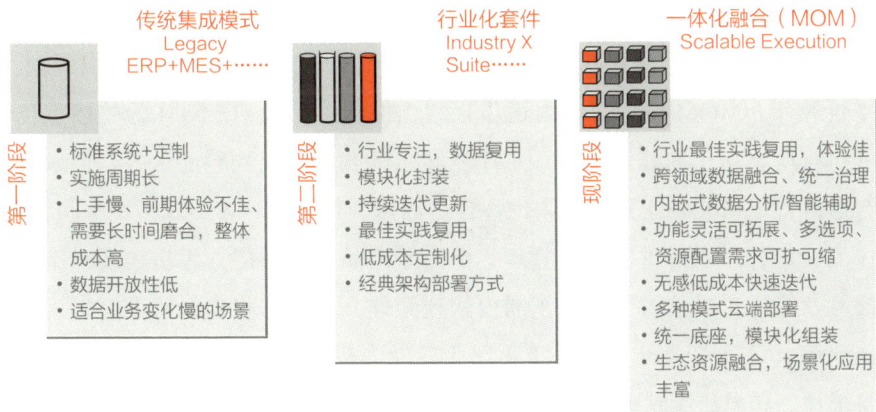

图 7-23　生产管理工具的进化

189

传统 MES 起源于 20 世纪 90 年代，其核心功能聚焦车间层级的工单执行与过程监控。美国先进制造研究机构提出的三层架构（ERP-MES-PCS）曾长期主导制造业信息化建设。但随着全球化竞争加剧，这种垂直集成的模式逐渐暴露出数据孤岛、响应迟滞等问题。2005 年 ISA-95 标准的发布首次将 MES 纳入更广泛的制造运营管理体系中，2014 年 Gartner 提出 MOM 概念框架，标志着制造管理从单一车间控制向全流程协同的跨越。

MES 与 MOM 的区别在于：

❑ MES 是一种在工厂生产制造中进行过程控制、工艺变量跟踪、文档控制和数据收集的系统，用于管理和控制制造过程中的实时执行活动。MES 主要关注生产作业控制、计划排程、生产数据收集和分析等方面，以提高制造过程的效率、可靠性和监控。MES 是制造企业实现生产运营优化的关键工具，可以提供实时的生产数据，以支持管理决策。该系统可以实施生产排程、工艺路径规划、设备状态管理、物料追溯与质量控制等功能，以及提供生产报表、分析和决策支持。

❑ MOM 则覆盖一系列用于优化制造过程的技术和方法。MOM 系统可以包括 MES、制造流程管理（MPM）、实验室信息管理系统（LIMS）和企业资产管理（EAM）等组件。MOM 的目标是确保整个制造过程的协调、集成和优化。它更为全面，除了包含 MES 的功能，还关注整个制造流程的计划、执行、跟踪和优化。MOM 可以实现供应链管理、产品生命周期管理、人力资源管理、设备和能源管理等全方位的制造运营管理。

近几年，MOM 概念在国内逐步兴起，但众多厂商对 MOM 的关注点仍集中在执行层，如车间作业记录、工序流转、工艺过程及物料配送等，但未能实现与运营管理强关联业务的一体化整合。例如，很多 MOM 实现了在车间作业、工序流转过程中对计件工资的管理，但由于产品架构所限，无法实现对工人群体的绩效管理；虽然可以实现车间内物料管理，却无法将物料管理能力反哺采购、仓储、设计等业务，也无法实现业务能力提升；虽然可以实现车间工时、物料统计，却无法实现成本数据的实时汇总分析，也无法制定降本策略。

这实际上体现了车间执行层与运营层的割裂，由于业务平台、产品架构、设计思路所限,车间 MES 与运营层的各系统没有实现口径统一、数据南北向打通,虽然有些企业实现了接口级的系统集成,但集成效果有待验证,而且集成成本较高。

某知名新能源汽车工厂的实践具有典型意义。该厂早期采用离散型 MES 管理装配线,但在处理多车型混流生产时频繁出现排程冲突。2018 年升级为 MOM 平台后,该企业通过整合质量追溯、设备维护、能源管理等模块,使生产异常响应时间缩短 67%,订单交付周期缩短 40%。

相较于传统 MES 的车间执行定位,MOM 系统在功能架构上实现了三个关键跃升:空间维度上覆盖从供应商协同到客户交付的完整价值链,时间维度上贯穿产品全生命周期管理,管理对象上整合人、机、料、法、环全要素资源。某跨国企业成都工厂的 MOM 部署显示,通过对 OEE(综合设备效率)与质量 SPC(统计过程控制)的数据进行关联分析,使产品缺陷率降低至 0.12ppm(百万分率)。

制造企业向 MOM 转型需遵循"业务价值导向、技术平台重构、组织能力适配"的实施路径。用友智能制造 MOM 的进化历程为企业提供了有益借鉴:最早以 ERP 的生产制造模块进入制造信息化领域,2013 年自行研发了 MES,2017 年推出用友 BIP 平台,并将用友 MES 及 PLM 等制造类应用完整迁移到统一平台。用友智能制造 MOM(见图 7-24)的所有业务功能均完成了统一平台建设,制造企业可根据自身需要,按需选择 MOM 的不同业务能力。

随着工业互联网平台的成熟,MOM 正朝着"平台化 + 微服务"方向发展。具有平台化架构的 MOM 可通过容器化部署和低代码开发的方式,使功能模块的配置效率提升 80%。这种灵活架构支持制造企业按需订阅质量追溯、能耗优化等微服务,显著降低企业的数智化转型门槛。

另外,与 AI 技术的融合应用开启了 MOM 的新阶段。某新能源电池生产企业的智能制造 MOM 系统,通过机器学习模型分析工艺参数与产品质量的复杂关系,自主优化电解液注液量控制算法,使电池容量一致性标准差从 3.2% 降至 1.5%;某国内铝用预焙阳极生产企业利用 AI+ 制造技术,实现了不同供应商、不同批次的石油焦混合配方配料优化,这种"认知型制造"模式正在重塑生产运营的决策机制。

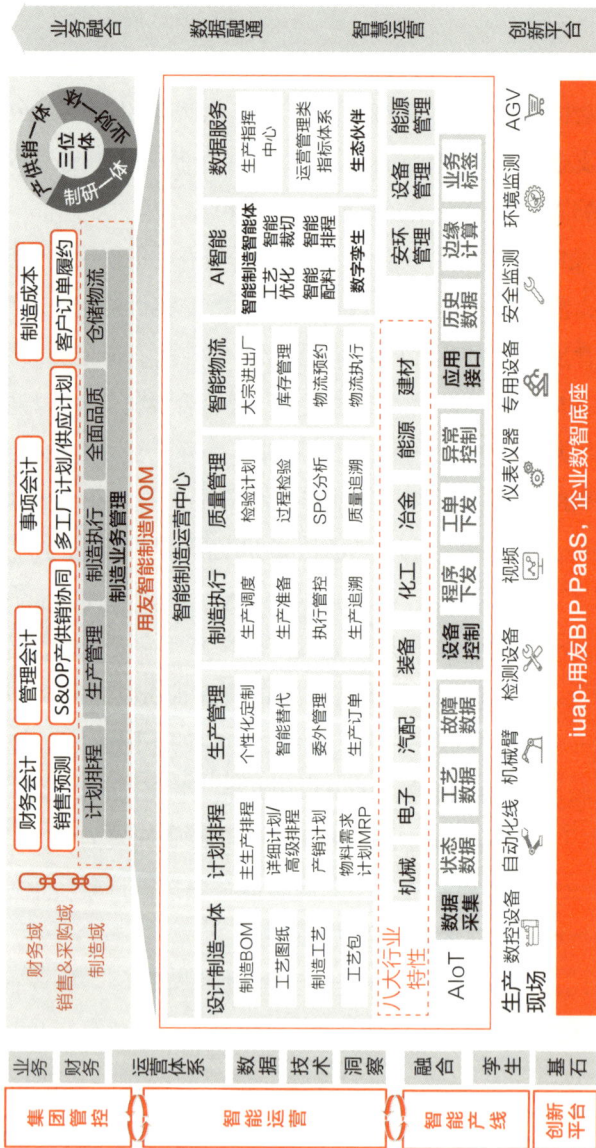

图 7-24 用友智能制造 MOM 架构

　　站在智能制造的历史坐标上观察，从 MES 到 MOM 的演进不仅是技术系统的升级，更是制造范式的根本转变。这种转变要求企业突破传统的功能模块划分，构建数据驱动的智能决策体系，最终实现从局部优化到全局最优的跨越。随着数字孪生、边缘计算等技术的深度应用，MOM 系统将进化为制造企业的新型操作系统，为制造企业的高质量发展提供核心支撑。

7.3　智慧采购，网络协同

　　在现代企业采购管理中，诸多企业在降低采购成本、业务过程高效协同、采购过程透明合规、供应链端到端价值链打通、全程可视与优化等方面面临巨大的挑战。这些挑战的产生，有些是因为外部环节，有些是因为内部管理手段陈旧、数智化能力不足。因此，企业迫切需要通过引入 AI、大语言模型等智能化技术和工具来帮助应对上述挑战。

7.3.1　品类为纲，定准采购策略

1. 品类管理的内涵及数智化的动因

　　采购品类管理是通过对采购物资或服务进行科学分类，并基于不同品类的战略重要性、供应市场特征及企业需求，制定差异化的采购策略和管理方法，以实现成本优化、风险可控、供应稳定和价值最大化的系统性管理方法。

　　在现代企业中，若要卓越地推行品类管理，企业的品类经理与采购人员需在三个关键方面着力。首先是依据公司战略导向进行精细化的品类划分，其次是设计差异化的采购策略以适应不同品类的需求，最后是基于品类策略对供应商资源进行优化与整合。然而，依赖传统的人工经验和数据报表分析来实施这三项工作，不仅费时费力，还难以保证准确性。为此，许多采购人员寄希望于通过智能化技术来解决这些难题，以提升品类管理的效率与精确性。

2. 品类管理的智能化应用实践

　　品类管理的智能化是近年来零售、制造和供应链领域的重要趋势。通过整

合技术，企业能够更高效地优化采购策略组合、降低成本、提升客户满意度。以下是基于品类管理的智能化应用实践。

基于品类管理"三部曲"，企业可以从品类划分、品类策略制定、品类策略执行跟踪这三个方向入手，在品类划分优化、品类策略矩阵生成、策略执行跟踪等方面实现 AI 工具的场景化应用。品类管理的智能化应用实践示意图如图 7-25 所示。

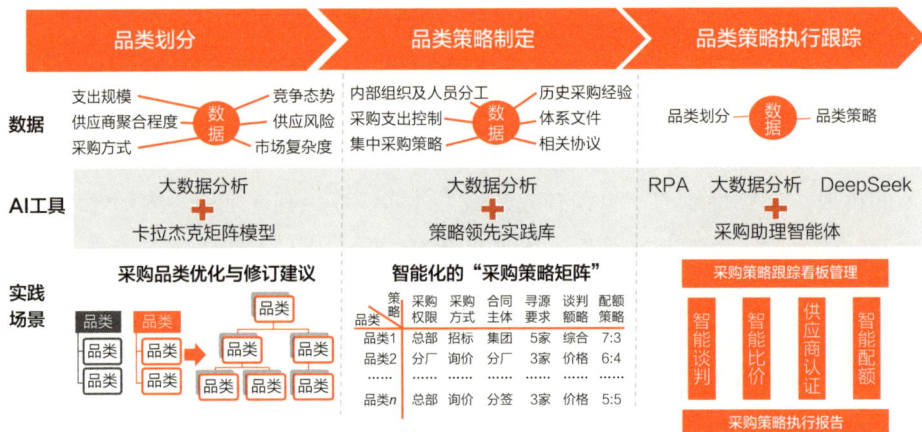

图 7-25　品类管理的智能化应用实践示意图

（1）基于品类管理的品类识别与优化

品类划分是根据采购物资的属性（如直接物料、间接物料、服务）、支出规模、供应商聚合程度、采购方式、竞争态势、供应风险、市场复杂度等维度，对需要采购的物资或服务进行重新分类的过程。而且，品类划分应该是一项持续开展的工作，企业需要根据内外部市场环境的变化，及时调整和修正品类划分，以便于制定贴合需要的采购策略和供应商管控策略。

借助大数据分析模型，企业能够识别现有的采购分类中有哪些需要优化和调整。运用智能体预置的决策模型（例如卡拉杰克矩阵模型），可以对品类健康度进行识别。基于市场分析、采购策略数据分析、采购支出分析、内部采购组织及人员能力分析、供应商结构分析、风险分析等多种分析维度，模型可以智能化地对现有采购品类提供优化和修订建议。

（2）基于品类划分的智能化采购策略矩阵

在企业中，采购部门需要基于历史采购经验、内部组织及人员分工、采购支出控制、集中采购策略等，制定本企业内部的采购策略。但是这种采购策略不够灵活，发布后再进行调整的难度较大。特别是遇到特殊采购情况或企业内外部环境发生变化时，上述采购策略无法依据变化做出灵活调整。因此，企业需要更加智能化的采购策略矩阵。

在新的智能化技术加持下，企业可以预置"策略领先实践库"并结合第三方大模型来帮助企业采购人员制定采购策略。在智能体中引入企业内部的体系文件、相关协议，并借助大数据分析工具，可以帮助企业智能化地生成品类健康度和供应商分级分类结果，以及供货比例策略。智能体也可基于年度品类供应布局策略、差异化策略和降本策略等形成"采购策略矩阵"，智能化地按照采购品类匹配需求出处，以及合同签约的主体；智能化地设置集采或自采的权限划分，生成寻源供应商报名要求、采购方式、报价模板、定标规则等。但由于外部环境不断变化，因此企业还需要及时通过系统获取外部信息，然后将信息输入"采购策略矩阵"模型中，以进行精细化调整，最终形成更新版本的"采购策略矩阵"。

（3）数据驱动的智能采购策略落地实践

企业可通过数据驱动将具体采购策略智能化地应用于以下具体场景中。

☐ **采购策略跟踪看板管理**：企业采购策略的落地应用和执行情况，必须有更加智能、直观的跟踪管理，企业可构建"策略跟踪看板"，以便随时查看策略执行情况。

☐ **数据驱动的供应商谈判**：通过智能化地收集供应商历史报价、市场价、竞争对手采购价，企业可分析供应商价格与交付能力的关联性（如低价供应商是否伴随高延迟风险）。在供应商谈判时，企业可智能设置谈判目标（如"要求供应商降价 8%"），也可针对高风险供应商设置更严格的付款条款或质量要求，并借助 SRM 等相关软件记录谈判过程和结果。谈判结束后，企业可将谈判后的价格与预期目标进行对比，以便调整后续策略。

❑ **智能化询价降本策略**：通过大数据识别高成本品类（如某原材料的成本占总成本的30%），并分析替代品或本地供应商的可行性；对高成本品类启动招标，要求供应商提供成本拆解明细；通过集中采购（如集团化采购）获取量价折扣；对比实施前后的成本数据，计算降本金额。

❑ **智能化的供应商认证**：智能化地收集供应商财务数据、质量检验记录、ESG评级。企业可构建风险评分模型，自动筛选高风险供应商，并对其进行复审或淘汰。对认证通过的供应商，企业可分配优先采购配额。

❑ **数据驱动的采购配额管理**：基于历史销售数据和市场趋势，使用大模型进行需求预测，分析季节性波动，调整安全库存量；根据预测结果，动态分配供应商采购配额（如优先分配给准时交付率高的供应商）；设置库存预警阈值，触发预警则自动补货；对比实际采购量与预测值，分析偏差原因（如需求突增或供应商延迟）。

❑ **采购策略执行报告**：针对各种采购策略的执行与落地，AI可以智能化地形成采购策略执行报告，并可以基于企业内部的汇报频次、层级，按照固定周期自动输出各种格式的采购策略执行报告。

3. 品类管理的智能化客户实践

台湾某食品企业在采购品类管理过程中，依据品类健康度模型与供应商分级模型自动生成品类健康度和供应商分级报告，并依据报告制定年度管理策略（包括品类供应布局策略、差异化策略、供货比例策略、降本策略）。系统会对相关策略的实施情况进行反馈、监控、稽查，从而实现供应链战略管理的去人为化、协同、可视和规范。

该企业将各年度的策略基于AI工具自动汇总并输出为汇总策略报表，进而清晰掌握供应商＋分析品类维度的供应布局规划，实现管理的规范化、科学化。原来需要2天才能人工编制完成的策略报表，现在只需要1分钟就可以快速生成。

该企业通过年度降本预算制订专项降本实施计划，相关责任人和监督人通过"采购策略跟踪看板管理"，对每项实施计划的完成情况进行反馈和监控，并按照月度、季度输出采购策略执行报告，对实施计划进行全局监控、稽查，落实闭环管理的理念。

7.3.2 数据洞察与评价，管好供应商绩效

1. 供应商管理的困境与挑战

目前，基于传统手段的供应商管理往往存在诸多挑战。在当前的市场环境中，企业在选择供应商时主要看中低价格，而忽略了信誉、服务质量等其他重要因素，导致合作中出现一系列问题。例如，由于供应商未能按时交货，打乱了企业的生产计划，进而影响最终产品的上市时间和客户满意度。供应商提供的产品或服务质量波动较大，直接影响企业自身的生产稳定性和市场声誉。不同部门之间的供应商数据不一致以及缺乏有效的沟通渠道，导致决策失误和操作延迟。对供应商财务健康状况、法律风险等方面的评估不足，可能导致供应链中断或其他严重后果。缺乏对供应商绩效的有效跟踪和评估机制，使得企业难以发现并解决潜在的问题等。

为了应对上述挑战，企业需要更加智能、高效的策略和工具，提升在供应商分级分类管理、供应商准入与认证管理、供应商绩效考核、供应商风险管理、供应商淘汰管理等方面的管理能力，支持采购战略目标的实现。

2. 供应商管理的智能化应用场景实践

通过将智能化技术应用在供应商准入与认证、分级与分类、绩效评价、协同发展、风险管理及汰换管理等环节，企业可以实现管理场景的自动化、智能化。供应商管理智能化应用的典型场景示意图如图 7-26 所示。

（1）供应商准入与认证

在供应商准入与认证过程中，通过借助 OCR（光学字符识别）、NLP（自然语言处理）等技术，可以自动解析供应商提交的资质文件（如营业执照、ISO 证书、财务报表）、自动审核资质；通过 API 对接国家企业信用信息公示系统，可以实现自动验证供应商资质；结合第三方数据（如企业征信、环保处罚记录）构建风险评分模型，可以实时更新风险等级。同时，该智能化应用具备合规性评估功能，可以基于预设标准快速判断供应商资质是否符合要求，并实时监控已准入供应商的资质状态。

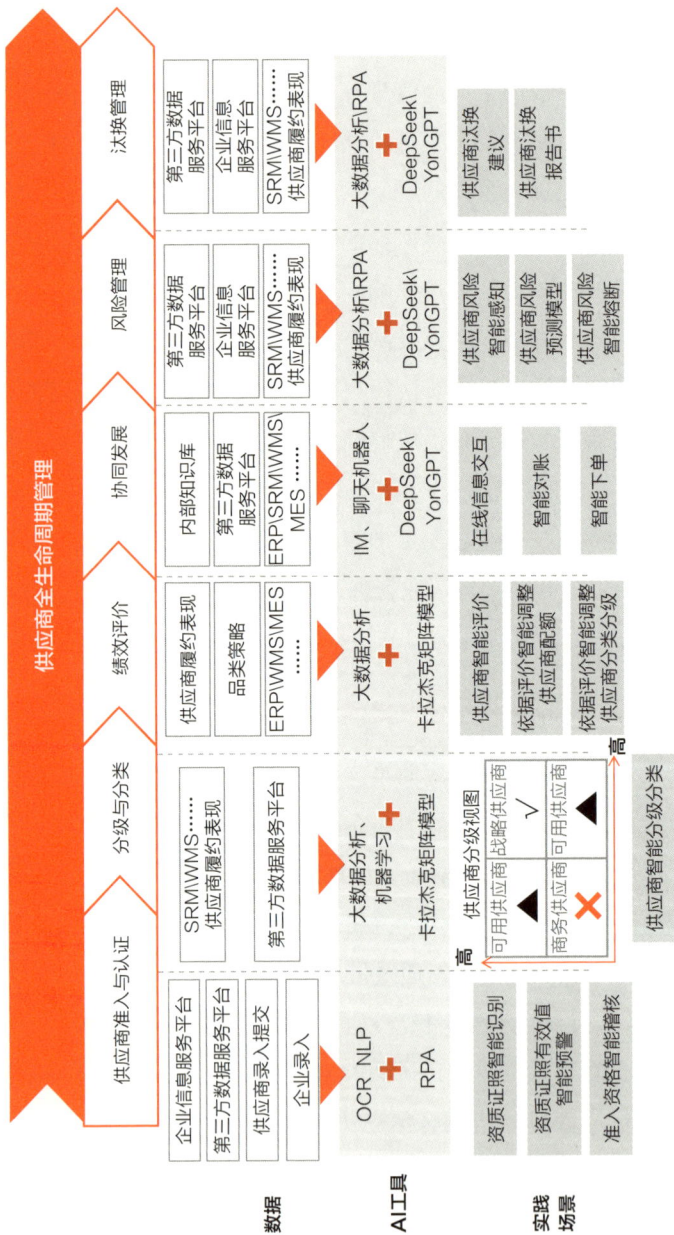

图7-26 供应商管理智能化应用的典型场景示意图

（2）供应商分级与分类

智能化应用可以借助机器学习算法（如聚类分析、决策树）和卡拉杰克矩阵模型，基于市场份额、替代性、成本占比等指标，将供应商划分为"战略型""杠杆型""瓶颈型""常规型"；也可以建立动态分级机制，通过实时监控交付准时率、质量合格率、OTD 等指标，动态调整供应商的分级与分类。

（3）供应商绩效评价

智能化应用可以基于供应商评价模型和大数据实现供应商智能绩效评价。供应商评价模型考虑了供应商绩效评价的数据来源、不同品类供应商的评价指标及权重、供应商绩效评价的颗粒度等诸多因素。

在供应商评价中，外部数据是供应商绩效评价的数据源头之一。企业可将外部数据与内部数据拉通，将采购相关数据、供应商相关数据统一汇聚，针对不同的采购品类设计不同的评价指标和权重，并为这些评价指标设置自动计算逻辑。系统可按照企业的管理习惯，自动发起供应商评价任务，并智能地输出评价结果，再根据智能绩效评价结果自动更新供应商的等级。

（4）供应商协同发展

在供应商协同发展中，企业可通过 IM 工具、智能化交互，给供应商带来便利性；通过智能化技术进行业务协同，例如通过 RPA 处理订单确认、对账等重复性任务；通过 AI 预测需求并自动触发补货。

（5）供应商风险管理

企业可通过对接第三方信息服务平台（例如天眼查、启信宝等），实现供应商风险信息的自动获取，并基于 AI 建立供应商风险预测模型。例如，企业可利用机器学习技术分析供应商的财务波动和交付延迟趋势，预测风险概率，建立供应商风险智能熔断机制；通过设定阈值触发备用供应商切换或库存补充。

（6）供应商汰换管理

借助大数据及 AI 工具，围绕企业供应商周期性汰换计划与品类、等级供应商管理策略，并结合供应商智能绩效与智能风险合规，可促进供应商的周期性汰换。

企业可以针对不同类型的供应商，设置不同的寻源方式、供应商开发策略、绩效策略、能力提升策略、合作关系策略、退出策略。智能化应用会基于智能供应商汰换模型，结合供应商管理策略矩阵，智能生成供应商汰换建议。

3. 供应商管理的智能化应用客户实践

某流程制造企业借助数智采购平台构建智能供应商评价体系。该企业在数智采购平台建设过程中，结合管理需求，基于 QCDS 供应商评价体系，建立自动化评价体系；通过多系统集成拉通，获取供应商履约全过程数据；建立智能评价指标库，对 OTD、寻源参与度、降价贡献度等一系列指标设定智能计算逻辑；通过跨系统数据调用，引入智能评价模型，自动进行评价分值计算。

该企业通过应用智能评价体系，将原来固定周期的半年度、年度供应商评价，转变为动态供应商评价。平台每月进行供应商智能评价，并根据供应商的履约表现，智能地生成供应商评价结果，并根据评价结果自动更新供应商等级、调整供应商合作状态、更新供应商画像。在该企业中，原有的供应商评价需要先制定供应商评价任务，再通知相关部门和人员进行打分，最后逐级汇总分值并提交领导审批，每次评价需要花费 2 周左右的时间。供应商智能评价引入后，该企业的月度、季度供应商评价仅需要 1 天就能完成，效率提高了 14 倍。

引入供应商评价之后，基于程序的客观、公开、公平的评价机制，也提升了供应商的满意度和配合度，供应商投诉次数从之前的每年 70 多次降低为每年 20 多次。

7.3.3 智能寻源，降本提效控风险

1. 采购寻源作业中的管理困境与挑战

在现代企业运营中，采购寻源管理作为供应链管理的重要组成部分，直接关系到企业的成本控制、产品质量和市场竞争力。然而，寻源作业的复杂性、综合性、动态变化性、灵活性、合规性等又为采购寻源管理带来了非常巨大的挑战。

采购寻源涉及多个环节，包括需求分析、供应商筛选、报价比较、合同谈判等，每一个环节都需要耗费大量的人力和时间。采购员需要逐一识别并核对需要下单的采购申请，参阅合同以匹配合适的供应商、价格和下单数量等关键

要素，并补充其他辅助信息。这样的作业方式不仅耗时费力，还可能导致延误，进而影响整个项目的进度安排。

由于采购寻源作业的流程环节众多，每一个流程环节的采购活动都难以留下完整的记录，这对后续的审计和合规检查构成了挑战。同时，这也意味着采购过程中的任何失误或不当行为更难被发现和纠正。

为了克服上述困境，越来越多的企业期望实现采购寻源过程的自动化、智能化，在提高工作效率的同时降低人为错误的风险。

2. 采购寻源管理的智能化应用实践

（1）智能化的需求预测与自动提报

企业可以借助 AI 分析历史采购数据、销售订单、生产计划等内外部数据，预测未来采购需求，也可通过 AI 预测需求波动，动态调整采购计划。AI 可以基于需求数量、库存变化、采购周期等因素，自动将采购需求分类为 "紧急需求" "常规需求" 等，并智能化地自动提报采购需求，以及匹配需求处理审批流。

（2）智能化 RFP/ 招标文件生成

在企业中，采购部门与业务部门经常需要做的一件事情就是起草和编撰各个采购项目的招标文件。这项工作占用了采购部门员工的大量时间，且因为招标文件内容、条款较多，容易有错漏、矛盾之处，对寻源招标业务的开展带来了非常大的影响。因此很多企业开始基于智能化技术自动生成招标文件。

企业可以使用智能化招标文件生成工具，将历史招标文件导入数据库，然后植入结构化的招标文件模板，利用基于大模型的智能文本生成模型，输入新招标项目的 "关键参数和要求"，一键智能化地生成全新的格式化招标文件。智能化工具可以在短时间内自动生成复杂的标书文档，大大缩短了从需求分析到文档完成的时间。智能化招标文件生成工具能够根据预设模板和企业提供的具体信息，精确匹配招标要求，确保生成的内容既符合行业标准又满足特定项目的需要。智能化招标文件生成工具减少了手动编写和校对所需的人力资源，使得员工可以专注于更具战略意义的任务。

（3）智能化采购寻源与推荐供应商

对于需要按照一定周期进行滚动询比价的业务，企业可以通过建立业务规则、预制询价单模板、设置邀请供应商名录或邀请规则、设置询价单发布自动规则，并基于系统的智能比价和智能定标等能力，实现由系统代替采购人员进行询比价过程管理。智慧采购寻源管理业务流程和逻辑设置示意图如图7-27所示。

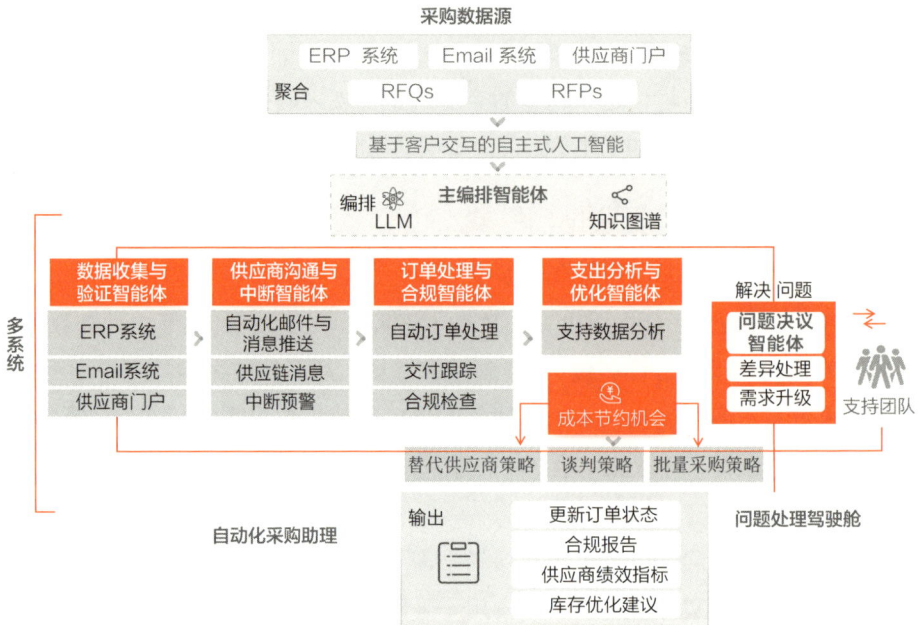

图 7-27　智慧采购寻源管理业务流程和逻辑设置示意图

企业可以自定义业务规则、业务类型。系统依据规则实现供应商自动沟通、自动发布寻源任务、自动收集反馈信息、自动进行供应商推荐、自动生成订单并跟踪订单交付等。

（4）智能合同起草与合规评审管理

合同全生命周期管理涉及合同起草、审批、签章、确认、稽核、履约等多个流程节点，企业中会有多个部门和岗位人员参与到整个合同管理的业务场景中。诸多企业都希望能通过自动化和智能化的方式提升合同管理效率、减少错误、增强合规性并降低风险。下面是围绕合同管理的部分智能化应用实践场景。

1）格式合同文件的智能起草：预置各类合同文件模板，将合同中的"变量"信息全部格式化表示。电子合同模板设置好之后，智能化应用可以将寻源比价、招标、竞价等结果与合同模板进行智能化匹配，并基于寻源结果和电子合同模板，一键完成合同文本的智能化起草。

2）格式合同文件法律风险智能识别：建立法律风险规则校验模型，对合同文本进行深度学习和语义分析，快速识别出关键条款和风险点，并基于合同条款进行智能化风险审查。

3）智能业务助手：借助大数据、AI 等技术，构建智能化组件"采购合同业务助手"。采购合同业务助手可以提供供应商资质审查、供应商风险监控、智能稽核、合同执行情况监控、供应商历史签约情况监控、子合同联查等能力。

（5）供应商配额管理智能化

企业可以通过建立智能、动态的采购配额模型，平衡与供应商的合作风险，例如借助智能化技术，根据供应商绩效（如交付准时率、质量合格率）动态调整配额比例，避免过度依赖单一供应商（如"单个供应商占比≤30%"）；设定供应商配额自动调整阈值（如"某供应商当月订单量已达配额的90%"），在触发预警时调整后续分配。

3. 采购寻源管理的智能化客户案例实践

北京某公司每年都有大量的常规采购计划需要由采购员进行日常寻源处理。由于寻源任务量非常巨大，采购部门现有的人员编制非常有限，因此日常寻源比价业务的处理占据了采购部门大部分的工作时间，而且寻源效率较低，不能满足各需求单位的采购周期要求，经常被需求部门投诉。为了减轻采购部门人员寻源比价工作的负担，提高业务效率和质量，该公司在数智化采购平台建设过程中构建了智能询比价系统。

该公司针对常规采购计划需求金额为 30 万～100 万元的采购项目，采取多轮显示智能询比价业务处理，通过引入智能化技术，实现了询价项目智能发布、公告自动录入及审批、供应商报价、自动开标、智能比价与供应商推荐、定标结果确认、生成采购合同等功能。

在询比价过程中，该公司设置了各种自动化规则，例如：如果第一轮报价不满足需求，则自动发起第二轮询价；如果第一轮报价满足需求但供应商超过一小时未确认，则自动发起第二轮询价；如第二轮报价的供应商仍未确认或不满足需求被退回需求池，则依据实际情况（报修物资）判断是否发起新的询价项目；两轮 / 三轮询价结束后汇总生成采购合同。

通过自动多轮询价的应用，该公司的询价业务由原来的 5 名员工专项处理，转变为现在仅需要 1 名采购员进行询价单据检查和稽核即可，平均处理时间从原来的 5 天缩短为现在的 3 天。这不但极大地提升了工作效率，还有效地节约了人力成本。

7.3.4 供应商协作，共赢产业链

1. 供应商协作中的作业挑战

在采购履约管理中，企业也会遇到各种业务挑战，这些挑战可能来自内部流程的复杂性、外部市场的变化、技术限制或法律法规的要求，也可能来自传统业务模式下人工判断、手动信息输入及经验作业带来的弊端。因此，很多企业迫切需要通过智能化的技术和手段，应对在采购履约过程中遇到的挑战。

目前大型企业都在进行采购战略转型，大力推进集中采购、战略合作采购、框架协议采购等业务模式。然而在采购策略落地、采购下单、履约跟踪过程中，新的业务模式并不能很好地匹配公司战略，对框架协议、采购策略的控制等仍以人工方式为主，不利于战略采购目标落地。

在现代企业内部生产组织模式下，以销定产、以销定采、以产定采成为主流的生产经营模式。在这种模式下，企业想要拉通销售、生产、采购与仓储等各个部门，实现紧密的业务协作，需要更加智能、敏捷的业务协作机制和能力。

在企业管理中，与供应商的对账和支付，是影响供应商核心利益的一个关键环节。然而，企业往往会因为付款不及时、付款过程中出现寻租行为等，造成供应商利益受损，进而影响供应商后续的合作积极性、服务水平和质量，为企业带来额外的损失。因此，企业需要更加智能、有效的手段来解决这些问题。

2. 供应商协作的智能化应用实践

AI 技术正在重塑采购与供应商履约协作的全流程，显著提升了效率、透明度和风险控制能力。基于供应链协同的智能化应用场景实践示意图如图 7-28 所示。

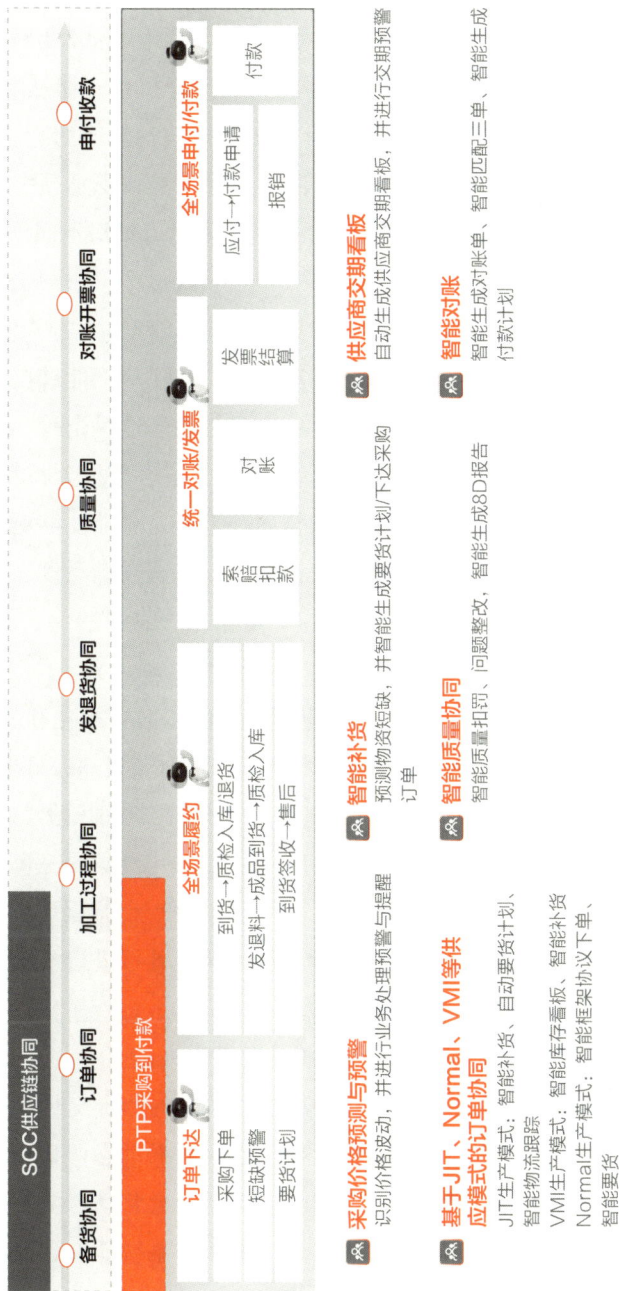

图 7-28　基于供应链协同的智能化应用场景实践示意图

（1）采购价格预测与预警

建立价格波动预测模型，同时与核心物料的原材料价格及物料市场价格的波动趋势进行预测对比，探究异常波动并进行归因分析；选择月度（季度）同环比上涨幅度、月均价格等指标，对具有相似价格波动规律的物料进行聚类；选取一定周期内（例如近 3 年）的价格均值作为标准点，识别预警每月环比均价的异常波动；结合对话交互式 AI 进行预警结论展示，针对不同价格波动情况生成对话式智能决策建议。

（2）基于供应风险的智能补货

通过实时数据监控，提高供应链透明度，企业与供应商能够更精确地掌握库存状况和销售趋势，涵盖从订货到交货、产品周转、产品定价、供需变动及其他相关变量，同时及时发现潜在的风险与机遇。基于数据分析和预测算法，能够更准确地预测市场需求。通过及时调整库存水平，企业能够更好地满足客户需求，避免产品过剩或缺货的情况发生，从而提高客户满意度，推动供需匹配的实现。

（3）智能化的供应商交期看板

通过数据整合、AI 预测，可实现供应商交期的实时可视化和交互式分析，并通过实时监控，展示供应商交期的实时状态（如准时交货率、订单周期时间、延迟原因、当前进度、预测偏差率）。通过 AI 预测潜在交期风险（如物流中断、生产延误），并根据状态灯标记和显示交期风险（例如用红黄绿三色标签显示供应商当前交期风险程度，用户点击可查看延迟订单详情）。根据历史数据和实时事件调整交期策略，降低供应链中断风险。基于动态看板进行多维度分析，帮助企业快速切换供应商或调整生产计划。

（4）基于 JIT、Normal、VMI 等供应模式的订单协同

在 JIT 生产模式下，企业需要敏捷、准时、准确的物资交付，进而满足高流转、严计划的生产排产要求。系统需要根据实时数据动态调整要货计划。例如，当检测到某一产品的销售速度突然加快时，系统会自动触发补货请求，确保库存水平始终处于最佳状态。当要货计划生成后，系统能够智能化地推送给供应商进行交货确认，并根据供应商的交货确认反馈情况，及时提醒相关岗位

人员采购供应物资。

根据确认后的要货计划，系统能智能跟踪物流运输情况，自动分析物资到货时间、到货数量、库存余量、可周转时长等信息。企业的采购系统还可以与配送管理相关系统拉通，实现智能配送管理、配送路径优化与资源调度。利用地理信息系统（GIS）、交通流量数据以及实时路况更新，智能配送系统可以计算出最有效的送货路线和时间安排，同时考虑车辆的负载能力和司机的工作时间。

在 Normal 生产模式下，系统可以智能化匹配框架协议，实现采购需求的智能预测与框架协议下单的有效结合，基于品类规则自动匹配采购需求中的物料明细、框架协议、配额协议等，并基于货源策略、配额协议、采购金额、数量等条件自动生成采购订单。整个过程全部由程序自动完成，在提高工作效率的同时，也推动了集中采购战略、框架协议采购战略的落地。

VMI 生产模式以采购方和供应商双方都获得最低成本为目的。在一个共同的协议下，由供应商管理库存，并不断修正协议，以使库存管理得到持续改进。通过建立动态可视的寄售库存跟踪看板，供应商可以实时监控库存消耗动态，系统会自动触发库存补货计划，进而保证寄售库存供应商的稳定。根据寄售物资领用情况，系统还能智能生成 VMI 订单和 VMI 结算对账单，提高供应效率。

（5）智能质量协同

企业应建立基于质量原因码的质量自动跟踪规则策略。例如，系统根据质检结果智能进行问题定位、划分问题类别、进行数据分析、设计整改措施，并智能生成质量整改报告和索赔扣款单；跟踪供应商的临时性质量举措和永久性质量改进举措的落地应用，持续进行质量分析和改善情况分析，帮助供应商持续改进商品和服务质量；通过智能问题识别、结构化报告生成、根因分析、跨部门协作优化及知识库自学习等功能，帮助企业管理采购环节，缩短报告编写时间，高效识别潜在风险并推荐纠正预防措施，实现问题处理的闭环，提升分析的准确性与前瞻性。

（6）智能对账

公平、透明的供应商智能对账与结算管理可以帮助企业提高财务准确性。

通过自动化的数据同步和智能匹配算法，企业可以确保采购订单、发票、收货凭证以及支付记录之间的一致性和准确性。这有助于减少人工处理时可能出现的错误，提高财务报表的精确度，增强采购方与供应商之间的信任，同时提升效率。

通过使用自动化工具，设置对账策略，企业可以实时同步采购订单、收货凭证、发票以及支付记录等信息。每当货物被接收时，系统会自动更新库存和应付账款记录，并生成对账事项；自动设置对账周期，并基于对账周期内产生的对账事项，智能生成相应的对账单。对账单会通过在线协同的方式与供应商确认。

系统会利用智能算法自动比对企业内部系统中的采购记录和供应商提供的发票信息。当发现不一致时，系统能够快速识别并通知相关人员进行审查。如果供应商发票中某项商品的数量或价格与采购订单不符，那么系统将标记这些差异，并向采购经理发送警报以便进一步核实。

在线协同门户允许供应商查看自己的交易历史、当前状态以及任何未解决的问题。这种开放性增加了双方之间的透明度，减少了沟通障碍。供应商可以通过安全的在线协同门户随时检查发票是否已被接收，以及审核及支付的状态。

当发票核验通过后，系统可基于付款优先级、付款账期等策略条件，智能生成相应的付款申请。

3. 供应商协作的智能化客户案例实践

某电机制造龙头企业在企业采购过程中，想要进一步降本增效，大力缩减库存成本，减少存货对资金的占用，同时积极改善供应商合作关系，推动供应商敏捷结算，营造公平良好的交易氛围。在这样的背景下，该公司大力推动寄售业务模式的推广和应用，通过寄售模式降低企业自身存货成本，并且出台政策，严格按照合同约定账期进行结算，不延误、不克扣，让供应商用心供、放心结。

基于这样的业务背景，该公司在数智采购平台的建设过程中，引入基于VMI模式的智能供应链协同。企业与供应商签署寄售合同，供应商将商品寄放在该企业指定的仓库中，供应商可以实时地监控现场寄售物资的领用及消耗状态。系统基于消耗波动规律，能自动触发库存补货计划，既方便了供应商及时补货，也避免了存货不足带来的生产停滞风险。在此过程中，根据寄售物资领用情况，系统智能生成 VMI 订单和 VMI 结算对账单，创造了寄售物资缺货率为 0 的良好记录，有效提高了供应效率，降低了库存资金占用。

同时，该企业启用了智能对账与付款管理。基于合同约定的付款条件，系统会自动跟踪交付动态。当物资交付后，系统自动根据交货记录生成对账单，并发送给供应商进行确认。系统还可以线上收集供应商提交的发票，完成发票与对账单的智能匹配。基于匹配无误的发票数据、对账单数据，系统自动发起付款计划。通过这一举措的应用，该企业的结算付款周期从原来的平均 47 天缩短到 17 天，显著提高了供应商的配合度、满意度。供应商更愿意为该企业提供优质、低价的商品和服务。

7.4　快速创新，数智研发

在当今快速发展的商业世界中，研发作为企业创新和发展的核心驱动力，正经历着深刻的变革。从管理变革的角度来看，研发从最初研发部门内部单纯的设计协作，逐渐演变为跨越多个部门和职能的协同运作；数智化应用场景从传统的设计制造多应用集成，迈向高度融合的研制一体模式。在技术变革层面，AI 技术的崛起为研发模式带来了前所未有的革命性变化，而社会化研发的兴起以及中国企业研发全球化的趋势，更是为研发领域注入了新的活力，也带来了新的挑战。这些变革不仅重塑了企业的研发流程和组织架构，更深刻影响着企业在市场中的竞争力和长期发展前景。

7.4.1　从设计协作到研发协同

1. 传统设计协作的局限

在过去相当长的一段时间里，数智研发的重点主要聚焦于研发部门内部的设计协作。工程师在相对独立的环境中专注于产品的设计工作，通过内部的沟通与协作完成设计任务。这种模式在一定程度上能够保证设计工作的专业性和高效性，但随着市场竞争的加剧和产品复杂性的不断提高，其局限性也日益凸显。

首先，信息流通不畅。研发部门与其他部门之间缺乏有效的沟通渠道，导致市场需求、生产实际情况等重要信息无法及时准确地传递到研发环节。这使得研发出来的产品可能与市场需求脱节，或者在生产过程中面临诸多困难。

其次，协同效率低下。各部门之间的工作相对独立，缺乏统一的协调与规划，容易出现重复工作和资源浪费的现象。例如，研发部门在设计产品时，可能没有充分考虑采购部门的物料供应情况，导致产品设计完成后，因物料无法及时获取而延误项目进度。

最后，创新能力受限。仅依靠研发部门内部的创意和思路，难以充分整合企业内外部的创新资源，限制了产品的创新空间。在快速变化的市场环境中，这种单一的创新模式难以满足企业对产品创新的需求。

2. 研发协同的优势与实现方式

研发不只是研发部门的事，如今的研发更加注重多个部门的协同工作。研发协同强调打破部门壁垒，实现信息共享、资源整合和协同创新，以确保项目的成功和企业的长期发展。

从优势来看，研发协同能够提升产品的市场适应性。通过与市场部门紧密合作，研发团队可以深入了解市场需求和消费者的痛点，使产品设计更加贴合消费者的需求，从而提高产品的市场竞争力。同时，与生产部门的协同，可以确保产品设计具有良好的可生产性，有助于降低生产成本，提高生产效率。

在实现方式上，建立跨部门的项目团队是关键。这些团队应由来自市场、销售、研发、生产、质量、财务等不同部门的专业人员组成，共同负责项目的策划、执行和监控。在项目推进过程中，团队成员通过定期的沟通会议、项目管理平台等方式，及时交流信息，协同解决问题。例如，在某电子产品的研发项目中，跨部门团队在项目初期就共同确定了产品的市场定位、技术指标和成本预算。在研发过程中，市场人员根据市场反馈及时调整产品功能需求；生产人员提前介入，对产品的可制造性提出建议；研发人员则根据各方意见优化设计方案，最终成功推出了一款市场反响良好的产品。

此外，利用先进的协同管理工具也是实现研发协同的重要手段。例如，采用项目管理软件对项目进度、任务分配、资源使用等进行实时监控和管理；通过企业级的信息共享平台，实现各部门之间数据和文档的共享与协作。这些工具的应用，将极大地提高协同工作的效率和透明度，促进研发协同的顺利开展。

3. 研发协同的数智化实践

在多年的实践中，用友形成了以研发流程为主线，用项目管理的手段管理研发全过程与成果，覆盖研发过程全业务和全数据链的整合平台。研发管理平台的框架如图 7-29 所示。

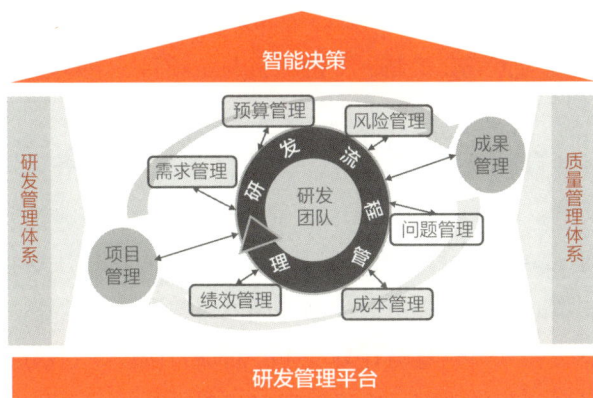

图 7-29　研发管理平台的框架

某大型新能源车企通过集团级集成产品开发平台，构建端到端的整车研发项目管理，拉通 14 大业务板块，实现了整车研发项目的全过程管理，覆盖从整车到零部件的全流程，以及数万名参与人员。整车研发是需要多专业协同、多层级嵌套、多项目跨组织协同的复杂研发项目，建立基于统一平台的项目管理、交付物管理、业务流程管理和系统集成，可以保证项目开发过程的透明和规范、业务执行流程的高效、设计知识的积累和重用，从而提升企业的创新能力和综合竞争能力。该企业大大提高了协同工作的效率和透明度，促进了研发协同的顺利开展。

整车集成产品开发平台着力于研发规范的重塑，并在此基础上实现整车全产业链研发的项目管理。

（1）助力企业通过研发流程优化形成数智化研发规范

❑ 通过流程自定义完成 BPM 在企业研发流程中的优化，建立计划规范，让计划有章可循。

❑ 明确交付物规范，使交付物贴合业务，齐套且可控。

❑ 构建跨组织协作机制，实现全链路研发协同。

❑ 设立多组织权限机制，保障数据与业务分层分级、安全可控。

❑ 搭建生命周期模型，让项目及成果物的状态可控可追溯。

❑ 制定风险评估、质量门阀、阶段评审规范，把控项目风险与质量。

（2）以项目管理为手段管控研发过程和研发成果

建立研发流程规范嵌套机制，支持项目与子项目、流程与子流程间任务的层层分解，满足复杂研发项目的需求。

项目中的任务自顶向下下达、分解、细化，各业务部门各司其职；任务执行结果自底向上反馈、上报、提交，实现"总指挥线"与"总设计线"统一协同。

研发管理平台可基于多级流程分解形成 WBS 的项目计划管理业务逻辑，实现计划强逻辑管理；支持多组织计划协同发布与部门级计划协同；提供项目变更规范管理，支持项目信息与计划变更，对项目阶段计划从严、部门计划从宽；支持设置灵活预报警机制，支持多层级报警，企业可在项目级与部门任务级分别设置，做到事前预知、事中预警、事后报警。

研发过程与成果管理高度协同。区别于传统项目管理，研发管理平台对交付物实现了全过程技术状态管理，能够清晰呈现交付物所处的项目阶段、版本版次与生命周期状态，实现了全局数据与业务全过程可追溯。在项目与库管理维度实现交付物结构化管理，以任务驱动业务，与各工具及业务系统整合，完成业务链接。以项目任务定义交付物，在合适的工具与系统中实现，通过任务提交方式实现数据与业务协同。

同时，通过风险管理、问题管理、成本管理、预算管理、质量管理等解决方案，研发管理平台助力企业把控风险、管控成本、提高产品开发质量。整体 V 型开发体系在研发管理平台中的落地，如图 7-30 所示。

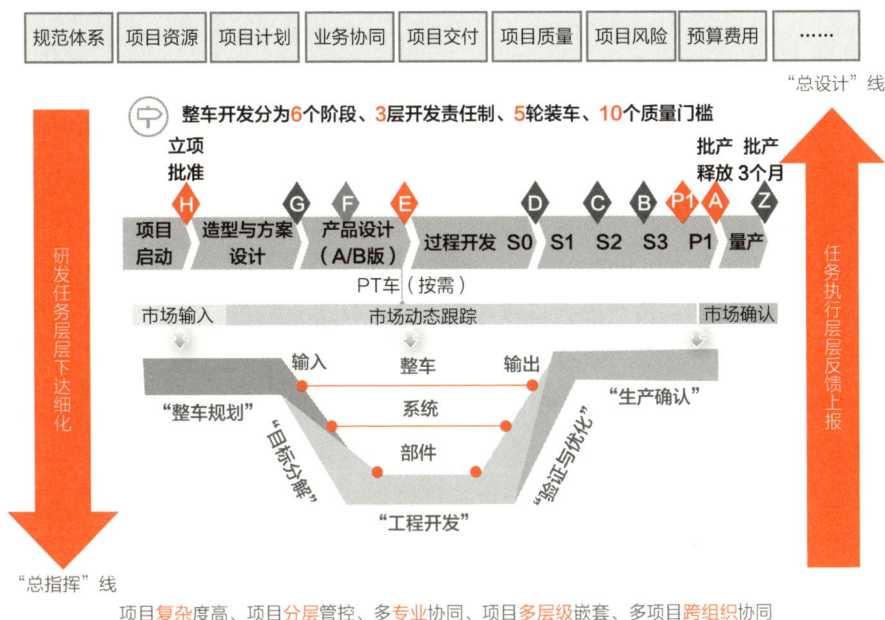

图 7-30　整体 V 型开发体系在研发管理平台中的落地

据统计，该企业在研发管理平台上的注册用户超过 15 万，实时在线人数近 4 万，在引入这些工具后，整车项目平均开发周期从原来的 2～3 年缩短到现在的 9 个月。

7.4.2　从设计制造一体化到研制一体

1. 传统的设计制造一体化模式及其不足

过去所提及的设计制造一体化，主要是通过 PLM（产品生命周期管理）系统将物料、BOM（物料清单）、工艺等信息提供给 ERP（企业资源规划）系统，作为生产输入。这种模式在一定程度上实现了设计与制造环节的初步衔接，提高了生产的计划性和准确性。

然而，随着企业业务不断拓展和市场竞争日益激烈，这种传统的设计制造一体化模式逐渐暴露出诸多不足。一方面，它仅仅关注了设计与制造环节之间的简单数据传递，忽视了研发过程中与其他众多相关部门的业务协同。例如，市场部门对产品需求的动态变化、财务部门对成本控制的要求、法规部门对产品合规性的监管等，都没有在这一模式中得到充分体现和有效整合。

另一方面，从数据管理的角度来看，这种模式下的数据分散在各个独立的系统中，缺乏统一的数据源和数据表达标准。不同系统之间的数据格式和接口不一致，导致数据在传递和共享过程中容易出现错误和丢失等情况，影响了企业对研发全过程中的数据的有效分析和利用。

2. 研制一体的内涵与价值

今天的研发管理平台已逐渐演变为一个集业务协同与数据整合于一体的综合性平台。从业务协同的角度来看，它以研发流程为核心，构建了一套完整的企业研发规范，打通了研发部门与市场、销售、生产、质量、财务、法规、采购等各个相关部门的业务链。

市场部门通过与研发部门的紧密协作，将市场需求、竞争态势等信息及时传递给研发部门，为产品的研发方向提供决策依据。同时，研发部门在产品研发过程中，也会根据市场反馈不断调整产品设计，确保产品能够满足市场需求。

销售部门则在产品研发阶段就参与进来，与研发部门共同探讨产品的销售策略和市场定位。他们将客户的需求和意见反馈给研发部门，帮助研发部门更好地优化产品功能和特性，提高产品的市场竞争力。

生产部门在研制一体模式中扮演着重要角色。从产品设计阶段开始，生产部门就与研发部门密切合作，对产品的可制造性进行评估和优化。他们根据生产的实际情况，提出关于产品结构、工艺路线等方面的建议，确保产品在设计阶段就充分考虑到生产的可行性和效率，避免在生产过程中出现设计变更等问题，降低生产成本，缩短产品上市周期。

质量部门全程参与产品研发过程，从原材料采购、产品生产制造到产品最终检验，建立了一套完善的质量控制体系。他们与研发部门共同制定产品质量标准，对研发过程中的各个环节进行质量监控，确保产品质量符合市场需求和法规要求。

财务部门在研制一体模式中，通过对研发项目的成本预算、成本控制和成本分析管理，为企业的研发决策提供重要的财务支持。他们与研发部门密切合作，优化研发资源配置，确保研发项目在预算范围内顺利进行。

法规部门则负责跟踪和解读相关法律法规和行业标准，确保产品研发过程符合法规要求，避免因产品合规性问题给企业带来风险和损失。

采购部门与研发部门协同工作，根据产品设计需求及时采购合适的原材料和零部件。他们通过与供应商建立长期稳定的合作关系，确保物料的供应质量和及时性，同时通过优化采购流程，降低企业的采购成本。

3. 研制一体数智化实践

在某知名电子高科技企业全面完成 IPD（集成产品开发）咨询和改造后，数智化建设成了其全面落地 IPD 的关键。IPD 体系的本质就是研制一体，是跨组织、跨专业的机、电、软一体化协同。

研制一体意味着将各应用系统数智化进行一体化整合，如图 7-31 所示。该模式强调统一的数据来源、统一的数据表达，与 CRM、SRM、ERP、MES、OA 等系统实现数据融合，打通全业务链数据。通过统一数据平台，企业可集中管理、分析研发全过程中的所有数据，实现实时共享与有效利用。

图 7-31　研制一体

在 IPD 流程主线以项目管理机制管理研发全过程的同时，企业通过统一数据中台与集成平台，与各业务单元实现数据整合。从市场端，CRM 系统获取商机与客户需求，纳入研发管理平台成为原始需求。在研发管理平台需求管理机制下，分析处理原始需求以形成产品需求，实现需求分发，以市场需求为导向制订产品与开发计划。在项目立项时，与财务系统协同完成成本分析与初步预算。在产品开发的概要设计阶段，与供应商管理系统协同，进行潜在供应商认证、物料询价比价与物料认证，同时与营销、财务系统协同完成产品成本核算与报价。在样件阶段，由于样件生产计划涉及 BOM 齐套、物料进出库、质量管控等问题，因此需要与生产管理系统、MES、质量管理系统协同。在产品定型上市后，需要与销售系统协同以实现上市产品货架管理。

在研制一体数智化管理框架下，综合分析市场、销售、生产数据，及时发现产品研发问题与潜在市场机会，为决策提供准确科学依据。在研发全过程中，通过多系统协作的机制，研制一体模式能实现业务协同与数据整合的有机结合，为企业带来显著价值，提高研发效率与质量，降低成本，缩短上市周期，增强企业对市场变化的响应与创新能力，提升企业的核心竞争力。

7.4.3 AI 驱动研发模式再变革

1. AI 在研发中的应用场景

随着 AI 技术的飞速发展，AI 在研发领域的应用越来越广泛，为研发模式带来了深刻的变革。在产品设计阶段，AI 可以帮助研发人员快速生成多种设计方案，并对这些方案进行评估和优化。例如，利用 AI 技术对市场上同类产品的大量数据进行分析，挖掘消费者的偏好和需求趋势，从而为产品设计提供创新思路。同时，AI 还可以根据产品的功能要求和性能指标，自动生成符合要求的产品结构和外观设计方案，缩短设计周期，提高设计效率。

在研发过程中的实验和测试环节，AI 同样发挥着重要作用。通过建立虚拟模型和仿真系统，AI 可以模拟产品在不同工况下的性能表现，提前预测产品可能出现的问题，减少实际实验和测试的次数。这不仅降低了研发成本，还提高了产品的可靠性和稳定性。例如，在汽车研发过程中，利用 AI 仿真技术可以对汽车的碰撞安全性、动力性能、燃油经济性等进行模拟测试，为汽车的设计优化提供数据支持。

此外，AI 在研发数据管理和分析方面也具有巨大优势。研发过程中会产生海量的数据，包括实验数据、测试数据、市场数据等。AI 可以对这些数据进行快速处理和分析，挖掘数据背后的规律和趋势，为研发决策提供科学依据。例如，通过对药物研发过程中的临床数据进行分析，AI 可以帮助研究人员更快地筛选出有效的药物候选分子，提高药物研发的成功率。

2. AI 驱动研发模式变革

AI 技术的应用驱动研发模式发生了多方面的变革。首先，它改变了研发人员的工作方式。传统的研发工作主要依赖于研发人员的经验和专业知识，而 AI 的引入使得研发人员可以借助智能化工具，更加高效地完成工作。研发人员不再仅仅是知识的执行者，更是创新的推动者和引导者。他们需要与 AI 系统紧密协作，充分发挥 AI 的优势，同时结合自己的专业知识和创造力，共同推动研发工作的开展。

其次，AI 促进了研发流程的优化和创新。通过自动化和智能化的技术手段，AI 可以实现研发流程的自动化执行和优化管理。例如，在项目管理方面，AI 可以根据项目进度、资源使用情况等数据，自动调整项目计划，合理分配资源，提高项目的执行效率。在质量控制方面，AI 可以实时监测研发过程中的质量数据，及时发现质量问题并提出改进建议，确保产品质量的稳定性。

最后，AI 推动了研发组织架构的变革。为了更好地应用 AI 技术，企业需要组建跨学科的研发团队，包括数据科学家、算法工程师、领域专家等。这些团队成员需要具备不同的专业背景和技能，能够在 AI 技术的支持下，协同开展研发工作。同时，企业还需要建立相应的组织管理机制，促进不同团队之间的沟通与协作，充分发挥 AI 在研发中的作用。

3. AI 赋能数智研发实践

研发管理平台接入 DeepSeek 大模型，结合用友 YonGPT，形成双 AI 智能融合方案，为用户提供多元、安全、高效的国产研发管理智能解决方案，有力推动企业数智研制一体化管理。在研发领域深度布局，构建多场景 AI 应用生态。

（1）研发成果知识化

"友智库"依托自然语义处理技术，深度挖掘研发文档与知识库，实现精准检索与智能推荐。设计师和工程师用日常语言表达需求，即可快速获取所需的技术资料，缩短信息查找时间，提升工作效率。

（2）AI 赋能智能研发过程管理

项目管理"PM 小秘"主动采集项目关键数据，利用大模型生成能力，自动绘制可视化图表，生成详尽的项目阶段报告，精准进行问题分析与风险预警，助力项目经理实时掌控项目动态、化解潜在危机。

（3）AI 赋能智能产品数据管理

技术文档智能助手可以协助工程师搭建文档大纲、提炼要点、搜索相关技术文献，让工程师从烦琐的文档工作中解脱，专注创新设计；针对研发设计与生产制造中的 BOM 管理痛点，BOM 智能配置可以借助 AI 实现设计 EBOM 向制造 MBOM 智能化转换，推动 BOM 多视图智能演变与协同，为企业研制一体化提供高效、精准、智能的管理手段。

通过统一智能应用框架，整合企业、行业与研发领域数据，打造个性化智能研发管理解决方案，助力企业释放 AI 潜能，实现研发管理智能化与自动化。

7.4.4　社会化研发与中企研发全球化

1. 社会化研发的兴起与特点

社会化研发是指企业借助互联网平台，整合社会资源，开展研发活动的一种新型研发模式。随着互联网技术的普及和发展，社会化研发逐渐兴起，并呈现出以下几个特点。

首先，开放性。社会化研发打破了企业内部研发的边界，将研发活动向社会开放。企业可以通过互联网平台吸引全球范围内的专业人才、科研机构、创新团队等参与到企业的研发项目中来。这种开放性使得企业能够获取更加广泛的创新资源，激发创新活力。

其次，众包性。社会化研发通常采用众包的方式，将研发任务分解成多个小的子任务，发布到互联网平台上，由社会大众自愿参与完成。这种众包模式能够充分调动社会大众的积极性和创造力，降低企业的研发成本，同时也为大众提供了参与创新的机会。

最后，协同性。在社会化研发过程中，参与者之间通过互联网平台进行实时沟通和协作，形成了一个紧密的创新网络。这种协同性能够促进知识的共享和交流，提高研发效率，加速创新成果的产生。

2. 中企研发全球化的现状与挑战

随着中国经济的快速发展和企业实力的不断增强，越来越多的中国企业开始走向全球，开展研发全球化布局。中国企业研发全球化主要表现为在海外设立研发中心、与国外科研机构和企业合作研发等形式。

在海外设立研发中心方面，许多中国企业选择在科技资源丰富、创新环境良好的国家和地区设立研发机构，如美国、欧洲、日本等。这些研发中心利用当地的人才、技术和科研资源，开展前沿技术研究和产品开发，为企业的全球业务发展提供技术支持。例如，华为在全球设立了多个研发中心，广泛吸引全球优秀人才，开展 5G、人工智能等领域的技术研发，取得了显著的成果。

在合作研发方面，中国企业积极与国外科研机构和企业建立合作关系，共同开展研发项目。通过合作研发，企业可以充分利用合作伙伴的技术优势和资源，提升自身的研发能力和创新水平。例如，一些中国药企与国外知名药企开展合作，共同研发新药，加速了中国药企在创新药领域的发展步伐。

然而，中国企业研发全球化也面临着诸多挑战。首先，文化差异是一个重要问题。不同国家和地区的文化背景、工作方式和价值观存在差异，可能导致企业在海外研发中心的管理和团队协作方面遇到困难。例如，在沟通方式上，东方文化注重含蓄和间接，而西方文化则更加直接和开放，这种差异可能会引发误解和冲突。

其次，知识产权保护也是一个不容忽视的问题。在国际研发合作中，如何保护企业的知识产权，防止技术泄露，是中国企业面临的重要挑战。一些国家和地区的知识产权法律制度与中国存在差异，企业需要加强对当地法律的了解，遵守相关法律，同时建立完善的知识产权保护体系。

最后，人才竞争也是中国企业在研发全球化过程中面临的挑战之一。全球范围内的优秀人才是企业开展研发创新的核心资源，中国企业在吸引和留住海外人才方面面临着激烈的竞争。如何制定具有吸引力的人才政策，营造良好的人才发展环境，是中国企业需要解决的关键问题。

3. 社会化研发实践

我们以公有云模式协助某大型装备制造企业构建协同研发服务作为公共研发设计协同平台，为该企业在云端搭建产业链企业间项目与数据协同的桥梁，采用产品研发社会化协作模式，实现产品数据及研发业务共享协作，消除企业间协同鸿沟，加速产品研发设计。社会化协同机制如图 7-32 所示。

一方面，产品开发项目通过分解分发给内部和产业链上的各协作方，实现社会化研发项目的协同；另一方面，产品数据通过协同平台实现产业链上的数据协同和版本的有效追溯。

研发设计协同平台通过云＋端模式解决产业链设计研发协同问题，不改变企业内部管理体系与 IT 架构，通过云端实现研发设计业务与产品数据协同。

在研发设计业务协同方面，研发项目任务可通过协同平台分发给上下游协同研发组织或个人，相关人员在云端接收、执行、提交任务，任务及提交物自动返回企业研发管理平台，实现社会化研发项目协同，项目变更与审批也以任务形式处理，统一纳入企业研发设计业务协同平台管理。

在产品数据协同方面，企业上下游数据交互时，通过内部研发管理系统向云端发放或接收文档和物料，实现数据协同分发，通过二维码在线验证数据有效性，且文件数据不存放在云端，保障安全。同时实现设计工具的协作，将 CAD（二维、三维）数据转轻量化处理，实现 3D 数据轻量化与在线浏览。

纳入该企业协同平台的供应商和客户多达 54 家。工程师在研发管理平台中直接向供应商或客户发放文档数据，无须通过邮件、IM 等外部手段，发放、回收简便可控，大大提升了数据协同效率。项目经理在研发管理平台中可以直接查看外部组织任务的完成情况，将研发管理延伸到整个产业链，大大提高了项目可控度和沟通效率，从而有效缩短了开发周期。

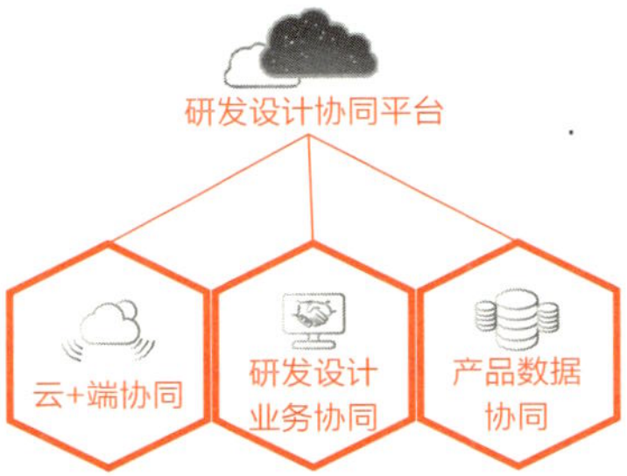

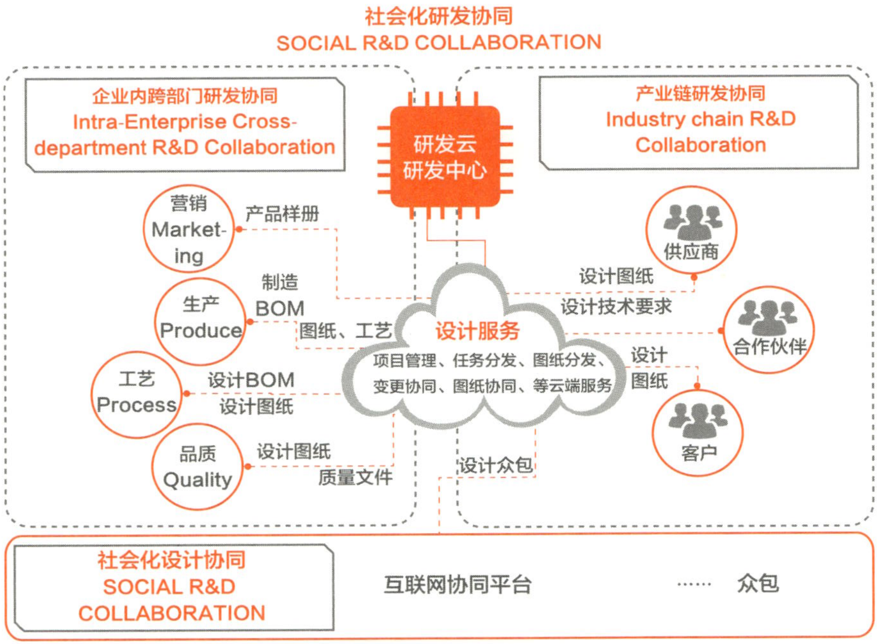

图 7-32 社会化协同机制

8

数智企业的"精益管理"创新与实践

本章精彩观点

　　大型企业要应对劳动力与原材料成本持续攀升等多重挑战，必须不断审视并优化运营模式，借助精益化管理方式来提升管理效率与客户满意度。精益管理是指数智企业通过推进数智化转型，深入洞察和优化业务，实现降本增效，从而达成更高质量与效益的发展目标。精益管理的核心在于精细化、高质量与效益化，涵盖了企业管理中的多个关键主题，包括实时精细核算、职能共享转型、资金可视可控、精准税务、PDCA 管理循环、精准人才发展、资产精益运营、项目全程精细化管理、高效在线协同等。

　　本章将深入探讨数智企业在这些核心主题下的数智创新与实践，以及如何驱动企业实现高质量、效益化的发展。

8.1　精细核算，业财融合

在大型企业数智化转型的浪潮中，精细核算与业财融合已成为实现精益管理的关键路径。这不仅是对传统财务模式的革新、对财务职能的拓展，更是重塑企业运营逻辑、挖掘新价值增长点的重要举措。通过深度融合财务与业务，企业能够更精准地把握运营状况，优化资源配置，提升整体竞争力，加速数智化价值落地。

8.1.1　基于智能会计的业财新融合

1. 传统会计的局限性：精细化管理需求下的困境

在数字经济快速发展的浪潮下，企业精细化管理的需求日益凸显，传统会计在财务管理和会计工具方面面临双重挑战。

在财务管理方面，传统会计虽在法人口径核算和对外信息披露上表现不错，但在内部管理决策支持上却显得力不从心。传统会计的核算维度过于简单，缺少必要的业务维度，难以为企业提供市场趋势判断、成本结构优化和业务风险预警等关键信息，无法满足管理层对精细化业财数据的需求。同时，单一核算视角限制了管理决策的科学性，分散的数据处理模式也阻碍了集团型企业实现高效、统一、透明的财务管控。

在会计工具方面，随着业务的快速发展和新兴业务模式的不断涌现，企业需要迅速建立财务核算体系以跟踪业务、评估效益。然而，由于传统会计工具更新不及时，难以迅速支持新业务，加之管理精细化带来的数据量激增也超出传统会计工具的处理范围，因此经常导致数据积压和响应延迟。

2. 智能会计的崛起：数智技术驱动的范式变革

数智技术的深化应用正在加速会计模式的转型升级。智能会计应运而生，它以业务活动为基础，全面记录各类业务属性，具有精细、实时、智能的特点。智能会计要求会计核算不仅要满足财务会计需求，还要拓展至管理会计、税务会计等领域，灵活应对股东、管理者及生态伙伴等多元主体的信息需求。

以事项会计理论为基础，结合大模型、云计算等创新技术，企业会计体系正在从传统模式向智能会计演进。首先，在数据采集层面，智能会计通过可视化的数据采集方式，能够精准记录每笔经营活动的完整业务属性，实现多维度业务数据的实时获取。其次，在核算处理层面，系统可基于预设规则自动完成交易确认和计量，并生成符合不同会计准则要求的精细化会计分录，显著提升核算的准确性和灵活性。最后，在分析应用层面，借助 AI 技术的数据处理能力，智能会计能够将标准化核算结果实时转化为经营分析所需的决策支持信息。

特别值得注意的是，大模型技术的深度应用正在突破传统会计的效能边界。通过自然语言处理和非结构化数据分析，AI 不仅加速了智能会计系统的实施落地，更拓展了会计信息的应用场景和价值维度。

3. 会计职能的重构：从核算记录到价值创造

智能会计采用"业务事项—会计事务—事项分录"三层架构，通过数字建模技术实现业财深度融合。业务事项作为业财对接的桥梁，实时采集多维度业务数据，并将它们转换为标准化的会计事务。会计事务是核算处理的基本单元，以会计事务建模，完成对业务数据的多目的、多口径核算的自动化处理，生成事项分录。事项分录保持业务的原始颗粒度，记录丰富的业务属性和财务属性，这是业财融合的精细化核算结果，构建了企业的业财数据底座。例如，销售出库的核算模型如图 8-1 所示。

借助低代码技术，智能会计实现了核算建模的可视化和核算处理的自动化，并完成对业务数据、财务数据的及时稽核，不仅极大地提高了财务工作效率，还能快速适应新业务需求，确保会计信息准确可靠。灵活的核算模型使得会计处理更加敏捷、准确、高效。结合数据挖掘和云计算技术，智能会计能够提供实时的业务洞察、风险预警，从而帮助会计职能从基础核算向价值分析转变。

特别地，大模型技术的引入进一步拓展了会计服务的边界。大模型具有强大的自然语言处理和分析推理能力，能够对海量的业财数据进行深度分析和挖掘，不仅提升了财务预测和风险评估的准确性，还能为投资决策、融资决策等战略活动提供智能支持，助力企业实现价值最大化。

业务交易数据

线下门店POS订单								
门店	订单号	日期	商品	颜色	尺码	数量	金额	售货员

企业App订单								
门店	订单号	日期	商品	颜色	尺码	数量	金额	会员ID

数据采集

业务事项

销售出库													
经营组织	门店	订单号	日期	渠道	商品	颜色	尺码	数量	金额	会员ID	售货员	来源系统	交易类型

业财转换

会计事务

销售出库暂估应收	销售出库确认应收	销售发票确认应收	……

核算处理

事项分录

确认应收																			
业务信息															财务信息				
经营组织	门店	订单号	客户	区域	业务线	日期	渠道	商品	税率	颜色	尺码	会员级别	售货员	交易类型	……	会计主体	账簿	科目	金额	币种	期间	数量	……

图 8-1　销售出库的核算模型

8.1.2　核算标准化、精细化与内部市场化

智能会计在财务会计、经营会计上的广泛使用，能显著提升财务核算的能力与效率，进而助力企业在成本控制、预算管理、风险管理、经营洞察等多个领域实现能力的质的飞跃，助力企业实现可持续发展。

1. 财会核算标准化，集团管控升级

强化集团管控是集团型企业稳健发展的基石。它不仅能够统一集团的战略方向，确保各成员单位协同作战，形成合力，还能够通过集中管理财务、人力

资源等关键要素，实现资源的优化配置，显著提高运营效率。

为实现这一目标，集团型企业需建立统一的会计核算体系，确保会计信息的一致性、可比性和集中管理，为决策层提供准确、及时的信息支持。同时，加强对各成员单位财务活动的合规性审查，提高财务信息的透明度，提高集团的信誉度。在会计核算方面，集团应建立灵活的核算模型，既保持集团的统一要求，又支撑各成员单位的个性化需求，满足财务会计与管理会计的双重需求。

智能会计为集团型企业构建了标准化的核算体系，有效落实了规范化核算要求。以销售收入核算为例，该体系支持各成员单位统一实施销售出库暂估应收、开票确认应付等流程，消除了内部数据差异，促进了应收账款管理的规范化。同时，该体系兼顾各成员单位的独特核算需求，通过丰富的业财核算维度，展现个性化管理信息。

智能会计的可视化核算规则引擎高度灵活，能迅速适应会计准则更新和集团管控要求变更，实现实时核算，显著提升财务核算与整体运营效率。实时核算结果即时反馈至业务流程，对业务进行预警和管控，确保财务合规。

某鞋服零售集团型企业借助智能会计，成功构建了标准化的核算模型（图8-2），核算结果细化至50多个业务与财务维度，实现了业财深度融合。标准化的核算模型降低了会计差错风险，为业务扩展提供了有力支撑，为管理层提供了详尽、精细的数据基础，助力集团稳健发展。

以智能会计为基础，该企业利用大数据、AI等技术，构建智能化分析体系，拓展分析维度，深入洞察商品盈利、价格竞争力及市场受欢迎度，指导商品策略制定，推动会计向经营管理转型。

2. 经营核算精细化，从"粗放管理"到"精准决策"

管理精细化是企业数智化转型的必然趋势，众多大型企业纷纷引入阿米巴经营核算体系，以推动企业管理升级。该体系将企业细分为多个独立核算的小组织（阿米巴），使每个小组织都能清晰地掌握自身经营状况，有效激发员工的积极性和创造力。

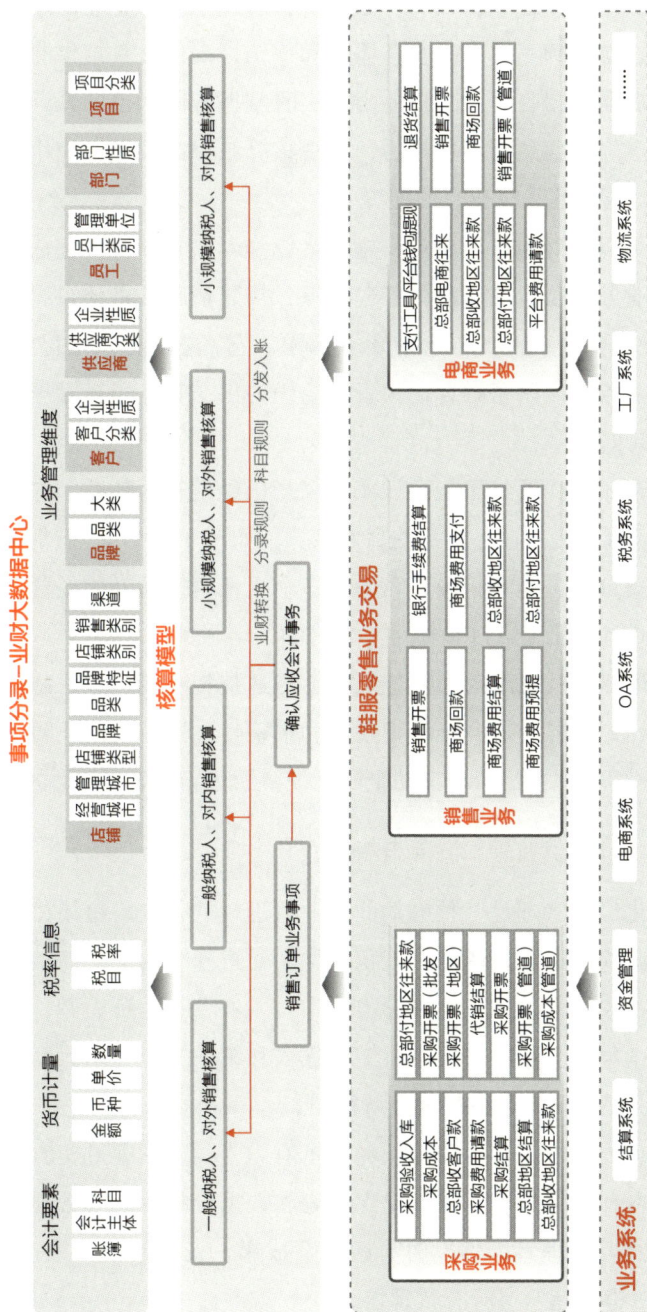

图 8-2 某鞋服零售集团型企业标准化核算模型

为更好地实施阿米巴经营核算体系，提升管理水平，企业需采取以下关键措施：首先，建立明确、统一的核算体系和规则，确保核算结果的可比性和准确性；其次，加强数据收集与分析能力，实时掌握各阿米巴的经营动态，为决策提供及时、准确的信息支持；最后，重视核算结果的反馈和应用，根据核算结果及时调整经营策略，优化资源配置。

智能会计可以很好地帮助企业实施阿米巴经营核算体系。它从管理视角出发，审视企业业务运营，准确把握管理要点，构建清晰的责任组织体系，并建立多维度分析视角，满足经营决策精准化需求。它将核算体系细化至交易层级，与责任组织及业务维度紧密融合，为责任组织内部结算、预算管理、绩效考核等提供有力的数据支撑。

某综合性食品集团通过智能会计实施阿米巴经营核算体系，构建了七级责任组织体系，实现了内外业务交易的高效核算，如图8-3所示。智能会计系统支持多维度日损益分析，能够精确计算700多个责任组织每日的经营业绩，并追溯业绩根源。同时，实施日订单损益考核机制，增强销售人员的全局经营意识。智能会计系统还赋能战区经理，使他们能够迅速捕捉市场动态，制定灵活有效的采购与生产计划，显著提升了决策效率和准确性。这一实践证明了智能会计与阿米巴经营核算体系的结合在推动企业管理精细化、科学化方面的重要作用。

3. 内部市场化经营管理，激活组织活力

内部市场化经营管理是一种创新的企业管理模式，它将市场机制引入企业内部，促进资源优化配置，调动员工积极性。通过建立内部交易结算系统，各业务单元成为独立经营主体，在内部市场中自主经营、自负盈亏，打破了部门壁垒，形成了竞争与合作的关系。员工的收入和绩效与业务单元经营成果紧密挂钩，激发了员工的创新意识和主人翁精神。

智能会计为内部市场化经营管理提供了有力支撑。它通过实时记录业务单元的收入、成本和利润数据，以可视化报表和数据分析工具为管理者提供清晰的经营状况信息。管理者能够及时了解经营成果，发现问题并采取改进措施，企业高层也能对整体运营进行有效管控。

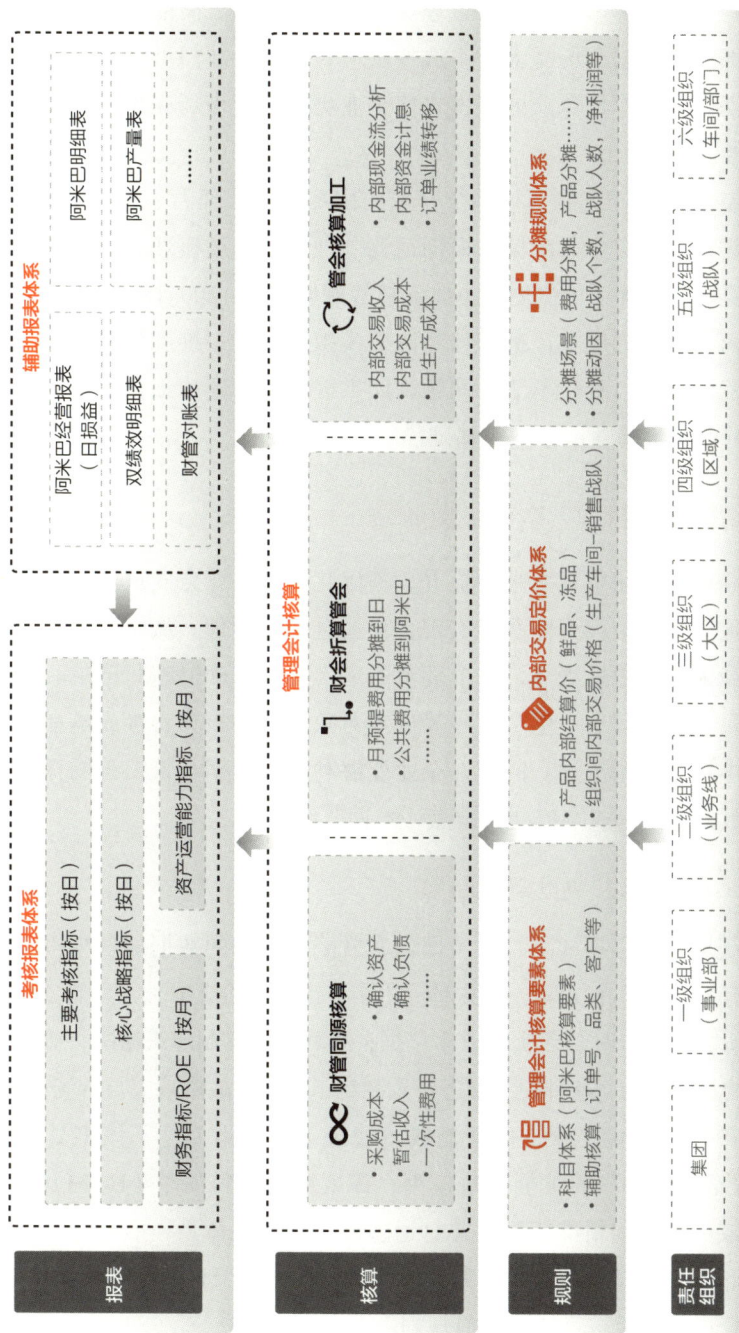

图 8-3 某综合性食品集团的阿米巴经营核算体系

在实践中，内部市场化经营管理促进了业务单元之间的紧密协作和效率提升。生产部门可根据市场需求自主选择供应商，销售部门可根据产品质量、价格和交货期选择合作伙伴。这一模式使企业更能适应市场变化，提高运营效率和经济效益。

某航空集团依托智能会计系统，实施内部市场化经营管理模式，如图 8-4 所示。该集团遵循"全面市场化模拟运营"理念，通过梳理业务流程、服务供需及定价机制，明确了价值创造主体和核算规则。对 1200 个责任组织产出量化统计，全面核算收入成本，精确计算内部模拟收入。多维度分析关键指标，有效解决了资源浪费、责任不清等问题。此举提升了管理精细化水平，为企业价值最大化战略的实施奠定了坚实基础。

8.1.3 精益成本管理，看清企业效益

随着企业精细化管理水平的提升，精细化成本核算愈发重要。智能会计助力企业构建精细成本核算体系，实现全价值链成本管理。从原材料采购、生产加工、产品销售到售后服务，每个环节的成本都被精确追踪和记录。企业能够细化到项目、产品订单、生产工序等成本对象，准确核算直接成本和费用，提高直接成本核算的精准性。同时，企业能够利用大数据与人工智能算法，深入挖掘成本数据，揭示成本控制关键点，发掘节约潜力。

1. 成本模拟测算，助力事前算赢

在传统成本管理模式下，财务部门常常陷入烦琐的数据处理与报表编制工作，难以有效支持业务决策。研发部门在预测新产品的成本时，只能依赖历史数据；销售团队在报价时缺乏实时成本依据；采购部门在制定策略时，难以评估采购对成本的具体影响。这种脱节状态严重制约了企业的战略响应与市场竞争能力。

为打破这一困境，新一代智能成本管理工具应运而生。该工具通过构建"要素-数量-价格"的黄金三角模型，深度整合物料清单（BOM）与工艺路线，实现成本要素的精准匹配，并打通多种价格管理体系，形成全场景智能报价模型。此模型不仅提升了成本测算的精确度，更赋予企业实时成本推演能力，推动成本管理从事后核算转向事前规划。

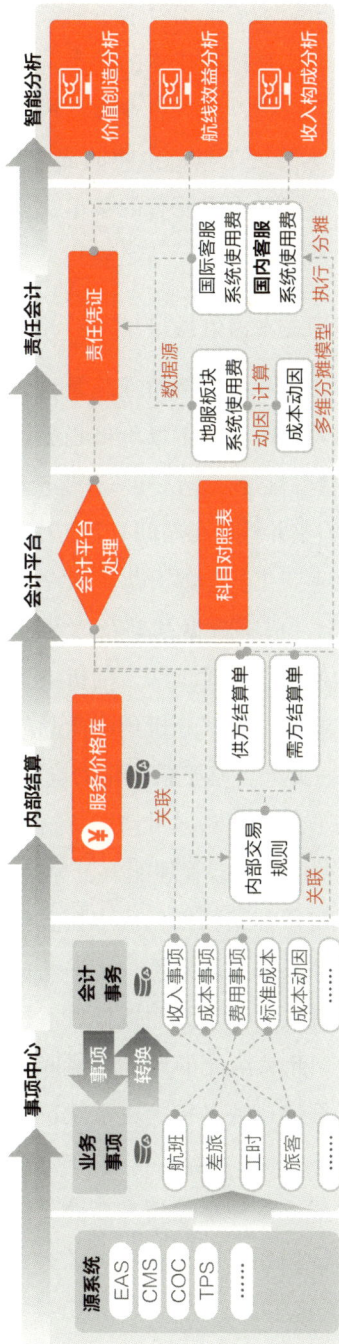

图 8-4 某航空集团的内部市场化经营管理模式

在实际应用中，成本模拟技术展现出巨大价值。无论是新产品目标成本的预测、投标议价的策略制定，还是标准成本的动态调整、采购决策的优化，成本模拟技术都能为其提供科学依据，助力企业规避风险、把握商机。以某纸业集团为例，通过引入智能成本管理工具，集团的成本利润预测频率大幅提升，一线销售人员能够基于实时数据做出更明智的接单决策，实现了成本管理的智能化转型，为企业创造了显著价值。

2. 精益成本管理，看清日成本日效益

在成本管理的主旋律下，企业各环节精准施策，力求实现成本控制的最优化。在采购环节，企业利用大数据分析市场价格趋势，增强与供应商的谈判筹码，有效降低采购成本，并精心挑选合作伙伴。在生产环节，企业利用成本核算引擎，以工序为单元，精准归集并核算各车间、各工序的原材料、人工及设备等成本，并通过数据分析优化生产工艺，提升生产效率，进一步降低成本。在销售环节，企业依托产品 BOM、成本数据基础及成本模拟技术，全面模拟订单成本，为产品定价提供科学依据。同时，深入剖析渠道成本与效益，优化销售网络布局。在售后环节，企业通过数据分析预测产品故障率，合理规划备品备件库存，降低售后服务成本。此外，基于精细化的成本核算体系设定预警指标，企业可以实时监控成本动态，迅速应对异常情况。这些举措使企业能够精准把控成本，不断优化控制策略，提升精益管理能力，为持续发展奠定坚实基础。

某生猪养殖企业采用全阶段养殖精细化成本核算模式，通过智能会计构建业管财深度融合的成本核算体系。该体系重构了养殖成本核算逻辑，按照生猪养殖全周期实现分阶段、分批次、分单元的按日成本核算，支持成本管理全流程循环结转，如图 8-5 所示。此举沉淀了大量多维度的成本管理数据，使成本管理与业务活动紧密协同，准确反映各批次成本状况。通过数据深入挖掘业绩根因，企业能够快速复制标杆成本，持续保持成本领先优势。

精益成本管理让企业的成本管理更加精准高效，每日成本支出和效益产出清晰可见，为科学制定生产计划和定价策略提供了有力支撑，为企业的持续发展奠定了坚实基础。

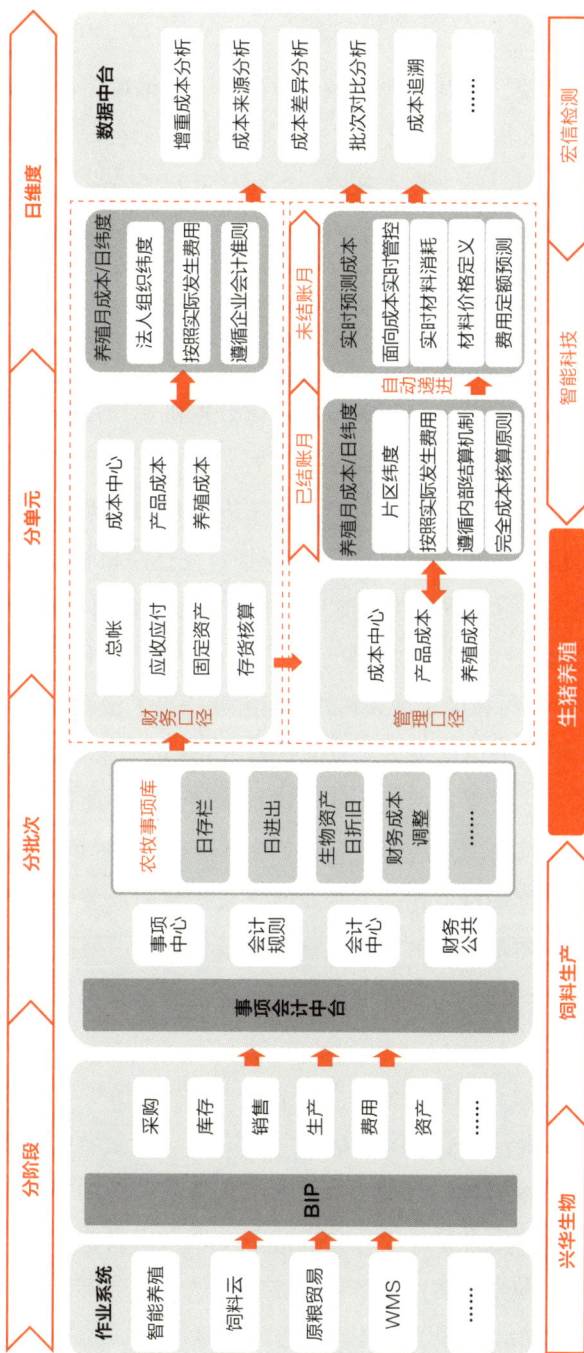

图 8-5　某生猪养殖企业的日成本核算体系

8.1.4 收入稽核确认，及时颗粒归仓

对于大型企业来说，尤其是涉及多业务板块、多渠道销售以及复杂的收入确认模式的企业，收入核算一直是个难题。不同业务板块的收入确认规则不同，多渠道销售的数据来源复杂，收入分成、折扣、返利等情况进一步增加了核算的难度。传统的人工核算方式不仅效率低下，而且容易出现错误。

1. 收入稽核清分，从"人工审核"到"智能风控"

随着智能会计能力的不断拓展，收入稽核清分平台成为一项重要的创新举措。该平台通过收入数据的集中管理与自动化处理机制，提升了收入核算的智能化水平。

平台能够自动采集来自销售、电商、第三方支付等多渠道的数据，经过数据清洗、比对和稽核等流程，确保数据的准确性、完整性和业财一致性。依据预设的收入确认规则，平台可精确判断收入的归属、金额及具体业务项目，实现订单级的收入自动化确认和核算。对于复杂的分成、折扣、返利等场景，系统也能依据预设的清分规则进行智能化计算和处理，大幅提高了核算的准确性和效率。

收入稽核清分平台的应用，不仅为企业提供了实时、准确的收入数据支持，还助力企业对各板块、各渠道的收入状况进行深度剖析。通过挖掘收入增长的关键因素，识别潜在风险，为企业的营销策略和业务规划提供坚实的数据支撑。同时，基于对收入数据的深度挖掘，企业能够发掘新的业务增长点，优化定价策略，进而提升收入质量。该平台与预算系统紧密集成，帮助企业实现收入目标的实时监控和动态调整，为企业实现经营目标提供了有力保障，助推企业持续稳健发展。

某咖啡零售企业通过构建稽核对账平台，如图 8-6 所示，实现收入稽核清分效率与效益的双重提升。平台接入 6000 多家门店、全量营收渠道数据，自动化完成全业务场景营收稽核，精细化核算全收入场景。从订单到收款，再到资金与凭证，实现全链路融合穿透。平台支持 $T+1$ 即时出具收入快报，提供业财双口径的经营分析，助力企业实时掌握营收状况。通过全渠道收入稽核，企业加强了风险防控，为持续健康发展奠定了坚实基础。

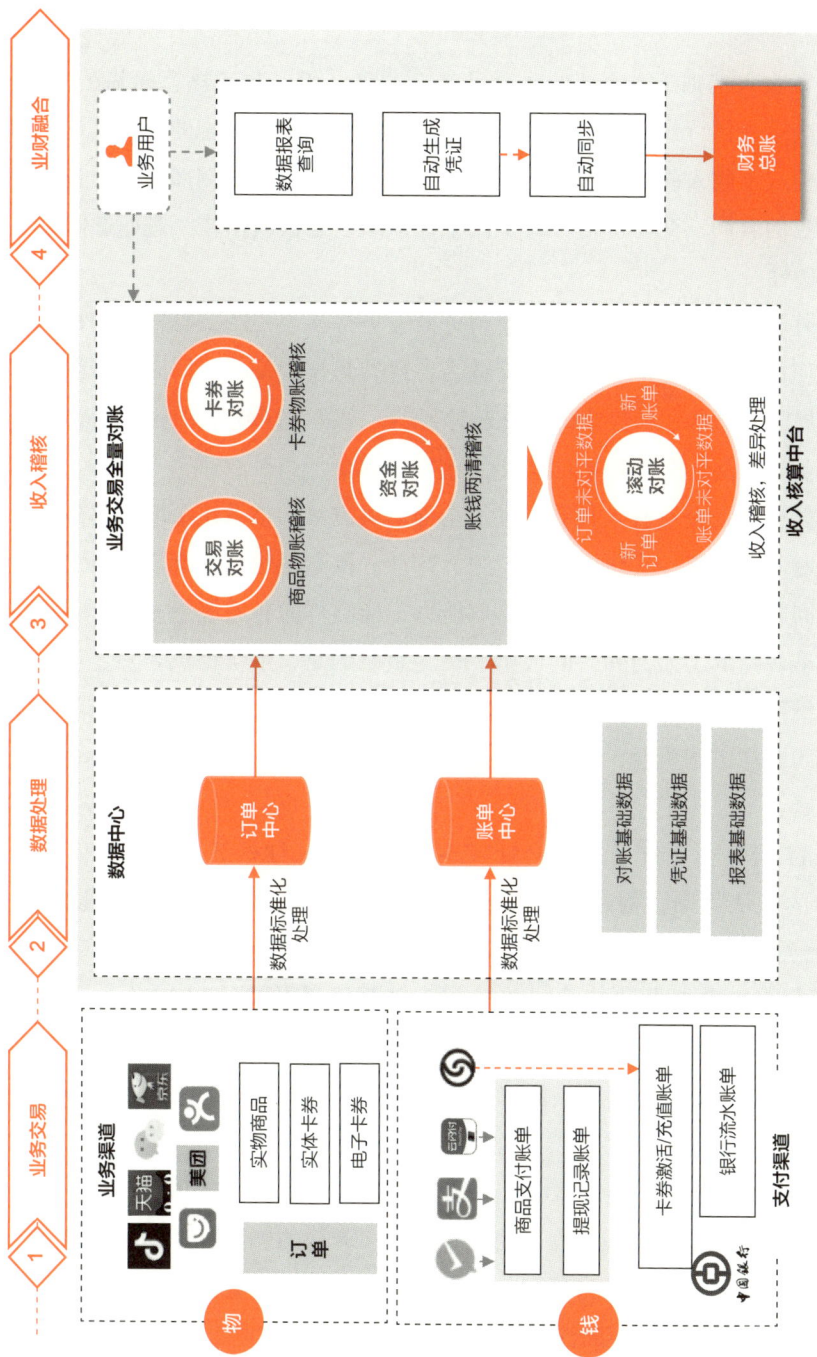

图 8-6　某咖啡零售企业的稽核对账平台

2. 精准收入管理，破解收入核算难题

在新收入准则下，企业收入确认复杂程度陡增，收入核算面临诸多挑战，难以为决策提供可靠数据支撑。特别是以控制权转移为核心的标准实施后，不同业务模式下收入确认的时点和金额判定难度大幅提升。例如，对于包含多项履约义务的合同，交易价格分摊工作不仅烦琐，还极易出错，进而影响财务数据的准确性。

此外，收入数据分散于销售、财务及业务等多个系统，且格式和标准不统一，这使得数据整合工作既耗时又耗力，还容易出现偏差。同时，传统核算方式大多局限于总量和趋势分析，缺乏对客户、产品、区域等多维度的深度剖析，导致企业难以及时发现业务问题和市场机遇。

智能会计为企业收入核算提供了全面解决方案。该系统深度理解新收入准则，针对不同业务模式预设确认规则，自动分摊交易价格，有效提高了核算准确性。同时，它具备强大的数据集成能力，能够打通各系统壁垒，统一数据格式与标准，降低了人力和时间成本。更为重要的是，系统提供客户、产品、区域等多维度分析功能，可生成详细核算账表和多维分析报表，帮助企业及时洞察业务问题与市场机会，为战略规划和业务拓展提供有力支持，推动企业持续健康发展。

某 IT 服务企业借助智能会计实现了收入的精细核算。该企业依据新收入准则的确认规则，构建了收入管理规则库，涵盖 40 余类收入确认方式以及 30 余类应收确认规则。借助收入管理体系，该企业实现了业务数据自动接入、收入与成本自动核算，并且收入依据业绩规则自动拆分，达成财务会计和管理会计的同源核算。这一体系使收入核算的基础工作人员精简了80%，企业员工得以从基础核算工作中解脱出来，向更具价值的管理分析工作转型。

精细核算、业财融合是大型企业数智化转型的重要环节。通过精细核算的全面赋能、精益成本管理、收入精智管理等多方面的协同推进，企业能实现财务与业务的深度融合，提升精细化管理水平，增强核心竞争力。随着数智化技术的发展，业财融合将不断深化，为企业创造更大价值。

8.2 共享智变,价值重塑

在数字经济时代,财务共享模式正经历着前所未有的变革。这场变革不仅仅是技术的革新,更是财务管理理念和模式的根本性转变。随着智能技术的深度应用,财务共享正在突破传统边界,向着更高效、更智能、更灵活的方向演进。这一演进过程,既是挑战,也是机遇。

8.2.1 共享模式升级,实现"无人值守"

在以 AI 为代表的新兴技术飞速发展的当下,积极拥抱自动化、智能化、无人化已然成为财务共享服务中心发展的必由之路,也是开启财务数智化新时代的关键密钥。

以智能体为核心的数智员工已深度融入财务共享的各个环节,通过有效替代人工完成基础事务性工作,推动流程超自动化、服务无人化及决策支撑智能化,显著提升了工作效率和质量。然而,人工智能并非万能,无法完全取代人类完成所有工作。因此,应鼓励共享员工积极掌握 AI 工具,激发新的工作活力。共享部门可通过持续训练智能工具,不断提升 AI 的"智慧",实现人机协同发展的作业模式,助力流程共享向数智共享转型升级,最终建设"无人值守"的安全共享服务中心。"无人值守"的财务共享中心全链路如图 8-7 所示。

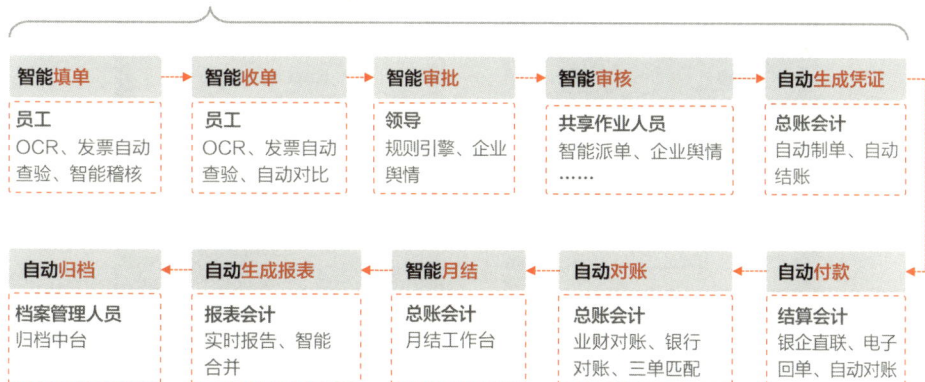

图 8-7 "无人值守"的财务共享中心全链路

1. 智能技术与财务共享深度融合

（1）智能技术在前台的应用

1）智能采集"免填报"。

在财务共享模式下的业财闭环流程中，数据采集是业财流程的初始环节。传统的数据采集方式往往需要人工填写业务单据，并附上相关票据，有时还需要手工将票据信息录入业务单据，导致数据采集过程烦琐、耗时，这不仅效率低还易出错。现在，借助成熟的 OCR、通用文本识别算法、大模型、智能语音识别等智能化技术，可自动完成业务数据采集、多模态（标准与非标准）附件信息采集并结构化等，实现业务数据快速录入且自动生成业务单据，而无须人工填写单据信息，如智能采集发票信息、匹配已有申请单、智能生成报销单（如图 8-8 所示）。另外，提取采购合同中的税务信息、付款条件、免责条款、竞业信息等关键字段信息并将其结构化，实现在合同缔约阶段进行财务合规性的智能核查。在合同履

图 8-8　智能采集发票信息、匹配已有申请单、智能生成报销单

约场景（如合同结算环节的审核场景）中，该技术可自动调取对应生效合同的履约条款，并自动与合同结算信息进行比对，实现自动审核与付款控制。

2）智能语音"好助手"。

随着人工智能技术的飞速发展，智能语音助手已成为生活中不可或缺的一部分。而智能语音技术在财务共享服务领域也起到了很大的作用，它使填单的工作更便捷、更高效。

利用智能语音识别与大模型推理能力，员工可通过手机端与智能体交互，快速生成业务单据，而无须手工填单。例如，利用智能语音识别技术，基于算法、行程偏好等智能推荐行程，调用后台 AI 算法并结合差旅标准、时间、价格等综合要素，精确推荐差旅行程并完成酒店预订；通过生成式语音交互技术查询政策、规则，使用自然语言对话式智能助手，员工可基于描述的业务实质，自动生成相应的单据，不再需要员工在一系列无法理解的财务收支项目中进行勾选。

3）智能收单"免核对"。

在财务共享模式中，对于纸质附件的报账场景，存在业务与财务交接的环节。在传统的处理模式下，需要财务人员人工核对交单的实物与业务人员上传到系统的电子影像是否一致，因此，在传统的财务共享服务中心的岗位设计中，需要在各分支机构设立收单岗，或由分支机构的其他岗位兼职，以便完成收单工作。但由人工处理收单环节往往效率低、易出错，而且还需要在分支机构设立单独的收单岗位，造成人力资源的重复与浪费。虽然由于数字票据的推广，已经有80%以上的单据实现了无纸化，但 10%～20% 的单据仍然有实物附件。智能收单技术的发展，结合智能收单设备的应用，使收单环节得到了极大的改善与效率提升。

对于智能收单的应用场景，报账人员将纸质附件的影像上传后，实物附件会被投递到智能收单设备内，智能收单设备会自动扫描并比对投递的实物附件与影像的一致性，如果不一致，则会给出不一致的提示，拒绝收单，从而极大地提升收单效率。

（2）智能技术在中台的应用

1）智能派单"免实体"。

随着智能派单技术的不断成熟，财务共享服务中心不再受限于实体组织，而是选择"虚拟中心"模式或"虚实结合"模式。这改变了若要建立财务共享服务中心就一定要建立实体组织的固有模式,解决了采用财务共享模式带来的人员迁移的种种问题,最大限度地利用了原有的财务资源,降低了财务共享服务中心的组建成本。

通过智能派单技术,实现"活儿找人"。不用考虑财务共享服务中心人员的办公地点,系统会按岗位配置不同的虚拟小组,并基于人员管理为每一位员工打上能力及绩效标签。当业务单据进入财务共享服务中心时,通过智能审核的判断结果、单据的难度及风险级别、作业人员的忙闲状态,自动派发给最恰当的作业小组或小组成员。另外,共享作业还通过移动端应用,使财务共享服务中心人员可在手机等移动端上随时随地处理业务,而不必非要坐在工位上。

2)数智员工"免审核"。

随着"智能审单"数智员工的诞生,数智员工可以代替共享员工完成初审,并将审核结果反馈给复审人员,从而提升审核效率和准确性。数智员工的应用前提是先根据业务场景细化审核规则,再应用大模型生成单据审核规则与附件核查规则。通过赋予数智员工不同的角色和任务,可以完成逻辑性审核、票单审核、附件审核、敏感词审核、控制类稽核、企业舆情风险监控、大模型检查等工作。数智员工的智能审核规则如图8-9所示。数智员工可以7×24小时迅速、完整地审核业务单据,对审核要点一丝不苟地执行,而共享员工更多的是负责问题单据或高风险单据。

数智员工的智能审核可以应用在单据提交、领导审批等多个前序业务环节,数智员工可以明确提示单据中存在的合规性问题,并指导修正。规范提单大幅降低了退单率,同时也减少了提单员工向共享团队的咨询沟通。

(3)智能技术在后台的应用

1)智能质检"防出错"。

财务共享服务中心作为对外输出财务凭证、财务报表、财务分析等财务数据的组织,须通过质量控制来保证财务数据的准确性。除了在生成财务数据的过程中设置规则,并通过自动化减少人为干预外,还在事后通过质量稽核的方式,对已经完成的审核任务进行抽样复检,这是保证数据准确性的事后保障措施。通过将人工智能技术融入质量管理，并结合模型以及历史大数据，质量管理的准确性得到了极大的提升，业务也得到了明显改进。

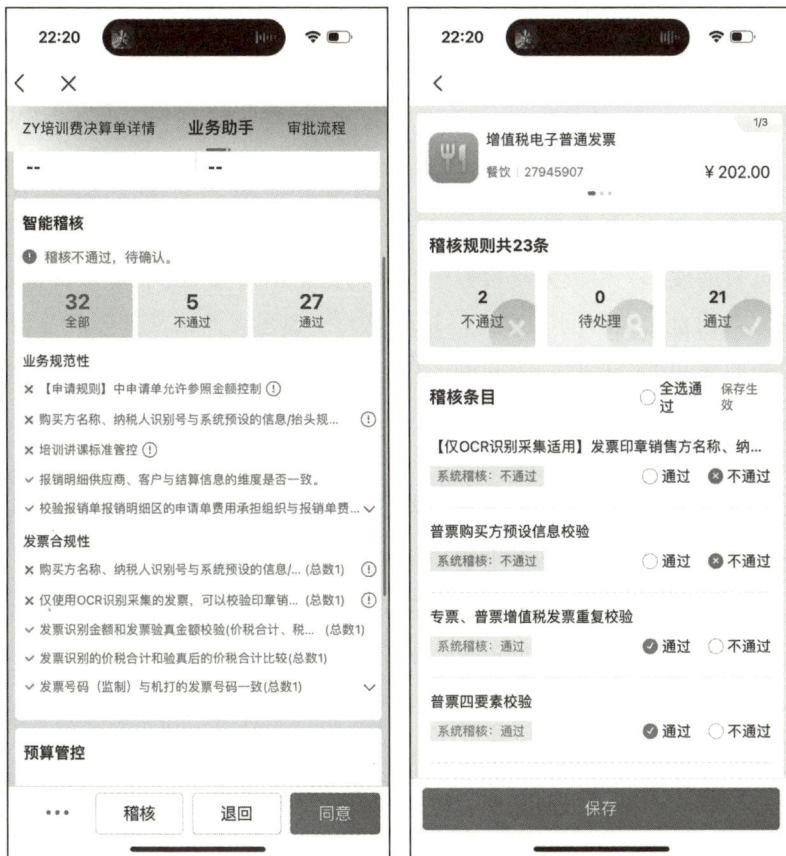

图 8-9　数智员工的智能审核规则

智能质检利用机器学习技术，使用历史真实质检数据对抽样算法模型进行不断地训练，以提升能力，这不仅可以应用于质检环节，还可以对潜在的质量风险进行智能预测，真正将质量管理从事后处理转向事前预防。智能质检如图 8-10 所示。

2）智能搜索"搜万象"。

作为企业财务信息的统一出口，财务共享服务中心通常会设置客服中心，为一线业务人员提供问询、答疑的窗口。

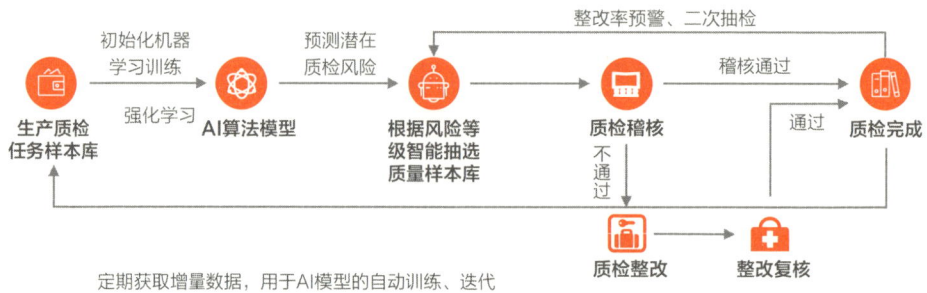

定期获取增量数据，用于AI模型的自动训练、迭代

图 8-10　智能质检

通过智能搜索，财务共享服务中心可构建自助信息搜索窗口或提供智能客服服务，采用自然语言问答方式，并利用大模型强大的语义理解和分析能力，进行智能搜索和整合信息，为问询者随时提供解答服务，这在降低人工成本的同时提升了客服满意度。

3）智能运营"实时知"。

智能技术提供强大的算力，通过实时监控和分析财务共享服务中心的业务处理情况，可随时掌握：每个小组、每个员工的工作量、工作效率、差错率等情况；每单业务的处理进展、处理结果、流程效率等情况。另外，如果企业存在多个财务共享服务中心（如区域共享、板块共享、全球共享等多共享中心模式），则财务共享服务中心总部也能实时看到各个分支的共享运营情况、业务处理情况以及每个员工的工作情况。

智能运营数据可以帮助财务共享管理者洞察流程中的瓶颈和低效环节，进而及时干预和改进。它也可以帮助财务共享管理者发现隐藏在个别小组或员工身上的最佳实践，并将其快速复制到更多流程中，从而最大化运营效果。

2.智能技术的应用场景及价值

（1）智能规则引擎：消灭配置黑箱

传统共享系统的规则配置依赖 IT 团队，业务响应滞后。用友通过自然语言交互，让财务员工直接以口语化指令定义规则，例如，"差旅闭环检查""特大金额跨区域付款预警"等。由大模型自动解析并生成执行代码，配置效率提升了 70%。

（2）数智员工集群：从人机协同到"无人值守"

到实践中去，亦从实践中来。用友集团财务共享服务中心的实践显示，AI已承担 85% 的核算工作。例如：收入核算模块通过 RPA+OCR 自动抓取销售合同、出货单、工时数据，仅用 3 秒便可生成凭证；智能审单机器人可识别 200 余种非标准附件，错误率低于 0.5%。

（3）动态合规网络：政策与风险的毫秒级响应

针对税务、资金等强监管领域，构建"规则＋大模型"双引擎。系统不仅能自动匹配减免税政策，还能基于行业风险库预警潜在问题。某互联网企业上线该系统后，税务合规检查时长从 7 天压缩至 2 小时，风险覆盖率提升至 95%。

3. 财务共享价值创造新篇章

随着技术创新的不断推进，财务共享服务中心作为一种先进的财务管理模式，逐渐成为企业提升财务管理效率和降低成本的重要工具。未来，财务共享服务中心将在以下几个方面展现出更加广阔的发展前景。

（1）共享从智能走向智慧

财务共享服务中心将朝着全面智慧化的方向发展。从数据采集、处理、分析到决策支持，智能技术将为财务共享的各个环节注入智慧大脑，助力财务共享服务中心，为企业提供更为高效、更高价值的财务服务。

（2）人机协同互助提效

尽管智能技术在财务共享服务中的应用越来越广泛，但人类的专业知识和经验仍然是不可替代的。未来，智能技术与人类专家的协同工作将成为财务共享服务中心的普遍模式。智能技术和数智员工负责处理大量数据和常规任务，人类专家则专注于解决复杂问题和训练模型，从而为业务赋能。

（3）成为数据服务中心

随着财务与业务数据的深度融合，财务共享服务中心将逐渐演变为财务数据中心和分析中心。财务数据与业务数据紧密结合，形成全方位的企业数据网络。未来，财务共享服务中心将通过治理和分析海量财务数据，帮助企业获取更有前瞻性的经营洞察数据，以支持战略决策。数据管理、应用将成为财务共享服务中心提供的核心服务内容，帮助企业实现更为高效精准的经营预测、风险控制和绩效评估。

（4）管理会计共享服务中心

未来，财务共享服务中心的服务范围将不再局限于财务核算，而是通过对智能技术及数据建模技能的掌握，向财务管理和数据服务领域延伸，包括全面预算、资金管理、企业绩效管理、成本管理、税务管理、风险管理、数据分析等业务的共享服务。

8.2.2 破解大型集团财务共享的"不可能三角"

在数字经济与全球化竞争的双重驱动下，财务共享服务中心已成为企业财务数智化转型的核心抓手。然而，对于体量大、业态多元、管理复杂、地域分布广、信息化基础不一致的集团企业而言，如果按照传统方案建设一个集中化的财务共享服务中心，那么它的挑战是非常大的，且容易无法落地。另外，建设多个财务共享服务中心又会面临核算体系以及财务规则标准化执行不彻底等问题。如何解决"标准化、灵活性、穿透力"的"不可能三角"，成了大型多元化集团企业财务共享模式的困局。

1. 大型集团企业建设财务共享的难题："统"还是"分"

2024 年，对 100 家大型集团的财务共享服务中心的调研分析显示，当前的大型企业财务共享服务的中心建设模式呈现明显分化：有 50% 的企业采用下属公司自主建设模式，业务纳入范围不一致（如有的仅纳入了费用控制业务，有的纳入范围比较完整），且共享中心系统平台也是自主选型，导致功能及应用参差不齐；有 33% 的企业虽然采用下属公司自主建设模式，但业务纳入范围由集团统一要求，实现了财务全业务纳入共享，但共享中心系统平台是自主选型，功能及应用深度存在差异化；有 12% 的企业采用集团统建财务共享服务中心，但因为大规模推动标准化的变革阻力过大，所以仅将支出类业务纳入共享，且共享中心系统平台也使用多套系统来平衡内部需求；仅有 5% 的企业完全实现了全集团统一建设的一体化财务共享服务中心，采用单中心统一或多中心并行的方式，由集团统一管控，实现财务管理全覆盖。

调研发现,大量集团企业在财务共享服务中心的建设过程中面临以下痛点:一方面,从集团化管控战略角度,是否要实现运营级管控;另一方面,在多业态背景下,如何有效解决业务差异化问题,以及如何通过多中心协同实现规模效益最大化。

全级次总分一体化财务共享解决方案正是针对以上痛点的破局之策。同时,融合 AI 与大模型技术,建立"全域洞察,穿透管控"的共享新范式。

2. 全级次总分一体化:穿透复杂的"三层解法"

对于总分多层级财务共享服务中心,虽然总部希望统一制度和流程,但分中心存在多业态差异,并且存在总部希望数据集中与分 / 子公司追求独立性、系统整合和快速迭代的冲突。全级次总分一体化共享平台解决方案实现了动态平衡,其模型如图 8-11 所示。

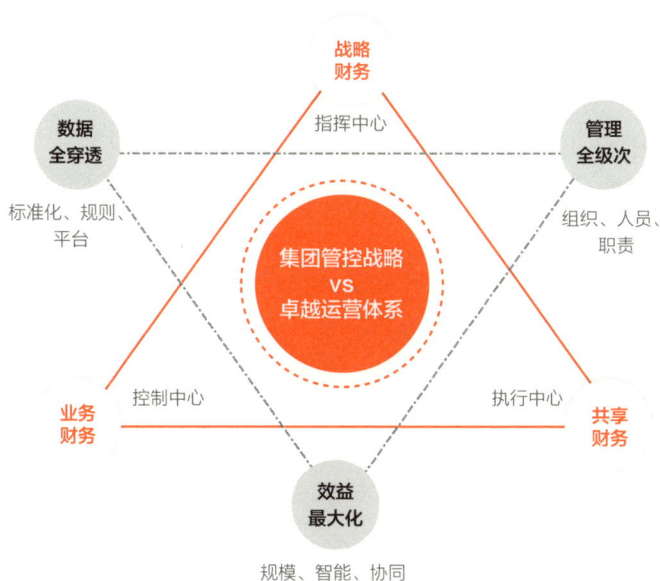

图 8-11 全级次总分一体化共享平台模型

(1)管理全级次:从"管控分离"到"总分联动"

在传统共享模式下,集团总部与分中心常陷入"管什么、放什么"的权责博弈。用友通过构建"总分规则库",将集团制度与审核规则嵌入系统底层。例如,某央企客户将授信额度、税务合规等关键管控点设为"必选规则",分中心可在此基础上叠加本地化流程。这样,总部既能实时监控风险,又给予了分中心一定的灵活性。

(2)数据全穿透:从"孤岛报表"到"全域图谱"

某大型国贸集团的实践印证了这一路径。该集团通过统一主数据标准,将分散在300余家子公司的客商、物料、银行账户等数据整合为"全域数据池",并打通商旅、资金、税务等12个核心系统。财务总监可以一键穿透至某笔跨境交易的合同、发票、物流单,甚至可以关联项目的利润率波动,真正实现"数据即决策"。

(3)效益最大化:从"单向管控"到"价值共生"

某能源龙头企业的全球化共享案例展现了全球协同的可能性。面对海外8国14家子公司的多语言、多时区挑战,总部与分中心通过数据共享、流程协同和资源整合,形成了双向赋能关系。总部提供标准化支持与战略指导,分中心反馈业务洞察与创新实践,双方共同优化运营、提升效率、控制风险,实现价值共创与共生,推动整体效益最大化。例如,西班牙分中心的增值税申报模板可自动关联当地税法,而资金调度仍受集团统一风控规则约束。

全级次总分一体化财务共享解决方案及其产品的推出,标志着**财务共享进入"治理即服务"的新阶段**。

为全面支撑大型集团企业在复杂管理模式下的全级次总分一体化财务共享服务,财务共享平台需具备四大特征,如图8-12所示。该平台还需拥有强大的技术底座,确保系统稳定运行,能够高效处理海量数据与高并发需求,实现智能化业务支持与灵活管控能力。

3. 全级次总分财务共享,建设领先实践

浙江国贸集团是浙江省属大型国有企业,以商贸流通、金融服务、生命健康三大产业为核心。2023年,其营收超千亿元,拥有80余家全资控股子公司。为了提升集团管控能力,该集团积极探索全级次总分一体化财务共享建设,为企业转型升级和可持续发展奠定坚实基础。下面从管理全级次、数据全穿透、效益最大化三个维度,剖析其创新实践与显著成效。

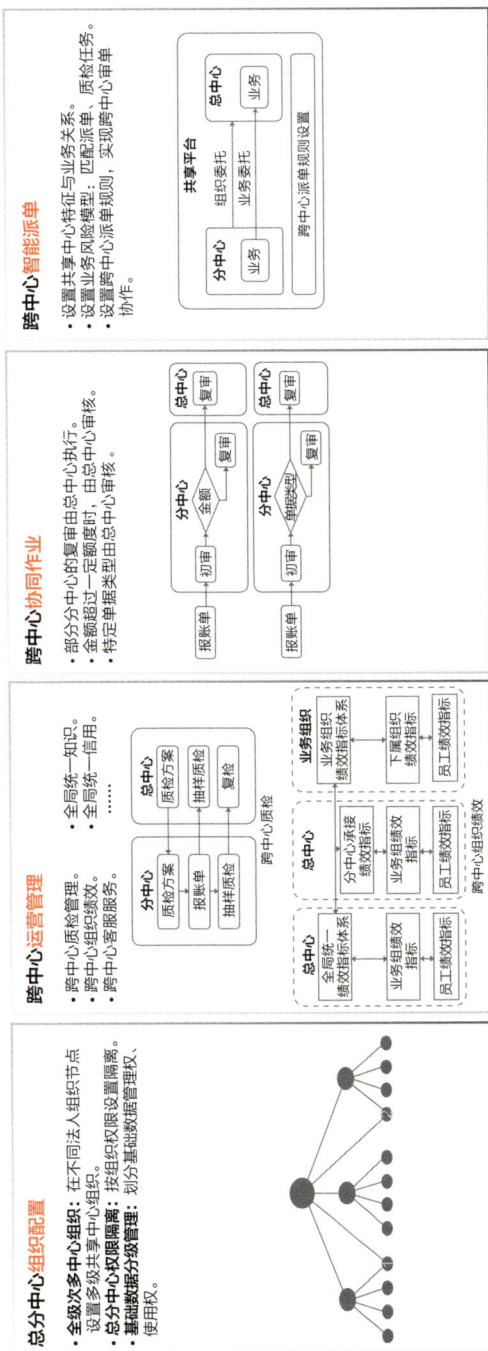

总分中心组织配置
- **全级次多中心组织**：在不同法人组织节点设置多级共享中心组织。
- **总分中心权限隔离**：按组织权限设置隔离。
- **基础数据分级管理**：划分基础数据管理权、使用权。

跨中心运营管理
- 跨中心质检管理。
- 跨中心组织绩效。
- 跨中心客服服务。
- 全局统一知识。
- 全局统一信用。
- ……

跨中心质检

分中心：质检方案、报账单、抽样质检
总中心：质检方案、抽样质检、复检

跨中心组织绩效

总中心：全局统一绩效指标体系、业务组织绩效指标、员工绩效指标
总中心：分中心承接绩效指标、业务组织绩效指标、员工绩效指标
业务组织：业务组织绩效指标体系、下属组织绩效指标、员工绩效指标

跨中心协同作业
- 部分分中心的复审由总中心执行。
- 金额超过一定额度时，由总中心审核。
- 特定单据类型由总中心审核。

报账单 → 初审 → 金额 → 复审 → 总中心复审（分中心）
报账单 → 初审 → 单据类型 → 复审 → 总中心复审（分中心）

跨中心智能派单
- 设置共享中心特征与业务关系。
- 设置业务风险模型，匹配派单，质检任务。
- 设置跨中心派单规则，实现跨中心单审协作。

共享平台
分中心：业务
总中心：业务
组织委托、业务委托
跨中心派单规则设置

图 8-12　全级次总分一体化财务共享平台的四大特征

（1）管理全级次维度

浙江国贸集团为省属国有独资企业，在转型升级过程中，传统财务管理方式难以满足其业务多元化的发展需求。企业面临从以出口为主的模式向国内国际双循环模式转变，内贸市场的复杂性对财务管控提出了新要求。

为了应对挑战，浙江国贸集团构建了"1个总中心+4个分中心"的财务共享服务运营体系。总中心强化统筹管控与专家支持，提供标准化业务运营服务；分中心聚焦板块特色，提供个性化共享服务，以提升客户满意度。通过统一会计政策、科目、流程、系统平台和数据标准，实现组织管理体系一体化、信息平台统一化、服务水平标准化、专项流程板块化。

浙江国贸集团采用"打基础、抓重点、扩容量"的三步走策略，将分阶段实施与突出重点相结合，平稳推进财务共享建设。在组织架构上，形成"1+4全级次总分一体化财务共享组织架构"，明确总中心与分中心的职责，实现上下联动、横跨左右的实施组织模式，激发分中心的主动性，保证总中心的管控力度。

（2）数据全穿透维度

随着业务的不断创新，财务部门面临着海量数据和复杂交易的处理难题。例如，传统财务处理方式无法处理直播带货业务在短时间内产生大量订单、复杂退货流程和收入确认等问题。

浙江国贸集团积极引用先进的智能财务共享解决方案，通过数智底座实现财务、供应链、人力资源等多业务系统的集成管理，实时分析财务数据，生成报表和图表，助力管理层了解经营状况。例如，在直播带货业务中，系统自动识别和处理大量订单数据，实时更新收入确认和退货处理情况，提高财务处理效率，减少人为错误。

财务共享平台成功对接了8大集团统建系统，形成动态共享生态圈。与OA系统集成，实现统一门户入口，提升工作效率；与资金系统集成，实现跨平台一键闭环支付，规范银行档案的主数据管理；与HR系统集成，统一组织结构和员工信息，规范员工主数据管理等。通过系统集成，打破数据孤岛，实现数据全穿透，形成全域图谱。

（3）效益最大化维度

浙江国贸集团的总分一体化财务共享建设取得了显著成效，实现了财务共享的闭环管理，整合资金流、票据流和信息流，使其畅通流转。依托共享平台，建立以二级成员单位为主体的资金统一复核支付平台，强化资金管控力度，加快集团财务标准化进程。财务管理部需重新修订核算办法，制定会计科目应用指南和业务场景会计核算指南，为会计处理提供明确指导。

通过组织优化、流程优化、系统集成、自动化和人员整合等措施，显著提升了工作效率，降低了运营成本。在数据分析方面，优化常规报表，拓展即席查询功能，完善商业智能应用，为精细化管理和决策提供了有力支持。助力财务管理价值提升，推动财务管理转型，实现管理颗粒精细化、管理视角多维化。强化信息平台集成，助力中央数据仓库的建设，实现管理场景动态化、管理信息实时化。财务组织要实现变革，管理层级要扁平化，探索出多元化集团数字化转型的新路径，实现从单向管控到价值共生的转变。

浙江国贸集团在总分一体化财务共享建设中，通过管理全级次的总分联动、构建数据全穿透的全域图谱以及实现效益最大化的价值共生，成功地应对企业转型升级中的财务挑战，为企业数智化转型提供了有力支撑，也为其他企业提供了宝贵的经验参考。

8.2.3　财务共享全球化突破

财务共享模式缘起于 20 世纪。在企业全球化进程中，为了面对跨国公司在全球业务拓展中的财务复杂度指数级增长的挑战，这一模式应运而生，成为支撑企业全球化战略的重要支柱。

其核心价值在于通过建立统一的财务流程和标准体系，有效应对各国在会计准则、税收政策等方面的差异。通过制定全球统一的财务操作规范，持续优化业务流程，确保各国财务的执行一致性。这不仅提升了财务信息的可比性和质量，还显著降低了财务处理差异导致的合规风险。

随着中国企业的加速出海，财务共享的全球化布局已成为必然趋势。海外业务的财务共享建设在方法论和底层逻辑上与国内模式一脉相承，但在具体实施过程中，仍需关注其特有的挑战与差异。

1. 全球化财务共享建设的 3 个关键

（1）流程优化与标准化

深入研究企业所属地的财务准则、税务法规、商业惯例以及企业内部管理要求，对各个国家的业务及财务流程进行全面梳理，明确标准化的内容以及必须保留的各个国家的差异化，除了准则和法规要求之外的个性化规则都需要取消。制定并完善财务操作手册，明确各环节的操作规范和责任分工。通过流程标准化及线上化，减少人为因素导致的信息差异和操作错误，提高财务管理的有效性。在这个过程中，可能需要聘请咨询公司或当地税务、法务等中介公司来共同进行设计，从源头上规避重大不合规风险。

（2）人才管理

全球化财务共享建设需要具备国际化视野和专业技能的复合型人才。一方面，要招聘熟悉国际会计准则、不同国家税收政策以及具备跨文化沟通能力的财务专业人员；另一方面，要加强对现有员工的培训，通过开办线上与线下相结合的培训课程，提升员工的国际业务处理能力和外语水平。在全球化业务中，要考虑不同国家的时差、假期、工作习惯等问题。在全球单一中心的情况下，需要安排 7×24 小时的出勤计划；在多中心的情况下，需要考虑服务的辐射范围，以保障业务不间断，能对重要紧急业务秒级响应。

（3）技术平台搭建

选择一个功能强大、扩展性好且适应多语言、多币种环境的财务共享服务平台至关重要。该平台要能够无缝集成全球各地子公司的财务数据，具备自动化的数据采集、处理和分析数据，以及智能化审核单据的功能。例如，利用云计算技术搭建财务共享服务平台，使全球员工都能通过互联网便捷地访问平台，实现数据的实时更新和共享。同时，平台应具备强大的报表生成功能，可根据不同国家和地区的财务准则及企业管理需求，生成多样化的财务报表。同时，智能的平台也将会降低对人才的需求，例如，可以将各个国家的发票、文件准确地翻译成中文，这将会大大降低对多语种人才的需求。

2. 全球化财务共享要关注的 3 大风险

（1）数据安全风险

随着财务数据在全球范围内的集中和共享，数据安全成为首要问题。不同国家的数据保护法规存在差异，企业需要确保在收集、存储和传输财务数据的过程中，严格遵守当地法规。加强技术防护措施，如采用加密技术、访问控制、防火墙等手段，防止数据泄露和黑客攻击。建立完善的数据备份和恢复机制，确保在数据遭遇意外丢失或损坏时能够及时将其恢复，保障企业财务运营的连续性。

（2）文化差异带来的沟通协作障碍风险

企业全球化运营涉及多个国家和地区的员工，不同文化背景下的沟通方式、工作习惯和价值观存在显著差异。为应对这一挑战，企业应加强跨文化培训，提高员工对不同文化的理解和包容性。建立多元化的沟通渠道，如定期召开视频会议、设立专门的沟通协调岗位等，促进信息的有效传递和问题的及时解决。在制定政策和流程时，充分考虑不同文化背景的员工的接受程度，确保制度的顺利推行。

（3）法规政策变化风险

全球各国的财务法规、税收政策处于不断变化之中。财务共享服务中心需要密切关注各国法规政策的动态，及时调整财务处理的方式和流程，以确保企业合规运营。例如，某些国家可能突然出台新的税收优惠政策或加强税务监管力度，若未能及时响应，可能导致企业错失优惠机会或面临税务处罚。建立专业的法规政策研究团队或与外部专业机构合作，及时获取并解读法规政策的变化信息，为企业提供准确的应对策略。

3. 全球化财务共享的领先实践案例

以我国的某全球领先的化工企业为例，这家全球知名企业面向国内的财务共享服务中心已经运营了多年，仅服务于国内的分 / 子公司，但随着企业走向全球，它在 20 多个国家设立了 40 多个分支机构。为了更好地管控海外企业的财务风险，该企业决定将国内的财务共享服务中心覆盖全球财务业务。

首先，财务共享服务中心对各个国家的财务流程进行了全面梳理和标准化设计，针对全球不同国家和地区的财务法规和业务特点，制定了一套统一的财务操作流程手册。例如，在应收账款管理流程中，明确了从客户信用评估、合同签订、发票开具到款项回收的各个环节的操作规范和时间节点，同时，利用信息化手段实现了应收账款的自动化跟踪和预警，有效降低了坏账风险。对于一些特殊业务场景，如在某些国家遇到的复杂税收政策或外汇管制情况，还设置了专门的流程指引和应对策略，确保财务业务的合规处理。

其次，在财务共享平台方面进行了重新选型，选择了一个功能更强大、安全性更好、集成化能力更强、更智能的新平台。该平台实现了实时收集和处理全球各地子公司的财务单据，通过采集海外单据数据、智能审核数字员工以及使用实时翻译工具，大大降低了财务共享服务中心的作业难度。财务共享为集团财务管理提供多维度、深层次的财务数据洞察，以助力风险识别和快速决策。

最后，在人才管理上，该企业打造了一支国际化的财务团队。通过招聘外语人才和内部培养财务人才相结合的方式，选拔具备丰富国际业务经验和专业技能的人才。企业为员工提供广阔的职业发展空间，同时，注重员工的培训与发展，定期组织各类国际业务培训课程和跨文化交流活动，以提升员工的综合素质和跨文化沟通能力。

在全球化过程中，该企业也面临着诸多新的困难。其中，最为突出的是如何应对不同国家的复杂多变的法规政策。以税务管理为例，不同国家的税收制度差异巨大，税率、税种、税收申报要求等各不相同。该企业专门成立了税务专家团队，深入研究各国的税收法规政策，并与当地税务机关保持密切沟通。通过制定合理的税务筹划方案，在合法合规的前提下，降低企业税务成本。

通过实施全球化财务共享模式，财务运营成本大幅降低，工作效率显著提升，财务信息质量得到有效保障，财务风险得到有效控制。

综上所述，财务共享模式在企业全球化发展中具有不可替代的重要作用。通过合理搭建技术平台、优化人才管理和流程标准化，可以有效规避各类风险和挑战。借鉴领先企业的实践经验，企业能够充分发挥财务共享模式的优势，提升全球竞争力，在国际舞台上实现可持续发展。

8.2.4 财务共享服务中心的运营成熟度持续提升

1. 财务共享服务中心的运营成熟度分为三个级别

当前，在国内，超过 2000 家企业的财务共享服务中心已进入持续运营阶段。随着共享作业趋于稳定，如何评估其业绩并推动其持续创造价值成为新的挑战。作为三财体系中的关键组成部分，财务共享服务中心对运营管理能力提出了较高要求，即对标行业领先实践，深入理解运营成熟度。通常，财务共享服务中心的成熟度可分为三个级别：稳定级、成熟级和卓越级。在理念迭代、组织目标、人才战略、作业能力和系统工具等维度对每个级别均有相应的定义和描述，成熟度级别如图 8-13 所示。企业可依据该模型，快速、客观、科学地评估财务共享服务中心的运营成熟度，并制定提升目标。

稳定级是基础级别，在这一级别，财务共享服务中心初步建立起标准化的业务流程，基本财务操作能够稳定运行，财务数据的准确性和及时性得到一定保障，员工与平台开始协同工作，但共享流程和服务主体的覆盖能力还存在提升空间。

成熟级是中间级别，在这一级别，共享服务中心的流程进一步优化，其自动化程度有所提高，能够有效应对较为复杂的业务场景。各部门之间的协作更加顺畅，财务服务的质量和效率显著提升。共享业务边界从深度和广度上得到扩展，开始注重数据的分析与利用，为企业决策提供一定支持。

卓越级是最高级别，是财务共享服务中心达到了行业领先水平的体现。此时，该中心具备高度智能化的流程，能够实现端到端的自动化处理，应用数智员工使无人值守率达到领先水平。在这一级别，财务共享服务中心不仅能出色完成财务基础工作，还能深度参与企业战略规划，通过先进的数据分析和洞察为企业创造巨大价值，成为企业创新发展的重要驱动力。

2. 财务共享服务中心的卓越运营管理体系

卓越运营管理体系涵盖财务共享服务中心的 12 个管理领域（见图 8-14），由战略导向层、运营提升层、基础保障层、技术支撑层这 4 层组成，各层相互关联、协同作用。

关键特征 →	理念迭代	组织目标	人才战略	作业能力	系统工具
卓越级	·关注数据、创新与赋能	·人才输出，业务赋能 ·强数据，挖掘数据价值	·领域专业人才+数据人才	·挖数据、强赋能、促战略	·人工智能+大数据
成熟级	·关注共享业务边界拓展	·组织敏捷，团队有序 ·强运营，完善内部管理机制	·运营管理人才+智能化人才	·强管控、深融合、提效率	·智能化+数字化
稳定级	·关注共享变革、观念渗透	·组织初建，管理磨合 ·强沟通，解决外部上线矛盾	·流程管理与标准化人才	·理流程、建标准、统规则	·业财一体+自动化

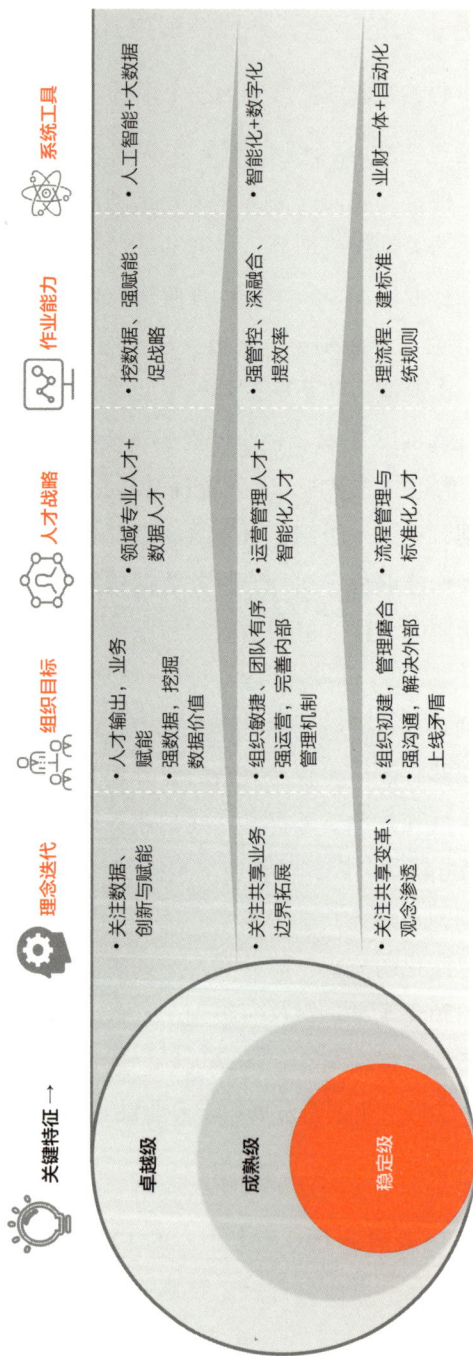

图 8-13 财务共享服务中心的运营成熟度级别

以目标管理为导向，确定共享中心的组织目标，不同级别的共享中心目标不同。

通过人才培养、知识赋能、绩效激励、服务管理这4层，持续推进共享运营的创新升级。

聚焦组织、流程、质量、制度，为共享中心的运营提供管理保障，夯实基础。

财务共享中心的系统管理是保障财务共享系统稳定运行的技术支撑。

支撑

指导	合规管控	降本增效	风险防范	数据赋能	战略支持
战略导向层	目标管理				
运营提升层	人才管理	知识管理	绩效管理	服务管理	
基础保障层	组织管理	流程管理	质量管理	制度管理	
技术支撑层	系统管理	数据管理	技术平台		

愿景

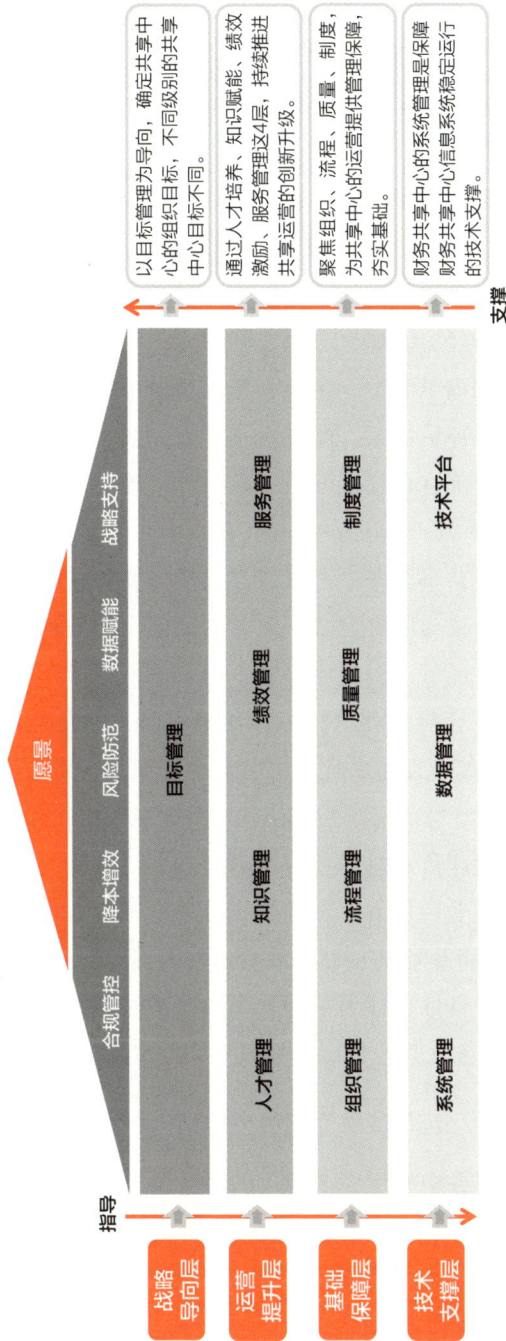

图 8-14 卓越运营管理体系的 12 个管理领域

战略导向层的目标管理，犹如企业前行的指南针，为整个财务共享服务中心设定明确、可衡量且与企业战略紧密契合的目标。从长远规划到短期计划，引导着中心各项工作的开展方向。在不同发展阶段，目标要不断调整且可量化，才能真正促进运营能力的不断提升。

运营提升层是财务共享服务中心在从成熟级走向卓越级时要重点关注和建设的管理能力。人才管理聚焦于专业财务人才的选、用、育、留，构建多元化、复合型创新团队，为财务组织输送人才，支持财务管理的转型发展。知识管理致力于整合财务知识与经验，建立企业级知识库，一方面建设智能客服，另一方面使智能体成为伴随提单人员、审核人员以及财务人员的智能助手。绩效管理通过科学合理的绩效评估体系，激励员工高效完成工作，提升个人和团队绩效。服务管理为企业内部客户提供优质、及时、个性化的财务服务，提升客户满意度。

基础保障层是财务共享服务中心在建设初期需要关注的基本内容。组织管理要明确中心的架构设置与职责分工，保障内部运作高效有序。流程管理要优化财务流程，消除冗余环节，提升流程效率与质量。质量管理要建立严格的质量控制体系，确保财务合规性和核算工作准确无误，以及财务报告合规可靠。制度管理要根据业务的变化制定并完善财务制度和规范，使各项工作有章可循。

技术支撑层的系统管理负责维护和优化财务信息系统，保障系统稳定运行、数据安全可靠。数据管理负责对财务数据进行收集、整理、分析和挖掘，发挥数据的潜在价值。技术平台负责整合各类先进技术，如云计算、大数据、人工智能等，为财务共享服务中心的创新发展提供技术支撑。

在实际运营中，以目标管理为指导，明确技术应用的方向和重点，通过技术支撑层的有力支持，推动其他各层的高效运作，实现卓越运营。

3.财务共享服务中心运营成熟度评估模型

为推动财务共享服务中心运营成熟度的持续提升，须构建与其战略定位和业务特点相适应、与企业财务管理战略规划相匹配的运营成熟度评估模型。该模型旨在促进整体及各业务团队的运营能力逐步改善和持续优化，为财务共享服务中心的价值提升提供科学依据。

首先，评估模型的设计应遵循科学性原则，分类、分级制定评价指标，明确评价标准、定义、计算公式及权重分配。在指标设计上，需体现导向性原则，确保评估内容与财务共享服务中心的战略目标一致，并符合集团财务管理的要求。同时，评估体系应具备系统性，覆盖财务共享服务中心的全部职能要素和业务板块，涵盖运营规范、过程表现及成效结果，确保评估的全面性和完整性。

其次，评估模型需注重适用性，统筹考虑通用标准与个性化特点的结合。根据不同业务模块的特点，设置差异化的基础系数或指标，确保评估结果能够准确反映各业务单元的实际运营状况。此外，评估体系还应体现重要性原则，结合财务共享服务中心的发展阶段，对关键运营维度（如流程效率、成本控制、技术应用等）赋予更高的分值或权重，突出重点领域的改进方向。

最后，财务共享服务中心的运营管理团队应负责完善评价工作机制，健全制度体系和组织体系，确保评估工作的规范化和常态化。同时，要深化评估结果，将评价结果与运营改进措施紧密结合，推动财务共享服务中心的持续优化。此外，结合平台的建设与升级，动态调整和优化评估体系，确保其始终与业务发展和技术进步保持同步，为财务共享服务中心的长期发展提供有力支撑。

一套科学、系统的财务共享运营成熟度评估模型，可以从组织人员、作业水平、成本效益、技术工具四大维度展开，并通过细化二级、三级指标，采用70%定量指标与30%定性指标相结合的方式，确保评估结果的全面性、客观性和准确性。

在组织人员维度，从组织角度重点评估共享纳入比例以及业务覆盖深度和广度，从人员管理角度重点评估人员结构的合理性、专业能力的匹配度以及人员梯队建设等。通过分析人员配置是否满足业务需求、团队是否具备跨部门协作能力等，全面衡量组织人员的成熟度。在作业水平维度，主要聚焦共享作业产能（人均处理单量）、作业效能（单件耗时）、质量（差错率）、标准化（标准化率）等。在成本效益维度，着重分析成本控制与效益产出的平衡关系（如每单成本等），评估资源利用的效率以及经济效益的实现程度，为优化资源配置提供依据。在技术工具维度，从系统的完整性、智能化应用、自动化效果等方面进行评估，确保技术工具能够有效支撑财务共享服务的提效需求，并为持续创新提供技术保障。

通过四大维度的综合评估，结合定量与定性指标的科学搭配，财务共享服务中心能够全面、精准地定位自身运营现状与发展阶段，识别优势与不足，从而制定有针对性的改进策略，推动运营成熟度的持续提升。

这一套评估体系应该由财务共享运营平台来支撑，而不是由人来手工收集和分析，否则将会增加巨大的收集工作量且数据质量及口径很难统一。通过财务共享运营平台实时获取运营数据，并结合定性指标的打分模板，实现定期自动执行成熟度自测的功能。这一功能不仅能够全面评估财务共享服务中心的运营状况，还能通过内置的卓越运营指标进行对标分析，生成详细的差异分析报告。该报告不仅能揭示当前运营中的短板和不足，还可以通过运营管理助手提供有针对性的优化建议，帮助运营团队明确改进方向。

为了确保优化措施的有效落实，财务共享运营平台还应建立任务跟踪流程。通过这一流程，每一项优化建议都会被转化为具体的任务，并分配给相应的责任人，确保任务的可执行性和可追踪性。在任务执行过程中，该平台应实时监控进展，确保各项优化措施按计划推进。

通过一系列的运营管理机制，财务共享服务中心的运营就有了管理抓手，实现了从问题识别到优化改进的完整闭环，即"评价－计划－执行－控制"循环。这个闭环管理模式不仅提升了运营效率，还推动了财务共享服务中心的运营水平持续提升，逐步由稳定级迈向成熟级、卓越级。财务共享运营成熟度管理平台如图8-15所示。

国内某知名互联网企业的财务共享服务中心已运营超过10年，虽认为自身运营存在问题，但不清楚问题具体在哪里，因而在走向卓越级的路上一直停滞不前。通过引入一套科学、系统的财务共享运营成熟度评估模型进行全面评估，结果显示其得分为60分以下，还达不到成熟级水平。这一结果引发了管理层的深刻反思，并成为推动财务共享服务中心进一步优化的重要契机。

根据评估模型的四大维度——组织人员、作业水平、成本效益、技术工具，财务共享服务中心在成本效益维度的得分显著偏低，这是最大的失分点。具体表现为成本数据无法实现精细化，缺乏对运营数据的深度分析能力，导致资源

共享成熟度

对标世界一流领先实践，财务共享服务中心构建卓越运营体系，实现持续优化并进行行自检，自首与持续提升利用的特性。它具备开箱即用的特性，预置了各类成熟度诊断指标、模板以及诊断建议。通过快速复制制调整，可构建企业定制模板，支持各类指标的自动取数，计算以及结果汇总，自动化出具报告和诊断建议，助力企业财务共享服务中心迈向卓越运营阶段。

01 评价模型

财务共享运营成熟度
自评模型

测评报告及
PDCA管理工具

助力企业卓越运营升级

02 评价过程

NO.1 选择模板
根据评估对象的行业特点
和需求，挑选合适的成熟
度评估模板。
成熟度模板

NO.2 甄别指标
筛选关键绩效指标，确保评价指标能够
全面、准确地反映评估对象的成熟度。

NO.3 自动诊断
利用系统工具对评估对象的各项指标
进行快速分析，识别优势和不足。

NO.4 出具报告
根据诊断结果，生成详细、
客观的成熟度评估报告，
为改进提供依据。
成熟度报告

NO.5 跟踪优化
持续关注评估对象的改进过程，定期
更新报告，确保评估结果的实效性和
指导性。

03 评价报告

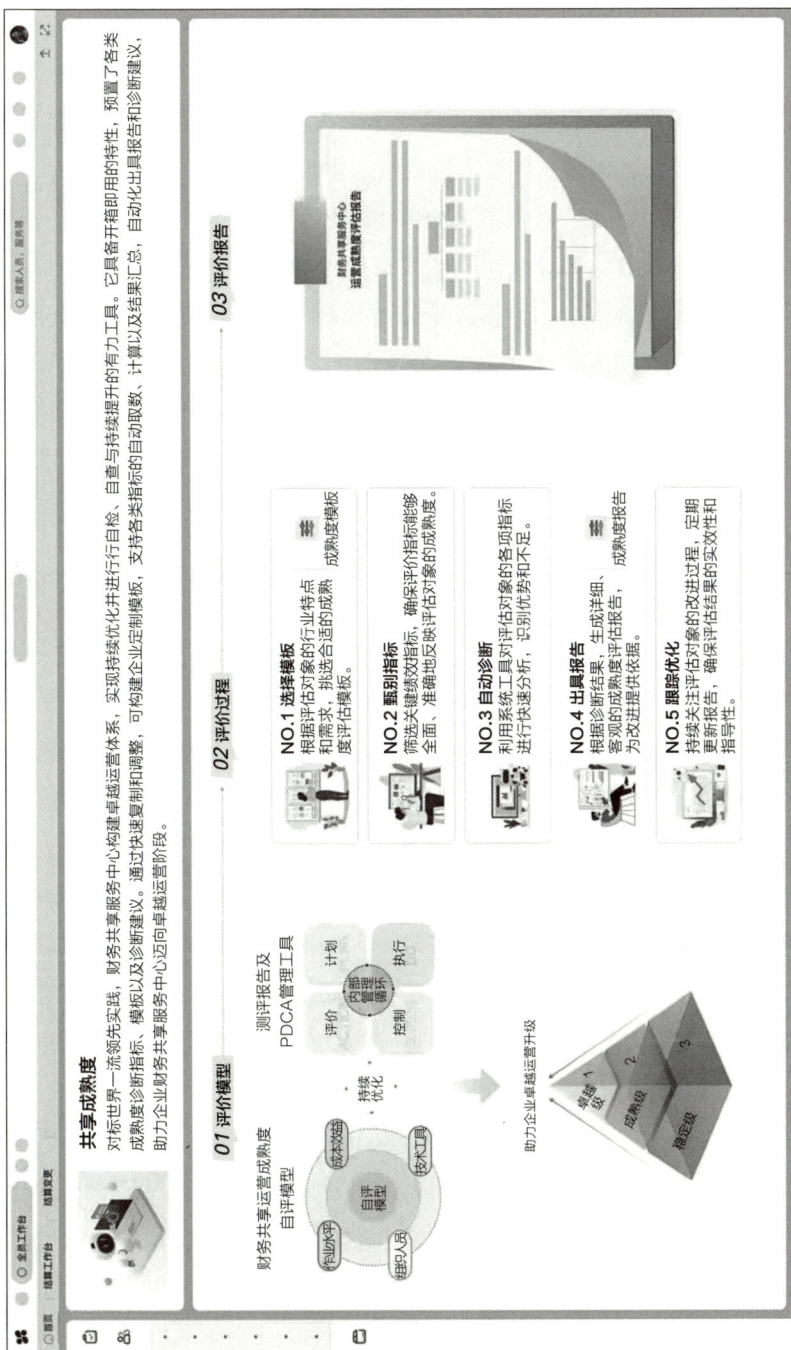

图 8-15 财务共享运营成熟度管理平台

259

利用效率和经济效益难以量化评估。在成本控制方面，无法准确追踪流程堵点与卡点，难以识别成本优化的关键环节。在效益分析方面，缺乏对业务贡献的量化评估，无法为决策提供有力支持。此外，技术工具维度的评估得分也暴露了其功能的局限性，即现有平台无法满足精细化管理的需求。

针对评估发现的问题，财务共享服务中心明确了优化目标并制订了详细的计划。首先，在成本效益维度，明确了实现成本数据精细化这一核心目标，并围绕它全面梳理了系统需求，包括成本分摊规则的优化、数据采集与处理能力的提升、指标体系的建设等。其次，在技术工具维度，提出了增强平台数据分析能力的目标，引入先进的数据分析工具和可视化技术，以支持运营数据的深度挖掘和实时监控。同时，还建立了运营分析指标体系，涵盖成本控制、流程效率、资源利用效率等关键指标，为精细化管理和持续优化提供了科学依据。

在优化项目的指导下，财务共享服务中心通过系统升级和流程重构，逐步建立了精细化管理能力。经过一年的持续改进，其成熟度评估分数从 53 分提升至 75 分，成功迈入成熟级。

在这个案例中我们可以看到，科学的运营成熟度评估模型在推动财务共享服务中心优化中起到重要作用。通过全面、客观的评估，财务共享服务中心精准识别自身短板，并制定有针对性的改进策略。同时，案例也启示我们，财务共享服务中心的成熟度提升是一个持续优化的过程，需要技术工具、流程优化和数据分析能力的全面提升，才能实现从成熟级到卓越级的跨越。这一过程不仅需要有科学的评估体系作为指导，更需要管理层的重视和团队的共同努力。

8.3　全球司库，战略增值

在数智企业不断追求精益管理提升的过程中，司库管理在保障企业资金安全与效率的同时，借助新一代数智技术的升级迭代，持续向更高阶的价值进阶。数智司库的演进路径如图 8-16 所示。世界一流的全球司库将在战略增值、价值创造、资金管控和资金结算等方面展现出巨大潜力。

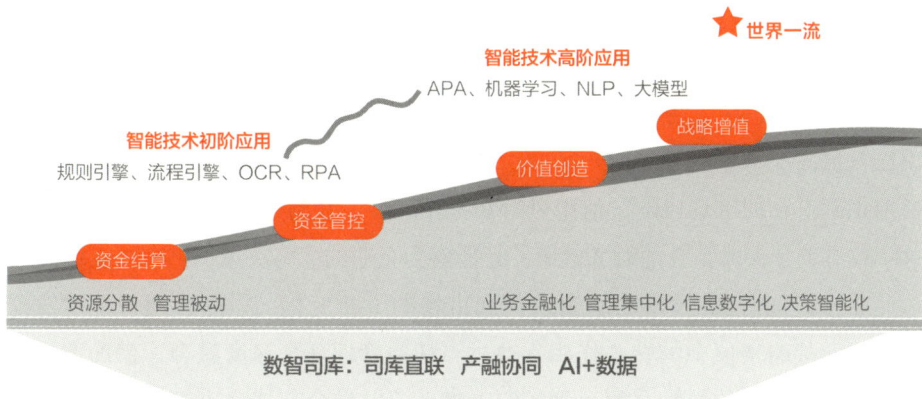

图 8-16　数智司库的演进路径

　　企业在拓展全球化业务的同时，其跨境业务也在不断增加，司库管理在直联全球资源调动方面的作用日益凸显。通过构建全球司库管理平台，企业能够实现全球资金的实时监控、统筹调度和高效配置。例如：国家电力投资集团通过构建国内国际双循环新发展格局，实现了全球资金、投融资、资金风险等的实时化、在线化、集约化统筹管理，显著提升了资金管理效率效益；中国石油通过建设可视、可控、可操作的数字化司库管理平台，将账户、资金预算、票据、投融资等纳入统一管理，实现了全集团金融资源的集约化管理。这不仅提高了资金使用效率，降低了资金成本，还有效防控了资金风险。这些实践案例表明，司库管理在数字经济模式下，能够有效打破地域限制，实现全球资源的优化配置，为企业全球化经营提供有力支持。

　　司库管理的数智化转型让数智企业将金融资源与产业资源深度融合，形成优势互补、协同发展的良好局面。以国家电网的"电 e 金服"平台为例，它为上下游企业提供一站式金融服务，不仅解决了企业融资难、融资成本高的问题，还有效促进了产业链上下游企业的协同发展。类似地，许多领先企业也在积极探索产融协同的新模式。通过构建产业集群、金融控股两大业务模式，企业能够进一步实现产融投结合，助力企业实现一体两翼战略。在这种模式下，司库管理成为连接产业与金融的桥梁，通过优化资金配置、提供金融服务等方式，为企业创造更大的价值。

AI 技术的普及促成了更多创新型的司库应用场景，让企业资金运营人员能够实现资金流动的实时监控、风险预警和智能决策。例如，利用 AI 算法进行高频交易，快速识别市场趋势和价格波动，并自动执行交易，这有助于减少人为错误以及提高交易速度和效率。又如，利用 AI 算法构建风险预测模型，司库能够提前识别潜在的市场风险、信用风险和操作风险，并制定相应的风险防控措施。这不仅有助于保障企业的财务健康，还能够为企业的战略决策提供有力支持。

未来，随着 AI 技术的不断迭代和市场的不断变化，司库管理将继续发挥其在企业战略增值中的核心作用，通过与精益管理理念深度融合，借助数智化技术，形成新型的数智司库运营机制，推动业财融合与战略决策智能化，从而显著提升资金运营效率与资源配置精准度，最终实现企业资源统筹能力与风险管控水平的双重跃升，为企业战略增值提供坚实支撑。

8.3.1 司库直联，全球资金可视可控

1. 司库直联推动财务多维精益管理

在数智时代，大型企业将加快司库体系建设视作产业变革与新一轮科技革命的关键战略。在企业的司库体系建设进程中，积极拥抱财务数智化转型，借助 AI 技术强大的数据处理与分析能力，企业实现了接近 100% 的账户直联率、资金集中可视率和资金结算率，并将资金计划偏差率逐步降至 10% 以下，在这些关键指标上取得了显著突破。与业务系统深度融合，依托严格管控的资金计划，全方位优化融资规模，金融资源的可视、可调节与可配置为企业的资金流速与流量进行合理的控制。司库直联推动财务多维精益管理如图 8-17 所示。这一系列的举措，不仅实现了外部数据信息的全方位引入，还打通了内部数据信息的流通脉络，有力推动了从银行直联到司库直联的关键跨越，为企业在数字化转型的浪潮中抢占先机。

从银企直联到司库直联的跨越，展现出企业在财务数智化转型过程中的卓越成就，推动了银行界的创新，主要体现在以下三个方面：

数据覆盖深度拓展，从交易到资金全面延伸。在银企直联领域，银行交易流水数据信息不断拓宽覆盖范围，囊括企业运营的主要合作银行，极大提升了

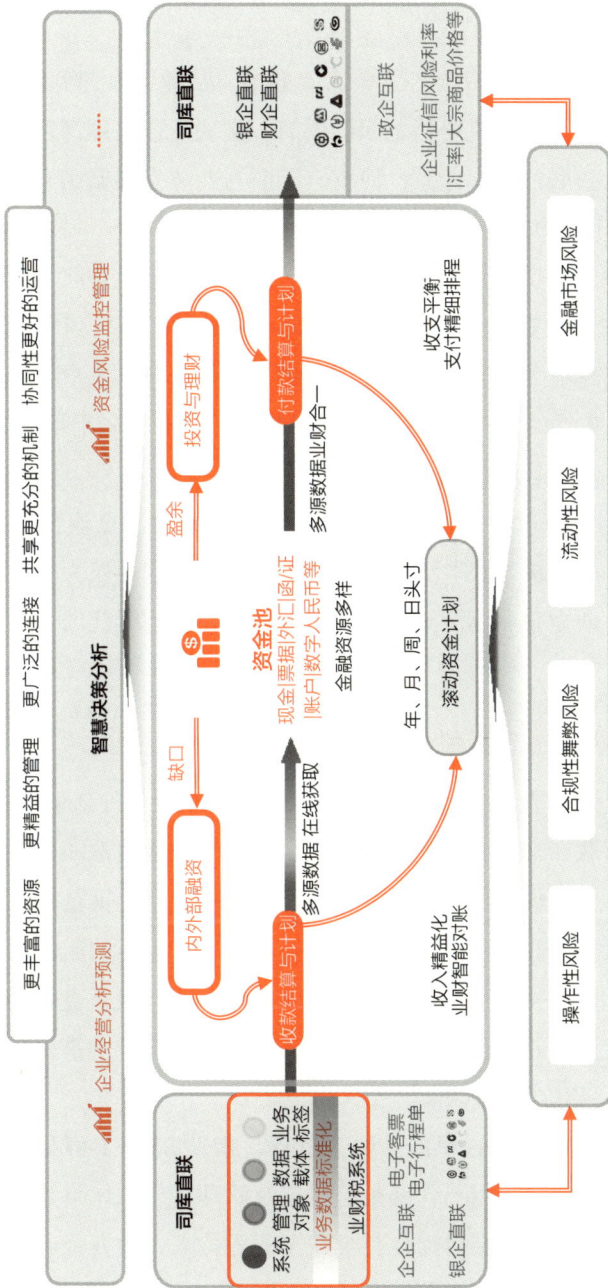

图 8-17　司库直联推动财务多维精益管理

直联效率，实现了从单纯交易数据向资金业务数据的深度延展，为企业资金管理提供了更全面的数据支撑。

打破业务壁垒，实现资金与业务深度融合。 从业务发起到结算完成环节，成功打破了企业内部业财税资档之间的隔阂，实现了业务的深度融合。通过构建业务数据信息直联的司库体系，使资金流向与业务发展紧密相连，为企业运营提供更高效的协同机制。

内外数据融合，构建资金生态圈。 随着业务数据信息直联与外部数据的深度融合，一个完整的资金生态圈逐步成形。获取外部汇率、利率等数据信息，推动银行创新司库业务直联接口，实现直融、授信与开立账户、信用证、保函等业务的线上化数据的获取以及业务处理的操作，让企业告别烦琐的线下流程，进一步提升了企业的运营效率。

这些数据信息获取与应用方式的变革，有力推动了企业操作的轻量化发展，使数据信息的分析与获取更加便捷高效。司库直联不仅为企业提供了丰富的数据内涵，还助力企业沉淀数据资产，为企业在数智时代的可持续发展筑牢根基。

2. 司库直联推进从交易到业务直联

在数智化转型的浪潮中，司库建设越来越重视企业与外部金融资源的连接，尤其是从业务直联、交易直联到司库直联的升级。银企直联（见图 8-18）的持续迭代更新为企业提供了非常便利且全方位的服务，使得银企直联效率呈指数倍飞速提升。随着直联渠道的不断拓展，接入一家新银行的测试时间与配置时间也大幅缩短了，这一技术创新不仅大幅降低了企业的银企直联成本及维护成本，还能够精准识别并修正各银行的各类分析接口适配中的错误，将复杂信息解析成通俗易懂、可视化的语言。

在境外直联领域，通过境内外两大节点，借助 SWIFT 可与全球 200 多个国家的银行相连。这一成果不仅满足跨境资金管理、外汇风险管理等需求，还具备实时性、高安全性、强自动化与全球覆盖等特点，助力企业实现高效的资金管理与业务拓展，极大提升了企业在全球市场中的竞争力。

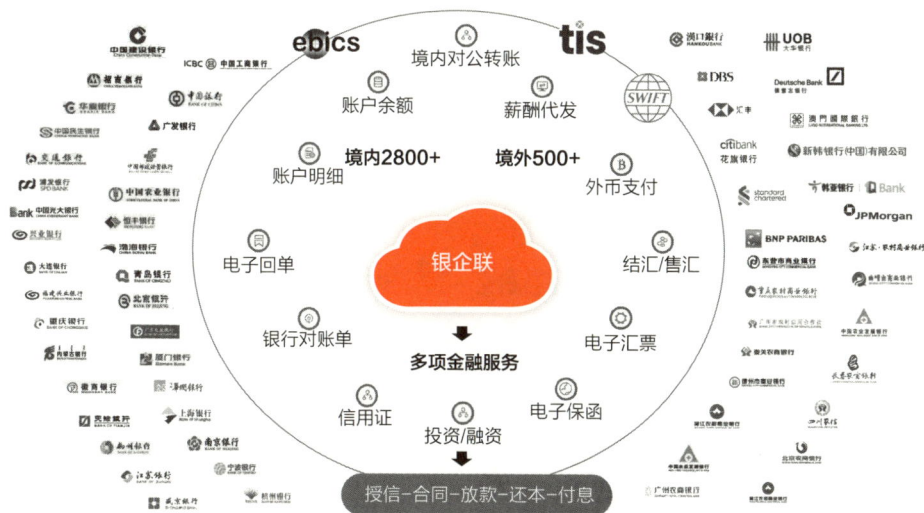

图 8-18 司库直联推进从交易到业务直联

在互联网深度融入的时代背景下，司库直联紧密对接银行，银行只需授信账户基本信息，即可实现账户所有事务项业务数据信息的实时交互。无论是账户对账直联、保函的秒开，还是企业授信数据信息的获取，均能高效完成。借助互联网技术，司库直联搭建起了一个全方位的数据信息服务网络，为企业提供更全面、更及时、更精准的数据业务信息服务，助力企业在数字化浪潮中敏捷决策、稳健发展。

3. 司库直联促成资金链路精益管控

企业若要实现司库直联，不仅要着眼于账户精简与集中约束管理。更要注重银行渠道优化。在账户集中管理与资金集中方面，需强化账户治理以及信息可视。各成员企业资源聚集，实现资金可视，同时让资金结算业务量的流入流出也一目了然。资金计划作为企业自上而下的管控手段，对资金流的流速与流量的控制是关键抓手，很多企业面临资金计划把握不准的难题，难以把控资金流走向和未来资金预测。

因此，在大型企业的最佳实践中，推行自上而下、横向贯通的精细化资金预算管理方式。从业务端发起并预控，融合业务数据信息，构建资金预算管控体系，加强与业务前端的业务联动、与业务系统计划的衔接，以业务活动为数据纽带，增加标签构建业务数据多维体系，贯穿业务从发起、控制到资金预测的可视全过程，进行准确的全周期预测分析。推进业务精益化管理的司库直联链路如图 8-19 所示。

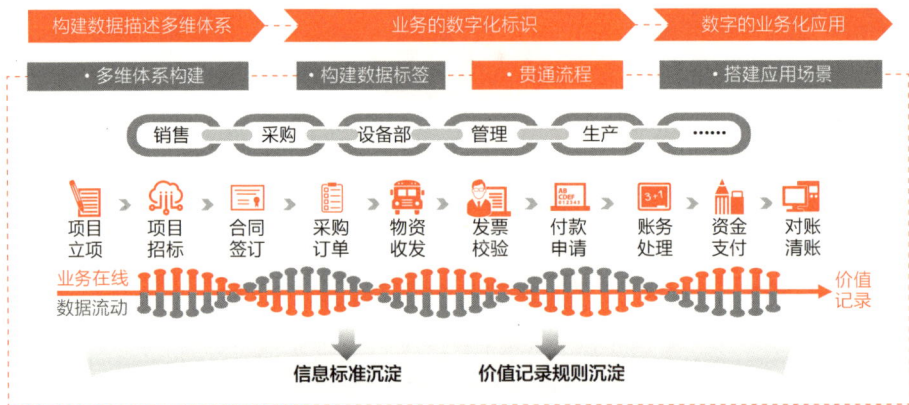

图 8-19　推进业务精益化管理的司库直联链路

对于生产型企业，从业务精细化管理到生产制造环节，与产供销业务系统（如 CRM 系统、销售管理系统、采购系统等）连接，针对每个业务活动梳理不同时间点的支付方式，分析客户行为动态，以支撑资金计划数据的准确性。开展资金流的预测分析，做好资金日头寸和长周期筹融资资金安排，整合和聚集资金资源，助力企业合理安排资金，实现资金精益化管理的业财链路全面贯通。

4. 司库直联融合，AI 激发数据新价值

司库管理体系通过自上而下的垂直管理，推动财务组织变革，发挥战略计划与资源统筹功能。在建设过程中，需与多部门协同联动，拓展数字化信息治理，实现业财深度融合，达成全要素数据全链路可视、可溯、共用、共享，为企业战略提供支撑。以企业资金流预测模型为例，利用司库直联沉淀的大数据，通过 AI 和数据深度分析，将会发现更为精准的资金流动规律和趋势。基于 AI 的现金流预测方法包括数据准备与处理、模型构建与训练、优化现金流预测模型这三个方面。

（1）数据准备与处理

这一过程涵盖数据收集、数据清洗以及特征工程的构建，每个环节都对后续分析与建模的准确性和有效性起着关键作用。在数据收集阶段，需广泛收集历史现金流数据，同时兼顾行业数据与市场数据。借助 AI，可对企业内分散于财务、销售、采购等系统的数据及外部市场数据进行自动采集与整合。借助自然语言处理技术，读取非结构化数据，如合同条款、会议纪要中的现金流相关信息，以拓宽数据维度，协助完成数据处理与整合工作。

AI 预测的准确性依赖数据的质量，需要保证数据的准确性、完整性和时效性，其数据信息涉及与销售、采购、生产等多个部门的协作。

为了应对多源数据信息，在初始阶段可以将资金计划作为主要抓手，展开业务端的数据治理工作，提高数据质量和可用性，进行数据收集与数据清洗工作。数据治理可大幅提升对数据进行的细致甄别，剔除异常值，填补缺失数据，并根据分析需求转换数据格式，大幅提升数据的准确性与可用性，使其更契合后续分析与建模的要求。随着企业数字化转型工作的不断深入，企业数据中台作为高效的数据共享平台，不仅打破了部门之间的数据壁垒，还可确保所收集的数据真实、可靠、完整，为后续分析奠定坚实基础，形成全方位、企业级的数据池。

这些数据信息作为资金预测数据源，会根据不同业务领域的特点和需求，提取并构建与资金流相关的特征，包括时间序列特征、统计特征等。这些特征能够有效反映数据的内在规律和潜在信息，为训练高性能的分析模型提供有力支持，助力挖掘数据背后的深层价值。

（2）模型构建与训练

首先，依据数据特性和预测需求选择合适的模型，比如时间序列模型、回归模型等。然后，运用历史数据开展训练，对模型参数进行调优，使其能精准拟合历史现金流数据。最后，通过交叉验证等方式评估模型的预测性能，保障模型对未来现金流的预测具备较高准确性与可靠性。

现金流预测模型是一套涉及多个领域的分工协作智能模型。考虑到 AI 技术的复杂性和专业性以及数据的隐私性和安全性，需要以资金特征为主，依托

AI 向部门提出数据需求和业务逻辑，帮助资金部更便捷地共享和获取数据，确保信息可用，同时，加强数据保护措施，确保数据的安全性和隐私性。例如，对于销售环节数据，以历史交易流水数据为分析源，从销售额变化、时间规律、客户购买行为及市场趋势等多个维度出发，借助 AI 分析客户的历史购买频率、金额、产品种类等数据，建立客户购买行为模型。

借助市场调研与销售数据分析，洞察市场需求与竞争对手状态，引入多种外部权威数据以丰富数据维度，预测不同客户未来的购买可能性和预购金额，进而准确预估销售回款，建立更精准的销售预测模型。聚焦行业自身特点，从公司视角出发，探讨企业现金流变动的原因，如经营策略调整、资本开支变化等因素，增加品牌、区域、行业风险这三个维度的压力因子，进行现金流压力测试，调整预测模型参数。与此同时，还需通过平台实时上传客户销售数据和回款情况，与模型动态预测数据进行交叉验证，调优评估模型参数，提升预测能力，确保模型对未来现金流的预测具有较高的准确性和可靠性。销售预测模型如图 8-20 所示。

（3）优化现金流预测模型

借助预测结果，深入分析解读，把握现金流趋势与波动，制定管理策略。该管理策略用于指导资金安排，如合理调配资金、优化融资结构。在资金安排上，结合业务类型、客商信息和支付方式，合理安排付款时间与支付方式，释放资金，以缓解压力、填补缺口。同时，根据资金需求调整融资的到款与还款时间，确保资金充裕，做好全方位资金筹划。

司库管理体系凭借自上而下的垂直管理体系，有力推动财务组织变革，充分发挥战略层面的计划与资源统筹功能。在建设过程中，与财务、风控、信息等多部门协同联动，把数字化信息治理工作拓展到外围，实现业务与财务的深度融合。业务变革推动财务转型，财务规范促进业务提升，达成全要素数据信息全链路可视、可溯、共用、共享，充分挖掘数据资源价值，为企业战略提供有力支撑，创造最大效益。

在司库直联融合 AI 新技术的过程中，需要从数智管理、数据治理、生态管理等方面完善司库体系化的管理机制。其一，重视司库数智管理，以财务数

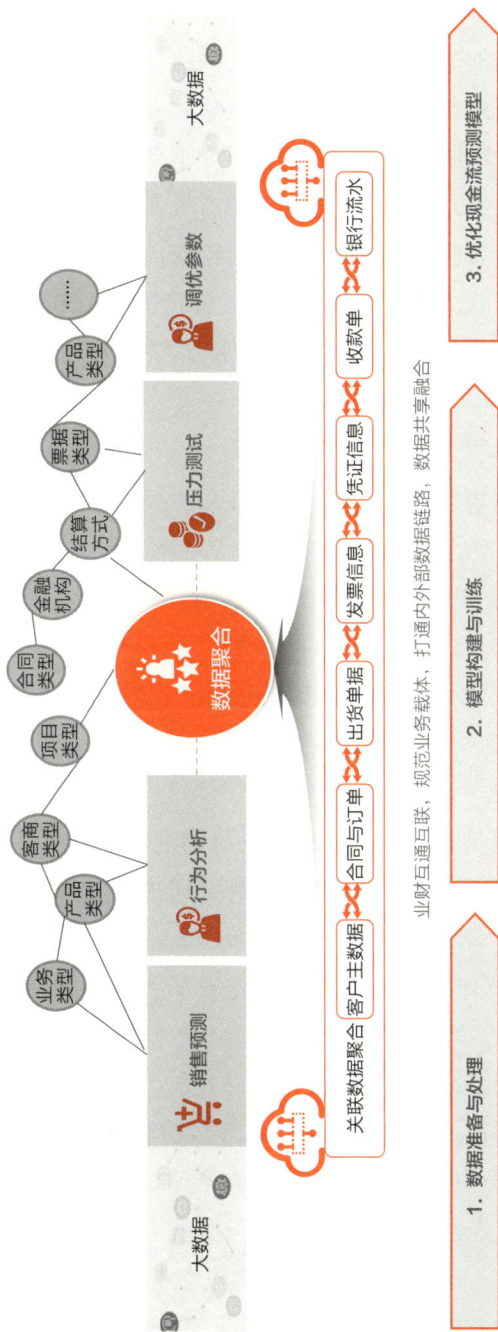

图 8-20　销售预测模型

业财互通互联，规范业务载体，打通内外部数据链路，数据共享融合

1. 数据准备与处理　　2. 模型构建与训练　　3. 优化现金流预测模型

关联数据聚合　客户主数据　合同与订单　出货单据　发票信息　凭证信息　收款单　银行流水

大数据

数据聚合

销售预测　行为分析　压力测试　调优参数

业务类型　产品类型　客商类型　项目类型　合同类型　金融机构　结算方式　票据类型　数据类型　产品类型　……

智化发展为着力点，以业务赋能、风险防控、战略支撑为导向，对司库业务、监控分析和司库域数据进行统筹规划设计，强化数据资产管理。其二，重视数据资产管理，聚焦司库数据治理，在外部集成复杂的超大型数字化应用系统建设之前，完成高质量数据治理工作，成功引导平台落地，以司库中的资金计划为核心向前延展，完成"先治理再落地"的有效实践。其三，重视数据生态管理，以数据生态融合为目标，借助数据中台汇聚内外部数据，全面构建衔接内部成员单位与外部金融机构、工商、税务、上下游等组织的关系，打造司库的内外部贯通的数据生态体系，助力资金业务拓展与管理升级。

8.3.2 产融协同，统筹金融资源

数智司库运营机制驱动金融资源与产业生产要素更加紧密地结合，其运营能力被重塑为财务转型的核心抓手，为企业发展注入新动能。

司库运营将在数智融合视角下更全面、更深入地掌握各类金融资源，实现全球资金的统筹，助力企业实现生产要素的最优配置。充分应用数字技术，激活数据要素潜能，实现资金服务流程线上与线下一体的高效协同，驱动传统业务模式向数字生态模式转变，将业财税资档高度集成，实现业财融合向业财一体的转化。深度挖掘数据价值，增强经营活动分析的前瞻性、准确性，提高战略决策支持的深度。以产业协同视角整合内外部金融资源，打造可视、可动、可控、可溯的产融协同数智司库运营体系（见图 8-21），有效提高整体资源配置能力，改善资产负债结构，提高资金收益，降低融资成本，规避兑付风险，保障资金安全，为企业的可持续发展提供坚实的财务保障。

全球司库管理已超越资金管理范畴，成为撬动产业升级、定义商业规则的战略支点。在产融协同的深层逻辑下，将逐步演变为企业"智慧大脑"，通过 AI 技术实现风险前瞻预判、资源动态配置与全球化合规协同。随着数据资产证券化、跨境金融工程等创新突破，司库将深度重构产业价值链，实现从财务工具向战略引擎的跨越，最终实现"以金融重塑产业格局，以资本促进生态共荣"的战略愿景。

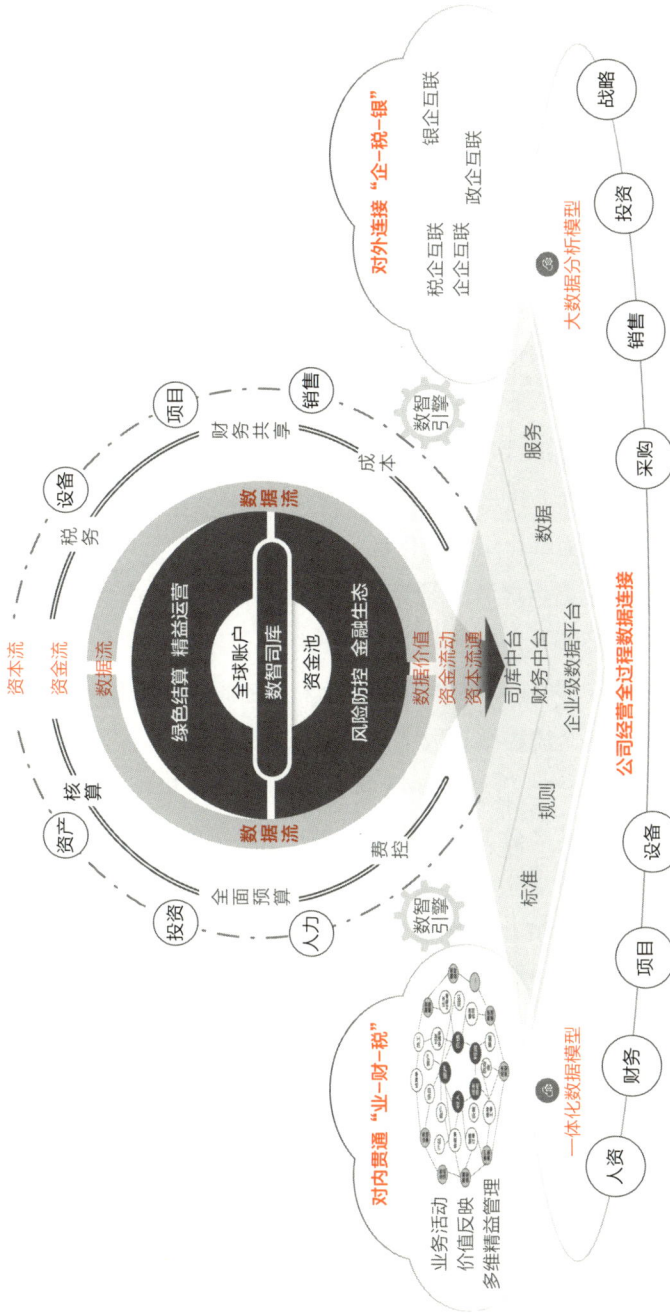

图 8-21 产融协同的数智司库体系

1. 绿色结算：资金结算安全高效

在构建数智司库管理体系的过程中，资金结算作为最频繁的基础交易服务，需要充分运用数智技术，精准减少银行账户数量，重构支付方式，规范结构化和非结构化单据信息，形成全天候实时在线的数据闭环共享，确保与各金融机构及交易伙伴实现无缝衔接，全面推动业务结算流程的数字化革新，覆盖从申请审批到实际支付的每一个细小环节，实现入口统一化、全流程无纸化、全电子化的数字运营作业模式，为企业在全球化竞争中的财务管理赋予敏捷性和准确性。

基于业财融合的无纸化智能结算平台（见图 8-22），可实时监控并精准把握每一笔交易动态。在融入智能化技术元素后，将依据预设的智能规则，形成各类便捷、高效、全天候值守的结算数字员工，自动识别并高效处理各类复杂的结算业务，显著减少人工介入环节，大幅提升结算效率。

（1）低碳节能的无纸化结算工作台

从源头的结算单据生成，到结算回执确认、银行交易流水记录、会计结算凭证编制等全流程环节，成功实现了全面无纸化操作，减少了对资源的依赖与消耗，显著降低了碳排放量，为构建可持续发展的商业环境做出了积极贡献。

（2）智能自动的全流程结算数字员工

利用机器学习、RPA 等技术预置多类型的自动化机器人实现了一系列自动化操作，例如，精准高效的智能审核机制、智能匹配发票功能、智能识别重复支付疑点、智能执行支付指令以及自动生成标准化单据等。这些先进技术减轻了司库人员的工作负担，显著提升了整体工作效率，推进财务管理体系朝着"无人值守"的智慧出纳模式演进。

2. 精益运营：资金统筹智慧调配

从现金视角下，司库是负责统收统支的结算中心；从财务视角下，司库是负责内部资金归集融通的资金中心；从金融视角下，司库是提供金融服务、风险管理的财务公司；从经济视角下，司库是统筹资源、优化配置的投资平台。司库从负责企业集团资金管理的组织，逐渐发展为内部资本市场的平台。卓越的司库运营能力需要将体系优化至经济视角，并从经济视角来看待更广泛连接

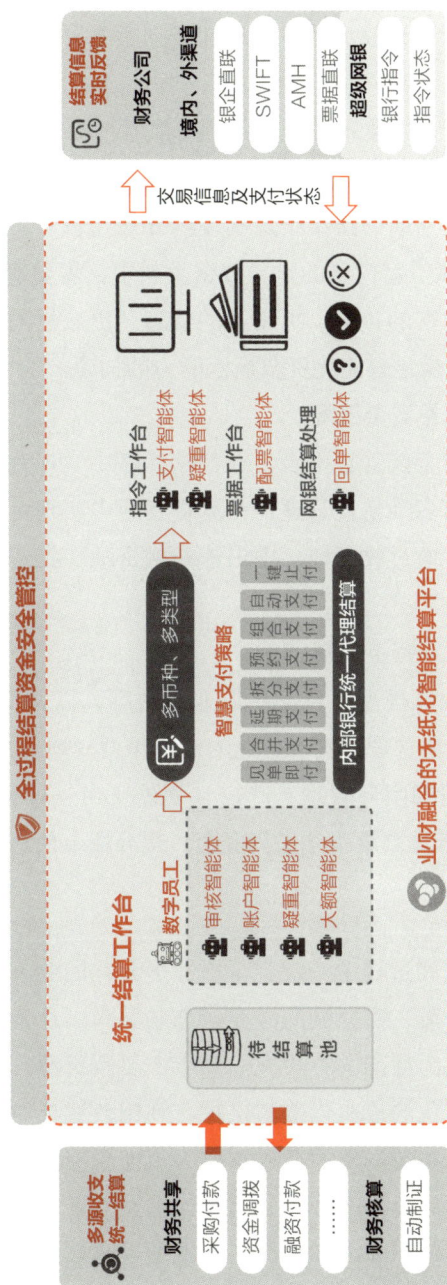

图 8-22　业财融合的无纸化智能结算平台

的资产资源、资本资源，以实现广义流动的资金资源的调度统筹。善于将一切资源转化为资本，让资本充分流动、渗透和撬动资本要素，实现以实体为中心要素的市场化循环生产的数字生态模式。

在数字生态模式下，企业日常的经营活动都通过标准化的过程体现在 IT 系统内，通过管理对象、数据载体与业务标签等量化为各类数据信息，依托企企互联、银企互联、政企互通的连接渠道实现内外循环流转。精益智慧的资金运营如图 8-23 所示。在赋予新内涵的财务数据生态中，需要财务面向多维精益化的管理变革，实现更丰富的资源、更精益的管理、更广泛的连接、更共享的机制、更协同的运营，以满足智能化资金运营能力的构建。

（1）多池互馈的精益资金统筹

依托全数字化的资金流管控平台，在数据互联中实现对企业经营活动现金流的收入池、支出池的多维精益管理，在流程互通中实现对企业投资池、融资池现金流的协同管控，通过收入池、支出池与融资池、投资池的循环联动，实现了池化资金统筹调度。

（2）多维层级的精细资金计划

构建多维度资金预算模型，自动获取业务数据，以实现资金预算的编制、汇总、执行控制的自动化管理，实现企业的资金年度专项预算、月度资金计划、周计划、日排程多维精细闭环管理，严控计划外支出，做到"有预算不超支，无预算不开支"，有效管理资金头寸平衡资金，提升资金使用效率。

3. 金融生态：金融要素全面协同

企业在持续经营发展过程中一定会与更加多元化的业务场景进行互动和融合，实现资金流、业务流、数据流的深度融合和共享。在企业生产、营销、投资和控制环节中，用更为精准的方式来配置生产要素资源，利用产融协同推动创新发展，以实现多元化的价值创造与保护。利用数智化的优势，精准拓展产业生态圈，优化企业可持续发展的产业布局，司库管理通过优化要素激活生态金融模式。多元生态的金融协同如图 8-24 所示，从企业效能赋能到产业链价值提升，从内部统一资金调配向内外结合的生态金融统筹转变，从业务创新到战略引领、前瞻性的目标实现。

图 8-23　精益智慧的资金运营

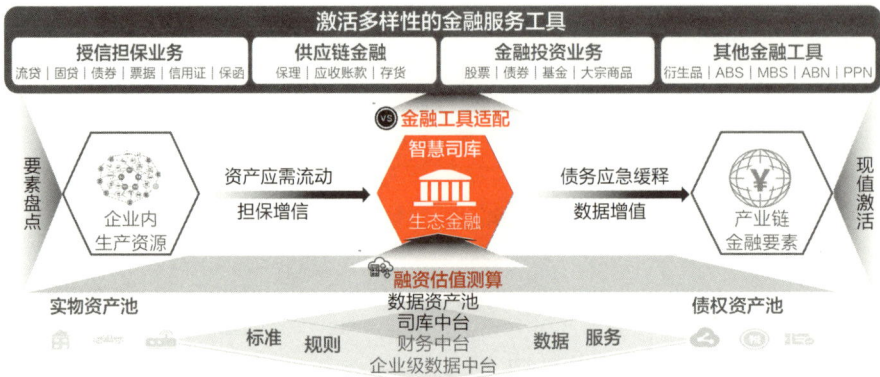

图 8-24 多元生态的金融协同

（1）激活经济价值的融资估值管理

结合金融估值理论的新要素、新公式、新资讯，对企业经营活动中的各类实物资产、数据资产及债权资产等定期进行估值测算，准确掌控企业的动态市值状况，提升数字生态下的企业价值自主感知新能力。

（2）适配多样性的金融产品工厂

利用通用金融产品中积累的产品要素、业务规则与适用场景等组件，构造司库内的金融产品工厂，对外部金融工具进行统一的产品化管理，满足在企业投融资过程中高效、高质地使用融资、债券、租赁、保函、保理、股权投资、基金投资、外汇衍生品等系列化金融服务工具的需求。

4. 风险防控：资金风险智能预判

随着企业业态的逐步丰富，其规模庞大，管控颗粒度要求高，各类资金业务风控要求就更为细致，企业在重构金融资源配置的同时也需要重塑风险管理的治理逻辑，并充分使用创新的数字技术，通过数据共享与数据治理，挖掘业财资融合的数据价值，提升司库风险管理的数智效能。数智司库风险防控中心如图 8-25 所示。

风险预判是防范风险的前提。强化企业资金风险穿透式监测预警，贯穿底层风险，自下而上分析识别，自上而下监控预警，科学洞察形势发展和隐藏其中的风险挑战，企业资金风险管理将做到全面性与重点性结合、前瞻性与辅助决策性并存、协同性与层次性共生，企业内部风险管控水平将进一步提升。

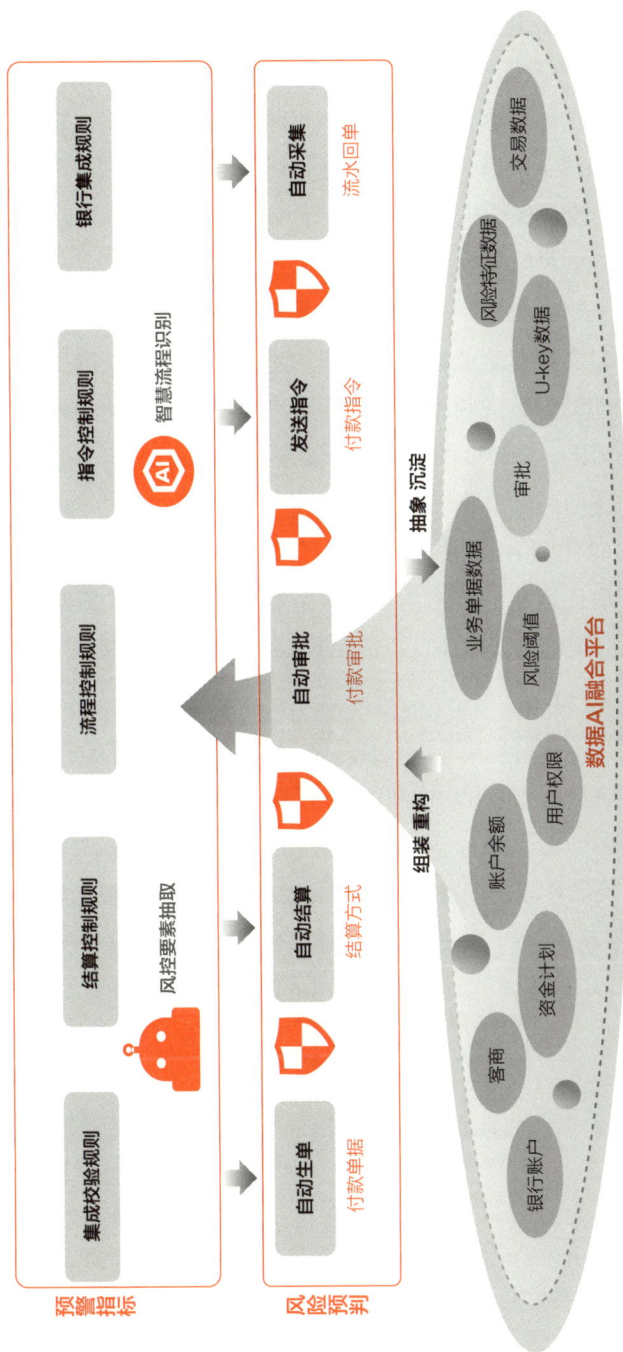

图 8-25　数智司库风险防控中心

数智司库要能充分利用数字时代汇集的海量业务、财务数据，通过算法模型，建立风险监测评估模型，进行各种业务情景模拟分析。根据执行结果，不断调整预测模型中的影响因子，确保预测结果更契合业务发展规律，合理规避流动性风险，避免现金流断裂，更科学地保障资金流动性的安全，建立企业在数字时代可持续的价值保护机制。

（1）内外融合的风险数据要素积累

挖掘并规范业财数据资产，将业务活动与财务管理深度融合，通过一体化整合与深度分析，实现对企业运营全过程的精细化监督与精准控制，高效利用外部社会化风险舆情、金融利率、汇率、交易对手异常、债券评级、市场资讯等信息，积累多元化、多维度的风险数据要素。

（2）多位一体的风险预警机制运转

充分利用新时代的 AI 算法，通过配置形式对风险规则进行管控，基于政策、制度等进行敏捷调整、扩充，以适配企业的高速发展。跟踪多场景、全流程司库风险特征数据的演变规律，以满足风险算法的自更新和自应用。

8.3.3　数据与 AI 促进智能决策，防控流动性风险

司库管理的核心要义是流动性和风险管理。将新一代智能技术与企业运营要素深度融合，将业务经营信息、财务信息转化为数据，以数据要素、科技要素作为流动性管控的要素资源，促进企业从交易型的资金管理（被动管控）迈向数智型的司库体系（主动运营）。数据与 AI 促进数智司库体系建设如图 8-26 所示。

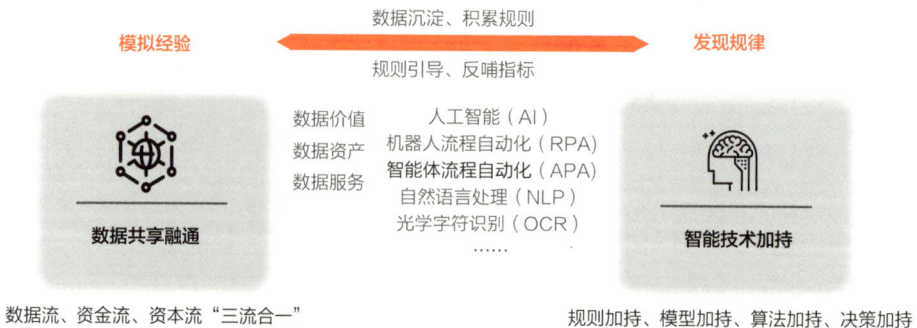

图 8-26　数据与 AI 促进数智司库体系建设

通过对各类多源、多维、实时、精细的要素资源的持续积累，沉淀各类"业、财、税、资、银"信息，积累丰富的履约指标、交易指标、风控指标、信用指标、估值指标等经验数据，借助各类规则、模型、算法、决策等 AI 技术的加持，模拟经验、发现规律，司库的运行机制就更容易促进数据流、资金流、资本流"三流合一"，促进更为精益的智能决策，实现更为精准的流动性风险防控。

1. 基于业财大数据的现金流预测

利用 AI 和机器学习技术，司库可以实时监控和预测现金流状况，自动调整资金分配和流动性管理策略。智能系统能够分析市场动态和内部交易数据，预测未来现金流入和流出，帮助企业优化现金储备和更好地满足短期融资需求。

以大模型为可持续提升的智能助手，引导用户更熟练地应用以多维度内外部大数据为基础构建的资金预测模型，使用历史经营数据和未来计划数据进行多维计算，直观地勾画出战略级全球司库体系中的资金曲线，AI 也将为企业资金管理者在进行司库运营决策时提供科学的辅导建议。

某能源企业通过数智司库收集和处理大量的业务和财务数据，包括销售收入、采购支出、应收账款、应付账款等，经过清洗、整合后，这些数据成了更加准确、可靠的预测数据的基础。通过建立资金预测的数学模型，引入社会化且即时的利率、汇率、商品价格的信息，监测汇率趋势、利率趋势与折现率趋势的变化，对比宏观经济指数（GDP、CPI、PPI、社融规模、发电量等），展开对资产负债敞口的预测，实现对经营现金流、融资现金流、投资现金流、衍生品现金流的预测，指导资金计划的配置与安排。得益于良好的流动性管控措施，该企业在金融市场的主体评级跃升至 A2，极大降低了外部融资成本，有效压降了集团担保比率，融资成本率下降至 3.23%。某能源企业司库系统资金预测成效如图 8-27 所示。

2. 基于自动化规则处理资金结算

在强化将 RPA 应用到资金结算作业的过程中，对全量收付款单据的集中处理，支持多种结算方式，如银行转账、商业汇票等，并通过银企直联通道实现直连支付。将智能分类、退票监测、交易查重、自动关联业务单据和银行流水等关键信息形成统一的规则组件，通过生成式 AI，支持智能规则，实现自动化

压降融资成本 上千亿元

集团主体外部评级 A2（穆迪）

压降担保比率 30%

融资成本率下降 3.23%

资金计划差异率 全口径 小于8% 境外88% 境内95%

数智司库

现金流敞口预测

经营现金流
融资现金流
投资现金流
衍生品现金流

汇总 → 时序排布 → 缺口

盈余

时间　余额　收入　支出　敞口变化

资产负债敞口预测

ERP集成 抓取科目余额 → 汇总科目余额 → 手工调整 → 图表展示

外部社会化数据

即时数据：利率、汇率、商品价格等

价格趋势：汇率曲线、利率曲线、折现率曲线等

需求趋势：GDP、CPI、PPI、社融规模、发电量等

数据中台　智能中台

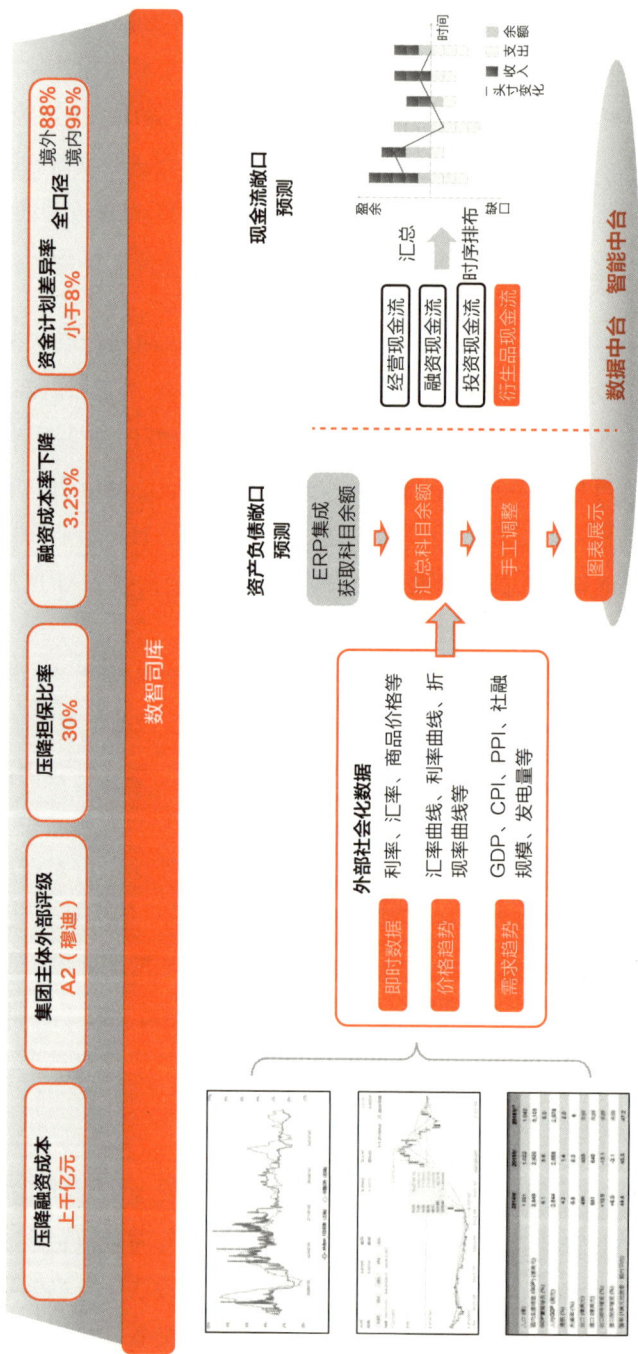

图8-27　某能源企业司库系统资金预测成效示意

结算，提高审批效率和风险控制能力。对资金结算监控执行统计，自动识别可转化的自动规则，形成自动标准，并在单据、凭证、回单处理作业上进行自动化与标准化的智能结合，提高资金交易结算的效率。

　　某企业在搭建全级次、全流程的司库系统时构建了统一的智能结算平台，对各类收款单据、付款单据及划账类单据进行统一梳理，将客商黑白名单、大额支付、重点收款企业、重点付款企业、敏感支付、疑重支付等审核要求转为持续优化调整的结算风控规则，建立智能审核机制，形成了 18 类标准化的数字表单、6 个智慧审核数字员工，显著提高了结算规模与结算效率，如图 8-28 所示。

司库系统结算率

	1月	2月	3月	4月	5月	6月	7月	8月	9月	10月	11月	12月
非系统结算笔数	11309	13509	14084	11778	10309	10509	10672	9810	9034	9266	10479	11056
系统结算笔数	54716	67202	85700	75502	91638	103264	105306	85879	90801	116435	116293	157611
系统结算率	82.87%	83.26%	85.89%	86.51%	89.89%	90.76%	90.80%	89.75%	90.95%	92.63%	91.73%	93.45%

图 8-28　智能结算平台显著提升了结算规模与结算效率

3. 基于模型驱动的智能风控体系

　　根据国务院国资委发布的《关于推动中央企业加快司库体系建设进一步加强

资金管理的意见》，需通过数智技术将风险防控嵌入资金管理全流程，防范资金舞弊、合规性、流动性及金融市场风险，实现"三合一"（风险、内控、合规）管理体系。司库管理作为企业资金与金融资源的核心枢纽，其智能化风控体系的建设不仅是提升资金效率的关键，还是防范流动性风险、激活数据价值的战略选择。

通过大数据分析与 AI 智慧分析模型，可以实现司库数据可视化和基础风控自动化。持续强化 AI 驱动的风险预测，构建司库风险规则数据资产沉淀机制，对风险规则形成可自动化、自适应的管控模式，包括风险识别、风险管控、风险评价分析指标的自动监测等手段，并充分接入外部市场数据，将接入的数据应用到资金业务处理过程中，通过智慧算法预设管控阈值以及处置模型演算，实现对风险事件的智能化管控。

以某央企智慧司库风险管理平台建设为例，该平台通过 RPA、OCR 等智能技术实现数据驱动的风险管控，重点解决风险事项的发生频率、数量及根源问题。平台构建了包含风控模型、风控报表、风险预警、风险拦截等功能的完整风险管理体系，并运用"用数－养数－活数"的闭环机制持续优化数据质量，如图 8-29 所示。实践表明，该平台显著提升了企业的资源调配效率和风控水平：在成本、效率、效益、风险四个维度实现了经济收益、用户体验、可持续性和科技支撑的全面提升，最终打造出集智能化、高效性和可持续性于一体的新一代司库风险管理体系。

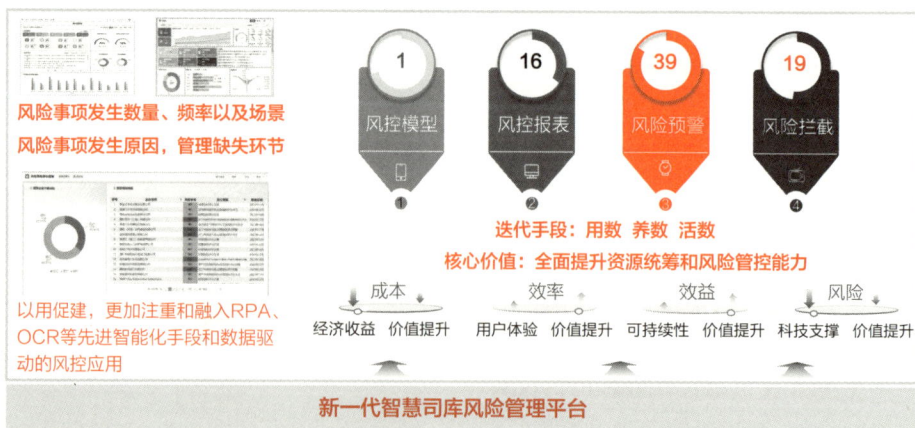

图 8-29　某央企智慧司库风险管理应用成效

8.4　精准税务，合规高效

2020 年底，经济合作与发展组织（OECD）在第十三届税收征管论坛（FTA）会议上发布了《税收征管 3.0：税收征管的数字化转型》，讨论了税收征管数字化转型的目标和应采取的具体措施。2021 年 3 月，中共中央办公厅、国务院办公厅印发了《关于进一步深化税收征管改革的意见》，明确了"十四五"期间，各级税务机关依托大数据分析，对纳税人进行全方位综合画像，实现从信息化到数字化再到智慧化的税收征管改革。

2022 年 3 月，国务院国资委发布了《关于中央企业加快建设世界一流财务管理体系的指导意见》，明确了推进集团化税务管理，建立税务政策、资源、信息、数据的统筹调度和使用机制，完善税务管理信息系统，努力实现税务管理工作流程、政策解读、计税规则等事项的统一，提高自动化处理水平。在此背景下，依赖传统价值法会计理论设计的会计核算系统加工数据并将其作为数据源的税务管理，已经无法满足大企业日益增长的信息需求，运用事项法会计理论，以标准化、共享化、智能化为特征的智慧税务数字化管理将为企业税务管理提效率、控风险、创价值，成为企业（尤其是企业集团）的税务管理信息化的必然选择。

企业数智化税务管理体系构建的目标使命可以定义为：严格依法依规纳税，用足用好优惠政策，加强集团管控，推进税务管理的数字化、智能化转型，赋能业务高质量发展，服务国家税收征管现代化，为国家治理体系和治理能力现代化做出贡献。具体来说，分为以下 4 个方面（如图 8-30 所示）。

一是夯实财税基础，实现税法自动合规遵从。通过涉税经济业务梳理，自动识别纳税义务发生，自动提取税基，确保发票管理、税费计算与申报合规，税法自动遵从。

二是构建抓手，加强集团管控能力。通过云平台、共享等模式，将税务管理全部线上化，重塑税务管理组织、流程和岗位职责，构建集团税务分析和管控抓手。

三是税务规则前置，提升税务风险预警水平。将税务横、纵向一体化落实到位，加强过程管理，通过标准化流程及规则设置，提升税务风险预警水平，防范操作风险。

四是优惠应享尽享，运用智能技术提质增效。用足用好优惠政策，合理开展税务规划，利用智能化新技术推进税务管理转型，助力集团精益管理，赋能业务发展。

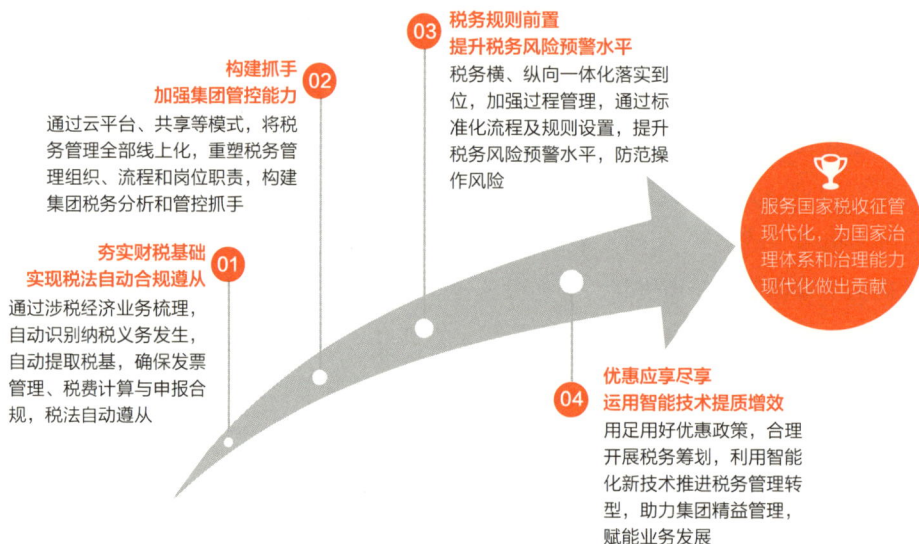

03 税务规则前置
提升税务风险预警水平
税务横、纵向一体化落实到位，加强过程管理，通过标准化流程及规则设置，提升税务风险预警水平，防范操作风险

02 构建抓手
加强集团管控能力
通过云平台、共享等模式，将税务管理全部线上化，重塑税务管理组织、流程和岗位职责，构建集团税务分析和管控抓手

01 夯实财税基础
实现税法自动合规遵从
通过涉税经济业务梳理，自动识别纳税义务发生，自动提取税基，确保发票管理、税费计算与申报合规，税法自动遵从

04 优惠应享尽享
运用智能技术提质增效
用足用好优惠政策，合理开展税务筹划，利用智能化新技术推进税务管理转型，助力集团精益管理，赋能业务发展

服务国家税收征管现代化，为国家治理体系和治理能力现代化做出贡献

图 8-30　企业数智化税务管理体系构建的目标

8.4.1　应缴尽缴，"数据＋规则"纳税合规

以征税对象为标准，在我国现行税收制度体系中，主要有流转税、所得税、财产税、行为税、资源税等几大类。

流转税是以商品或劳务、服务的销售收入额或流转额为征税对象的一类税。这类税收的基本特点是，以销售商品、提供劳务或服务的全部或部分流转额为计税依据，在销售商品或提供劳务、服务的环节征税。

所得税是以法人或个人的所得额为课税对象的一种税。这类税收的基本特点是，以总收入扣除各种成本费用及其他法定扣除项目金额后的应税所得额为计税依据。

财产税是以法人或个人拥有的财产价值额为征税对象的一类税。财产包括不动产、有形动产和无形资产。

行为税是以法人或个人的某些特定的行为为征税对象的一种税。例如，印花税是对单位和个人书立、领受的应税凭证征收的一种税，车辆购置税的征税范围是在中华人民共和国境内购置应税车辆的行为。

资源税是以纳税人开采自然资源的绝对收益和级差收益为征税对象的一类税。前者以占有某种国有资源的开发和利用权为课税对象，后者以占用资源的数量和质量的差额所形成的级差收益为课税对象。

在我国，无论哪个税种，税源基础信息都与经济活动发生过程、财务核算结果息息相关，"书同文、车同轨"，业务、财务、税务都是从不同角度反映经济活动的本质。企业在业财系统中前置税务规则，实现涉税数据的自动提取，自动按照税务规则进行涉税事项处理，企业税务管理自动合规遵从，通过"数据 + 规则"，实现从数据源到处理过程再到结果的涉税数据可预测、可管控、可追溯的纳税合规管理体系。"数据 + 规划"纳税合规管理体系如图 8-31 所示。

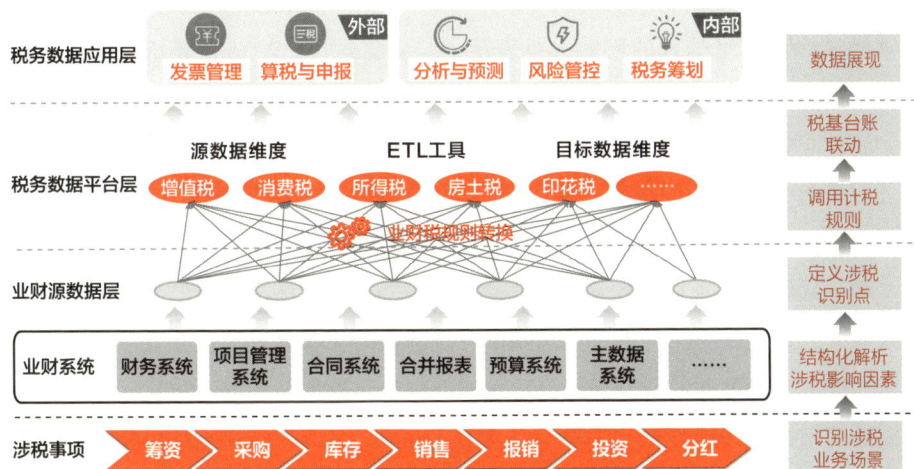

图 8-31 "数据 + 规则"纳税合规管理体系

在业财源数据层，在业务和财务交易的处理过程中，自动生成税务元数据，主动向税务数据平台推送数据，以税收法规为依据，梳理涉税业务事项，识别业财系统中的全量涉税数据信息；在税务数据平台层，通过 ETL 工具识别的全量涉税数据信息被转换为各税种的税收要素信息，实现业务、财务、税务数据的融合一体化，自动生成差异比对；在税务数据应用层，实现税务数据的多维应用，对外，通过配置和计算过程底稿形成全税种纳税申报表及其他相关税务报告，对内，运用税务数据创造价值，实现自助式税务分析、智能化税务预测和风险管控，并支持灵活税务筹划模型的构建，赋能业务发展。

近年来，人工智能迅速迭代，初步具备提供交互式问答体验的能力，并基于其"大数据＋大算力＋强算法"特性，展现出复杂模型的构建能力。通过大模型智能配置税务规则引擎，可以将散落在税收法律、行政法规、部门规章、地方税收政策、税务案例以及税收协定等文件中的信息结构化，以标准化的逻辑语句进行整理和呈现，便于税务管理系统准确理解并应用于涉税数据处理与税务模型分析。税务规则智能匹配体系如图 8-32 所示。

税务规则结构化的理论基础是人工智能实现模式中的符号主义（Symbolism，亦称为"逻辑主义"或"计算机主义"）。基于符号主义的方法论，人工智能的实现依赖数学逻辑，通过物理符号这一信息单元，将概念、对象、关系等知识要素通过计算机可处理的形式进行表示、定义与运用，形成计算机或大模型可以运用的知识库、规则库，实现知识抽取、规则运用与决策推理。依照这一理论，企业可以运用大模型技术搭建集合纳税程序、纳税义务、税收规则、财政返还、跨境交易、跨国运营、税收罚则等事项的税务规则管理中心，实现智能匹配寻税规则、转换规则、计税规则、核算规则和申报规则。

税务规则是业务和税务发生联动的切入口，将税收法规进行解构，并将税务元素内置到企业业务流程中，以达到税务控制点与企业业务流程融合的目的。纳税申报税基数据可通过税务规则自动生成，同时，数据处理与通用大模型、行业大模型的结合运用可以确保后续税务大模型的运行拥有足够的语料和数据积累。智慧税务管理系统通过标准税务管理体系与涉税信息池建立了梳理全税种台账、底稿、申报表的模型及取数和算税规则，以平台化、智能化的技术引擎实现可配置的灵活性与敏捷性，快速适应属地差异与政策变化，并与税务机关征管系统连接，实现自动计税、自动记账、自动申报、自动扣划的全税种规范化、标准化、线上化、自动化的智能办税，推动企业税务管理从自动遵从到智能遵从的发展。

业财系统
- 财务共享
- 总账
- 报表
- 资产管理
- 合同管理
- 司库管理
- OA
- ……

智能　识别

识别涉税业务事项
- 销售收款开票
- 采购付款获票
- 费用报销获票
- 工程建设竣工结算
- 资产采购调拨处置
- 合同签订履约
- 筹资、投资
- ……

智能　转换

生成税源基数据
- 销项业务台账
- 进项业务台账
- 进项税额转出台账
- 资产折旧摊销台账
- 投资收益台账
- 房产税税源明细
- 印花税税源明细
- ……

智能　算税

生成算税过程底稿
- 增值税计算表
- 企业所得税计算表
- 税会差异明细表
- 消费税计算表
- 土地增值税计算表
- 房产税计算表
- 印花税计算表
- ……

智能　核算

税费计提
- 应交增值税
- 应交企业所得税
- 所得税费用
- 递延所得税
- 税金及附加
- 管理费用
- 应交印花税
- ……

智能　申报

申报缴款
- 增值税纳税申报
- 企业所得税纳税申报
- 千户集团重点税源申报
- 土地增值税纳税申报
- 消费税纳税申报
- 房产税纳税申报
- 印花税纳税申报
- ……

智能匹配寻税规则　智能匹配转换规则　智能匹配计税规则　智能匹配核算规则　智能匹配申报规则

税务规则管理中心
- 抵扣规则
- 价税分离规则
- 进项税额转出规则
- 减免税规则
- 申报事项规则
- 税目匹配规则
- 税收分离编码

制度政策结构化处理
- 会计准则
- 税务总局税收政策法规
- 地方税务局征管规定
- 企业税务管理制度
- 税务风险防控手册

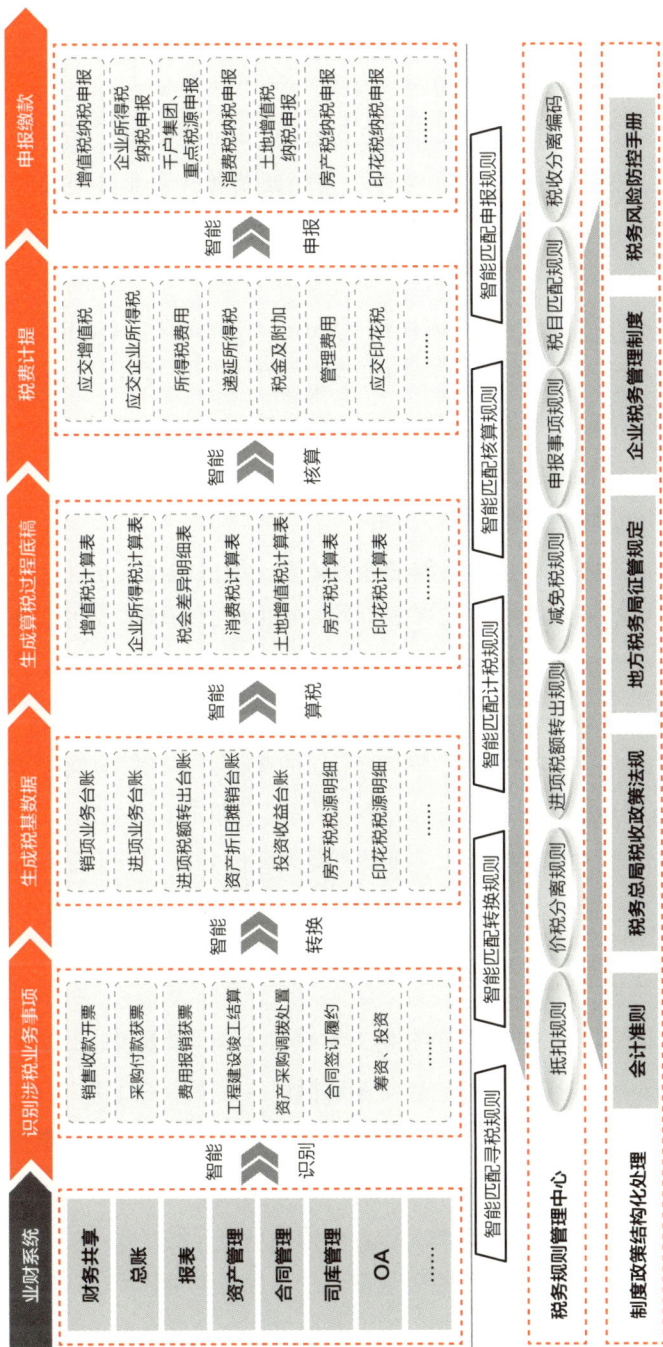

图 8-32　税务规则智能匹配体系

8.4.2 应享尽享，"纳税人画像"决策模型精准匹配

在企业税务管理领域，随着经济全球化与数字化的深入发展，企业面临的税务环境日益复杂。税收政策持续更新变动，以我国来说，近年来，消费税改革、增值税立法、水资源费改税等政策频繁调整，企业必须及时掌握并适应这些变化，才能保障税务处理的合规性。当前，在税收征管领域，中国税务机关掌握的税务大数据初具规模，既具备大数据的 4V 通用特征，即海量性（Volume）、高速性（Velocity）、多样性（Variety）和价值性（Value），还呈现出税务大数据独有的更低结构化水平和更丰富分析维度的特性。总体而言，中国税务机关可以依托金税系统各类涉税与非税数据、12366 纳税服务热线问答等，对大模型进行训练，形成具备交互式问答咨询能力的税务大模型，实现税收政策精准推送，辅助纳税人进行业务决策。

企业可以通过完善自身涉税数据管理体系，形成纳税人精准综合画像，企业可以运用大模型打造一个动态更新的税务知识库，为税务人员定期生成新增政策或政策变动情况的摘要，便于税务人员及时了解相关政策变动，及时调整相关业务的税务处理。

大模型的出现为企业税务管理带来了新的契机，它能够快速处理海量税务数据，准确解读复杂的税收政策，为企业量身打造精准且高效的税务筹划方案，有效提升税务管理的效率和质量。基于纳税人画像分析，企业税务管理可以通过大模型在以下方面实现决策模型的精准匹配。

1. 匹配最优税收优惠方案

基于对企业经营和财务数据的分析，大模型会结合最新税收政策法规，为企业探寻合适的税务筹划切入点。它能迅速解读税收政策中的优惠条款、税收减免条件等关键信息，并将这些信息与企业实际情况进行匹配。税收优惠智能模型如图 8-33 所示。企业可以通过大模型将纳税人能享受的所有减免税政策进行精准推送，对已享受的政策进行到期提醒。通过减免税事项管理智能匹配享受主体企业对应税收优化税目和子目，调用算税规则自动生成减免税算税过程底稿，在纳税申报时自动填列相关减免税申报表，同时对纳税主体的减免税享受情况进行智能

统计分析,在事后形成相关备查资料以进行智能税务档案管理。通过"数据+大模型"实现政策精准推送,帮助纳税人智能化实现减免税政策应享尽享、应筹应筹,用足用好税收优惠政策,合理安排支付头寸,合理降低税负及税务管理成本。

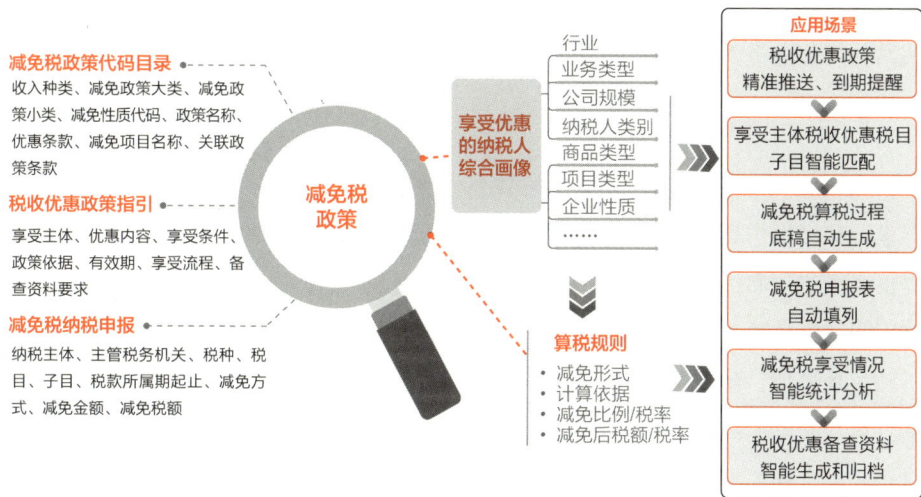

图 8-33　税收优惠智能模型

例如,对于一家高新技术企业,大模型会关注国家针对高新技术企业的税收优惠政策,如研发费用加计扣除、高新技术企业所得税优惠税率等,分析企业是否符合这些优惠条件,以及如何通过合理税务筹划充分享受政策红利。

2. 匹配个性化税务筹划方案

大模型通过对企业行业特点、发展战略和风险偏好等因素进行分析,为纳税人制定个性化的税务筹划方案。对于处于快速发展阶段的企业,大模型会考虑企业扩张计划和资金需求,制定利于企业长期发展的税务筹划方案,比如合理安排投资项目的税收处理,以降低企业税务成本,提高资金使用效率。除此之外,大模型还能通过模拟不同税务筹划方案的实施效果,为企业提供多维度比较和分析,助力企业选择最优方案。它会预测不同方案下的企业税负变化、现金流状况以及对企业经营业绩的影响等,为企业决策提供数据支撑。通过对比分析,企业能清晰了解每个方案的优缺点,进而选择最契合自身利益的税务筹划方案。

例如，企业可以运用税收大模型搭建企业所得税税负优化模型，基于某一期间的财务数据，模拟企业内不同实体是否满足不同类型税收优惠政策的适用条件，以实现根据优惠政策结构化规则精准解析适用对象。另外，还可以模拟测算特定实体享受其符合适用条件的不同税收优惠的节税效果，协助管理者评估其他类似业务实体未满足优惠政策条件的原因并规划改进方案。

3. 进行决策模拟与优化

大模型可基于企业的历史税务数据、财务数据以及税收政策法规，运用机器学习和模拟仿真技术对不同税务决策进行建模与模拟，并依据模拟结果为企业提供决策建议和优化方案。在模拟过程中，大模型会全面分析各种可能情况，涵盖不同税收政策变化、市场环境波动等因素对税务决策的影响。它借助大数据分析和情景模拟，预测不同情况下的企业税务状况和经营绩效，为企业提供多种决策方案及其可能产生的结果。一旦税收政策调整，大模型就会迅速分析政策变化对企业现有税务决策的影响，并重新模拟不同决策方案在新政策下的实施效果。

以某大型制造企业为例，该企业计划进行大规模设备更新。利用大模型进行决策模拟，分析了不同投资方式（如购买、租赁）、不同税收优惠政策适用情况以及不同资金来源（自有资金、贷款）对企业税务和财务状况的影响。模拟结果显示，采用租赁方式并充分利用加速折旧政策，可在满足企业设备需求的同时，有效降低企业前期的税负，改善现金流状况。企业根据大模型的建议，调整投资决策，选择最优投资方案，不仅降低了税务成本，还提高了资金使用效率，增强了竞争力。

8.4.3 应控尽控，"指标 + 模型"税务风险可控

中国税务机关基于税收大数据，通过综合应用自然语言处理、计算机视觉、深度学习等多种 AI 技术，形成纳税人共性问题集，构建智能税务咨询问答系统。该系统既能为纳税人提供更准确、更具互动性的咨询问答服务，也能提高纳税咨询服务人效。另外，中国税务机关基于由海量数据构建的纳税人画像库形成的纳税风险监测模型，实现税务风险的精准识别与税收违法行为的精准打

击。这也侧面印证了，企业在税务管理中可以将 AI 技术应用于税务数据采集、税务规则引擎配置、税务知识管理、税务风险管控、税收优惠节税测算、税务数据统计分析等领域，以应对中国税务机关在智慧税务模式下带来的税企信息不对称的压力，推动企业侧的智慧税务转型。

以 ChatGPT 为例，通过综合运用自身高质量人机对话、人机协同、开放接口、高度智能等特征，它不仅在征税人端可以替代税务人员的部分模式化工作、提高税务监管效率、强化税收风险预警并提升纳税服务质量，也可以在纳税人端提升纳税申报等操作型税务工作的效率、优化应对税务检查工作的能力以及协助企业建立内部税务服务能力。

基于指标和模型构建税务风险防控体系（如图 8-34 所示）是指运用大模型的复杂推理能力，理解给定的事实，按照税务风险模型配置的计算规则与逻辑关系，通过知识推理、数学推理等计算风险事项的税务影响，评估特定税务事项的风险程度；运用类似智能政策推送的知识利用能力，比对筛选税务案例库类似的风险事项案例，评估风险事项可能导致的税务处罚，搜寻可以规避或降低风险的措施；运用大模型的语言生成能力，输出由事实、规则、结论、建议组成的税务风险报告。在这个过程中，企业的税务风险管理系统也需要运用逻辑模型、决策树（Decision Tree）、朴素贝叶斯模型（Naive Bayesian Model）、聚类模型（Clustering Model）等进行企业历史税务数据的高效预处理、税务风险场景的准确分类、未标记税收数据的税务风险特征识别，从而利用历史期间的税务数据完成税务风险识别、评估并输出风险应对建议。

以增值税税负率这一指标为例，基于税务风险防控体系，首先，通过大模型获取前端业务系统的订单数据、财务系统的报表与明细数据以及税务系统的申报数据，使用预置的税务风险指标计算公式（当期增值税税负率 = 当期增值税应纳税额 ÷ 当期的应税销售额）按月进行增值税税负率的计算。其次，按照该企业预置的增值税税负率指标阈值的偏离度（假定为上一年增值税税负率平均值），评估增值税税负率这项税务风险的指标等级（低风险：偏离度 <30%；中风险：30%≤偏离度≤60%；高风险：偏离度 >60%），并识别造成税负率波动的因素，分析相关因素之间的关联关系等。最后，分析上述偏离可能带来的

税收风险管理流程

| 风险指标体系设计 | 风险模型定义 | 风险分析评估 | 风险报告生成 | 风险任务分配 | 风险应对追踪 | 风险看板展示 |

更新风险指标，调整风险阈值 ← 风险方案运行，风险任务分配

税收风险监测流程

输入
发票信息
财务数据
申报数据
优惠资质
关联定价政策
功能风险定位

指标管理
金三风险指标
自查风险指标
行业风险指标
涉外风险指标
个性风险指标
风险阈值评估
风险等级评估

自查方案
指标定义
指标取数
指标模型
自查运行方案
自查报告模板
自查风险分配
风险升级机制

检查应对
检查文书录入
事项全局反查
检查状态监控
过程文件存档
结果文件收集
检查总结报告
风险指标调整

风险看板
风险管理驾驶舱
发票风险统计
全球税负率监测
税收优惠适格分析
关联交易风险统计
风险任务进度
风险绩效分析

输出
税务风险自查报告
税务风险检查应对报告
税务风险指标清单（新增）

通用模型

自然语言大模型 | 计算机视觉大模型 | 多模态大模型 | 税务行业大模型

知识服务

中国税收法规库 | 指标计算模型 | 中国税收案例库 | 海外税收法规库 | TP Catalyst | 行业研究数据

基础配置

指标定义 | 指标计算模型 | 风险等级阈值 | 风险监测规则 | 风险预警规则 | 风险自查规则 | 风险管理权限 | 任务分配规则 | 风险绩效

图 8-34 税务风险防控体系

税务风险并筛选类似风险案例中采取的应对措施。上述流程完成后，基于预置模板生成税务风险报告。

需要注意的是，尽管目前已有多个纳税人端的税务大模型面市，但是其发展与应用仍存在一些局限性。

其一，税务专业领域训练数据有限，税务大模型的性能与专业度无法进一步提升。根据 OpenAI 提出的规模定律（Scaling Law），大模型的性能提升取决于参数量、数据量和训练时长的指数级增加。当前，我国开放给大模型的开源中文语料数据集在数据量、内容多样性和质量方面仍有不足。同样，开放给税务领域垂直大模型的中文行业数据在上述维度也有局限性。目前已公开发布的税务大模型主要基于两类税务数据：系统用户纳税数据；可在互联网上收集的上市企业纳税数据，如已公布的法律、行政法规、部门规章及地方政策，以及已公示的税收违法案件及判例等。同时，考虑到税务数据的隐私性，大部分数据需要先通过隐私计算、联邦学习等方式脱敏处理，之后才能作为训练数据使用。这些因素都使税务大模型的开源训练数据非常有限，不仅导致现有税务大模型仍以提供语言生成层面的智能税务知识问答为主，在知识运用与复杂推理层面的应用能力并不突出，也导致现有税务大模型的专业度不高，不能提供可验证的、个性化的税务咨询建议或方案。

其二，税务规则盘根错节且处于不断更迭的过程中，税务大模型处理复杂税务问题的可靠性、可解释性无法保障。一方面，大模型可以通过预训练、人类偏好对齐等机制生成符合语法、逻辑与人类思维模式的内容，但是由于税务领域的法律、行政法规、部门规章及地方政策体系庞大、层级复杂且不断更迭，因此大模型合成的税务领域的内容可能无法实时反映税务规则的变动给税务处理带来的影响。另一方面，大模型基于深度神经网络的工作机理为黑盒模型，算法自动化的推理过程并不公开透明，可解释性差。这意味着：在征税人端应用大模型技术可能会影响税收公平，导致税企信息不对称；在纳税人端应用大模型技术进行税务风险评估、税收优惠节税分析等复杂问题时，也可能生成无法合理解释的税务方案。

综上，受制于有限的税务专业领域训练数据、体量庞杂且动态更新的涉税规则等诸多限制，当前大模型在税务领域的应用仍以提供语言生成层面的智能税务咨询问答为主，而在知识运用与复杂推理层面的应用能力并不突出。税务大模型要想实现从数据处理到模型运营层面的深化应用，需要进行两方面的工作：一方面，需要由税务机关自上而下地建设涉税数据共享机制，在保障涉税数据安全的情况下扩充税务大模型预训练的参数量，促进其性能与专业度的提升；另一方面，原生系统（natural system）将税收业务事项和管理流程提炼形成规则，使税收规则、算法、数据直接融入纳税人经营业务中，实现了征纳双方的"交互点"前置，因此需要通过税企共建规则开放、统一且可嵌入纳税人自身系统的税务规则库，提升税务大模型税务规则引擎的实时性，为其内容输出提供可解释性的规则框架。

8.5 企业绩效，管理闭环

企业绩效管理是指企业从战略目标制定、计划预算编制、执行过程管控、管理报告生成和分析到绩效考核和评价的全过程管理，简称 PDCA 循环。过去，在开展企业绩效管理的过程中，受制于技术和工具，很多企业是通过 Excel 并使用线下或半线下的方式进行管理的，这样得到的数据质量低、时效性差、无法高效协同。在数智时代，有了云计算、大数据、多维内存计算数据库、大模型等新一代技术的加持，企业在全面预算、报告合并和经营分析方面将发生"脱胎换骨"的变化，企业的资源配置将更加精准科学、报表出具更加灵活高效、经营洞察分析将更加实时可视，企业绩效管理数智化平台将成为数智企业的"大脑"。

8.5.1 全面预算，战略资源配置更科学

基于云计算、大数据、人工智能、多维数据库和内存计算等新一代数智技术构建的预算平台，其核心应用价值是支撑大型集团构建从目标测算和下达、预算编制、智能测算、预算控制、滚动预测、预算分析评估到预算调整的一体化、集中化、数智化的闭环应用，助力大型集团从"报表式"的预算管理升级到"企业经济运行大脑"模式，实现集团资源配置"一盘棋"、预算资源的事前

控制"一张网"、集团资源评估"一把尺"。

1. 对准企业战略方向，实现集团资源配置"一盘棋"

对于传统"报表式"的预算管理，无论是基于线下 Excel 表，还是基于线上二维表单进行"N 上 N 下"的预算编制和审批，最大的问题是企业内部各部门之间的信息是割裂的，主要体现在：一是预算编制完全靠管理者个人经验进行"硬填报"；二是从子企业到产业板块再到集团，预算信息逐层丢失，集团只有有限的几张预算结果报表；三是在每一层级，各部门之间的信息难以拉通，比如煤化工产业链集团企业的材料集中采购部门、煤矿开采单位、焦化生产单位、物流运输部门之间在计划的协同平衡方面难以高效协同。

基于"云计算 + 多维数据库 + 大模型"等新一代技术构建的数智化预算平台，以多维数据库构建多维预算模型，以表为数据输入和输出的载体，集团自下而上编制的所有明细预算数据不再孤立存在，而是基于"指标 + 组织"、产品、材料、客户、渠道等维度，存储在集团统一的多维数据库中，各级管理者可根据需要随时查看和评估分析。

集团可以根据各业态特点设计体现各产业特征的个性化预算模型（如销售预算、成本预算等）以及集团标准的预算模型（如财务预算、费用预算等），以满足不同产业板块预算编制的个性化要求。在产业板块层和集团层，各级管理部门可以根据自己的权限对数据进行不同视角的汇总、评估和审核，从而实现从集团到产业板块到子企业的预算数据纵向贯通，也可以生成不同单位横向协同的报表，如"供、产、销、运"协同平衡表。集中化数智预算平台实现预算纵横贯通管理如图 8-35 所示。在预算编制方面，可以有效利用历史数据、行业数据和宏观经济数据等，基于企业的战略方向以及增长和降本增效的战略举措，进行预算资源的分配。另外，针对历史数据量大且数据质量高的企业，可以基于机器学习进行智能预测。例如，某通信运营商每年通过智能预测自动预测各省公司的收入目标基线，各省公司以此为基线进行收入认领，认领的收入越高，省公司的薪酬包系数越大。这种模式大幅减少了过去"上下博弈"的过程，确保了各省公司与集团目标的一致性，也大幅提高了预算编制的准确性。

随着算力的提升，今天的数智预算平台完全可以支撑超大型集团构建集中化的预算平台，企业无须再担心数据量大会影响性能的问题。例如，某通信运营商通过集团统建集中化的数智预算平台，实现集团 31 个省公司及其所属市 / 区县公司、网格和各专业公司在一个平台上的高效协同。

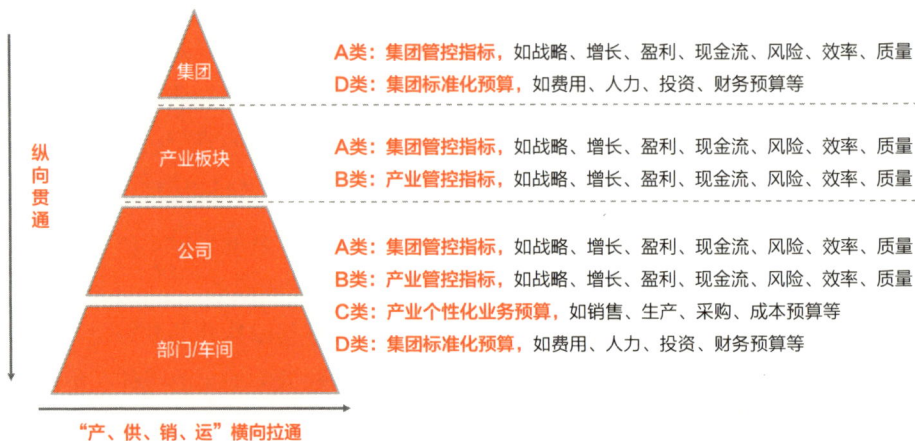

图 8-35　集中化数智预算平台实现预算纵横贯通管理

2. 基于控制中台实现预算资源的事前控制"一张网"

在传统预算模式下，将编制出来的预算数据发布以后，因为缺乏与业务系统的数据集成，难以在业务执行过程中对预算进行事前精确管控。数智化预算平台将预算控制规则和策略的维护作为公共能力，实现了中台化共享，也就是说，预算控制中台是预算系统和各业务系统之间的桥梁，它不仅为财务人员提供了一个一站式维护各类预算控制策略的统一界面，还减轻了业务系统与预算系统频繁交互的压力，实现在业务流程执行过程中对预算进行全过程预警和控制，做到"无预算不开支，有预算不超支"。某企业的"立项－合同－报账－领料"全链路自动预算控制如图 8-36 所示。某大型集团年度预算批复后，预算数据自动传入预算控制中台，实现了从项目立项、合同、采购、领料、报账等环节的预算全链路管控，在立项阶段，立项多少金额需受预算控制。通过项目招投标，在与供应商签约阶段，合同起草提交会受立项金额控制，在项目差旅等费用申请和报销阶段以及项目领料阶段，均受立项金额控制，实现了从事后靠"人控"到事前靠"系统自动控制"的目标。

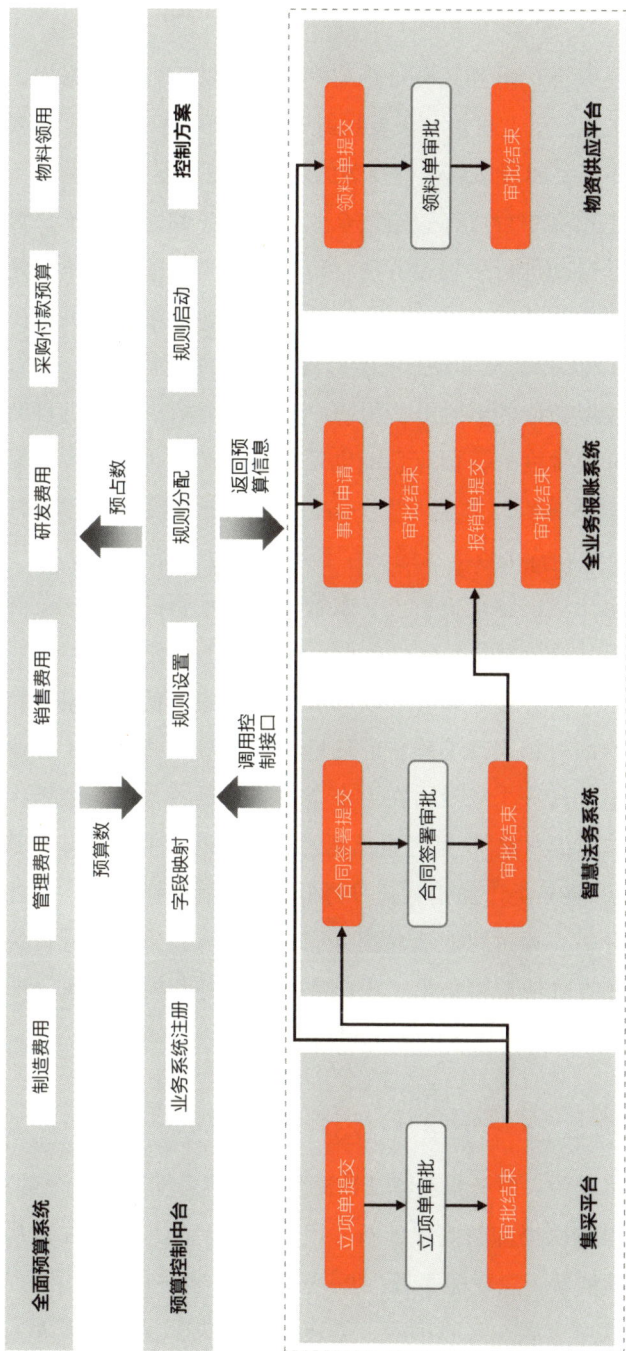

图 8-36　某企业的"立项 – 合同 – 报账 – 领料"全链路自动预算控制

备注：红色为控制环节

3. 多维分析、评估和考核实现集团资源评估"一把尺"

在传统预算模式下，财务人员每月结账后都会忙于各种数据加工。某大型企业的管理人员在春节后上班第一天发现财务人员离职了近 1/3，主要原因就是财务人员每个月都需要加班加点进行复杂的管理报表数据加工。

今天，数智化预算平台可有效连接企业各类业务和财务系统，对获取自各类业务系统的数据自动进行采集、清洗、转换和规则化的管财差异处理。自动为各级管理人员提供灵活的多维分析，例如：为企业决策层提供可视化、可对话的 ChatBI 分析以及基于大模型推理能力自动生成的分析报告；为管理层提供固定格式的、可层层钻取的多维分析报表；为专业分析人员提供自助式分析报表等。除了责任部门维度外，预算系统也可以基于产品、大客户、渠道等进行资源投入与产出评估分析，为企业下一阶段的资源配置提供决策依据。同时，各类责任单位的业绩指标可以为绩效部门开展绩效考核提供依据。

除了以上针对历史的评估分析外，数智化预算平台的智能沙盒测算能力是企业开展经营分析时最有力的工具。企业开展经营分析不仅要对历史进行分析，更多的是要关注未来。如果业绩有差距，那么企业应如何通过策略和资源调整来弥补这一差距？面对越来越不确定的环境，智能沙盒测算对于企业越来越重要。大家可以设想这样一个场景：在一个企业季度经营分析会会场，全体高管在配有大屏的"作战指挥室"，通过自然语言直接唤起智能体，并对其下达经营模拟的指令："请调整某类产品销量，并降低 10% 的刚性费用"，智能体将对预算数据进行全面分析，通过智能沙盒测算能力对未来经营情况进行快速模拟推演，并以可视化的方式快速将结果展现出来。智能经营模拟推演分析如图 8-37 所示。这将极大地提升企业决策的效率和精准性。

8.5.2 账表一体，一键多维合并，报表提速

在数字经济浪潮中，财务报表正从冰冷的数字集合演变为企业的神经中枢。面对以往报表出具的困局和新需求，新一代数智平台的出现犹如破局利刃，通过智能场景的持续创新，企业能实现：统一核算、账表一体的应用贯通；一键出表、多维合并的效率突破；实时出表、提速提效的决策支撑。另外，企业能构

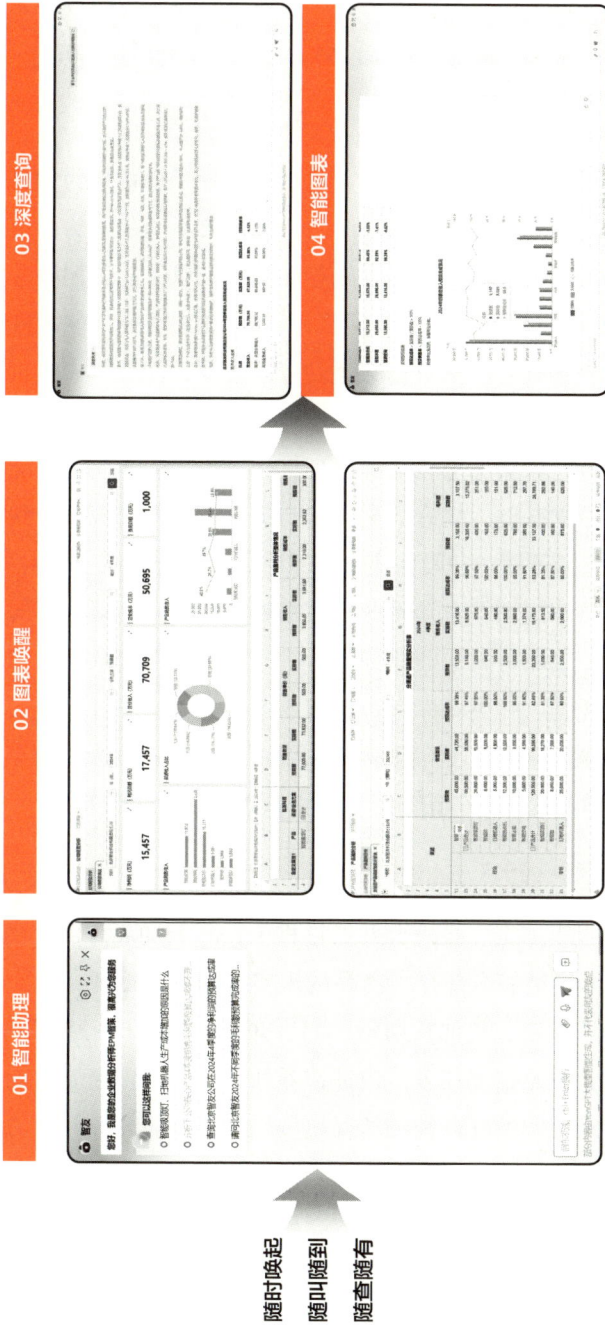

图 8-37　智能经营模拟推演分析

建起全面的数据穿透管理与数据驱动的决策体系，在激烈的市场竞争中占得先机。这种变革，既是技术发展的必然，也是企业生存的必由之路。

1. 建设企业"一本账"，实现统一核算、账表一体

在集团企业的发展过程中，并购、重组、新设子公司极为常见，由此带来多异构系统并存的状况。不同厂商、产品、软件及不同版本的系统使数据在科目设置、辅助核算项与核算规范等方面存在差异。以某能源控股集团为例，该集团在并购 32 家企业后，旗下子公司采用 7 种 ERP 系统，核算科目体系差异率达 47%。在报表编报时，从数据穿透到报表出具，其效率大打折扣，多异构系统数据对接与数据清洗工作繁重。

通过统一核算，依据标准化账务处理，构建账表一体模式，能够为报表编报提供更坚实的数据基础，提升数据质量与编报效率，实现从账到表、从表到账的数据正向与反向闭环。建设账表一体系统，企业建立统一的财务数据标准，系统依据预设的核算规则，自动将业务数据转化为会计凭证，并同步生成各类财务报表。例如，在原材料采购业务中，采购订单一经确认，系统就会自动生成入库单、记账凭证，并更新库存报表与成本报表。这一过程不仅减少了人工干预，提升了数据准确性，还将报表编制周期从原来的 10 天缩短至 3 天，使管理层能够及时获取准确的财务信息，为企业决策提供有力支持。

2. 基于企业"一盘数"，实现一键出表、多维合并

很多企业在报表加工、报表合并的过程中，对于复杂的长投权益抵销、烦琐的内部交易抵销（例如内部存货交易的未实现利润的抵销、内部固定资产抵销、内部无形资产抵销、其他长期资产的合并抵销处理），通常都是比较复杂、难于理解的；对于涉及内部往来、内部债券债务、内部现金流的抵销处理，通常会有差异、难定位、不好调整等情况出现。人工智能算法与自动化流程，成为处理企业内部关联交易、股权关系等复杂业务场景的"利刃"。

结合新的多维引擎技术，突破传统二维数据架构的局限，构建起一个立体的数据空间。基于多维建模的基础，用户可以实现多维切片即席分析，它能够将企业的财务数据从单一的科目、金额维度，拓展至包含业务部门、产品线、

地域、时间等多维度的综合体系。在此基础上会派生众多的数据加工需求，根据灵活的算法规则引擎实现不同的数据加工内容。基础的数据加工包括数据赋值切片、条件定义、循环等基本功能，灵活定义数据加工处理逻辑，实现合并规则的模块化、组件化及智能化。例如，某跨国制造企业在面对自己分布在多个国家的 127 家子公司时，需处理多准则转换、外汇折算、复杂股权结构等难题，通过多维合并系统，采用动态股权穿透算法，自动识别 8 级嵌套股权关系。结合机器学习，预测汇率波动，实现 3 天完成全球合并。通过这个例子可以得出，通过多维合并系统将原本需数周完成的合并工作缩短至数天，确保了数据的准确性与一致性，让财务报表能够真实、及时地反映集团的整体财务状况，为企业战略决策提供坚实的数据支撑。

3. 搭建企业"一套表"，实现实时出表、提质提效

以往，企业内部各子公司、区域、板块各自为政，数据分散且孤立。财务报表聚焦账目核算，销售数据侧重业绩统计，生产记录围绕生产流程，这些数据相互难以贯通，没有形成一套规范的报表体系，没有很好地整合业财数据。

结合企业的业务情况与报表应用，通过设计并搭建一套报表体系，对不同子公司、区域、板块的经营状况与财务情况进行横向比较分析。例如，以一家致力于创新的科技企业为例，当计划推出一款新产品时，通过一套表整合研发、生产、市场等多部门数据，企业仿佛拥有了一双透视眼，能够精准洞察新产品的研发成本是否合理、生产周期能否优化、市场需求究竟有多大以及潜在收益的空间在哪里。基于这些精准数据，企业能够合理调配研发资源，提前布局产能，精准定位目标市场，使新产品一经推出便迅速获得市场青睐，成功开辟出新的利润增长航道。

搭建企业"一套表"，助力企业提效、提速、提质，让企业彻底摆脱数据混乱与决策滞后的困境，实现从数据收集、分析到洞察，再到战略行动的高效转化。在激烈的市场竞争中，这套表成为企业的制胜法宝，助力企业乘风破浪，开启高效运营、持续发展的崭新征程。从数据搬运工到价值创造者的转变，正是企业数字化转型的终极目标——让每一张报表都成为驱动战略落地的数字引擎。

8.5.3　业财融合，实时多维，一体化经营分析

1. 传统分析在数智时代正经历系统性失效

在数字经济浪潮的冲击下，企业财务分析正经历着从核算工具向战略中枢的范式革命。当我们拆解某航空集团将单条航线成本核算精确到分钟级飞行数据的案例时，这实质上揭示了传统财务分析体系在数智时代的系统性失效——这不仅体现在技术工具的落后，更深层次反映了价值创造逻辑的颠覆性。

传统财务分析的困境本质上是工业时代管理思维的产物。某快消品企业CFO曾坦言："当我们用杜邦分析法拆解 ROE（Return On Equity，净资产收益率）时，业务部门负责人却在会议室追问：为什么财务指标无法解释抖音渠道转化率下降对利润的影响？"这种割裂映射出三个层面的失能：在数据时效性层面，月度结账机制导致决策滞后于市场变化；在数据维度层面，会计准则过滤掉 80% 的业务信息；在分析深度层面，Excel 工具难以支撑多变量动态模拟。更致命的是，对于某制造企业，财务语言与业务理解的鸿沟使得其因 IFRS 准则调整而产生成本分摊规则变化，这让生产部门误读为实际成本上升而错误地调整排产计划。

财政部印发的《关于加强数据资产管理的指导意见》为这场转型提供了制度性框架。领先企业的实践表明，数智化经营分析体系需构建"数据筑基 - 模型赋能 - 场景突破 - 价值闭环"的四维架构。某有色金属企业搭建的日成本作战系统颇具代表性：通过 IoT 实时采集产线数据，结合 LSTM 算法预测大宗商品价格波动，动态优化生产排程，使边际贡献率提升 18%。这背后是业财大数据平台对 200 多个业务事项的精准映射，以及随机森林算法对 50 多个风险因子的智能监控。

2. 业财数据建模与智能算法将重塑决策范式

在数据维度建模方面，行业最佳实践指向"10×200×300"标准框架——10 大类分析维度、200 多个管理会计指标、300 多个业财转换规则。某航空央企正是凭借此框架，将上千个责任主体的内部交易结算效率提升 40%。其核心在于构建"战略 KPI- 经营指标 - 业务动因"的指标溯源体系，例如，将航线

净利润率拆解至客公里成本、机组效率等 15 个操作层指标，实现从财务结果到业务根因的智能归因。

智能算法的深度应用正在重塑决策范式。某快消品巨头建立的定价中枢系统，通过爬取电商平台评论数据训练 NLP 模型，结合原材料期货进行价格预测，运用博弈论生成动态定价策略，使新品毛利率提升 5.2 个百分点。更值得关注的是 DeepSeek 展现的认知智能突破：在某制造企业的成本优化中，系统不仅识别出模具损耗异常，还通过因果推理发现热处理工艺参数设置偏差的根本原因，推动了单件成本下降 23%。

3. 一体化经营分析是人机协同决策的必由之路

未来的三个趋势值得企业关注：首先是认知智能的进化，某消费品企业构建的"数据 – 洞见 – 行动"自动化闭环，使渠道商品库存占压的周转效率提升；其次是生态级分析平台的出现，某汽车集团搭建的产业链利润池模型，实现了上下游 200 多家企业的数据协同；最后是人机协同决策范式的成熟，某化工制造企业的"系统预警 – 专家研判 – 智能推演 – 排产执行"机制，使连续生产的大宗化工产品的边际利润持续改善。

这场转型的本质是财务职能从价值记录者向企业价值工程师跃迁。以上这些场景昭示着：**业财融合、实时多维的一体化经营分析已不再是技术升级，而是企业构建新型核心竞争力的战略工程**。那些率先完成"数据筑基 – 智能决策 – 价值闭环"能力进化的企业，正在数字经济版图中抢占价值制高点。

8.6　项管融通，精智核算

历经半个多世纪的体系化发展，现代项目管理已突破单一方法论范畴，演进为企业战略落地的核心数字神经中枢。在乌卡（VUCA）时代[○]，企业竞争演变为数据要素配置效率的角逐，这要求项目管理深度融入企业级数字生态系统，

○　VUCA 是 Volatility（不稳定）、Uncertainty（不确定）、Complexity（复杂）和 Ambiguity（模糊）的缩写，VUCA 时代指我们处于一个不稳定、不确定、复杂、模糊的世界。

通过智能算法、云端协同、实时核算三大数智化支柱，实现项目组合资源全域优化配置，从经验驱动到数据智能的升维演进，重构现代项目管理范式：驱动战略价值最大化释放。

8.6.1 多方协同、项目在线，进度尽在掌握

1. 多方协同、项目在线

项目管理涉及多个相关方，包括客户、供应商、承包商、内部团队及管理层等，各方在项目中承担不同的角色。在传统模式下，项目沟通通过会议、电话、IM工具等方式进行，时效性差，协同不足，导致信息孤岛、资源浪费和进度延误。而通过数智化平台，可以实现信息共享、任务协同和进度透明，从而提升效率，降低风险。

以工程项目为例，项目相关方包括业主方、施工方（总承包商、专业分包商）、设计方、监理方、供应商等多方，在项目全生命周期管理的成本、进度、质量、安全等多个管理要素和管理流程中，均涉及多方的参与、协同、确认以及成果共享。通过统一的项目管理社会化、数智化协同平台，按照不同的场景和角色，将流程中的各个阶段连通，实现数据共享。项目多方协同场景如图8-38所示。

- ❑ 成本管理：在项目执行过程中，现场发生的变更及签证，通常会带来原合同金额10%～30%的变更，给成本控制带来极大压力。通过数智化多方协同，实现变更、签证的全流程数字化，施工方现场提交签证申请并提交图片，对材料进行数字化存储和归档。业主方、监理方在线并借助AI手段审核，智能测算变更对成本的影响，确保成本可控，避免结算纠纷。

- ❑ 进度管理：总承包商利用系统协调各专业分包商的工作，实时更新施工进度。供应商通过系统提交发货时间，确保供应链的透明和高效。系统自动提醒库存不足或交货延迟，业主方、监理方通过系统监控项目进度，接收延期预警，及时发现问题，通过智能化辅助优化进度路径，解决延误问题。

❑ 质量管理：通过系统共享技术标准和验收标准，业主方、监理方通过数智化系统进行质量检查、质量整改并安排施工方，施工方完成整改后提交监理验收，形成质量闭环。系统自动生成质量报告，提高透明度和可追溯性。

❑ 安全管理：安全规章制度通过系统协同共享，并通过智能化技术识别现场安全风险，确保安全措施落实到位，记录安全隐患并跟踪整改，实时监控施工现场的安全状况。

业主方领导层
• 信息查阅
• 统计报表查询
• 业务审批
• 协同沟通

监理方
• 问题发起及沟通
• 检查、现场验收等
• 计划执行、跟进
• 业务审批
• 信息查阅
• 统计报表查询

业主方现场人员
• 信息查阅
• 业务申请审批
• 协同沟通
• 现场计划编制、下达、追踪
• 现场检查、现场验收
• 统计报表查询

设计方
• 图纸上传
• 图纸变更
• 图纸协同

协同场景

施工方
• 问题整改
• 施工记录、工序拍照、工序报验等
• 计划执行、反馈
• 工程报量
• 付款申请
• 项目协同
• 信息查阅
• 统计报表查询

供应商
• 订单协同
• 质量协同
• 收付款协同

图 8-38 项目多方协同场景

2. 进度尽在掌控

进度管控是项目管控的核心要素，也是项目统筹协调的重要工具、项目导向型企业提升组织效率的关键、管理创新的重点领域。进度管控的核心是通过项目计划编制、计划执行、问题处理、进度检查的 PDCA 循环（如图 8-39 所示），编制科学的时间计划，明确各项任务的时序安排，协调各责任方的工作节奏，确保项目进展与总体目标保持一致。从依赖经验到使用甘特图、网络计划、赢得值管理（EVM）技术，从依靠会议协调到多方在线协同，数字化、智能化的技术促进了进度管控能力的提升。

图 8-39　PDCA 循环

越来越多的企业借助项目管理信息平台全面协调资源，构建时间管理引擎，并积累结构化数据与项目经验，实现高效管控。在线化与可视化进度管控的价值主要体现在三个方面：一是通过实时数据共享与协同，提升管理效率；二是通过可视化预警与监控，降低项目风险；三是通过数据积累与分析，为未来项目提供决策支持。

❑ **图形化计划编制，直观高效**：通过简洁、直观的界面，高效实现计划编制，以可视化界面展示任务依赖关系，运用工作分解结构（WBS）技术、CPM（关键路径法网络计划）算法以及智能化算法，实现计划调优。通过可视化关键路径，助力项目有序高效推进。

❑ **进度可视化，一目了然**：将项目进度以甘特图等形式直观展示，方便项目管理人员实时了解项目进展情况，及时发现和解决问题。利用智能算法识别资源冲突，优化任务分配，提升资源利用率。基于赢得值的可视化呈现，直观展示项目绩效，为决策提供数据支持。

❑ **实时监控，预警风险**：通过可视化界面直观呈现当前延期的工作项，并运用智能算法对进度偏差的性质、程度及对关键路径的影响进行深度分析。根据预设阈值触发多级预警机制，提醒项目管理人员，确保风险应对措施及时有效执行。

❑ **数据分析，辅助决策**：对项目进度数据进行多维度统计分析，自动生成包含进度趋势、偏差原因、风险预测等关键指标的项目进度报告。通过地铁图、形象进度曲线、香蕉曲线等可视化图表进行量化分析，为管理层的资源配置、进度调整等决策提供数据支撑和科学依据，有效提升了项目管理效率与风险控制能力。

例如，中国核电工程集团建立了覆盖工程项目现场业主、工程公司、监理公司、建安承包商等各参建方的进度管理协同和赢得值管理体系，实现进度管理多方协同。将质量计划管理、合同支付融入赢得值管理之中，形成质量驱动进度、进度驱动赢得值、赢得值驱动支付的联动体系，实现了业务主体与工程实体、施工进度、文件成果、流程的一体化管控，为工作效率和集约化管理水平提升、按期完成工程建设提供保障。

8.6.2 "估概预核决"，项目"五算"全覆盖

"估概预核决"既是项目成本管理的核心环节，也是项目财务管理的核心内容，贯穿项目全生命周期，分别对应估算、概算、预算、核算和决算五个关键阶段（如图 8-40 所示）。

❑ 估算：在项目决策阶段，根据项目的建设规模、建设内容、技术方案等，对项目投资进行的初步预测和估计，对项目成本进行评估和预测，为项目可行性研究和决策提供依据。

❑ 概算：在项目设计阶段，根据设计文件、概算定额、费用定额等，对项目成本进一步细化，形成较为准确的成本框架，用于指导后续预算编制。

❑ 预算：在项目招采阶段，根据施工图纸、预算定额、费用标准以及市场价格等，编制详细的成本计划，明确各项任务的资源分配和资金需求，作为项目执行的成本管控基准。

❑ 核算：在项目建造阶段，对实际发生的成本进行记录、监控和分析。

❑ 决算：在项目验收移交阶段，对项目实际成本进行全面总结，与预算进行对比分析，形成最终的成本报告，为后续项目提供经验参考和数据支持。

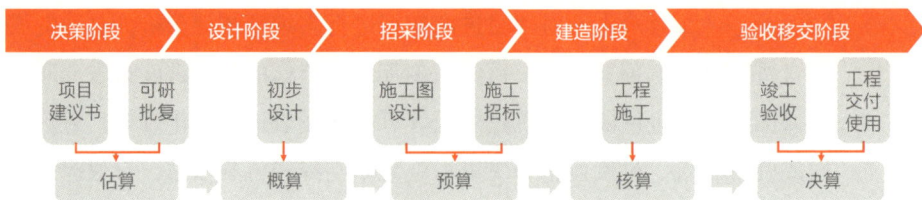

图 8-40 项目的"估概预核决"

从估算到决算，是一个从粗到细、逐步精确的过程。"估概预核决"对于合理控制项目投资、保证项目顺利实施和提高项目经济效益具有重要意义，是实现项目成本精细化管理和控制的核心手段，也是保证项目财务工作提高效率、加强内控、促进管理制度落实到位的重要抓手。传统的五算管理往往依赖人工经验与分散的数据处理，容易因信息滞后或人为误差而产生成本超支、业财数据不一致、"两张皮"等问题。**"五算"数智化的核心是一方面将企业的成本管控经验、管控要点通过系统实现，另一方面实现细粒度、多维度、全视角的核算与报告。**实现项目五算数智化转型主要有以下关键点：

第一，"估－概－预"三算编制科学、快速、有依据的目标。

在项目初期，估算与概算是成本管理的基础，直接影响项目的可行性与资源分配，项目预算是项目执行的成本管控标准。通过项目历史经验数据库并结合大模型，能够快速整合历史项目数据、市场行情及风险因素，生成更为科学、精准的估算与概算数据，为项目决策及目标指导提供更科学的支撑，为项目成本管控提供更有依据的目标。

第二，业财融合，建立"预算－合同－核算－决算"间的数据逻辑关系。

项目预算、项目合同、项目核算、项目决算间存在紧密的数据逻辑关系，共同构成项目成本管理的闭环。项目预算是成本管理的起点，基于 WBS（工作分解结构）和 CBS（成本分解结构），明确各项任务的成本分配，为采购及合同签订提供指导标准。项目合同以预算为基础，明确合同清单与 CBS 的关系，为预算管控及核算提供执行标准。项目核算则通过建立 CBS 与财务核算科目的对应关系，明确并设定项目间接成本的来源及分摊标准，通过项目成本核算系统实现间接成本的归集、分摊，准确、精细地反映实际成本支出。项目决算全面总结实际成本，评估成本控制效果，为未来项目提供经验参考。

以上四者通过数智化系统建立严密的逻辑关系，即预算指导合同、通过合同签订与执行连接预算与核算、核算反馈预算和决算，形成动态闭环，确保项目成本可控与高效执行，实现细粒度、多维度、全视角的核算与报告。综上所述，**深度的业财融合是实现上述"预算－合同－核算－决算"业务连通、数据逻辑对应耦合的必要条件。**

第三，建立五算间的逐级管控关系、智能化成本预警及决策支持体系。

从估算到决算，时间跨度大，成本管控难度大，通过数智化系统落实各环节的管控点，实现五算的逐级管控（如图 8-41 所示），并建立智能化成本预警体系，确保下一阶段不超出上一阶段的目标，落实成本管控。

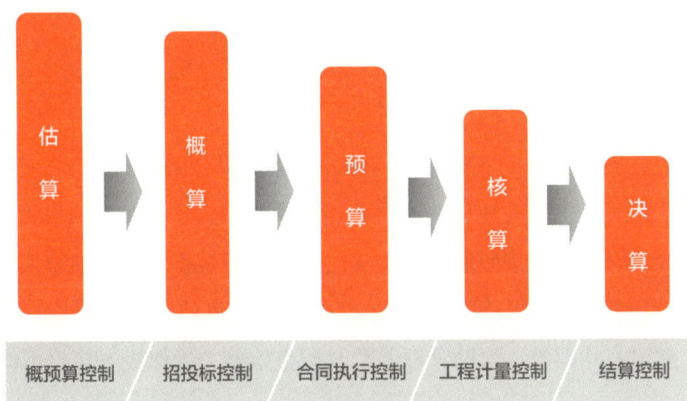

图 8-41　项目五算的逐级管控

（1）估算

管控点在于数据的全面性与预测的准确性。数智化系统整合历史项目数据、市场行情及风险因素，利用人工智能生成多套估算方案，确保初步成本预测的科学性，为后续概算提供可靠依据。

（2）概算

管控点在于设计方案的细化与成本框架的合理性，并与估算目标进行比较。基于估算结果，数智化工具结合详细设计方案，进一步细化成本数据，确保概算的准确性与可执行性，为预算编制奠定基础。在概算阶段，需要与投资估算进行比较，如超出投资估算，系统需要向项目决策者发出预警，使其重新评估投资收益或调整设计方案，确保满足投资要求。

（3）预算

预算可以分为预算编制和预算执行两个阶段，其管控点在于目标设定的合理性及责任的明确性，并通过系统设定控制标准。根据概算的成本框架，基于任务分解、资源计划、市场价格及成本经验数据，将概算细化成具体的项目预算。在预算阶段，需要通过系统设定明确的控制标准和控制规则，这是预算控制的重要工具和手段。招标、合同签订及履约过程是预算执行的关键管控环节，项目五算体系需要实现招标、合同签订及履约与预算、核算系统的深度融合，获取控制额度，实时反馈预占用及实际发生金额，并根据管控规则控制超额发生，通过智能化动态预测待发生成本。如果预测成本超出，那么系统自动向项目决策者及责任部门发出预警，使其优化相关方案，确保整体成本不超预算。

（4）核算

管控点在于实际成本的实时监控与偏差分析。以合同以及对应的 CBS 为纽带，将项目核算信息实时、准确地反映到财务核算系统中，这有赖于项目管理与财务核算的深度融合，财务系统按照业务事项实时采集业务数据，财务能够实时穿透到业务，通过智能审核执行风险管控校核。利用实时采集的成本数据，与预算动态比对，自动识别偏差并预警，帮助管理者及时调整策略，确保成本执行不偏离目标。

（5）决算

管控点在于成本总结的全面性与经验积累的有效性。数智化系统汇总核算数据，生成决算报告，并与估算、概算、预算进行对比分析，评估成本控制效果。同时，通过智能化分析，提炼出成本数据及成本管理经验，形成成本管理的闭环，为未来项目的估算与预算提供参考。

"估概预核决"覆盖了项目投资的全过程，增强了成本管控精度和力度，降低了业务部门及财务部门人工核算的工作量，为管理者提供了全面的数据支持与可视化分析工具，以支持决策，降低风险。

例如，天津泰达轨道公司建立了面向 Z4 线工程建设业务的"五算合一"财务与项目管控体系，通过预算系统加强事前合理预测、事中成本及时控制，通过项目核算、项目决算系统加强事后有效分析，实现了项目成本有效控制。

8.6.3　智能识别风险，守护工程项目质量

1. 智能识别风险

根据项目管理知识体系（PMBOK），风险管理是项目管理的重要组成部分，旨在通过系统化的方法识别、分析、应对和监控风险，最大限度地减少负面影响的概率和程度，同时抓住可能带来积极影响的机会。

风险识别是风险管理的基石，通过系统化识别潜在风险，为后续分析、应对与监控提供基础数据，确保风险管理的主动性与前瞻性。其价值在于预警、降低不确定性，为科学决策与资源优化提供依据。风险识别是项目成功的重要保障。通过大数据、人工智能、物联网（IoT）等技术的深度融合，项目管理者能够更精准地识别风险、更高效地守护质量。

要应用智能化技术识别风险，首先需要做好风险因素识别，识别项目风险类别（见图 8-42），建立项目风险指标体系及项目风险库。

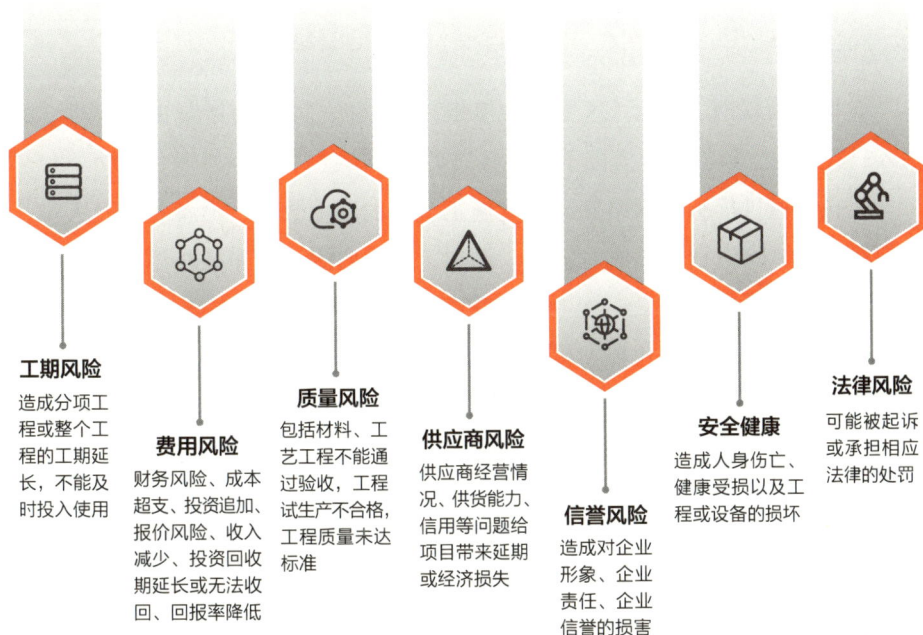

工期风险
造成分项工程或整个工程的工期延长，不能及时投入使用

费用风险
财务风险、成本超支、投资追加、报价风险、收入减少、投资回收期延长或无法收回、回报率降低

质量风险
包括材料、工艺工程不能通过验收，工程试生产不合格，工程质量未达标准

供应商风险
供应商经营情况、供货能力、信用等问题给项目带来延期或经济损失

信誉风险
造成对企业形象、企业责任、企业信誉的损害

安全健康
造成人身伤亡、健康受损以及工程或设备的损坏

法律风险
可能被起诉或承担相应法律的处罚

图 8-42　项目风险类别

人工智能是智能识别风险的核心驱动力，项目风险智能识别预警（见图 8-43）是在风险指标及风险库的基础上，通过训练算法模型，使系统自动识别风险特征，并预测风险发生的可能性。根据风险类型，可以通过预置风险策略或历史项目类似风险解决策略两种方式，实现风险应对策略的智能推荐，并在预警和决策的过程中实现数据的不断积累，以及模型策略的不断优化升级，形成风控管理闭环。

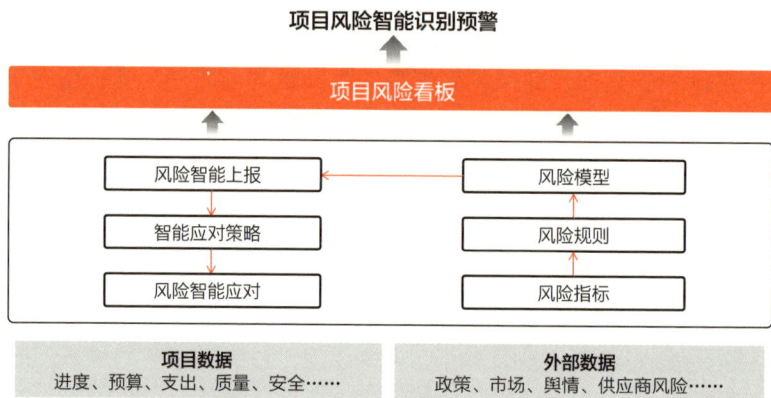

图 8-43　项目风险智能识别预警

此外，物联网、BIM（建筑信息模型）等技术，能够为风险识别提供实时输入，并预测、预警风险。以下是一些典型应用场景。

物联网通过传感器网络实时采集施工现场的环境数据、设备状态及人员行为信息，为风险识别提供实时输入。例如，通过监测设备振动与温度，可以预警故障风险。

BIM 通过三维数字化模型模拟设计与施工过程，提前发现设计冲突与施工难点。例如，通过检测管道与结构的碰撞问题，可以提前识别问题、避免返工。

2. 智能守护工程项目质量

工程项目质量管理是项目管理的重中之重，但由于具有影响因素多、隐蔽性强、终检局限大的特性，往往成为项目管理中的难点。可以通过建立数智化、系统化的工程质量管理体系，降低工程项目质量管理的不确定性和局限性，提升工程质量的有序性和可控性，守护工程质量。建立数智化的工程项目管理体系的核心要素可归纳为"标准－数据－协同－闭环"四维体系。

首先，落实标准化质量管理体系。形成 QBS（质量分解结构），遵循质量标准（如国家标准、行业标准、企业标准等），并将质量标准预置到质量管理系统中，强化质量控制点管理，加强关键工序、特殊过程、重要部位监控。

其次，实现质量管理数据化和智能化。在质量检查中引入智能图像识别、智能数据采集等技术（如通过物联网传感器网络，实时采集施工过程中的质量数据），自动采集质检数据并判断是否满足质量标准，降低人为干预，提高质量监控效率，智能推送质量检查报告以促进质量整改。

再次，实现质量管理多方动态协同机制以及闭环控制体系。质量管理涉及项目业主代表、监理单位、施工单位、材料设备供应商等多方，建立质量管理多方动态协同机制，实现质量问题闭环跟踪处理，在线协作，通过"检测－分析－处置－验证"的闭环机制，驱动质量管理体系、质量问题处理双闭环。质量管理多方协同闭环管理如图 8-44 所示。

最后，建立质量分析与质量知识管理体系。通过分析历史数据与实时监测数据，智能预测施工缺陷的发生概率，提前采取干预措施。提取质量事件特征，构建质量知识图谱，为后续项目提供经验参考。

通过数据与智能双轮驱动，重构工程质量管理，使工程质量管理从被动应对转向主动预防，提升质量管理效率，减少人工干预；通过实时数据分析与预警，确保质量控制的实时性和有效性，推动质量管理进一步向过程管控深入；通过可视化分析与智能预测，为管理者提供科学的决策依据；通过实时监控与智能预测，守护工程项目质量。

例如，港华燃气集团建立了覆盖建设方、施工方、监理方三方协同的工程质量管理系统，依据国家行业标准以及企业标准，建立了十大类后台业务标准，将质量安全、施工记录、磅站检查、平行检查、综合验收标准检查项及检查标准预置到系统中。通过移动端发起质量检查及整改、验收协同，实现对关键施工数据的现场采集、实时校验、关键部位物资的追溯等。促使质量管理前置，保证了数据的真实性、准确性、实时性，规范现场施工，通过数智化实现了便捷、准确、高效的质量管理。

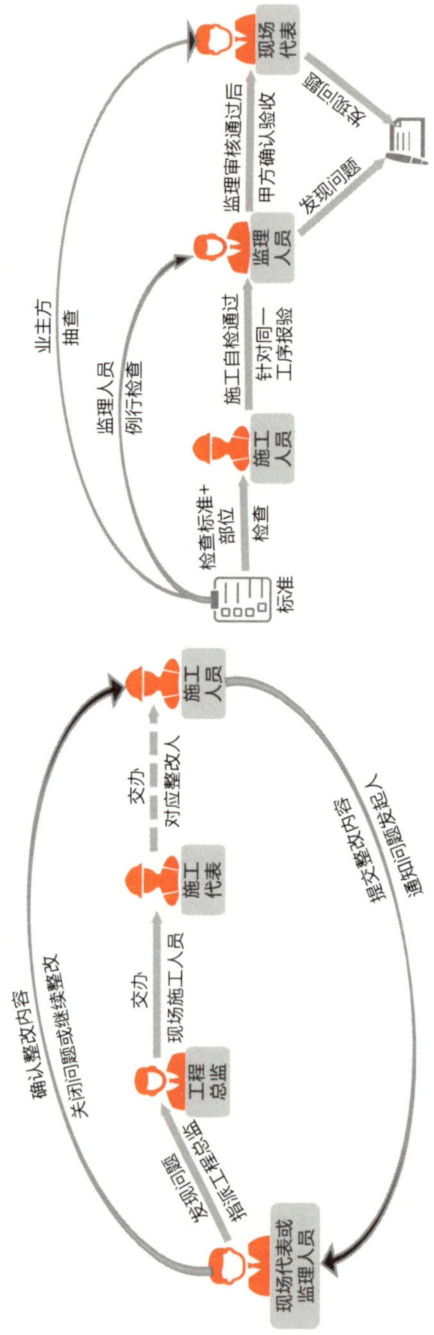

图8-44 质量管理多方协同闭环管理

8.7 数智资产,精益运营

在数字浪潮奔涌的当下,企业正置身于一场波澜壮阔的变革之中。资产数智化作为这场变革的核心引擎,正重塑企业资产管理的格局。从传统模式下账卡物的混乱脱节,到如今借助前沿技术实现"账卡物"实时联动、一"码"贯通的精准掌控;从设备运维长期依赖被动抢修的窘迫,到借助 AI 实现主动防御的高效转变;从不动产管理的按部就班,到深度挖掘增值潜力、解锁收益增长的路径探索。这一系列的蜕变,不仅是技术的更迭,还是企业运营理念与管理效能的全面跃升。接下来,让我们深入探索企业资产数智化带来的无限可能,解锁每一个关键节点背后的革新力量,一同见证企业在数智化的海洋中乘风破浪,驶向高质量发展的全新未来。

8.7.1 "账卡物"实时联动,一"码"管资产

1. "账卡物"不一致的现状、成因与影响

在传统的企业资产管理模式下,账卡物不一致的问题尤为突出,堪称企业资产管理的顽疾。相关调查显示,在采用传统资产管理方式的企业中,约有70% 的企业存在不同程度的账卡物不一致情况,主要表现如图 8-45 所示。

图 8-45 账卡物不一致情况的主要表现

(1)数据不同步犹如横亘在企业面前的一道鸿沟

财务部门记录的资产价值的账目、资产管理部门登记的资产详细信息的卡片,以及实际存在的资产实物,这三者之间常常无法保持一致。

（2）账实不符的主要症结在于协同效率低下与流程不畅通

业务部门完成对资产的采购、接收、领用、调拨、报废等业务后，资产账面信息无法实时同步更新，财务价值信息更是严重滞后。长此以往，资产账面登记信息与实际资产状况之间便出现了显著差异。

（3）盘点工作是一场耗时耗力的持久战

由于资产分布范围广，因此盘点一次往往需要耗费数周甚至数月的时间。在漫长的盘点周期内，资产的使用、转移、报废等情况仍在不断发生，使得盘点结果在完成时可能已经失去了时效性。

传统的资产管理方式严重制约了企业的运营效率和决策的科学性。在企业资产的采购、使用、调配、处置等环节中，由于缺乏准确、实时的资产信息，因此信息共享不充分，这增加了企业的运营成本，降低了企业的竞争力，增加了企业的审计风险。在当今快速发展的市场环境下，企业迫切需要一种新的资产管理模式，以打破传统困境，实现资产的高效管理。

2. AI 加持下的"账卡物"实时联动成就资产管理新范式

"账卡物"实时联动是一种基于数智化技术的资产管理模式，其核心在于围绕资产购置、入库、分配、调拨、盘点、闲置、退役的全生命周期管理业务闭环，将价值信息、实物卡片信息及资产实物三者进行深度整合，利用二维码、射频识别（RFID）等技术，结合 AI、移动化等智能技术，实现资产信息的实时更新和资产数据的动态共享，将自然语言处理技术与传统商业智能工具相结合，为管理者提供实时、准确的资产智能决策，如图 8-46 所示。

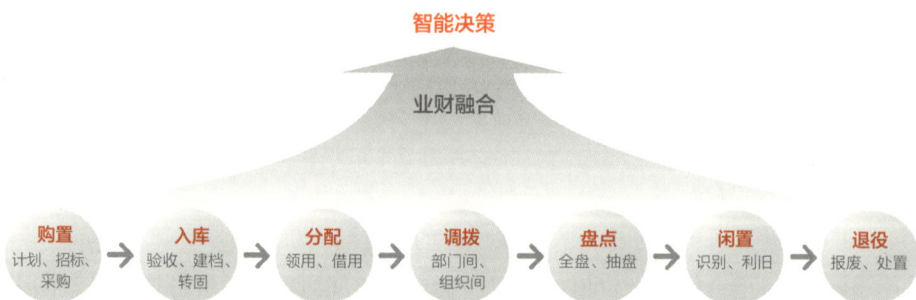

图 8-46 "账卡物"实时联动的业务闭环

❑ 资产购置：把资产从年度投资规划到购置的整个流程都转到线上，管理者就能随时查看资产采购到哪一步，也能监督入账是否及时。如果后续资产出了问题，还可一键追溯。此外，系统会根据过往的经验，借助大模型评估何时该更新资产，为管理者推荐合适的供应商，并在资产入库时自动分类，方便又高效。

❑ 资产入库：资产管理员在资产到货阶段根据合同约束的技术条件，利用现场 App 进行验收，对符合条件的资产进行登记入库，符合转固条件后驱动财务人员完成转固，既实现了资产生命周期的完整可追溯，又实现了资产实物与财务价值的对应，保障了账账相符。

❑ 资产分配：无论是办公资产的领用发放，还是公共资产的借用归还，终端用户都能通过 App 提交资产领用或借用申请。管理者收到申请后，只需在 App 上扫码，就能完成资产发放操作。整个业务流程中的信息会自动同步，及时更新到资产履历和财务价值记录里，业务的每一步变动，都能实时驱动资产台账信息动态更新，确保数据的准确性和及时性。

❑ 资产调拨：资产调拨有跨法人调拨和法人内部调拨两种类型。业务人员使用 App 扫描资产二维码，就能轻松完成资产调出与调入的确认操作。在跨法人调拨业务中，系统会自动触发：让调出方的固定资产减少，让调入方的固定资产相应增加，同时自动记录资产在原组织的折旧、净残值等信息。在法人内部调拨业务中，系统会自动对固定资产价值进行调整，整个流程高效又便捷。

❑ 资产盘点：资产盘点一直是企业资产管理的重点工作，如今，企业可采用智能化自动盘点搭配 RFID 敏捷盘点的方式，实现资产的快速清查。按照预先设定的智能盘点规则，系统能够自动识别状态正常的资产。对于智能盘点未能覆盖的剩余资产，则利用 RFID 技术进行补充盘点。盘点工作完成后，系统会自动生成详细的盘点报告。

❑ 闲置共享：管理者一直都希望通过动态资产管理，精准掌握资产状态，把闲置资产盘活，让它们发挥出更大的价值。如今，借助数智化平台搭建闲置资产共享库，就能打破组织之间的隔阂。一旦共享库里的资产能满足企业内部的使用需求，就可优先采用内部租赁、内部调配等方式来满足需求，有效避免了资源浪费。

❑ 资产退役：资产到了生命周期末尾，应该走退役流程。不过，想要让资产把价值发挥到极致，需要科学地判定生命周期。现在，可以借助大模型，对快要退役的资产做智能评估。先看资产当前的性能，再参照同类型资产的报废标准，给出科学评价。若符合报废条件，再进入资产报废、处置的业务流程。

❑ 智能决策：资产在整个使用过程中的数据都能被实时记录。企业的资产各式各样，管理要求也不同。这些实时数据能为企业领导提供关键决策信息，如资产该怎么投资、分布在哪些地方、怎么分类、当前状态如何，同时这些信息还会按照重要程度分级展示，让人一目了然。当资产出现异常报废或者闲置太多的情况，系统会及时发出警报，提醒管理者，从而推动资产管理工作不断改进，让企业的资产得到更好的利用。

3. 数智化平台赋能某大型银行资产管理变革

国内某大型银行总体规模庞大，网点星罗棋布，资产广泛分布。在建设数智化系统前，该行依赖财务固定资产系统进行资产实物管理，账实不符问题突出，资产盘点工作耗时长，且数据真实性难以保障。为彻底解决资产管理的诸多问题，该行启动了资产实物管理数智化平台项目，打造覆盖资产从购置至退役全流程的实物全生命周期管理体系，与财务价值核算深度融合，实现全品类资产在线化、移动化、智能化管理，构建一码到底的数智化管理架构。项目成效显著，资产账实相符率从 70% 提升至 100%，资产盘点周期从两个月大幅缩短至两周，资产管理效率得到了质的提升。

8.7.2 借力 AI，设备运维从"被动抢修"到"主动防御"

1. 高故障率背后的效率问题

在工业生产漫长的演进历程中，设备运维始终是保障生产稳定运行的关键所在。传统设备运维模式在相当长的时间里发挥着重要作用，为工业发展筑牢了基础。但随着时代的飞速发展，工业生产规模持续扩张，复杂度日益提升，传统设备运维模式渐渐显露出诸多棘手难题，其中，设备故障率居高不下（其主要诱因如图 8-47 所示）严重拖累了生产效率，损害了经营效益。

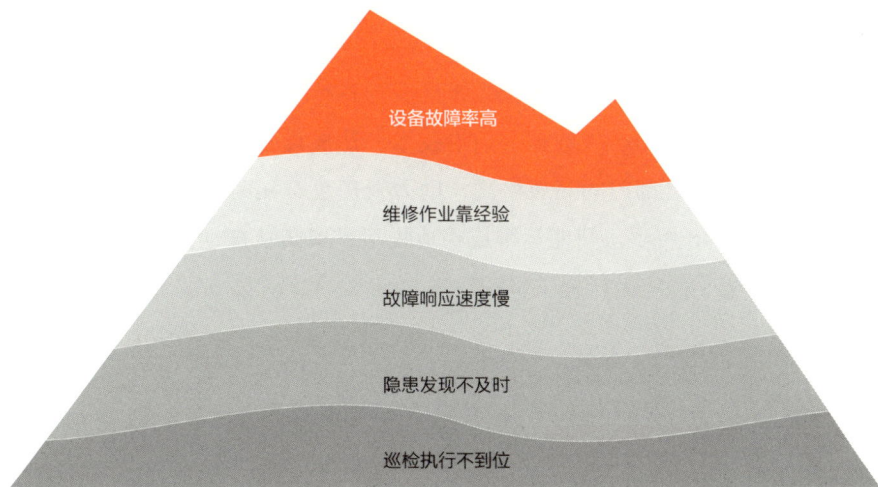

图 8-47　设备故障率高的主要诱因

（1）点巡检方面

传统设备运维高度依赖人工巡检。运维人员须按照既定的时间间隔和路线，对设备进行逐一检查。这种方式不仅耗费大量的人力、物力和时间，而且效率低下。

（2）故障诊断方面

传统设备运维往往依靠运维人员的经验来判断故障原因，主观性较强，且容易受到经验水平的限制。

（3）资源管理方面

传统设备运维很难做到对设备资源的合理分配和优化利用。常常出现设备资源闲置或过度使用的情况，造成资源浪费和成本增加。

（4）执行效率方面

传统设备运维由于组织分工及信息共享的限制，计划执行效果、故障响应效率等受到很大的影响，影响了生产和经营。

（5）备件管理方面

备件储备量全凭经验预估，常出现积压或缺货状况，积压导致资金占用，缺货又延误设备维修，影响了生产进度。

2. 数智时代的设备运维新模式

在科技飞速发展的当下，智能运维已成为各行业瞩目的焦点。它深度融合了移动化、物联网、AI、大数据等前沿技术，达成设备实时在线监测，让现场作业变得便捷，促进部门间高效协同，助力管理决策实时且精准。智能运维的主要特征如图 8-48 所示。智能运维成功地将运维模式从被动抢修转变为主动防御，为设备安全、稳定运行提供坚实保障。

高效协同
故障到维修、计划到工单、工单到备件、维修到安全、维修到成本……

移动作业
点巡检作业、故障提交、维修维护派工、执行、验收、总结……

智能决策
设备故障率、设备利用率、维修及时率、备件寿命周期、维修成本……

实时在线
开停机运行数据、关键指标趋势、潜在隐患预警、智能故障诊断……

图 8-48　智能运维的主要特征

（1）结合物联网技术的设备实时在线

借助传感器，精准采集设备运行数据，同时和 MES、DCS、SCADA 这些系统集成，设备运行状态就能在平台上实时呈现。管理者坐在办公室就能清楚设备运转是否正常。数智化平台运用数据分析模型，深度分析设备实时采集的震动、温度、电流、电压、转速等数据。一旦数据出现异常，触达设定的阈值，就马上发出预警，提醒管理者维护设备，设备隐患一览无遗。而且，依据设备的参数变化规律，算法模型还能预测设备隐患在什么时候出现、出现在哪个部位，管理者能提前合理地安排备件更换，避免购买太多备件造成库存积压。

（2）AI 加持下的设备移动点巡检作业

设备点巡检是保障生产安全的关键防线。针对那些无法实时在线监测的设备，借助移动化手段，工作人员依据数智平台精准下发的点巡检标准，深入现场开展设备点巡检工作。一旦发现设备隐患，只需轻松扫码，就能快速提报，同时上传隐患照片或视频。这些资料能够帮助设备维修人员更精准地判断设备隐患成因，从而迅速采取相应的维修措施。AI 技术的融入为设备点巡检工作带来了质的变化。通过 AI 能够深度分析设备故障发生前的参数变化，并参考历史上同类型设备的故障原因，结合过往维修经验，智能推荐更为合理的作业方案。这不仅大幅提升了问题定位的准确性，还显著提升了维修作业效率，有效降低了设备故障带来的生产损失。

（3）业务在线化的维修端到端协同

设备维修工作牵一发而动全身，需要多个部门紧密协同。在日常运行中，运行人员一旦发现设备故障，就要第一时间向维修人员报修。维修工作启动后，离不开备件采购人员及时采购所需零部件，以及库管人员快速调配库存物资，部门间的密切配合才能使维修工作顺利开展。维修完成后，由运行人员严格验收，确保设备恢复正常运行状态。数智化平台在这一过程中堪称"智慧大脑"，它打造了端到端的全流程管理体系，将各部门的工作环节无缝串联。从报修信息一键直达，到备件采购流程实时跟踪，再到维修成果在线验收，每个环节都清晰明了，精准界定了各部门责任。借助数智化平台，维修工作得以有条不紊、高效地推进，大幅缩短了设备停机时间。

（4）基于设备运维大数据的智能决策

对设备在运行过程、维修维护过程中的海量数据进行采集、存储和分析，这些数据将直观地呈现设备运维中的关键指标，如故障率、利用率、返修率、备件消耗、维修时长以及维修成本等。通过这些指标，能够清晰洞察设备运行的健康状况，精准找出管理的薄弱环节，从而有针对性地优化现场管理，提升整体运营效率。

3. 数智化系统助力企业提升设备运维水平

以中国旭阳集团为例，它的运营规模极为庞大，旗下设有17条焦炭生产线、58条化工生产线以及4条高纯氢生产线。生产设备的可靠性与稳定性如同企业生产效率和经营质量的"命门"，牵一发而动全身，这使得中国旭阳集团对设备运维管理有着近乎严苛的要求。为此中国旭阳集团先以园区为试点，在全集团推广，搭建了设备生命周期数智化系统，旨在突破传统运维模式的局限。借助这一系统，实现了设备实时在线监测，点巡检作业全面迈向移动化、智能化，维修维护工作不仅能智能预警，也能让后续跟踪变得更为高效精准。系统上线后，成效立竿见影：特种设备送检率从80%大幅提升至98%，点检执行率更是从86%飙升至100%，设备故障率显著降低，全方位提升了设备运维水平，为企业的高效稳定运营筑牢根基。

8.7.3　不动产价值挖潜与收益增长

1. 国有企业土地房产管理中的四大难题

在国有企业的资产版图中，土地与房产占据着举足轻重的地位。它们不仅是企业开展生产经营活动的根基，更是支撑企业实现可持续发展的关键要素。近年来，土地和房产租赁业务作为国企盘活资产、增加收益的重要途径，在国企经营活动中发挥着日益关键的作用。

但市场环境风云变幻，企业规模持续扩张，传统的土地、房产租赁管理模式渐渐显露出诸多弊病。信息分散、协同不畅、流程烦琐、决策失准，这四大难题成为国企土地房产管理效率提升的"拦路虎"（见图8-49）。这些问题不仅严重阻碍了国企租赁业务的发展步伐，还对国有资产的保值增值造成了负面影响，亟待解决。

（1）信息管理方面

在传统管理模式下，资产信息分散且缺乏有效整合。国企的土地和房产资产分布广泛，涉及多个区域和部门。然而，各部门之间往往缺乏统一的信息管理系统，导致资产信息分散在不同的纸质文件、电子表格或局部业务系统中。这使得资产信息难以实现实时共享和集中管理，数据的准确性和一致性难以保证。

图 8-49　国有企业土地房产管理中的四大难题

（2）业务流程方面

业务流程烦琐是传统管理模式的另一大痛点。由于缺乏标准化的业务流程和信息化的协同工具，各环节之间的沟通成本较高，容易出现信息传递不畅、工作重复等问题，导致业务办理周期延长，资产的运营效率降低。

（3）租户协同方面

租户服务水平有待提升也是传统管理模式的短板之一。在传统管理模式下，租户与国企之间的沟通渠道有限，主要依赖电话、邮件等传统方式。当租户遇到问题或需要咨询时，往往难以快速得到响应和解决，导致租户满意度较低。

（4）决策支持方面

传统管理模式主要依赖经验和定性分析，缺乏数据驱动的科学决策。由于缺乏对租赁业务数据的深度挖掘和分析，管理者难以准确把握市场动态、租金走势和租户需求变化等信息，无法为决策提供有力的数据支持。

2.国企土地房产租赁数智化解锁收益增长密码

在数字经济蓬勃发展的浪潮下，数字技术日新月异，为企业管理创新开辟了全新路径。数智化平台建设作为企业数字化转型的关键一环，已成为众多企业提升管理效能、优化业务流程、增强市场竞争力的核心举措。

对国有企业来说，构建土地房产租赁数智化平台（其设计蓝图如图 8-50 所示）极具战略意义。这一平台能精准"对症下药"，全方位提升租赁业务的管理水平与运营效率。借助大数据、人工智能等前沿技术，平台还能深度洞察租赁市场动态，实现精准分析与科学预测，为企业决策提供坚实的数据支撑。如此一来，国有企业得以敏锐捕捉市场变化，推动国有资产保值增值，从而在激烈的市场竞争中稳占优势地位。

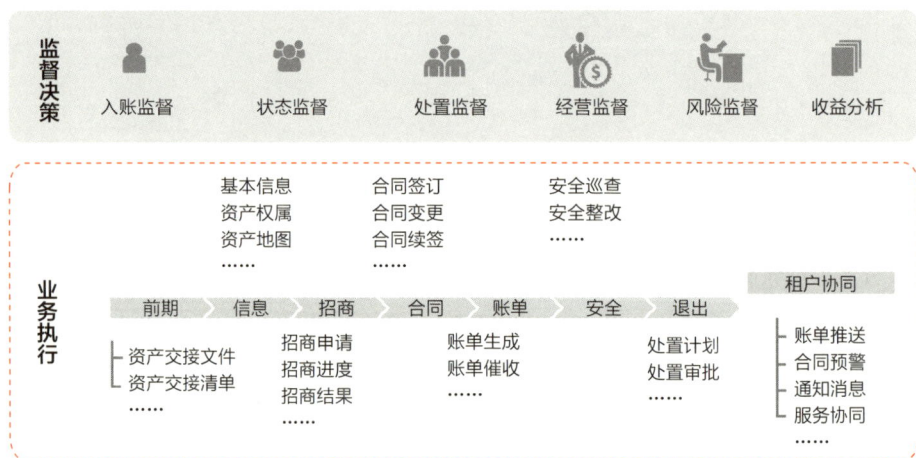

图 8-50　土地房产租赁数智化平台设计蓝图

（1）厘清家底，明确权属，构建全方位不动产台账

借助数智化平台，企业能够将土地、房产等相关数据进行统一归集，无论是直接导入还是人工录入，均可整合至同一平台。资产交接、资产验收等文件也可实现集中管理，从而实现资产状况的全面透明化，便于文档资料的查阅与调取，进而使企业资产状况一目了然。

同时，数智化平台可系统化登记不动产的基础信息、权属信息及权证信息等，清晰记录资产来源及后续变更情况，并通过技术手段有效规避权属纠纷风险。借助 GIS 地图，可直观展示不动产的位置分布及实时状态。

在不动产的全生命周期中，任何信息变更或抵押、保险、委托经营、对外租赁等操作，均会被自动记录至不动产履历中，便于管理者随时查询与追溯。基于这些功能，企业在制定战略规划与财务决策时能够获得可靠的数据支撑，从而显著提升管理效率。

（2）AI 助力合规经营，实现经营效益增长

不动产经营涵盖从空间划分、对外招商、合同签订一直到租金收缴的整套流程，其间还涉及合同变更、租金调整、合同续签等业务环节。以往，这些业务流程复杂烦琐，容易出现流程遗漏或不合规的情况。如今，数智化平台凭借强大且灵活的审批流配置能力，能够精准识别企业不动产经营过程中的每一项操作流程，自动跟进，杜绝流程环节的遗漏。同时，审批过程全程留痕存档，确保每一步都合规合法，有据可查。资产经营与财务系统的一体化，在账单生成、押金处理、租金收缴等环节实现了经营数据与财务数据的实时同步，业务与财务部门能便捷地完成自动对账。以往业务与财务部门烦琐的对账工作得以简化，极大减轻了对账压力，节省了管理成本。另外，在对外招商和合同签订的关键环节，大模型为管理者勾勒出目标客户的全方位画像，提前警示信誉风险，助力企业做出更明智的决策，提升不动产经营管理的效率与质量。

（3）扩展沟通渠道，提升服务水平

在资产出租业务里，客户对服务质量的直观感受很大程度上取决于沟通是否方便快捷、响应是否及时。以往，沟通基本依赖电话、微信等传统渠道，不仅效率不高，信息还容易遗漏。现在，数智化平台带来了全新变革。借助微信公众号这一载体，平台能自动把账单、通知、合同到期提醒、租金催收等信息精准推送给客户，客户接收信息更及时、便捷。同时，客户报修、租金缴纳反馈等信息也能实时同步到企业，打破了信息壁垒，让双方的沟通更加畅通无阻。在这种模式下，资产租赁业务从起始到结束，各环节实现了无缝协同，客户服务体验大幅提升。并且，业务流程中的各类数据都被详细记录，进一步丰富了

企业的经营数据，为后续业务优化提供了有力支撑。

（4）智能预警经营风险，筑牢风控防线

合同逾期、租金拖欠，这些风险会严重冲击企业的资产经营效益；资产长时间闲置，会大幅增加企业成本；资产存在安全隐患，可能引发法律纠纷，让企业陷入被动局面。如今，智能预警平台为企业解决这些难题提供了有效办法。企业可在平台上预先设定资产经营各环节的风险触发条件，如合同到期前的提醒时间、租金逾期的天数阈值等。一旦经营过程中相关数据接近或达到设定阈值，系统便会立即通过工作中心、移动端、短信等多渠道发出预警，第一时间通知管理人员。如此一来，管理人员能够及时察觉风险，迅速采取应对措施，有效降低资产经营风险，保障企业平稳运营。

（5）资产智能定级，存量资产盘活

盘活存量资产已成为国有企业必须应对的关键任务。数智化平台能够依据土地、房产的实际经营收益与成本状况，按照既定的定级规则，对各类资产展开自动定级工作。通过这一定级过程，可精准区分出高效、低效、闲置以及负效资产。同时，结合资产权证的齐备情况，平台还能为不同资产推荐合适的盘活途径。如此一来，管理者便能迅速针对经营收益欠佳的资产实施处置措施，有效提升企业的资产收益能力。

（6）管理者驾驶舱，助力经营性资产良性发展

管理者驾驶舱如同强大的智慧中枢，它将租金收缴、合同管理、房源空置率等关键数据实时汇聚，以直观的图表形式清晰呈现，让管理者一眼洞悉运营全貌。通过智能分析，管理者驾驶舱精准预测租赁趋势，提前规划招商策略，降低房源空置时长。面对合同管理难题，系统自动预警到期续约、潜在违约风险，保障租赁交易顺畅。在租金收缴环节，系统追踪催缴进度，提高资金回笼效率。依托管理者驾驶舱，不动产租赁企业得以优化资源配置、提升运营效能，稳健驶向资产保值增值、经营良性发展的高质量发展大道。

3. 数智化平台助力大型产业控股集团盘活存量资产

国内某大型产业控股集团，坐拥超 3000 亿元资产规模，旗下土地、房产

广泛分布于全省各地。然而，长期以来，集团面临资产家底模糊、权属关系错综复杂的难题，存量资产经营状况更是如同雾里看花，致使存量资产盘活这一关键战略目标难以落地。为打破这一困局，集团全力推进资产管理数智化平台建设。该平台以土地、房产为核心，全面覆盖集团所有类型资产，构建起统一管理体系。借助这一平台，集团清晰掌握资产家底与地理位置分布，精准洞察资产经营状态、收益及成本。同时，针对合同风险、涉诉风险、信用风险等经营风险，平台能及时预警，大幅提升资产管理效率，成功助力集团实现存量资产的高效盘活，为集团发展注入强劲动力。

8.8　赋能员工，激活组织

人力资源数智化转型是企业数智化转型的重要组成部分。人力资源数智化转型的目的是将云计算、大数据、人工智能等数智技术与人力资源管理融合，构建突破组织边界的社会化组织体系，打造持续的人才供应链体系，形成智能化的人力资源运营体系，建立卓越的员工服务体系，真正实现赋能员工、激活组织。

根据全球人力资源数智化转型趋势，结合 8000 多家大型集团企业（包括 50 多家中央企业）的人力资源数智化建设经验，用友提出中国企业人力资源数智化转型"1-4-5"模型，如图 8-51 所示。

（1）一个目标

人力资源数智化转型的目标是赋能员工、激活组织，实现个人发展与组织发展并举的组织能力建设。

（2）四类要素

围绕个人发展与组织发展并举的组织能力建设这一根本目标，以"赋能员工、激活组织"为理念，聚焦"人才引领组织发展，组织承载战略达成，管理驱动员工赋能，体验激发人才活力"，从人才、组织、管理、体验四个维度实现人力资源管理的数智化转型，建设精准人才发展、敏捷组织变革、智能人力运营、卓越员工体验的人力资源管理数字化体系。

一个目标

赋能员工 | 激活组织 | 个人发展与组织发展并举的企业组织能力建设

四类要素

管理 | 智能人力运营
- 围绕组织发展和组织构建效率提升，实现人力资源管理运营智能化转型，通过持续机制创新重塑整个人力资源管理，通过智能化应用提升组织效率
- **业务运营智能化 强化组织运营的结构效率**

组织 | 敏捷组织变革
- 深入组织运营，洞悉组织效能、人才效能与资本效能，数据驱动人力资源业务分析，管理价值可视化与实质分析评估
- **数据赋能，洞悉、预测、设计未来**

体验 | 卓越员工体验
- 以提升员工敬业度与获得感为目标，融入员工体验和智能化应用，推动团队高效协同员工生产力和智能员工服务
- **提升员工敬业度，获得感与使命感倾听组织效率**

人才 | 精准人才发展
- 战略目标与组织绩效驱动的、千人千面个性化定制的，从遴选人才到胜任和发展闭环的、数据驱动智能化人才配置，业务聚集的数字化人才供应链
- **引领组织发展的数字化人才供应链**

五大基石

数据智能
人力资源智能技术与数据治理

文化引领
数字领导力与组织文化建设

机制创新
数字人才供应链与人才发展

业务聚焦
组织绩效与目标管理创新

战略定位
组织发展与人力资源转型

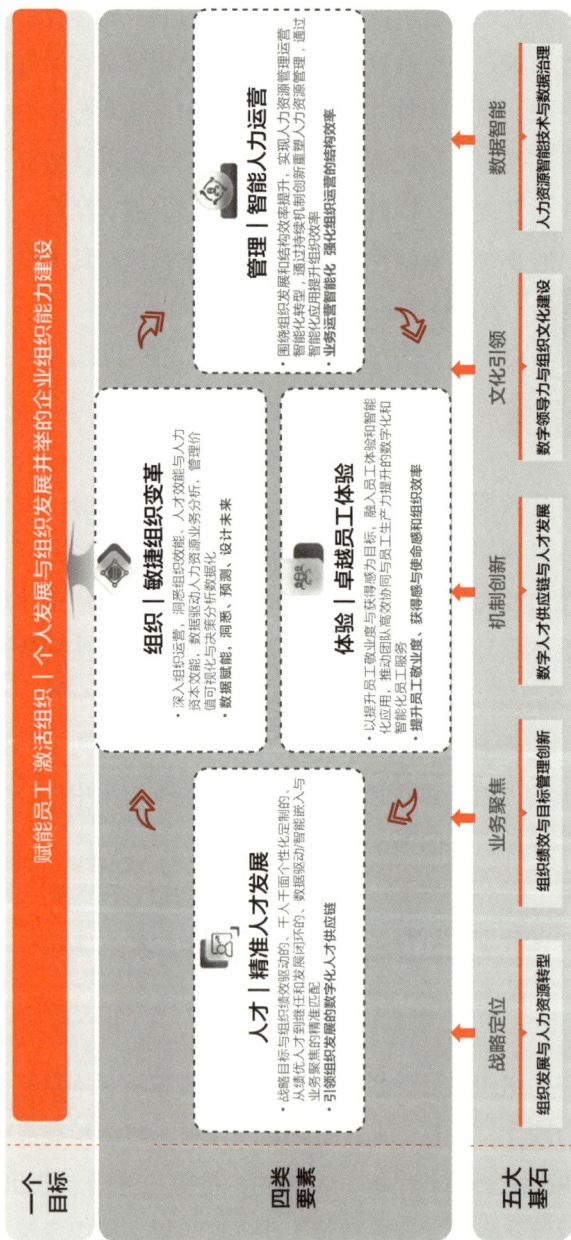

图 8-51 人力资源数智化转型 "1-4-5" 模型

（3）五大基石

要实现人力资源数智化转型的四类要素，需要从战略定位、业务聚焦、机制创新、文化引领、数据智能等管理和技术的不同方面奠定坚实基础。以组织能力提升为战略定位，以组织绩效管理与目标管理创新为突破口，以构建数字化人才供应链与人才发展体系为基础，不断创新人力资源管理机制，以数字领导力提升与组织文化建设为文化引领，强化数据治理能力，通过数据赋能和智能嵌入，帮助企业建立"数据驱动业务"的思维，最终实现数智化企业组织能力建设和持续跃升。

8.8.1　精准人才发展，打造可持续的人才供应链

精准人才发展，即通过数智化技术实现数据识人、智能育人、智慧用人，打造持续健康的人才供应链，如图 8-52 所示。精准识别企业发展所需要的绩优人才画像，帮助企业快速从市场上获取人才，个性化培养发展人才，最优化配置使用人才，实现人才和岗位、人才和工作的精准匹配，实现个人发展与企业发展的相互促进。

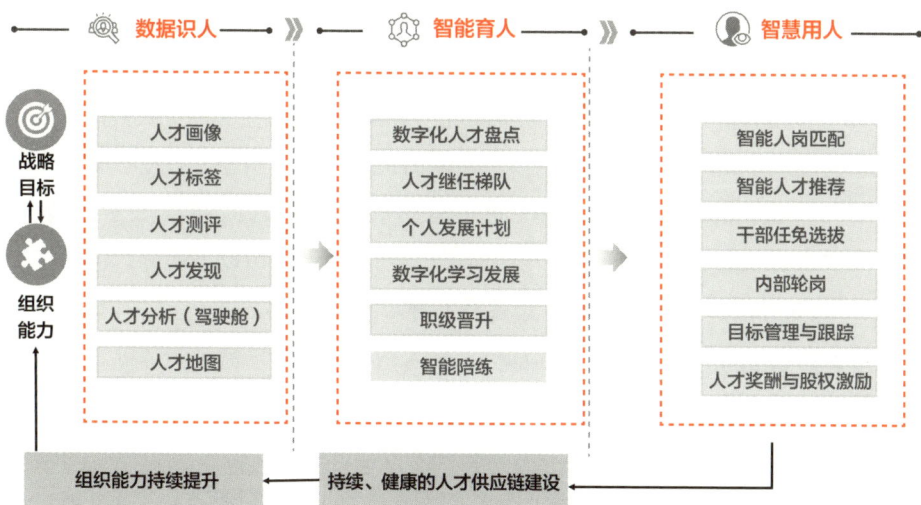

图 8-52　精准人才发展体系

1. 数据识人

根据企业发展要求，通过数智化技术帮助企业识别绩优人才画像，优化企业人才标准，通过人才画像、人才标签、人才发现等技术协助企业精准识别人才，构建企业人才地图，明确人才数量、人才质量缺口。

（1）优化用人标准

聚焦战略目标与组织绩效驱动，围绕业务发展对组织能力和人才培养的要求，定义人才标准和胜任力要求。根据绩优人才的相关数据，构建企业绩优人才画像。目前很多企业已经开始让 AI 协助完成 JD（职位描述）的编写，AI 会参考领先企业同类职位的 JD 协助优化本企业的 JD。

（2）精准识别人才

根据企业未来发展的需要，盘清楚家底，了解企业人才数量、质量的缺口。这说起来容易，做起来并不简单，现实是很多企业对自身人才状况是不了解的，人才数据的准确性、及时性、全面性无法保证。姓名、性别、年龄、学历等基础人事信息，大多数企业能够掌握，但是人才履历、项目经历、专业特长、个性特质等人才信息，很多企业不太清楚。有些企业会定期进行人才盘点，但这种由定期盘点获得的信息往往存在滞后性。现在需要通过人才画像、人才标签、人才测评等工具，保证人才数据的全面、及时、准确，这样企业才能随时了解整体的人才配置状况、精准匹配人才。

1）人才画像。人才画像可以完整展现一个人的全景信息，避免人员信息散落各处。构建人才画像的基础是冰山模型，冰山模型是由美国著名心理学家麦克利兰于 1973 年提出的著名模型。所谓"冰山模型"，就是将人员个体素质的不同表现划分为"冰山以上部分"和"冰山以下部分"。其中，"冰山以上部分"包括基本信息、知识、技能，是外在表现，是容易了解与测量的部分。而"冰山以下部分"包括社会角色、自我形象、特质和动机，是人内在的、难以测量的部分。它们不太容易因外界的影响而改变，却对人员的行为与表现起着关键性作用。"冰山以上部分"的信息容易获取，如果人力系统做得不错，企业可直接从人力系统中获取，而"冰山以下部分"的信息需要借助专业的人才测评工具进行测评后才能获取。

2）人才标签。人才标签是通过对人才数据运用抽象、归纳、推理等算法得到的高度精练的特征标识，用于人才选拔的差异化决策、人才和岗位 / 工作的快速匹配，如图 8-53 所示。人才标签包括客观标签、主观标签。客观标签包括基础信息、教育培训、专业经历等，比如 985/211、海外留学、95 后、博士等。主观标签包括能力标签、行为标签、性格标签等。

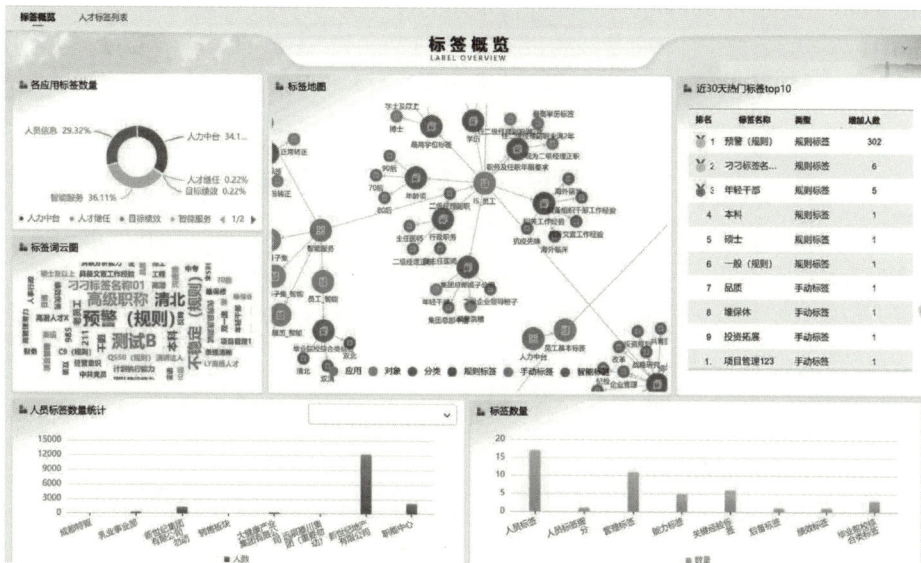

图 8-53　人才标签库示例

　　通威农发以饲料生产和水产养殖为核心业务，是全球领先的水产饲料生产企业及重要的畜禽饲料生产企业，拥有 80 余家涉及饲料业务的分、子公司，生产、销售网络已覆盖全国大部分地区及越南、孟加拉国、印度尼西亚等东南亚国家。为了支撑业务全球化发展，让管理者能够"看清人才、看全人才、激活人才、科学配置人才"，通威农发构建了人才管理系统，包括人才标准、人才评价、人才发展、人才配置、人才画像、人才分析。人才全景画像（见图 8-54）能帮助管理者看到人才的"前世今生"，包括基本信息、关键贡献、关键成功经验、职业发展轨迹、专业职称、奖惩信息、培训学习发展经历、专项工作、关键业绩结果指标、通用能力素质、岗位核心能力素质、潜力特质、个性特征、管理风格、360 测评结果、人才标签等。

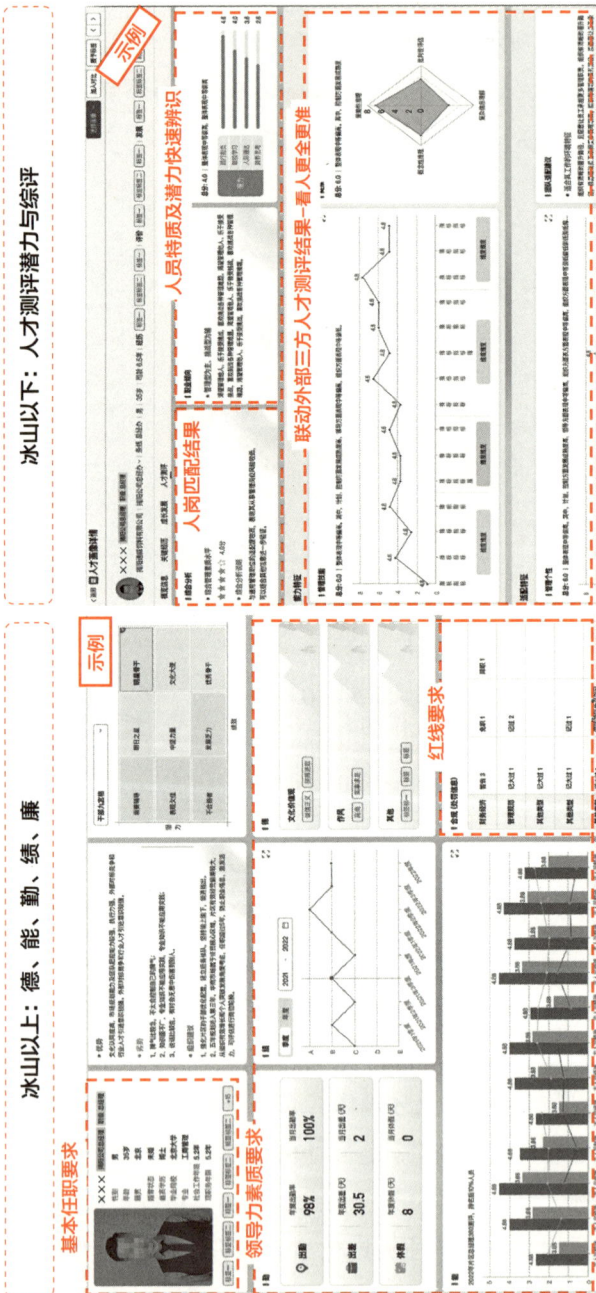

图8-54 通威农发人才全景画像示例

2. 智能育人

根据企业发展需要和个人发展意愿，制订个性化人才培养计划，并持续跟踪人才培养的进展，进行动态的人才入池、人才出池管理。AI 不仅让培训更容易，还将从根本上改变培训的交付方式，促进员工从被动培训转变为自主学习。

在内容开发方面，AIGC 技术能基于输入的讲稿、讲师音频和头像等基础素材，快速生成具备讲师语速、音调和表情动作的播报式课程，并支持生成 AI 图片课程、AI PPT 课程等。

- ❑ AI 智能陪练：模拟业务场景，通过朗读、复述、情景模拟等功能强化员工话术技能，并根据学习情况提供多维评分报告。
- ❑ AI 知识助理：AI 智能知识助手不仅能自动提取课程关键词与关键点，形成知识库，还能基于自然语言处理技术，自动处理文本数据，并与学员高效交互，帮助学员快速掌握知识体系。

学习发展团队与业务部门深度合作，将与学习相关的 AI 助理融入业务流程。关于人才的培育，除了建立完善的培训体系外，更重要的是在工作实践中培养干部、发展人才，通过数智化手段精准识别员工当前的状态和需要补充的能力，为员工智能推荐个性化课程。通过与员工互动，AI 智能陪练可以让员工轻松掌握需要的技能。AI 更加注重实时反馈、情感交互与跨场景协同，能够助力企业实现从"知识传递"到"能力进化"的跨越。

某保险企业使用 AI 陪练（见图 8-55）模拟销售场景，通过朗读、复述、情景模拟等功能强化员工的话术技能，将新员工销售模拟考核的通过率从 65% 提升至 92%。

用友网络数智人力事业部为销售团队搭建了智能知识助手（见图 8-56），帮助销售回答销售人力资源系统中的相关问题，包括行业发展趋势、产品功能、客户案例、业务推进等方面，提升销售人员的专业能力，促进业务开展。

3. 智慧用人

人力资源部最重要的工作就是科学配置和使用人才，实现业人融合，把合适的人放在合适的岗位（工作）上，让人才搭配结构合理，实现生产力的最大化，以便达成组织目标。

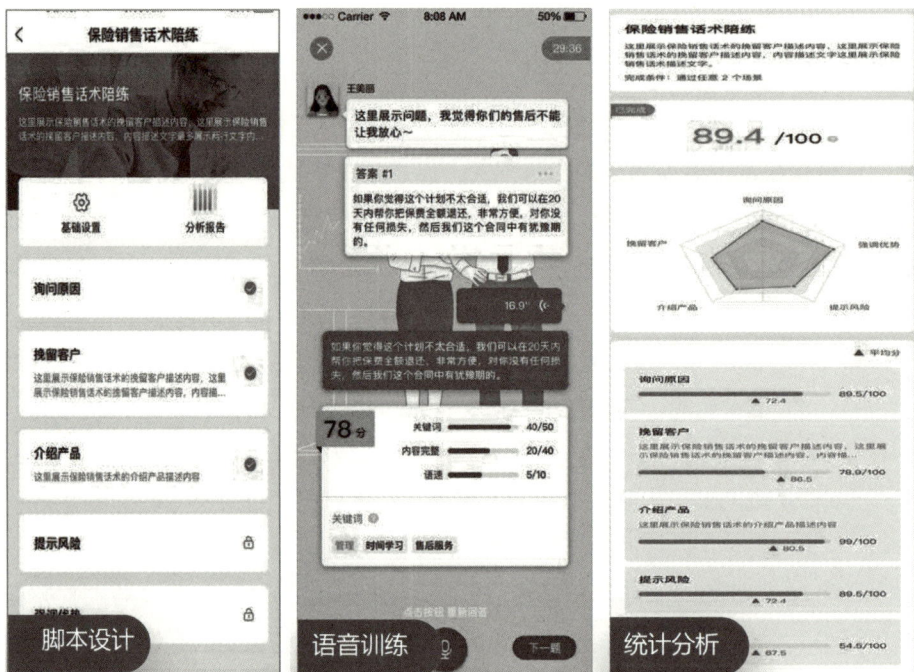

图 8-55　某保险企业的 AI 陪练示例

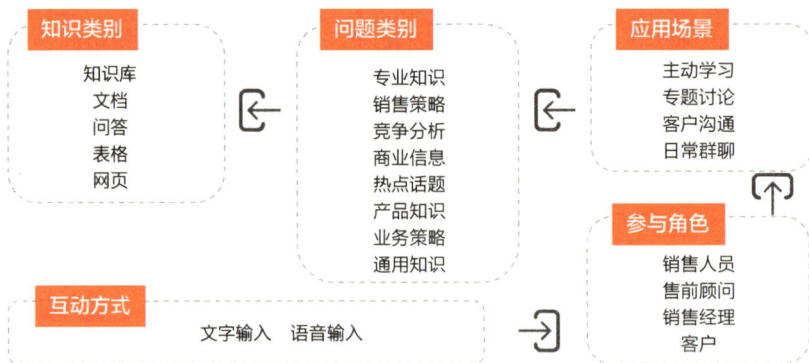

图 8-56　智能知识助手

1）AI 智能招聘：通过 AI 简历评估、AI 智能推荐、AI 智能面试等工具快速帮企业找到合适的人才。

人力资源领域对 AI 的应用始于人才招聘，AI 重塑了整个招聘流程（见图 8-57）。

AI智能写JD

智能梳理人才招聘需求
辅导撰写JD
帮助企业找到更匹配的候选人

AI智能问答

AI自主学习招聘知识
7×24小时了解候选人提问
主动推荐职位并引导投递

AI简历评估

基于深度学习模型
智能生成人岗匹配度评分
精准提炼人才优劣势

AI智能简历推荐

深度挖掘人才库现有资源
智能推荐高匹配度人才
根据反馈优化算法

AI面试

AI+HR专家共建模型，因岗设题
语言、胜任力、性格、心理等多维评估人才
基于面试提炼候选人特质并生成报告

AI面试助手

为面试官智能推荐面试题目
分析候选人的回答，提供追问建议
智能记录和提炼面试过程

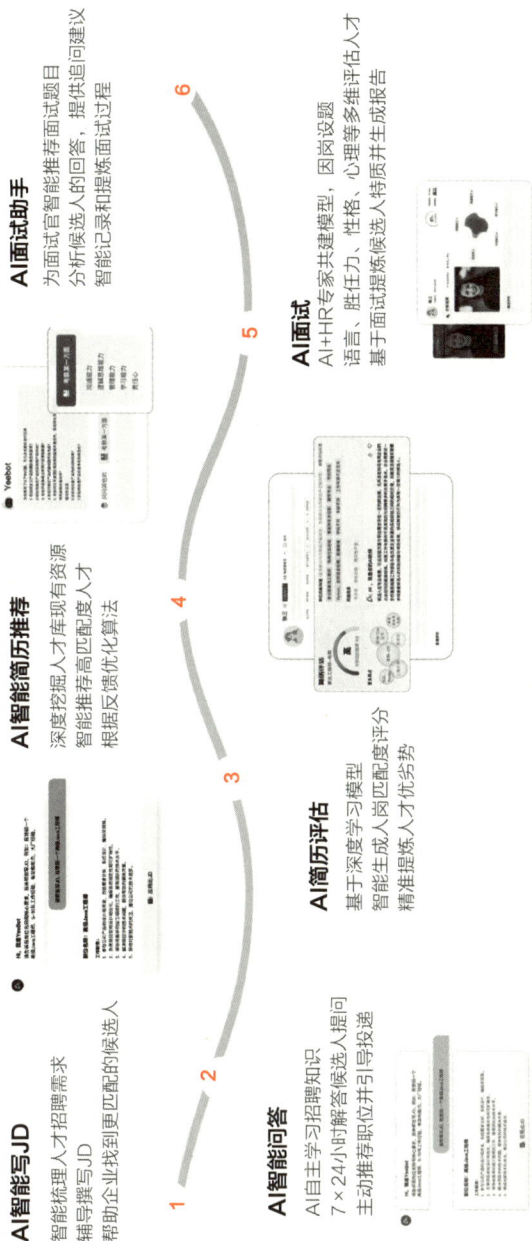

图 8-57　AI 智能招聘业务流程图

AI 智能写 JD。AI 能根据职位关键字和 HR 描述智能生成 JD，并根据 JD 解析结果自动生成岗位画像，优化人岗匹配模型，为企业找到最合适的人才。

AI 智能问答。AI 能与候选人进行互动，评估他们与职位的匹配度以及安排面试，并支持 7×24 小时回答候选人、经理和面试官关于职位、流程和候选人的问题。

AI 简历评估。基于深度学习模型，智能生成人岗匹配度评分，精准提炼人才优劣势，并按照简历评分进行排名。

AI 智能简历推荐。深挖人才库现有资源，智能推荐高匹配人才。AI 不仅能根据岗位需求深度挖掘人才库简历，对简历进行评分，并根据匹配度推荐优质简历，还能基于 HR 采纳结果持续优化推荐算法，提高简历推荐精准度。

AI 面试。AI 面试能够全面考查候选人的各项能力特质，省去传统面试中在线测评、笔试、电话沟通、人工初面等多个环节，大幅缩短招聘周期。借助面试专家精心设计的行为面试问题，AI 面试可以发掘候选人的工作能力、人际能力、责任心、抗压性等多方面特质。不仅如此，AI 面试还能对候选人进行大五人格、心理健康情况的评估，充分了解其性格特点和心理状态。同时，AI 面试官会敏锐捕捉候选人简历中的"风险点"，如空档期、教育经历异常、频繁跳槽等，并进行针对性提问，帮助企业全面了解候选人简历未直接反映的风险信息，提升招聘效率与质量。

AI 面试助手。为面试官智能推荐面试题目，分析候选人的回答，提供追问建议，智能记录和提炼面试过程。

案例：某大型消费品公司业务代表岗位每年的面试量超过 5000 人次，人工面试需要花费大量时间和精力。公司通过用 AI 面试代替传统面试流程中笔试、测评、人工初面等多个环节，缩短了整个招聘流程，单日面试量从 100 人次提升到 500 人次，面试效率提升 400%。同时，AI 面试能全面考查候选人，考查范围不仅包括语言能力、气质等显性特征，还包括岗位胜任力、性格特点、心理健康等冰山之下的隐形特点，智能评估候选人的多维能力，减少人为偏见，面试转化率达 76%。此外，AI 面试能快速收集相关信息，节省 HR 重复性拨打电话的时间。

2）内部人才市场由 AI 推动、以技能为重点，能够促进内部人才的流动，实现工作任务与人才的快速精准匹配。

近年来，很多大型集团企业开始重视内部人才市场平台的打造，以优化内部人才配置。尤其是一些创新驱动或项目型的公司，它们会将一些具有挑战性的创新任务发布在内部人才市场中，想参与的员工可以主动申请相应的任务。也有一些企业会把即将完成项目的人员放到空闲人才池，项目负责人会根据项目需要的技能和人员具备的技能，进行人员的选择和储备。

通过智能人才发现平台（见图 8-58）可以实现标签找人、以岗找人、以人找人、项目找人。用户通过对话方式告诉机器人所需的人才，机器人会快速地推荐候选人，并进行人才评价匹配度分析，帮助用户找到合适人选。

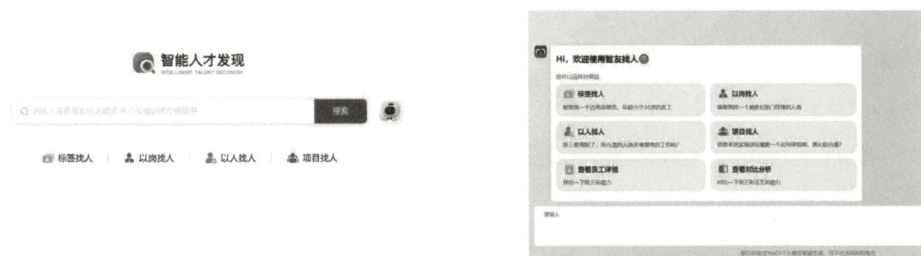

用友GPT大模型，"对话式"互动选人

图 8-58 智能人才发现平台

中软国际是一家行业领先的全球化软件与信息技术服务企业，其很大的一部分成本就是人员闲置成本、人员招聘成本。后来通过构建人才标签、人才画像和空闲人才池，中软国际将项目需要和人才能力快速匹配，盘活内部闲置资源，年度协调 2000 人，协调成功率达 60%，相当于每年节约人才招聘费用 384 万元。

3）目标驱动，人才激活，业人融合。

如果你想让员工全力以赴地为企业创造价值，就必须解决驱动力的问题。根据丹尼尔·平克在《驱动力》中的描述，新生代员工的驱动力已经从驱动力 2.0（外在激励）转变成驱动力 3.0（内在激励）。驱动力 3.0 的 3 个关键要素是自主（我做什么我决定）、专精（把想做的事情做得越来越好，发挥优势和刻意练习）、目的（超越自身渴望，不仅是利润、效率、价值，还有更大的意义）。

很多领先企业（GE、微软、IBM、Google 等）都在变革自己的绩效管理体系。Google 于 2022 年 5 月发布 GRAD（Googler Reviews and Development），进一步简化了绩效评估流程，将评估从每年两次改为每年一次，更加关注员工的成长、发展、进步和影响力。改变以后，Google 采用 OKR+GRAD 模式进行目标管理、绩效评估。以推行强制活力分布曲线和末位淘汰制而知名的巨头 GE（通用电气）在 2015 年郑重宣布"放弃强制活力分布曲线和末位淘汰制"。知识密集型的企业（如德勤、埃森哲等）也不约而同地提出"改造绩效管理"和"放弃绩效评估与排名，以项目制的方式进行考核"等绩效管理变革措施。IBM 也在 2016 年启用了 Checkpoints 系统。GE、德勤、埃森哲、微软等全球巨头的绩效管理变革实践紧紧围绕"持续绩效"展开，强调在绩效管理过程中坚持"关注员工对组织、业务、团队的实际影响力"原则，强化"持续对话，教练式反馈，侧重员工发展"目标，以"绩效管理日常化"和"员工参与度"为准绳，侧重团队目标，打造开放、信任、透明的组织能力。

也许上述企业在具体操作方法上有所不同，但其核心目的都是一样的，即激发创新并产生绩效。通过加强目标管理，可快速响应外界变化，使目标对齐、上下同欲；通过加强过程中的持续反馈，可保证目标的适应性，并在过程中辅导员工成长。基于价值贡献的综合评价是为了公平评价员工价值，合理分配价值，并齐心协力创造价值。

案例：用友 GOT（Goal Objective Task）体系（见图 8-59），充分借鉴了 Google 的 OKR 思想精髓、目标绩效与持续反馈的思想，并将其延伸到日常行为（任务）级的绩效管理创新中。Goal 代表的是组织绩效，是组织的战略目标与业务目标，即基于愿景描绘和组织使命，明确组织未来 3～5 年的目标期待；Objective 代表的是团队目标以及对应的岗位绩效，是对组织绩效和企业战略目标的分解落地，即基于战略目标和现状，绘制近一两年的具体目标策略并产生当期的组织绩效；Task 代表的是日常行为或日常任务，是遵循 SMART 原则分配的可执行的细粒度日常工作事项，即基于组织的具体目标，结合员工的个人成长意愿、优势建立个人目标，员工对目标完成的过程进行持续反馈，并产生个人绩效。GOT 体系通过目标绩效和持续反馈实现组织绩效与个人目标的充分关联及持续提升，并依赖人才盘点、个人发展计划、人才画像等管理工具，聚焦人才供应与组织激活，进而重塑组织能力，实现互信、目标明确、组织敏捷的团队构建。同时，GOT 体系的核心思想在于区分组织绩效和业务目标，激励团队围绕业务目标持续奋斗，而不是单纯地围绕组织绩效的考核评价推进工作。

8.8.2　敏捷组织变革，激发组织活力

人力资源的数字化转型是一次决策革命，组织从基于经验和感觉的决策转向基于事实和数据的科学决策。通过决策革命推动组织发展是敏捷组织变革的本质。通过决策革命，组织可实现更精准的人才选拔、更准确的人才与业务匹配，并对内部关系和潜在问题进行洞察与干预。通过智能化的数据分析和数据治理体系，组织在人员结构、人才质量、人力运营、人效分析的基础上，在一体化平台中融入财务、业务数据，获得更全面的企业经营分析，洞察组织效能、人才效能与人力资本效能，最终实现数据赋能，洞悉、预测和设计未来。

1. 人员分析的层级

数据是新时代的石油，而数据分析是发动机，数据只有经过数据分析才能产生价值。由于各企业的数据质量、数据应用的成熟度存在明显差异，因此人员分析可以分为五个层级（见图 8-60）。

第一层级：简单的人员报告，仅描述发生了什么，比如本月离职人数。

第二层级：描述性分析，即更详细的分析，内容涉及企业所发生的情况与标杆企业或同行业对比是什么情况。比如，经过分析，本月离职率跟同行业对比偏高。

第三层级：因果分析，即分析问题发生的原因。比如，经过因果分析，企业离职率变高是因为组织调整和人员调整没有做好与员工的沟通。

第四层级：预测性分析，即从数据中发现了什么规律，并预测接下来可能发生的事情。比如，根据离职原因分析，基于当前的人员情况，哪些人可能还有较高的离职风险。

第五层级：处方性分析，即预测可能发生的事情，并给出行动建议。比如，根据离职预测分析哪些核心关键人才有离职风险，并建议企业提前采取一些措施。

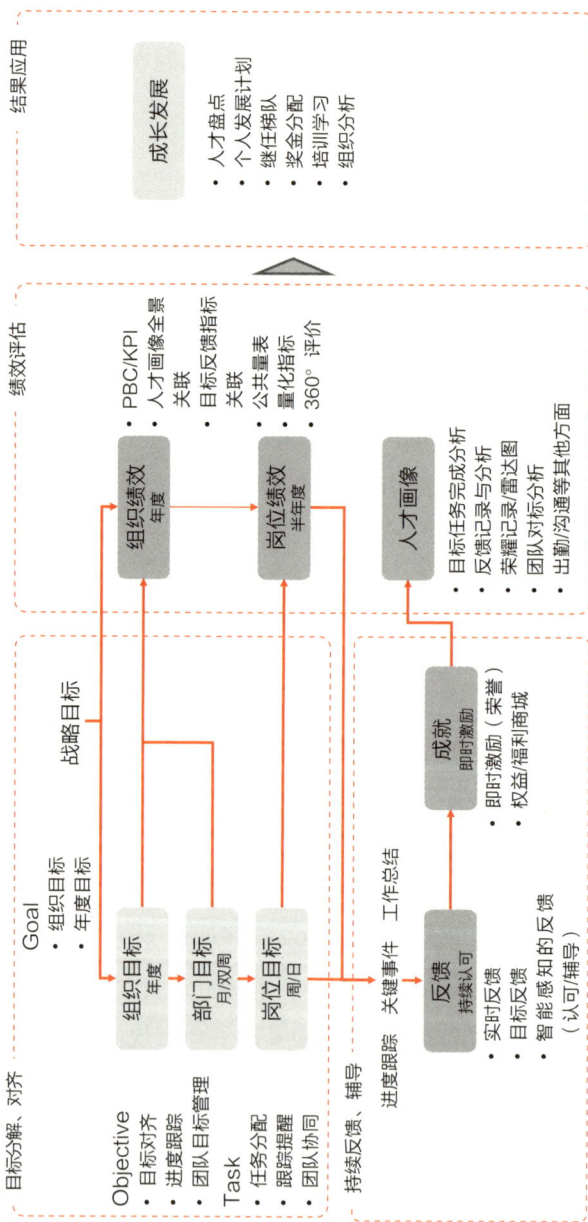

图 8-59 用友 GOT 体系模型

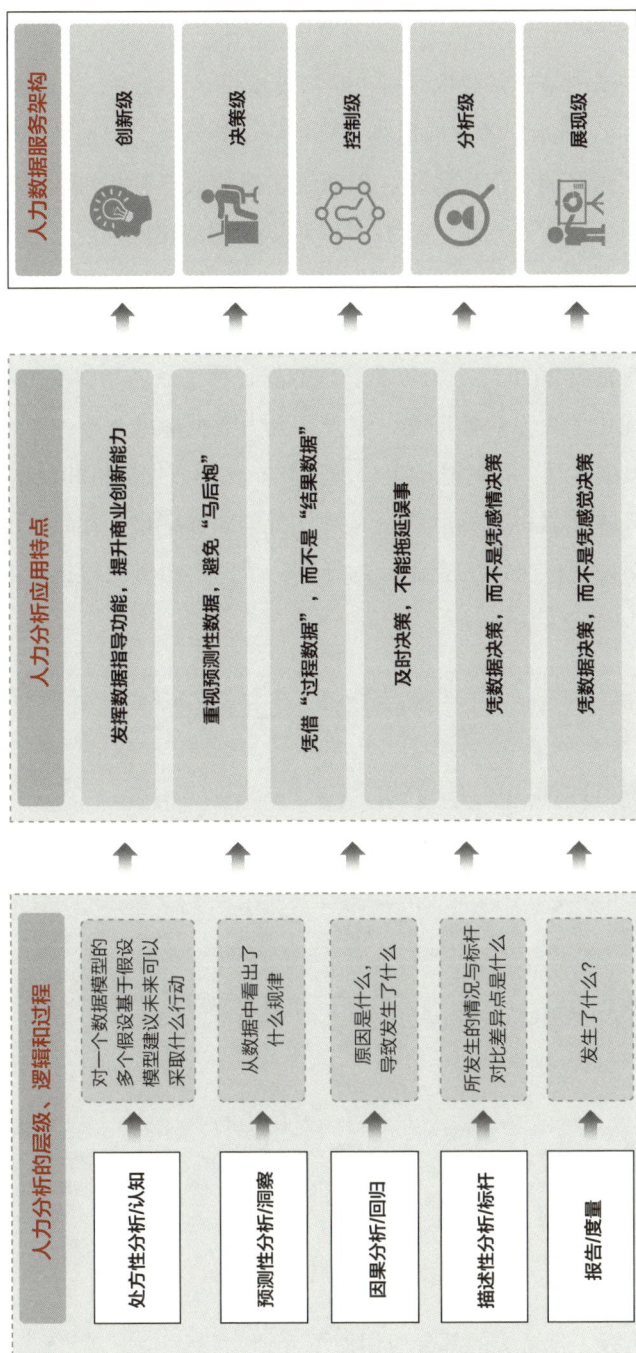

图 8-60　人员分析的层级

2. 人力数据服务矩阵

敏捷组织变革的基础是数据分析，包括展现级、分析级、控制级、决策级、创新级，如图8-61所示。关于展现级、分析级、控制级，目前大部分企业已经有比较成熟的实践经验，但决策级、创新级实践的成熟度相对低一些，但领先企业已经在不同场景率先实践。AI技术以难以预测的速度向前发展，高层级的分析也将快速在更多企业中得到应用。中国长江三峡集团有限公司（简称三峡集团）通过重构人力资源管理数智化，将原有的人力资源系统进行了全面数字化升级，在顺利完成2020年人力资源管理数据迁移工作的基础上，通过升级系统整体架构，优化了人力业务流程，完善了人力数据标准规范，实现了全数据链的人力资源数据管理。在此基础上，通过智能化的数据分析和数据治理体系，将人员结构、人才质量、人力运营、人效分析全面数字化，并融合财务、业务数据，为三峡集团提供全面的企业经营分析，帮助集团实现数据赋能，引领组织变革。

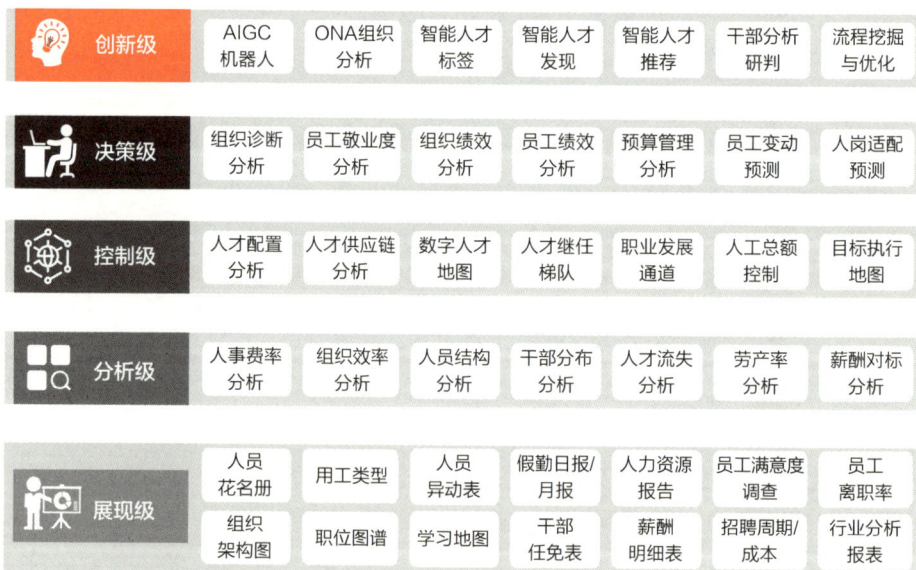

创新级	AIGC机器人	ONA组织分析	智能人才标签	智能人才发现	智能人才推荐	干部分析研判	流程挖掘与优化
决策级	组织诊断分析	员工敬业度分析	组织绩效分析	员工绩效分析	预算管理分析	员工变动预测	人岗适配预测
控制级	人才配置分析	人才供应链分析	数字人才地图	人才继任梯队	职业发展通道	人工总额控制	目标执行地图
分析级	人事费率分析	组织效率分析	人员结构分析	干部分布分析	人才流失分析	劳产率分析	薪酬对标分析
展现级	人员花名册 / 组织架构图	用工类型 / 职位图谱	人员异动表 / 学习地图	假勤日报/月报 / 干部任免表	人力资源报告 / 薪酬明细表	员工满意度调查 / 招聘周期/成本	员工离职率 / 行业分析报表

图 8-61 人力数据服务矩阵

下面就决策级、创新级的部分应用做下介绍。

（1）决策级应用示例，人才模拟配备分析

哪些干部适合创新或开展新业务？哪些干部可以提高成熟业务的运营效率？领导班子怎么科学搭配才能产生最大生产力？我们要支持未来业务的创新可持续发展，人才队伍结构是否合理？人才储备是否充分？还需要补充哪方面的人才？这些问题是每个企业都特别关注的问题。

某大型央企通过干部画像更加全面地认知干部，更精准地对比选拔干部；通过领导班子结构分析和领导班子空缺岗位模拟配备，使领导班子的结构更科学，更加符合年轻化、专业化的要求，也让年轻干部队伍的培养更有针对性，如图 8-62 所示。

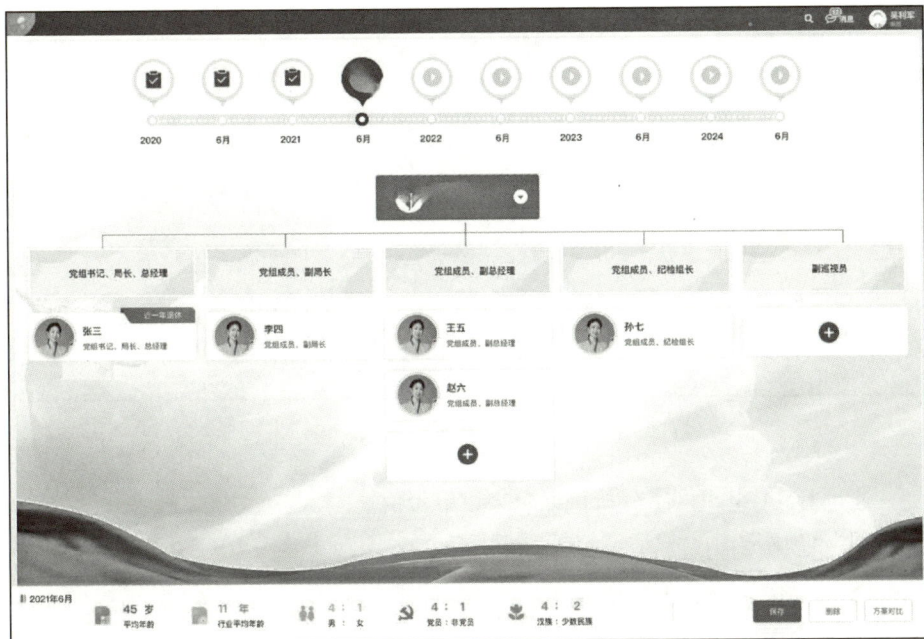

图 8-62　领导班子空缺岗位模拟配备示例

（2）创新级应用示例，ONA 组织网络分析

高绩效组织必须建立持续协作的团队和领导班子。要做到这一点，员工不仅要具备强大的人力资本能力，还要具备较高的人际关系资本。大多数人力资源数据都与衡量人力资本能力有关，即员工的技能、经验、资格和知识。人际

关系资本几乎是无形的，指的是员工在团队内部、整个组织内以及与外部各方建立关系网络方面的软技能。

ONA 组织网络分析方法可以有效地将员工在企业中的隐藏价值直观地以指标的形式呈现出来（见图 8-63），通过对网络的分析，企业可以了解到企业的协作模式是否匹配组织的发展，是否存在协作过载，是否可以展现出适应性和创造力等重要问题。

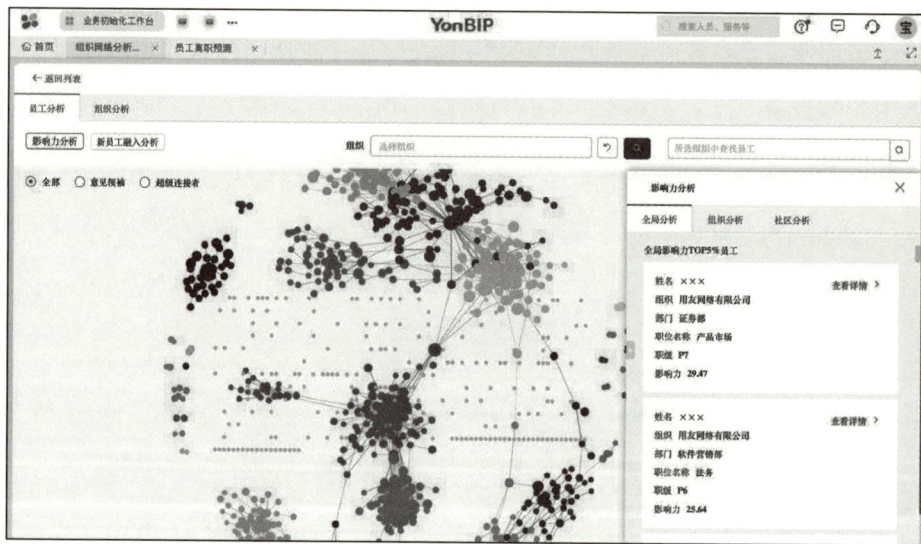

图 8-63　ONA 组织网络分析

通过 ONA 组织网络分析可以带来以下价值。

1）组织影响力分析：

❑ 发现团队影响力与价值。

❑ 发现团队间协作特征。

❑ 发现团队间知识传播路径。

❑ 分析团队间信任关系。

2）员工影响力分析：

❑ 识别隐藏的意见领袖和明星员工。

❑ 识别潜在的有能力的员工。

❑ 识别组织间的关键连接人物。

❑ 识别边缘人员。

❑ 识别不同部门或团队之间的协作模式。

根据数据来源和网络关系类型，ONA 组织网络分析可分为组织关系图谱、协作关系图谱。组织关系图谱是指通过 HR 系统记录信息体现的员工在正式组织中人与人之间的关系。协作关系图谱是指根据内部协作工具（邮箱、IM）的数据形成的团队工作中的关系图谱。

（3）创新级应用示例，员工离职预测

离职预测分析可以帮助企业提前准确识别高离职风险员工，支持 HR 与管理者在员工绩效管理、人才培养、梯队建设、选拔调配、组织氛围营造、关键人才留用等环节中以更有效的时机、更妥善的策略来开展工作。在离职预测分析应用比较好的企业中，离职对企业带来的人才再招聘成本、培养成本，以及对业务和组织文化稳定性的影响均得到了显著降低，保证了组织的持续健康稳定发展。

IBM 在 2019 年公开表示，其 AI 驱动的员工离职预测系统已为公司节省了近 3 亿美元的保留成本。这一系统通过提前识别有离职倾向的员工，使管理层能够及时采取加薪、提供奖金或职业发展计划等挽留措施，降低人才流失带来的损失。该系统的预测准确率高达 95%，主要依赖分析员工的多维度数据（如工作表现、技能匹配度、职业发展轨迹等），并结合 IBM Watson 的 AI 能力进行建模。

随着 AI 和大模型技术的快速发展，智能人才推荐、智能人才发现等应用的准确性进一步提高，也将被更多的企业用于实践。

8.8.3　智能人力运营，提升人力运营效率

实现人力资源业务运营智能化，提升人力运营效率，是智能人力运营的目标。 通过将 VPA、RPA、OCR、AIGC、AI Agent 等数智技术融入人力资源管理的各个环节，有利于实现数据共享、流程协同（内部协同和外部协同）、人机共融、人力运营模式变革，进而提升组织效能和人力资源运营效率。

1. 数据共享

数据是数字化转型的基础，数据质量直接决定数字化转型能否成功。数据

质量包括数据的规范性、完整性、准确性、一致性、时效性、可访问性。为了保障数据质量，事前要有数据规范、事中要有数据质量检查、事后要有考核，更重要的是数据要深入应用，以用促质。一项数据要有唯一出口和主责部门、主责岗位，以保证数据的一致性，并且数据应在权限允许的范围内在组织内实现共享。很多企业的信息化工作已经做了 10 年以上，但是数据的质量还是存在很多问题，导致企业不敢应用数据，所以数据治理是目前很多大型企业非常重视的重点工作。

2. 流程协同

流程协同，包括人力资源选、育、用、留各模块之间的流程驱动协同，也包括人力与财务、供应链等跨部门的协同，以及与税务、银行、人社局等外部机构的协同。企业应按照"五维一体"的管理流程要素分析模型，从"干什么""谁来干""怎么干""需要哪些授权""结果如何评价"五大分析管理维度出发，描述管理流程的关键要素，最终将这些关键要素整合落实到人力资源系统的功能、流程、数据等层面，形成企业的人力资源流程清单和流程图。

3. 人机共融

人机共融是指将数智员工纳入流程并进行运作逻辑重构（见图 8-64），从而全面提升流程效率。随着"数智员工"的引入，人力资源管理者的角色也将

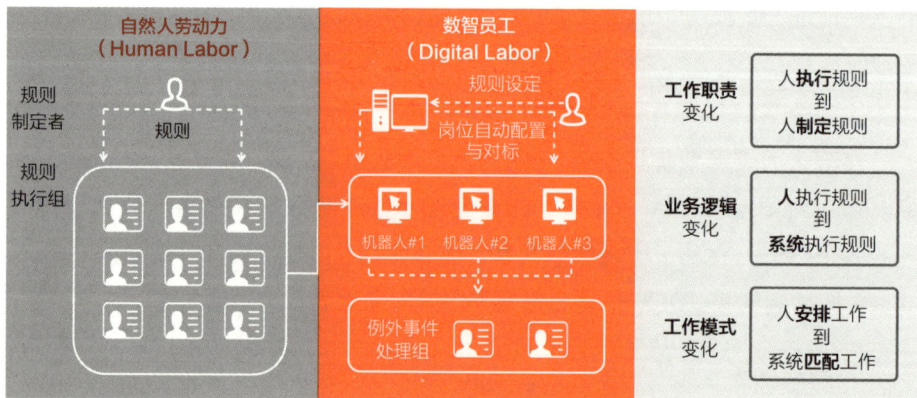

图 8-64　数智员工驱动人力资源运作逻辑重构

发生改变——从规则的执行者转变为规则的制定者。业务逻辑的执行也从过去的依赖人工转变为系统自动执行,工作模式从传统的安排工作转变为岗位自动配置与对标。人的角色从参与工作流程的各个环节,转变为仅在特殊情况下对异常事件进行处理和干预。

用友网络将 OCR 技术用于候选人信息采集、RPA 机器人进行信息复核、问询机器人随时回答候选人提问、移动端签订电子劳动合同等场景,重构了入职流程(见图 8-65),将办理入职手续的时间从 72 分钟缩短到 10 分钟。流程重构不仅提升了效率,也提升了候选人的体验。

4. 人力运营模式变革

人力运营模式从职能式向"三支柱"模式转型,其核心是将人力资源职能拆分为共享服务中心(SSC)、专家中心(COE)和业务伙伴(HRBP)三大支柱,通过协同运作提升组织效能与战略价值。华为、腾讯、中石油、中石化等很多大型集团企业都进行了人力资源三支柱的转型。

数智化人力共享中心的建设是人力资源管理从职能式向"三支柱"模式转型的重要支撑。随着 RPA、VPA、AIGC 等新技术的广泛应用,很多企业正在构建无人值守的人力共享模式(见图 8-66),以此来提高共享服务中心的作业效率和人服比,提高人力工作的规范性,提升服务响应的及时性和员工的满意度。

中国海油下属单位中海油服试点建设人力资源"三支柱"模式,通过 15 项功能"组织管理、人事管理、核心流程、电子合同、海外人员管理、薪酬福利、岗位编制、时间管理、HRBP 赋能、能力保证、数字大厅、运营监控、共享自助服务、员工辅助服务、HR 报表",提升 5 大能力包括集团管控能力、三支柱支撑能力、数据分析能力、海外管理能力、组织员工赋能,从而支撑全球人力资源运营。人力共享中心运营监控平台根据运营监控模型,从业务、流程、角色、员工、时间、质量 6 个维度,监控全部 HR 活动,提供数据报表和运营分析报告、管理建议报告,发挥"放大镜""反光镜"职能,持续优化流程、实现卓越运营。

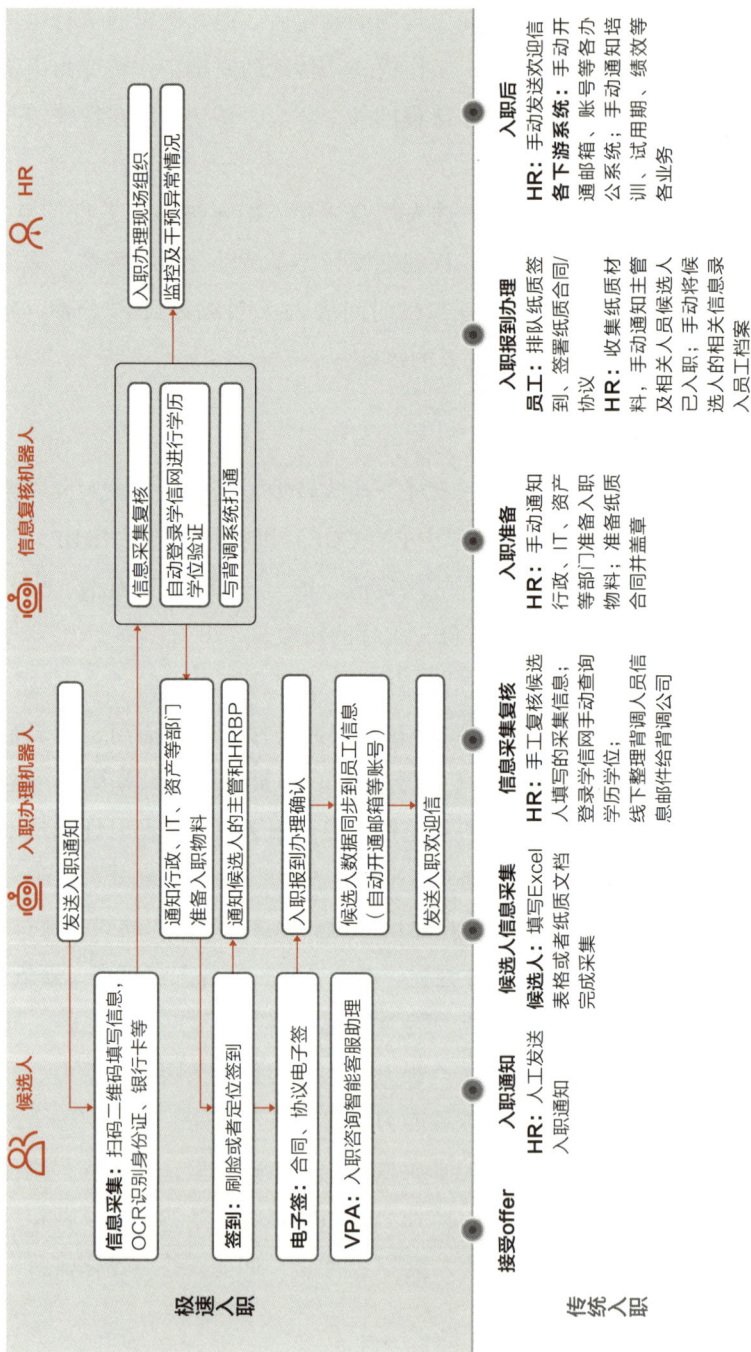

图8-65 极速入职、数智技术重构入职流程

图 8-66　无人值守的人力共享模式

8.8.4　卓越员工体验，提升员工生产力

提升员工的获得感、创造力、生产力，是卓越员工体验的目标。员工体验是员工在企业中的综合感受，根据全球知名人力资源技术专家 Josh Bersin 的研究，影响员工体验的因素，包括有意义的工作、管理者的影响、积极的工作场所、健康和福利、成长与机会、组织的信任等。人力资源管理者要用产品经理的思维设计员工服务产品，员工在从作为候选人到入职公司到在公司晋升到离开公司的整个职业生涯周期中与企业有哪些触点，需要企业提供哪些服务，哪些可以通过数智化技术提升体验，这些是人力资源管理者要考虑的。

贯穿员工全生命周期的智能化员工体验，将大幅提升员工生产力（见图 8-67）。将智能化应用技术融入员工体验，搭建“员工在线、服务在线、协作在线”的数字化与智能化基础设施，打造员工满意的工作环境、营造组织和团队高效协同与员工生产力有效提升的数字化工作环境，有利于推动员工敬业度和使命感的提升，例如在招聘环节引入 AI 面试；智能客服 24 小时在线回答候选人提问；入职填信息通过 OCR 技术快速准确采集；进入公司自动推送学习地图了解需要学习的相关课程；通过在线协同工具与同事高效协作；通过目标管理平台看到自己的工作对公司目标的支撑，实时更新目标进展；及时收到直线管理者的在线指导反馈；数智员工智能填写出差申请单，并根据政策及个人喜好

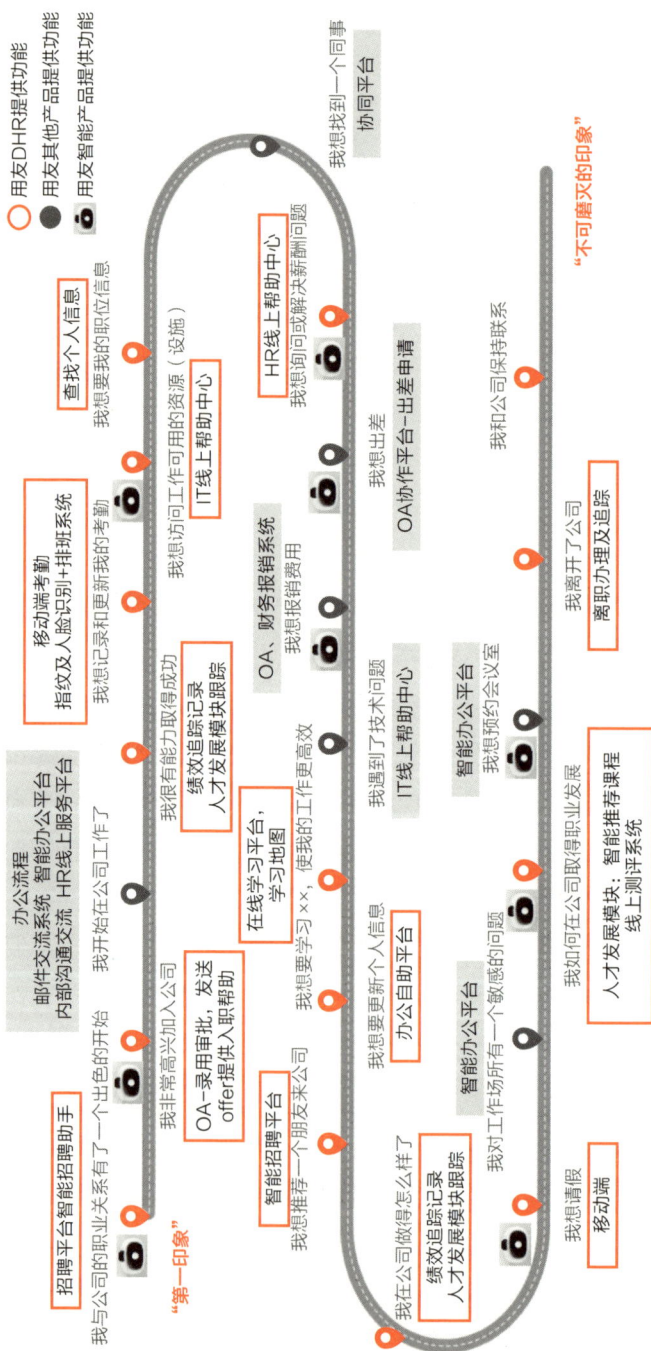

图 8-67　员工全生命周期服务

为员工推荐航班、酒店，不了解的政策可以在任何时间直接咨询数智员工；可以看到自己的职业生涯发展通道需要增强学习哪些内容；在线选择弹性福利，为自己及家人预约体检等。

华润雪花啤酒（中国）有限公司（简称华润雪花）为提升员工体验，在人力资源数智化转型过程中，一直围绕用户体验和用户使用场景设计系统。本着服务员工、提升全员参与度、优化员工体验的目标，华润雪花从员工的信息查询修改，到员工的日常工作问询，再到全业务流程的优化，每个环节都有针对性地进行了重新设计，基本实现了分层分级的人力共享服务。通过员工自助服务机，员工可以便捷打印各项证明，简化了步骤，提升了效率。

2025年初，多家央企发布了人力领域的数智员工，每家企业都给自己的数智员工起了很好听的名称，能力也各不相同，但应用场景主要集中在内部制度/外部政策/操作手册解答、智能填单（出差、休假、加班补假、单据变更、证明开具、信息修改、工资条等）、温馨提醒、员工关怀、找人、查信息、看报表、驾驶舱、岗位说明书优化、以岗找人等方面。

结语：我们看到AI正以飞快的速度发展，AI如何应用在人力资源管理场景中是当下企业都非常关注的问题。但是每家企业的信息化、数字化基础不同，企业还是要从支撑业务的角度出发，做好顶层设计，找准数智化速赢点，制定适合本企业的人力资源数智化转型路径。

8.9 数智办公，高效协同

在智能终端普及与移动应用技术成熟的双重驱动下，企业的办公格局被彻底重塑。过往PC独占鳌头的办公时代已成历史，如今借助智能终端，员工突破了时空限制，随时随地都能无缝对接工作，团队协作也迈入高效协同的全新阶段，数智化办公模式正成为企业运营的核心范式。

办公协同的发展大体经历了三大阶段。

（1）基础协作阶段——信息共享的起步

办公协同发展的初期，企业主要聚焦于实现基础的信息共享。此阶段以电子邮件、共享文件夹等简单工具为核心。员工通过电子邮件传递文档、通知等信息，共享文件夹则用于存储和共享团队内的通用资料。例如，在一个小型设计团队中，设计师们将设计稿件、素材等上传至共享文件夹，方便团队成员随时下载和查看；通过电子邮件沟通设计思路、修改意见。这种方式初步打破了信息在个体间的孤立状态，让团队成员能够知晓彼此的工作内容，但协同程度较低，信息分散且缺乏整合，沟通较为碎片化，工作流程也未得到系统性优化，成员间的协作更多是基于个体的自觉与简单的信息交互。

（2）流程优化阶段——工作流的整合

随着进一步发展，企业对效率有了更高要求，办公协同进入流程优化阶段。这一阶段，企业引入工作流管理系统，将业务流程进行梳理和数字化。以采购流程为例，从采购申请的提交、部门审批、财务审核到最终下单，每个环节都在系统中设定好流转路径与规则。员工在系统中提交采购申请后，系统会自动推送至相应审批人，审批过程透明且可追踪。同时，企业资源计划（ERP）、客户关系管理（CRM）等系统也开始整合应用，不同部门的业务数据实现了部分互通。销售部门在 CRM 系统中录入的客户订单信息，能自动同步至 ERP 系统，并触发生产、物流等后续环节，提升了企业整体运营效率。各部门围绕标准化流程协作，减少了人为沟通成本与流程错误，但系统间仍存在一定的信息壁垒，对复杂业务场景的协同支持有待加强。

（3）智能协同阶段——全方位深度融合

当下，办公协同进入智能协同阶段。企业借助云计算、大数据、AI 等先进技术，实现了业务流程的全方位深度融合，一体化协同平台主要有平台化、应用轻量化、智能化等特点，如图 8-68 所示。在云计算支持下，企业办公系统摆脱本地硬件限制，员工通过任何智能终端都能访问云端办公平台，数据实时同步。大数据分析则为协同决策提供依据，如通过分析销售数据、客户行为数据，精准制定营销策略，团队成员基于数据洞察开展协作。AI 更是被广泛应用，智能客服自动解答客户常见问题，流程自动化机器人处理重复性任务，如财务报销审核、数据录入等。在大型跨国企业中，全球各地的团队成员利用视频会议、在线文档协作等智能工具，实时沟通、协同编辑文档，实现跨时区、跨地域的高效协作，打破了组织边界，各业务环节、系统以及人员之间实现了深度协同，办公协同的效率与质量达到全新高度。

协同平台发展趋势| 平台化、应用轻量化、智能化，并具备广泛的连接能力

一体化协同平台承接业务前中后台运营模式，兼顾核心系统**稳定精确**和前端应用**敏捷创新**

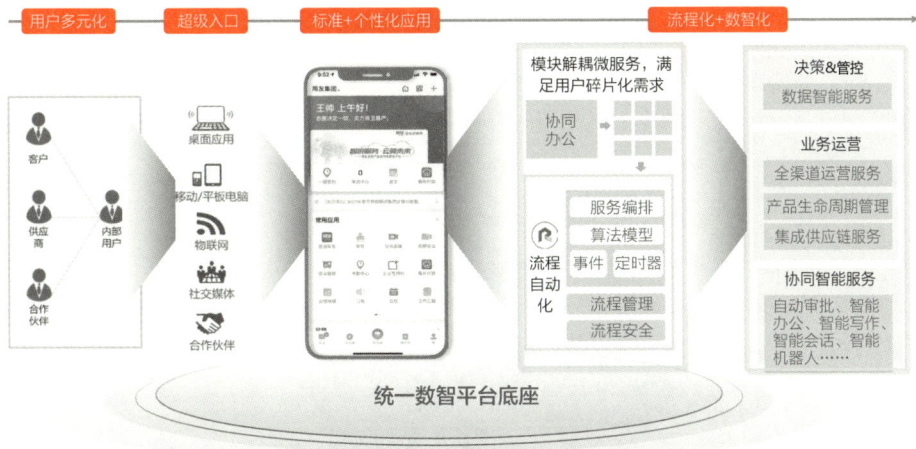

图 8-68　一体化协同平台

8.9.1　一站式入口，多端融合，提升办公体验

在当下数字化办公的大环境中，企业与组织深陷系统繁杂、入口分散的泥沼。企业面临着很多数智化核心痛点，受限于办公功能单一、业务处理凌乱不统一、智能化应用程度低等问题，如图 8-69 所示。员工在日常工作中，需要频繁在多个软件工具间切换，还要记住不同的账号密码，操作流程极为烦琐，对工作效率与员工体验造成了严重的负面影响。企业在业务扩张期间，自主研发了大量办公系统，但这些系统各自独立运行，缺乏统一集成平台，导致员工工作效率大幅下降。

搭建一站式数智办公平台，成为解决上述痛点的关键所在。整合各类办公系统，能显著提升工作效率，优化员工的办公体验。将原有的入口、业务、体验做统一梳理，连接办公协同和应用系统，以构建统一应用场景，如图 8-70 所示。

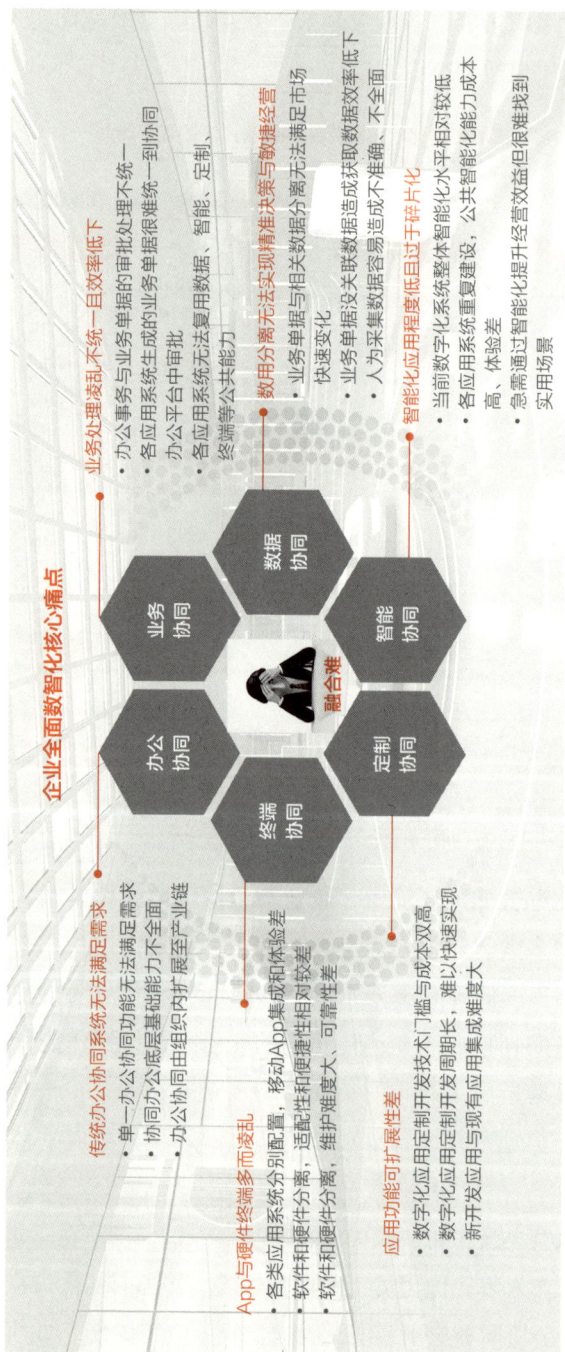

图 8-69　企业全面数智化核心痛点

企业全面数智化核心痛点

业务处理杂乱不统一且效率低下
- 办公事务与业务单据生成的业务审批处理不统一
- 各应用系统生成的业务单据很难统一到协同办公平台审批
- 各应用系统无法复用数据、智能、定制、终端等公共能力

数码分离无法实现精准决策与敏捷经营
- 业务单据与相关数据分离无法满足市场快速变化
- 业务单据没关联数据整体数据不准确、不全面
- 人为采集数据容易造成不准确，不全面

智能化应用程度低且过于碎片化
- 当前数字化系统整体智能水平相对较低
- 各应用系统重复建设，公共智能力成本高、体验差
- 急需通过智能化提升经营效益但很难找到实用场景

传统办公协同系统无法满足需求
- 单一办公协同系统功能无法满足需求
- 协同办公底层基础能力不全面
- 办公协同由组织内扩展至全产业链

App与硬件终端多而杂乱
- 各类应用终端多，移动App集成成和体验差
- 软件和硬件分离，适配性和便捷性相对较差
- 软件和硬件分离，维护难度大、可靠性差

应用功能可扩展性差
- 数字化应用定制开发技术门槛与成本双高
- 数字化应用定制开发周期长，难以快速实现
- 新开发应用与现有应用集成难度大

業務协同　数据协同　办公协同　智能协同　终端协同　定制协同　融合难

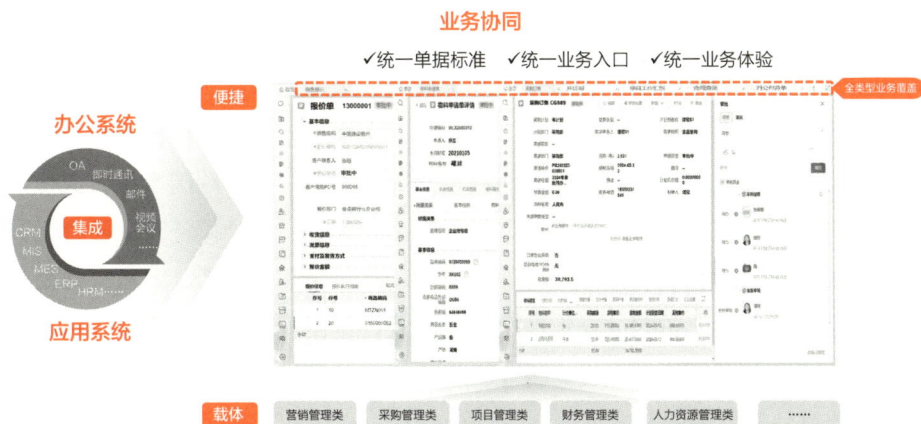

图 8-70　业务协同连接办公协同和应用系统构建统一应用场景

首先，梳理企业现有的办公系统，明确哪些系统需要集成到一站式平台中，如项目管理、客户关系管理、财务系统等核心系统。

其次，选择合适的集成框架和技术，确保各系统能够无缝对接。数智办公平台的集成能力与开放性，使其成为企业构建一站式平台的首选基础。

最后，重视平台的用户界面设计，使其简洁易用，方便员工快速上手。

例如，某企业将各类应用系统集成到工作台中，通过个性化定制功能，根据用户身份权限开放相应入口，用户还能根据个人喜好设置应用布局，打造符合自身需求的办公界面。一站式办公平台的构建，为企业带来了诸多优势：管理者可通过该平台实时掌握运营动态，快速响应市场变化，做出更精准、高效的决策；员工的工作效率明显提高，出错率降低，办公体验得到优化。此外，构建一站式办公平台能促进企业文化的积极发展，增强团队凝聚力。

随着移动办公日益普及，员工需要在计算机、手机、平板电脑等不同办公设备间切换使用办公软件。然而，传统办公软件在多端同步方面存在诸多问题，如聊天记录无法同步、过往文件查找不便等。多端融合技术的出现，有效解决了这些问题，为员工提供了更加便捷的办公体验。多端融合的核心技术包括数据同步技术、云存储技术和跨平台开发技术。数据同步技术能够确保员工在不同设备上对文件、信息的操作实时同步更新。

1. 多端融合，一站式平台办公

多端融合在数据安全方面，采用加密传输、访问权限控制等技术手段，确保企业数据不被泄露；在用户体验方面，要保证在不同设备上软件的界面布局和操作方式具有一致性与便捷性。例如，数智办公平台在多端同步方面表现出色，实现了多端同步、随时取用，员工无须担心在不同办公设备间切换时查看不到聊天记录或过往文件。同时，即时通信、日历、在线文档、云盘、应用融合等在手机端和计算机端的操作体验基本一致，方便员工使用。终端协同聚合所有工作设备与服务，高效提高企业工作效率，形成一站式智能化工作台，真正实现终端协同，如图 8-71 所示。

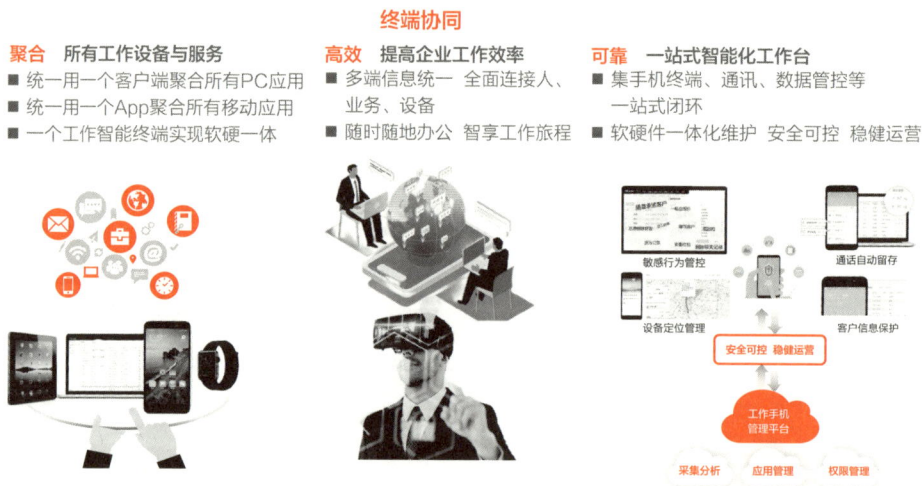

图 8-71　终端协同

多端融合技术的应用，极大地提升了办公的灵活性和便捷性。员工可以在外出途中通过手机处理紧急工作，回到办公室后在计算机上继续未完成的任务，工作效率得到显著提升。并且，多端融合技术打破了设备之间的限制，使办公更加流畅和高效。办公体验的提升，不仅依赖于一站式平台和多端融合技术，还需要从多个方面制定策略。良好的办公体验能够提高员工的工作积极性和工作效率，进而提升企业的整体竞争力。

2. 消息聚合，全面提升沟通体验

沟通是办公中至关重要的环节，提升沟通体验能够让团队协作更加顺畅。一站式消息聚合平台拥有统一的审批中心和消息待办中心，消息列表就是各类协作应用的入口，员工无须来回切换工具。当员工作为审批人或业务处理环节的对接人时，只要审批系统有新进展，员工就会收到消息提醒。同时，会话会按重要和紧急维度分类，重要紧急的置顶，重要不紧急的稍后处理，不重要不紧急的设置为消息免打扰，帮助员工更好地管理沟通事务。

3. 文档管理与协作，打造企业知识资产库

高效的文件管理能够让员工快速找到所需文件，提升工作效率。例如，聚焦企业级文档管理与协作需求，通过智能化技术实现全生命周期的知识沉淀与高效共享，为企业构建结构化知识资产库提供有力支撑。实现企业级、部门级、团队级及个人文档的分层管理、文件内容的协同编辑与实时协作、智能检索与内容发现、多级权限控制（查看、编辑、下载、删除），结合企业实名制与水印防泄露机制，保障文档安全。

通过优化即时沟通体验、强化文件管理功能等策略，可有效提升协同效率，实现办公场景的全维度体验升级。企业在实施这些策略时，需结合自身实际情况，选择合适的办公软件和工具，并对员工进行培训，让员工能够充分利用这些功能，从而提升企业的整体办公效率和竞争力。

8.9.2　社交 +AI 双驱动，工作提效，重塑团队协作方式

1. 社交 +AI 在大型企业团队协作中的深度融合

在企业数智化转型的浪潮中，社交 +AI 的融合正成为重塑团队协作模式的关键力量。随着企业规模的不断扩张，部门与人员数量急剧增加，传统的沟通协作方式逐渐暴露出效率低下、信息流通不畅等问题。例如，跨国企业团队因地域分散、时区差异、语言障碍和文化多样性，面临高沟通成本和信息失真的挑战。此时，社交 +AI 的融合为解决这些难题提供了全新的思路。一站式数智化办公平台在企业内部的应用，打破了时空与地域之间的壁垒，使信息能够更

加自由地流通，为企业员工提供了即时通信、群组讨论、文件共享等功能，让团队成员能够随时随地进行沟通协作。员工可以轻松创建项目群组，将相关人员快速聚集在一起，实时交流项目进展、分享想法。而 AI 技术凭借其强大的数据分析、流程自动化及智能决策支持能力，正引发企业团队协作模式的深刻变革。

许多大型企业已经开始将社交与 AI 深度融合。例如，某大型制造业企业利用自研的社交化办公平台，结合 AI 图像识别技术，实现了对生产线上质量问题的快速反馈与处理。一线员工发现产品质量问题后，通过手机拍照上传至平台，AI 系统自动识别问题类型，并将相关信息推送给质量控制部门、研发部门以及生产部门的负责人。相关人员在平台上即时沟通，共同商讨解决方案，大大缩短了问题处理周期。智能客服机器人能够快速解答员工在使用过程中遇到的问题，节省大量人力成本。基于 AI 的智能推荐算法，可根据员工的工作内容和社交关系，为其推荐相关的知识文档、潜在的合作伙伴等，促进知识共享与跨部门协作。

这种融合不仅提升了沟通效率，还促进了知识的沉淀与传承。基于社交平台产生的大量沟通记录和文件资料，AI 可以进行分析挖掘，从中提取有价值的知识，形成企业知识库。新员工通过搜索知识库，可以快速了解企业的业务流程、常见问题解决方案等，加速融入团队。

2. 社交 +AI 双驱动提升大型企业工作效率

在大型企业中，工作流程往往复杂烦琐，涉及多个部门和环节，信息传递不及时、任务分配不合理等问题严重影响了工作效率。从社交层面来看，社交化办公平台实现了信息的实时共享与高效沟通。以往需要通过层层汇报、邮件往来才能传达的信息，现在通过即时通信工具可以瞬间传达给相关人员。项目团队成员可以在群组中实时交流项目进展、遇到的问题及解决方案，避免了信息延误导致的工作停滞。与 AI 技术的融合则在工作流程自动化、智能决策等方面发挥着重要作用。自动化流程机器人可以模拟人类操作，自动完成重复性、规律性的工作任务，如数据录入、报表生成等。在财务部门，自动化流程机器人能够自动从各类系统中提取数据，生成财务报表，节省了大量人力和时间。AI 还能通过数据分析为企业决策提供支持。例如，利用大数据分析和人工智能算法，企业可以对市场趋势、客户需求进行精准预测，从而优化产品研发、生产计划和营销策略。在供应链管理中，AI 可以根据历史数据和实时市场信息，预测原材料需求，优化库存管理，降低库存成本，提高供应链的响应速度。以即时通信工具为核心的社交化功能，更是彻底改写了信息传达的陈旧规则。例如，一份项目关键进展的报告，从基层员工的案头出发，需历经多部门层层审批，在一封封邮件的转发间缓慢推进，最终抵达高层决策者手中，这可能需要花费数天甚至数周的时间。但现在，依托这类先进的数智化办公平台，员工仅需轻点几下屏幕，便能瞬间将信息精准推送至目标接收者处。无论是员工的一对一交流，还是面向整个项目团队的群消息广播，数智化办公平台都能实现信息的即时、无延迟送达，让信息传递的时效性得到质的飞跃。例如，在一场大型营销活动策划中，市场部、销售部、设计部等多个部门的成员在数智化办公平台上组建项目群，随时沟通活动方案的细节、创意想法以及资源调配情况。从活动策划到执行，各个环节的信息都能在群里及时共享，大大提高了工作协同效率。AI 通过收集员工在工作中的反馈和问题，并对这些数据进行分析，能够发现工作流程中的瓶颈和优化点，进而推动流程改进。同时，AI 推荐的最佳实践和解决方案，又可以通过社交平台快速传递给全体员工，促进知识共享和经验交流。

3. 社交 +AI 重塑大型企业团队协作方式

在企业数智化进程中，社交 +AI 的融合正在深刻重塑团队协作方式。传统的团队协作往往以层级式的组织结构和固定的工作流程为基础，缺乏灵活性和创新性。而社交 +AI 驱动的协作方式，打破了这种传统模式，构建了更加灵活、高效、创新的协作环境。员工可以在平台上自由交流想法，跨部门组建临时项目团队，共同攻克难题。这种打破层级和部门界限的协作方式，激发了员工的创新活力。例如，某互联网科技企业鼓励员工在内部社交平台上发起创新项目挑战，不同部门的员工可以自由组队参与。通过这种方式，许多创新的产品功能和业务模式应运而生，为企业带来了新的发展机遇。社交平台的开放性和互动性，使团队协作从传统的自上而下的指令式，转变为更加平等、互动的协作模式。

以一家跨国制造企业为例，该企业分布在全球不同地区的研发团队、生产部门以及销售办事处的员工，通过用友数智办公平台组建了各类项目群、专业交流群。在新产品研发项目中，身处中国的研发工程师发现产品设计存在与海外市场需求不匹配的问题，他可以立即在项目群中发布消息，附上详细的问题描述与设计图纸。远在欧洲的市场调研团队成员收到消息后，第一时间结合当地市场数据与客户反馈给出建议，身处美洲的生产部门同事也能基于制造工艺提出优化方案。这种跨地域、跨部门的即时沟通，使得问题在短时间内得到全面分析与解决，大大加速了研发进程。同时，智能通信录通过对员工历史协作数据、专业技能标签的深度分析，能在员工搜索联系人时，精准推荐在特定业务领域经验丰富的同事，进一步拓宽了员工的协作视野，让正确的人在正确的时间实现高效连接。

随着 AI 技术的深度融入，团队协作的效率与质量都在多维度提升。在知识管理方面，企业运营产生了海量的数据与信息，如何高效地从中提取有价值的知识并实现精准共享成为一大难题。利用自然语言处理技术，对企业内部的文档、邮件、沟通记录等进行深度挖掘与分析成为重要环节。一家金融集团在数智化办公平台的知识库中积累了大量的金融产品资料、客户案例以及行业研究报告。当理财顾问需要为一位高净值客户制定个性化投资方案时，他只需要在搜索框中输入相关关键词，AI 便能迅速筛选出最匹配的知识文档，并按照相关性、时效性进行排序推荐。同时，AI 还能根据理财顾问过往的业务操作习惯与偏好，提供针对性的解读与建议，帮助其快速完成投资方案的制定。

此外，社交与 AI 的融合还促进了远程协作的发展。在大型企业中，员工分布在不同地区甚至不同国家，远程协作成为常态。社交化办公平台结合 AI 技术，为远程团队提供了线上会议室、在线文档协作、实时屏幕共享等功能，使远程协作的体验接近面对面沟通。员工无论身处何地，都能通过网络连接企业的协作平台并参与团队工作，大大提高了企业的运营灵活性和响应速度。

总之，社交与 AI 的双驱动正在重塑大型企业的团队协作方式。它打破了传统协作的束缚，构建起高效的社交化协作网络，借助 AI 实现智能化赋能，推动创新协作模式的诞生，为大型企业在数智时代提升竞争力、实现可持续发展提供了强大动力与坚实支撑，引领团队协作进入一个全新的智能社交协作时代。

8.9.3 数智化办公，全方位业务连接与协同

在数智化转型的浪潮中，企业面临着提升效率、优化协作、创新发展的迫切需求。数智化办公产品都会以"数智协同"为核心理念，打破企业内部及外部的信息壁垒，构建一个高效、智能、协同的工作生态，助力企业在复杂多变的市场环境中实现可持续发展。新一代的企业社交化协同办公平台，不仅能为企业提供协同办公服务，还可作为企业数字化工作入口，服务企业内部员工、连接企业外部伙伴及上下游产业链。通过移动端、Web 端、PC 桌面端等多端联动，平台能为企业提供统一服务入口、沟通协作、办公协同、企业文化激活、业务协同等全方位服务。

1. 深度融合的社交化协作网络

打破传统企业层级与部门间的隔阂，构建起深度融合的社交化协作网络。企业员工无论身处何地、位于何部门，都能通过即时通信、群组聊天、音视频会议等功能，实现信息的实时交互与共享。以一家跨国制造企业为例，在新产品研发进程中，位于美国的研发团队发现设计缺陷，能瞬间在群内发布问题并附上详细资料；中国生产部门基于制造经验迅速给出改进建议；德国销售团队从市场反馈角度提供优化方向。这种跨地域、跨部门的即时沟通，使问题在短时间内得到全面剖析与解决，大幅加快了研发进度。同时，智能通信录能依据员工历史协作数据与专业技能标签，在员工查找联系人时为其精准推荐相关领域的专家，进一步拓宽协作路径，提升沟通效率。

2. AI 驱动的智能办公体系

AI 技术的深度嵌入，打造了强大的智能办公体系，助力员工高效工作每一天，如图 8-72 所示。在知识管理层面，运用 AI 的自然语言处理技术，对文档、

邮件、沟通记录等进行深度挖掘与分析。在项目管理方面，基于 AI 的项目计划制订功能，可综合考虑项目目标、成员技能、时间资源及历史项目数据，自动生成详细合理的项目计划。在项目执行过程中，AI 实时监控进度，通过对任务完成情况、资源使用状况等数据的分析，提前预测风险并提供应对策略。如在建筑项目中，AI 监测到某施工任务进度滞后，立即向项目经理预警，并给出调整资源分配、优化施工顺序等建议，确保项目顺利推进。

协同智能全景 | **智能化能助力员工高效工作每一天**

8:30 上班打卡
- 帮我打卡
- 智友反馈完成打卡
- 【对话式完成】

9:00 查看我的日程安排
- 查看我今天的日程（出差的行程）
- 查看我最近的日程
  ……

10:00 和智能中台负责人开会讨论工作及规划
- 【AI找人】知识图谱：找人
- 创建会议：明天早上8点和金雪莹在协同云产品部讨论产品规划

19:30 工作总结
- AI智能写日报【YonGPT文本生成】
- 手机和PC端
- 日报汇总成周报或汇总下级成员的日报形成部门日报

16:00 AI群助手与群协作
- 【群智能助手】【AI客服】在业务部客户运营群中，@问答机器人，询问相关问题，机器人给出解答，如无法解决，支持转人工
- 智能消息摘要、今日消息摘要

13:30 群摘要自动生成
高效忙碌的工作，难免有大量群消息无法逐条阅读
基于YonGPT的摘要生成，让你一键汇总未读消息内容

图 8-72　协同办公进入智能化办公应用的一天体验式办公

3. 全方位的业务流程连接

一站式办公平台将企业的业务流程全方位连接。与企业资源计划（ERP）系统紧密集成，员工可便捷发起采购申请、审批流程等，采购部门能实时获取需求信息，安排采购计划并跟踪进度，财务部门同步进行预算管控与结算，从而实现采购业务全流程的无缝对接与协同。在销售业务中，销售团队通过实时记录客户拜访情况、商机进展，市场部门依据这些数据制定精准营销策略，客服部门及时跟进客户反馈，研发部门根据客户需求优化产品，形成从市场洞察到产品研发、销售、售后的全业务链闭环协同。例如，在快消品企业，销售代表在拜访客户时，将客户对产品包装的新需求实时反馈给市场与研发部门。市

场部门结合市场趋势分析需求的合理性，研发部门迅速启动产品包装优化项目，各部门协同推进，快速响应市场变化，提升企业竞争力。

4. 移动办公与随时随地协作

一站式数智化办公平台提供了强大的移动办公能力，员工通过手机、平板等移动设备，可随时随地访问平台，处理工作事务。在外出差的销售人员通过数智化办公平台的移动端，可实时更新客户信息、提交销售订单、与团队沟通业务进展。项目负责人在施工现场，可通过移动设备查看项目进度、审批文件，及时决策。企业管理层即使身处异地，也能通过数智化办公平台对企业运营数据进行实时监控与分析，掌控全局。例如，在物流企业，司机在运输途中可通过数智化办公平台实时上传货物运输状态、位置信息，调度人员根据这些信息合理安排配送路线，客服人员及时回复客户咨询，实现物流业务的高效协同与实时管理，提升客户服务质量。

5. 开放平台与生态协作

一站式数智化办公平台通过与众多第三方应用及系统的集成，拓展了企业的业务连接范围。企业根据自身需求，将办公自动化（OA）、客户关系管理（CRM）、人力资源管理（HRM）等系统深度融合，打破信息孤岛，实现数据的互联互通与业务协同，同时促进企业与供应商、合作伙伴的生态协作。例如，在制造业中，企业通过数智化办公平台与供应商建立紧密联系，共享生产计划、库存信息，供应商根据需求及时供货，企业实时监控供货进度，实现供应链的高效协同与优化。在互联网行业，企业通过与合作伙伴共同开展联合营销活动，共享用户数据与营销资源，协同推进活动策划、执行与效果评估，提升市场竞争力与业务拓展能力。

以数智化办公为核心，一站式数智化办公平台通过深度融合的社交化协作网络、AI 驱动的智能办公体系、全方位的业务流程连接、便捷的移动办公以及开放的生态协作，为企业打造了一个全方位的业务连接与协同平台，助力企业提升运营效率、创新业务模式，并在数智时代的激烈竞争中脱颖而出，实现持续发展。

9

数智企业的"全球运营"创新与实践

本章精彩观点

如何实现高质量出海，是中国企业在新发展背景下拥抱全球化的重要课题。强有力的企业数智化软件与服务支持，是提升全球化运营效率和管控能力的关键所在，也是增强全球竞争力、推动头部企业加速迈向世界一流水平的重要因素。与此同时，越来越多的中国企业在数智化创新方面领先全球同行，成长于中国的企业软件与服务提供商，其产品和服务的全球竞争力也在不断提升，不仅助力中国企业走向世界，还开始为越来越多的海外企业提供服务。

本章对全球主要区域的市场特点进行了观察，并分析了企业应如何打造全球数智运营能力，包括全球财税合规、全球人力运营、全球供应链协作，以及数据安全与合规、ESG 等热点问题。此外，本章还阐述了企业应如何构建全球化部署架构。本章内容可帮助企业在全球范围内高效配置资源，确保安全和合规，进而构建全新的全球化发展格局。

9.1　全球区域市场

在经济全球化与数字技术革命的双重驱动下，中国企业迈向全球市场的步伐愈发坚定。美洲、欧洲、亚太、中东等地区是中企出海的重点区域。然而，因地理、文化、政策等因素，各地区呈现出各自独特的发展格局。出海企业要洞悉全球市场的复杂特性，找到适配的全球运营策略，在激烈的国际竞争中站稳脚跟。

9.1.1　美洲：高波动市场突破

在地理意义上，美洲被划分为北美洲和南美洲；在经济意义上，美洲被划分为主要包含美国和加拿大的北美，以及由南部国家组成的拉美。从全球运营的角度来看，北美和拉美存在较大差异。北美地区的商业环境成熟度极高，但政策走向充满不确定性，企业在享受成熟市场红利的同时，也面临着政治风险带来的挑战。在拉美地区，各国的政策与经济结构存在差异，出海企业需要充分考虑不同国家的差异，并准确应对。

1. 北美：技术创新高地

北美作为一个成熟的商业市场，是每一个出海中企的必争之地。北美是全球最具竞争力的区域经济中心，其营商环境、市场容纳度一直处于全球领先地位，而且北美巨大的行业潜力与市场需求，为中国企业提供了广阔的市场空间和行业机遇。同时，北美还具备强大的创新能力、科技驱动力和大量的高精尖人才，这亦是推动中国企业在北美发展的重要因素。

（1）市场特点

1）营商与政策优势。

依据 EIU 发布的《Assessing the best countries for doing business》数据，2023年第二季度，北美和西欧是全球最适合开展商业活动的地区之一，加拿大位居世界第 2，美国位列世界第 4。北美自由贸易区借助北美自由贸易协定，推动美、加、墨三国协同发展，不仅提升了区域竞争力，还为中国出海企业降低了跨国发展成本。

近年来，美、加两国政府不仅通过税收减免、加速投资激励等举措，积极吸引外商投资，还推动贸易自由化，签署双边和多边协议，扩大市场准入。

2）产业突出优势。

北美地区，尤其美、加两国，以第三产业为经济支柱，在金融、高端制造业、能源和高科技领域处于全球领先。

美国各州的产业特色明显。西海岸科技发展迅猛，以信息技术等泛高科技产业为主；中西部依托丰富自然资源，发展采矿、油气开采等产业；东海岸及部分西北部地区，金融与保险行业优势突出；东南区域集中了大部分制造产业。

加拿大作为能源大国，凭借政策支持能源业发展，石油、天然气等资源丰富。汽车产业是加拿大的重要经济支柱，制造成本和税收都较低，且邻近美国市场。加拿大生物技术产业也较为发达，生物技术公司的数量仅次于美国，领域收入占全球的10%。

（2）出海挑战

1）市场竞争激烈：北美市场竞争激烈，中企需与具有强大品牌影响力和市场份额的本土企业以及其他国际企业竞争，需具备产品优势、合理的市场定位和推广策略。

2）文化差异显著：北美市场文化多元，中企需了解和适应当地商业文化、社交习惯，理解市场需求和偏好，以提升产品或服务的吸引力。

3）法律监管严格：北美市场法律和监管要求严格，中企需遵守当地法律法规，了解贸易政策、税收政策和进口要求，建立合规和风险管理机制。

4）市场准入和渠道建设困难：北美市场有一定的准入门槛和渠道建设要求，中企需了解市场准入条件和程序，建立有效的销售渠道和分销网络。

5）人才招聘和团队建设不易：在北美市场，中企需招聘和培养具有当地市场经验与专业知识的员工，提升跨文化沟通和管理能力。

6）跨国／区域管理挑战：出海北美的中国企业在经营中期，需应对宗教文化、法制环境、跨境驻派等管理问题，并构建高效的全球化管理体系。

2. 拉美：资源战略腹地

拉丁美洲是一个巨大的多元化市场，其地理范围从墨西哥北部边界一直到南美洲的最南端，囊括 33 个主权国家和地区，拥有 6.5 亿居民，主要语言为西班牙语、法语和葡萄牙语。拉丁美洲自然资源丰富，资源与产业蕴含多元发展潜力。

（1）市场特点

拉美占据全球关键资源的核心地位——委内瑞拉已探明石油资源居世界首位，智利是全球最大铜生产国，秘鲁在金银铜铅和宝石开采领域占据全球领先地位。此外智利、阿根廷、玻利维亚的锂资源，巴西铁矿石、墨西哥油气和阿根廷页岩气等都是全球重要关键资源。资源＋区位优势使拉美成为全球供应链韧性的关键来源。

拉美的投资、消费展现出强劲活力。联合国贸易和发展会议报告显示，巴西和墨西哥是拉美地区吸引外国直接投资最多的国家，分别达 860 亿美元和350 亿美元。与此同时，拉丁美洲中产阶层人数快速增长，购买力强劲，不仅刺激了当地消费经济的发展，也推动了社会流动。其中，巴西作为拉美最大的电子商务市场，2022 年在线购物营业额达 1700 亿雷亚尔，数字支付发展迅速，巴西央行推出的 PIX 支付系统用户超 1.2 亿。

（2）出海挑战

1）赋税高昂：拉丁美洲部分税率较高，如阿根廷和委内瑞拉的个人所得税税率高达 34% 及以上，奢侈品和科技产品的税率也较高。

2）人力成本高：拉丁美洲的优秀人才对薪酬要求较高，企业需提供有竞争力的薪酬，且在墨西哥，雇主还需将应税利润的 10% 作为奖金支付给职工。

3）银行开户耗时：在拉丁美洲的银行开设企业账户平均需要 3 个月时间，这主要是由于该地区发生洗钱的概率和欺诈率较高。

4）文化和语言障碍：拉丁美洲语言多样，各国即使使用相同语种，也可能存在文化差异，企业需掌握各国的法律和习俗。

9.1.2　欧洲：碎片化市场联动

在全球经济格局中，欧洲凭借独特的市场特性，吸引着众多中国企业扬帆出海，拓展国际业务版图。欧洲既有高度一体化的经济市场，又存在着多元且复杂的区域差异，呈现出"碎片化市场"的独特景象。剖析欧洲市场的特点、出海面临的挑战，并探寻有效的应对策略，对中国企业在欧洲市场行稳致远意义重大。

1. 市场特点

欧洲凭借强大的经济实力和成熟的贸易体系，成为企业全球拓展的热门目的地。作为全球最大的单一市场，2024年欧盟国内生产总值（GDP）约为16万亿欧元。

欧盟地区极具多元性，大部分国家（目前有20个欧盟成员国）使用欧元，货币通用降低了交易成本，提升了市场透明度，激发了市场竞争。但与此同时，欧盟各成员国拥有独立的法律法规。例如，瑞典、荷兰等国营商环境友好，而法国劳动法倾向保护员工权益，规定每周工作时长仅35小时，且每年有30天带薪年假。

2024年，中国对欧洲的外国直接投资（FDI）约80亿欧元，投资领域广泛，覆盖能源、基础设施、制造业、科技和房地产等行业。近年来，高科技和绿色能源领域投资增长迅猛，在电动汽车和电池工厂的带动下，2022年中国在欧洲的绿地投资激增53%，自2008年以来首次超越并购交易额。消费品和汽车行业是中国对欧投资的重点，占据投资总额的四分之三。中国企业投资欧洲，旨在获取先进技术、开拓市场、提升品牌影响力，以及分散投资风险。在投资目的地方面，过去20年，英国、德国和法国是热门选择，近年来，意大利、西班牙等发达国家，以及匈牙利等中东欧国家，也逐渐受到关注。

2. 出海挑战

在欧洲市场的开拓进程中，中企迎来诸多发展机遇，与此同时，也需直面一系列挑战。

1）贸易与政治风险：欧盟贸易壁垒持续加剧，全球政治格局复杂多变，欧盟及其成员国的对华政策缺乏稳定性，且欧盟自身政治趋势不断变化，商业问题政治化，极大影响了中企的营商环境。在欧盟"数字主权"战略下，政策监管愈发严格，2018年颁布的GDPR对个人信息和数据提出了全面要求，各成员国也出台了更为细致、严格的法律法规，如《数字市场法》《数字服务法》，谷歌、苹果等大型跨国企业都曾遭大额罚款，中国企业 Temu 也受到 15 欧元的产品税收限制。

2）劳动力成本高：欧洲劳动力成本较高，给中企运营带来较大压力。

3）文化认知壁垒：德国企业对供应商合作历史和产品准入市场认证要求严苛。此外，不同国家的语言文化存在差异，以瑞士为例，即便部分地区使用德语，其市场也并非完全德国化，进入瑞士市场，需打造本地化产品。

9.1.3　亚太：多元化市场融入

近年来，中国企业向东南亚的直接投资不断增多，特别在 2018 年以后，中国大量产能向东南亚转移。对于计划出海东南亚的中企而言，亟须把握该区域的经济增长现状，明确实现东南亚各国稳定增长需要直面的问题以及普通民众的经济增长关注点。

当前中国对印度尼西亚、马来西亚、泰国和越南的直接投资额，以及在当地的 FDI（外国直接投资／国际直接投资）占比整体呈上升趋势。投资行业方面，中国企业在东南亚投资涉及的行业非常广泛，但呈现出产业集聚特点，主要涵盖电子、纺织、化工、机械、交通设备等领域。

1. 市场特点

1）市场增长潜力大：亚太市场经济发展速度快，拥有庞大的人口基数，消费潜力巨大。一方面，像印度等人口大国，随着居民收入的增加，消费升级趋势明显，对高端消费品、科技产品的需求快速增长。另一方面，东南亚地区的新兴经济体正处于工业化和城市化的加速阶段，对基础设施建设的需求旺盛，为中企提供了广阔的市场空间。

2）政策灵活：为吸引外资，推动本国经济发展，亚太地区许多国家出台了极具吸引力的政策。如新加坡通过低税率、研发补贴等政策，吸引中企设立区域总部和研发中心；越南为鼓励特定产业发展，在土地使用、税收等方面给予优惠。部分国家还设立了经济特区，提高行政效率。

3）文化多元：亚太地区汇聚了丰富多样的文化，不同国家和地区的文化相互交融。这为中企带来了独特的机遇，中企能够凭借与亚太地区相近的文化渊源，更好地理解当地市场需求，开展本土化营销。例如，一些中国品牌在东南亚市场借助相似的文化习俗，推出符合当地消费者偏好的产品，取得了良好的市场反响。而在其他地区，因文化差异较大，中企往往需要花费更多的时间和成本来适应。

4）产业互补：亚太地区产业结构丰富，各国在不同产业领域具有独特优势。日本、韩国在高端制造业、电子科技领域技术先进，东南亚国家在劳动密集型产业和资源开发方面具有优势，中企可以与当地企业开展产业链合作，实现优势互补。

2. 出海挑战

1）政策复杂：亚太地区各国的政治体制、经济政策和法律体系不同。部分国家的税收、环保法规复杂，例如印度税收制度频繁变动，不同邦的政策也有差异。一些国家还限制外资进入特定行业，加上部分国家政局不稳，政策缺乏连续性，给中企的项目推进带来风险。

2）文化差异：日本、韩国注重等级与礼仪，东南亚部分国家的商业文化更注重人际关系。中企若无法适应文化差异，不仅会引发管理冲突，还会影响品牌推广。

3）技术竞争：亚太地区科技发展迅速，中企需持续投入研发。但部分国家对核心技术保护严格，技术引进难度大，中企在高端技术竞争中话语权较弱。

4）人才短缺：部分国家教育水平有限，高素质复合型人才短缺，增加了企业的招聘和培训成本。而且当地员工流动性大，导致企业人才队伍不稳定，影响项目推进。

9.1.4 中东：“一带一路”合作

中东地处欧洲、亚洲和非洲交界地，区域内最有影响力的经济组织是阿拉伯国家联盟（以下简称“阿盟”）。中国与阿盟的合作范围持续扩大，双方在多个产业领域的互动日益频繁，关系愈发紧密。截至 2023 年底，中国已同全部 22 个阿盟成员国和阿盟签署了共建"一带一路"合作文件，与 14 个阿盟成员国建立了全面战略伙伴关系或战略伙伴关系。2024 年，沙特阿拉伯、阿联酋及埃及正式加入金砖国家组织，预计将促进未来中阿的经贸交流与发展。

近年来，凭借快速增长的市场、有利的投资环境和战略性的地理位置，中东地区为各种规模的企业提供了巨大的发展机遇。

1. 市场特点

1）资源丰富：中东地区是世界上最大的石油、天然气和固体矿产出口地区，以其丰富的自然资源享誉全球。全球石油总量的 31%、天然气产量的 18%、已探明石油储量的 48%，以及已探明天然气储量的 40%，都在中东地区。同时，该地区的可再生能源也在急剧增长，沙特阿拉伯、阿联酋和阿曼等国正在加大对太阳能、风能和绿色氢能的投资力度，以转向可持续发展的未来。

2）有利的商业环境：一些中东国家提供极具吸引力的优惠政策来吸引外商投资，如自由贸易区、税收减免、简化企业注册程序等。例如，阿联酋的自由贸易区提供 100% 的外资所有权、免税区内的零公司税以及世界一流的商业基础设施。而在 2023 年，沙特阿拉伯正式发放了 4 个新经济特区许可证，用于吸引外国直接投资并减少摩擦。

3）熟练且多元化的劳动力：世界经济论坛的报告显示，中东和北非地区高技能人才的平均就业率为 21%，而中等技能岗位占所有正规部门工作岗位的 66%，与世界平均水平基本一致。而阿联酋、埃及、约旦和沙特阿拉伯在提供高技能岗位方面处于领先地位。

2. 出海挑战

虽然中东地区日益成为外商投资的热门目的地，但有志于在该地区拓展业务的企业也需了解该地区所面临的独特挑战。

1）地缘政治与宏观经济风险：中东长期的地缘冲突，导致区域局势不稳定。业务运营、供应链中断、潜在制裁，以及基础设施安全威胁等风险，不仅冲击着商业活动，还削弱了消费者信心，给中企投资增加了不确定性。

2）复杂的监管合规环境：中东各国的劳动法差异大，对工作时间、休假、解雇等方面都有细致规定。在消费品领域，含有酒精等不符合当地文化和宗教标准的产品被禁止上市。在基础设施建设领域，本地化要求愈发严格，包括原材料、人工和技术等。阿联酋和沙特推行"阿化率""沙化率"，要求企业达到本地员工招聘配额。沙特还出台区域总部政策，自2024年起，限制未设区域总部的外国公司与政府实体合作。

3）劳动力供给难题：沙特等国大力推行劳动力本地化政策，违规企业将受到处罚。在基建行业中，沙特项目需求大，但本地技术工人和工程专业人才短缺，"沙化率"又进一步加剧用工紧张。语言和文化差异，也影响沟通效率与项目进度。科技与信息通信行业同样面临本地专业人才不足的问题，高端技术岗位依赖外籍专家。

4）文化习俗与宗教差异：中国与阿盟国家在文化和宗教上存在差异，这在商务沟通、员工管理、消费者偏好、广告策略等方面都有体现。阿拉伯国家丰富的宗教节日，影响着消费行为，广告内容也受到宗教和文化的严格限制。尊重当地文化习俗，对中企在中东开展业务至关重要。

9.2 全球数智运营

通过分析全球主要区域市场可以看到，当前全球经济、地缘政治形势错综变化，加上文化差异和经济竞争壁垒的影响，中国企业"走出去"同时面临着机遇和挑战。全球化必然会使企业面临合规监管、本地化融入、市场竞争等宏观环境问题，同时也对企业的内部管理水平、品牌力和产品力等提出了更高要求。

纵观中国企业的全球化进程，无论面对怎样的海外市场环境，用友认为可以从以下4个视角去规划和建设企业的全球化竞争力，如图9-1所示。

❑ **战略**：全球市场广阔，企业自身资源有限，市场越大越需要聚焦。企业必须制定清晰的全球化战略路径，一方面要关注全球环境变化和风险，另一方面要审视企业内部能力，找到突破的市场区域、产品服务和运营模式，形成企业的全球化阶段性战略目标。

❑ **合规**：合规是中国企业实现全球化首先要解决的问题。出于国家利益的考量，各国政府普遍加强了在数据安全和隐私合规领域的监管与执法力度。数智化技术在企业全球化过程中是数据合规的有力武器，可以控制企业风险，保障企业合规经营。

❑ **能力**：打造一体化的全球运营能力是企业提升出海运营效率的重点。通过数智化平台建立一系列适合企业全球化发展的业务能力，可以重塑企业价值链，充分发展和利用当地的产业链，实现全球化的资源串联和共享。

❑ **底座**：全球化能力和业务的快速构建，离不开数智化底座。从底层全球化规范，到全球化架构，再到全球化数据以及全球化关键特性（如通用的语言和区域格式、日期、地址、姓名、邮编，多时区、多币种、多语言支持等），都是企业拓展全球化业务并发展壮大的支撑。

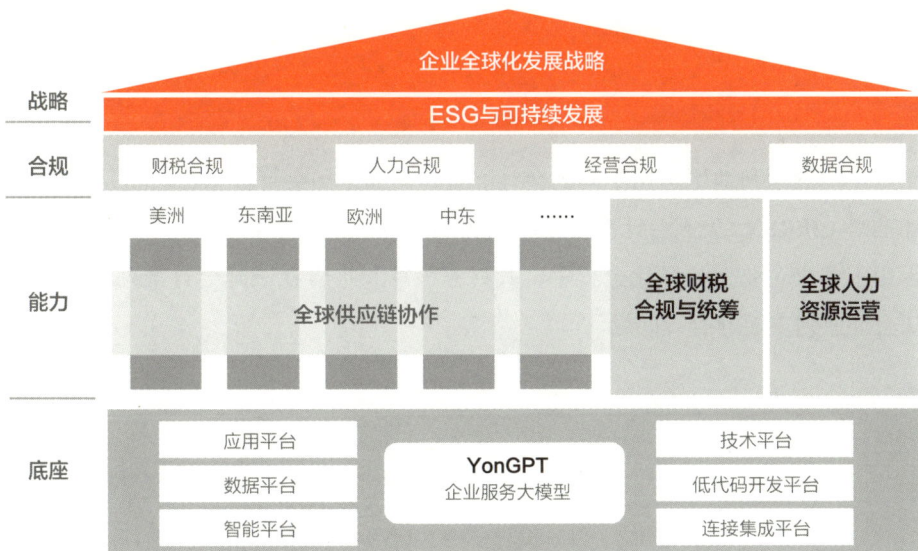

图 9-1　全球数智运营总体框架

9.2.1　全球化财税合规与统筹

全球化财税合规是企业出海要解决的首要业务问题，很多"走出去"的中国企业的海外业财管控偏弱，应对合规风险防范等挑战的制度和措施也不成体系。新一代财务数智平台能够对业财数据进行融合和丰富，并使其符合国际会计准则和本地公认会计原则（如 US GAAP）的合规要求、跨境税务的合规要求、外汇与资金管理的合规要求等。数智化的全球财税合规与统筹具体包含三部分，如图 9-2 所示。

图 9-2　全球财税合规与统筹

1. 全球核算与报告

不同国家和地区适用不同的会计准则，例如中国会计准则（CAS）、国际会计准则（IFRS）、美国会计准则（US GAAP）等，如表 9-1 所示。全球核算与报告用于解决企业在全球化过程中，其财务核算和报告在国际会计准则和本地公认会计原则方面的合规问题。

表 9-1　中国、国际、美国会计准则框架

序号	准则	制定机构	准则框架
1	中国会计准则（CAS）	❏ 财政部会计准则委员会	❏ 企业会计准则（2 项基本准则、42 项具体准则） ❏ 企业会计准则解释（16 项） ❏ 其他（应用指南、企业准则讲解、应用案例等）
2	国际会计准则（IFRS）	❏ IASC（国际会计准则委员会）（IASB 的前身） ❏ IASB（国际会计准则理事会） ❏ IFRIC（国际财务报告准则解释委员会）	❏ 国际会计准则（IAS） ❏ 国际财务报告准则（IFRS） ❏ 国际会计准则解释（IFRIC interpretations） ❏ 其他

（续）

序号	准则	制定机构	准则框架
3	美国会计准则（US GAAP）	❑ FASB（财务会计准则委员） ❑ GASB（政府会计准则委员会）	❑ FASB 制定的准则，适用于美国上市公司、私人公司、非营利组织，并被 SEC（美国证券交易委员会）采用 ❑ GASB 制定的准则，适用于美国各州及地方政府

对于同一场景和业务，各国的会计准则也有差异，全球化的财税产品必须理解和支持多准则。比如 IFRS、HGB（德国会计准则）、US GAAP 下对收入确认存在不同的准则规定，如图 9-3 所示。同样，财务报告和披露也要满足多准则要求。

Event 事项	IFRS 15	HGB	US GAAP ASC 606
Revenue recognition 收入确认	A five-step model is used to implement the core 'transfer of control' principleth at is used to determine when to recognise revenue, and at what amount. 收入确认按五步法，按照控制权转移时点。 In applying the collection criterion, 'probable' means 'more likely than not'. 对价的可收回性概率要求：50%～95% Under the revenue standard, shipping and handling activities undertaken after the customer has obtained control of the related goods may represent a performance obligation，客户获得商品控制权后的运输义务：视作原履约义务的一部分。	Revenues may only be recognised if they are realised at the balance sheet date (realisation principle). In principle the application of the percent age of completion method is prohibited. 收入完工交付后确认，原则上不允许使用完工百分比法	Like IFRS Standards, a five-step model is used to implement the core 'transfelof control' principle that is used to determine when to recognise revenue, and at what amount. 收入确认按五步法，按照控制权转移时点。 Unlike IFRS Standards, in applying the collection criterion, 'probable' means 'likely', which creates a higher threshold than IFRS Standards. 对价的可收回性概率要求：>75% Unlike IFRS Standards, US GAAP includes an accounting policy election to treat shipping and handling activities undertaken after the customer has obtained control of the related goods as a fulfilment activity instead of treating them as a performance obligation. 客户获得商品控制权后的运输义务：可以视作原履约义务的一部分，也可以视作单独的一项履约义务。

图 9-3　收入确认的不同准则规定示例

出海企业在构建全球核算与报告平台时，需重点关注以下 6 点：

1）多语言展示：系统能以本地语言展示会计科目、客商及其他辅助维度的信息。

2）多币种折算：支持交易币自动折算为本位币，以及本位币到报表币或其他币种的凭证级折算。

3）多数据格式：可对数字、日期、地址等内容进行多数据格式设置，满足不同国家需求。

4）多时区设置：实现全球统一结账和核算工作日历，能按当前时区转换时间并支持多时区多级设置。

5）多科目体系：可在系统内建立多个科目体系，涵盖不同国家准则，还能分离预算与财务会计科目体系。

6）多账簿核算：实现核算端准则转化，支持生成多准则报表。

对于大型跨国企业，尤其是海外上市公司，多体系的全球核算和报告软件平台，能大幅提升财务人员的工作效率，规避合规风险。

2. 全球司库

出海企业需要建立统一的司库管理平台，管理全球多国环境的资金交易，在全球范围内合理配置资源，同时确保资金管理的合规。

全球司库管理体系以流动性、投融资及风险管理为核心，涵盖以下多个方面的业务：

1）境内外账户统一管理：对所属企业的银行账户进行全生命周期管理，实现集团对资金账户的统一管控。

2）统一资金池管理：建立统一的资金池，加强资金集中管控，实现日归集和应归尽归的目标。

3）资金流动性管理：加强对应收账款、存货、应付等的管理，加快资金周转回笼，保持资金的流动性及经营活动的持续增长。

4）全球资金集中管理：通过境内外账户规划与统一管理，通过国际结算规范手段进行资金集中管理，保障资金安全可控。

5）资金预测管理：结合业务实际制订集团业务支出计划，通过监控资金预测与实际的偏离度，提升企业的资金预测能力。

6）结算高效处理：建立集团统一结算平台，实现全范围、全流程、高效统一的线上审批与支付。

7）金融工具和风险管理：实现金融工具交易全生命周期管理，通过金融工具对冲实际业务的资金流动性、信用、利率、汇率等风险。

8）自动化会计凭证：支持多币种账套统一管理、多国会计准则支持、金融工具会计以及套期会计等全功能智能会计处理。

9）决策报表分析：基于平台高质量的精细化数据进行智能数据分析，为领导层决策提供强有力的数据分析支撑。

3. 全球税务

当前，国际税收改革的持续推进对中国大型企业的税务管理提出了新的挑战。BEPS 2.0双支柱国际税收改革的推出，将对全球范围内的大型企业税务管理产生深远影响。企业需要更加关注全球范围内的税收政策变化，合理规划跨境税务交易安排，避免双重征税和利润转移等问题，以确保企业在全球范围内的税务合规和风险管理。

出海企业亟须通过海外税制调研、税务架构设计、税务管控模式、税务系统搭建、外围系统拉通5个步骤，构建全球数智化税务管理平台，如图9-4所示。

全球数智化的税务管理工具可以适配各国税制、国际税收规则、电子发票制式、增值税报告规范等政策。通过全球税务管理平台计税引擎，将在全球税制调研中收集的相关国家的税收规则结构化，并分离出可由系统处理的税率、税基影响因素与计税规则，不仅可供税务管理系统用于算税，也可供业务系统、财务系统调用，用于价税分离、税负估算、税金预测等。

精准、合规、高效的全面税务管理是企业全球化运营的必备要求。借助数智化系统，出海企业可以实现准确统计境外税务数据，按需打通业财税数据链，及时了解境外申报进度，持续追踪境外税收争议等管理目标，确保全球税务管理的高效合规。

税务系统搭建
- 全球化基础能力
- 全球计税规则引擎
- 全球税务数据中心
- 全球税务运营中心
- 全球税务风控中心
- 全球税务分析中心
······

税务架构设计
- 投资控股架构
- 税收优惠申请与BEPS 2.0
  最低税
- 投资目的地选址与
  税收返还申请
- 投资目的地企业类型
  选择（公司/合伙）
······

外围系统拉通
- 税务系统备案资质
  申请与管理
- 数字政府纳税
  申报接口管理
- 业财系统融合
- RPA
- 大模型应用
······

税务管控模式
- 过程导向/结果导向
- 合规导向/风险导向
- 第三方事务所外包/
  全球税务共享平台
- 总部集中管理/多
  中心分散管理
······

海外税制调研
- 外商投资行业准入
- 行业/区域税收优惠
- 交易相关税收规则
- 资本相关税收规则
- 投资目的地税收协定
- 外汇管制规则
- 税收报告要求
······

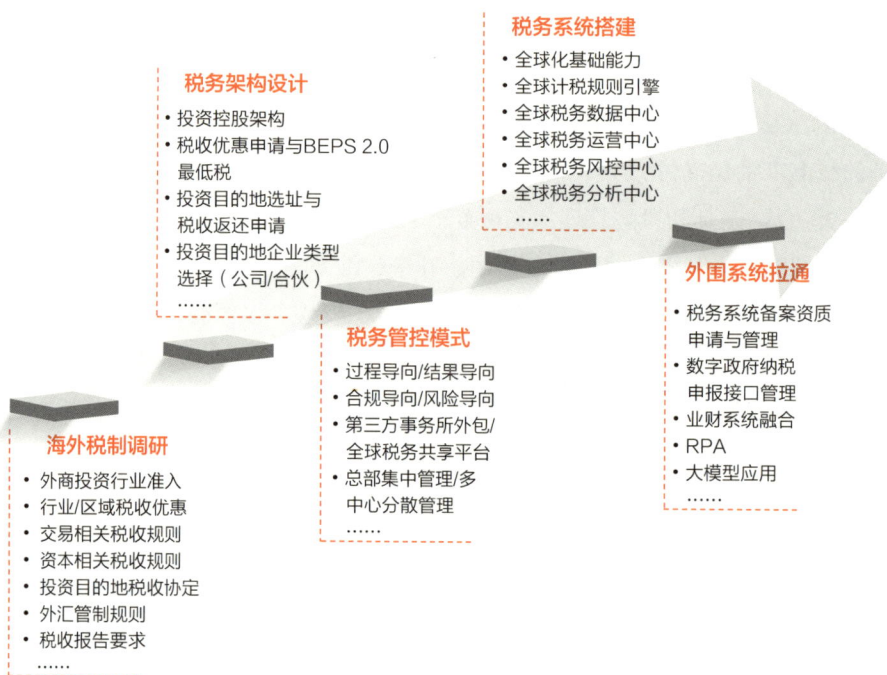

图9-4 全球数智化税务管理平台建设路径

9.2.2 全球化人力资源运营

在企业全球化进程中，人力资源部门的价值急速提升，成为推动企业出海战略的关键着力点。大型企业实现跨国经营，必须将全球化人力资源运营提升至战略核心地位。全球化人力资源运营的核心是打造全球人才供应链，其中构建全球化的数智化系统是重要环节。

1. 全球人才供应链

全球人才供应链是一个着眼于全球范围的人才获取、配置和管理策路，旨在确保企业在全球范围内能够迅速、准确地获取符合其发展需求的人才资源，并通过精准匹配和持续发展，实现人才的优化配置和长期合作。

全球人才供应链强调人才的全球视野和跨国流动。随着全球化的加速推进，企业越来越需要具备全球视野的人才来支持其国际化战略。全球人才供应链通过构建跨国的人才网络和渠道，引进来自不同国家和地区的优秀人才，为企业注入新的活力。

全球人才供应链需要充分利用现代科技和数字化手段，提高人才管理的效率和精准度。利用大数据、人工智能等技术，全球人才供应链能够实现对全球人才资源的实时追踪和动态分析，为企业提供更准确、及时的人才信息，支持企业的战略决策和人才规划。全球人才供应链的数智化全景图如图 9-5 所示。

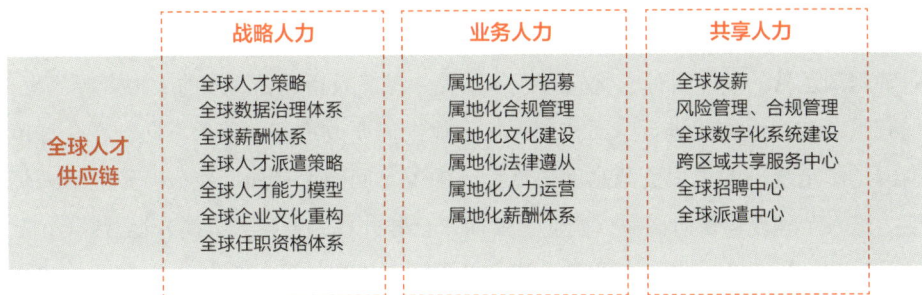

	战略人力	业务人力	共享人力
全球人才供应链	全球人才策略 全球数据治理体系 全球薪酬体系 全球人才派遣策略 全球人才能力模型 全球企业文化重构 全球任职资格体系	属地化人才招募 属地化合规管理 属地化文化建设 属地化法律遵从 属地化人力运营 属地化薪酬体系	全球发薪 风险管理、合规管理 全球数字化系统建设 跨区域共享服务中心 全球招聘中心 全球派遣中心

图 9-5　全球人才供应链的数智化全景图

1）战略人力关注的是人才的持续发展和长期合作。它不满足于一次性的人才引进，而是致力于与人才建立长期稳定的合作关系，围绕全球人才策略、全球数据治理体系、全球薪酬体系、全球人才派遣策略、全球人才能力模型、全球企业文化重构、全球任职资格体系等关键方面确定人力资源管理策略，并通过数字化的系统为人才提供持续的职业发展机会和培训资源，推动人才不断提升自身能力和价值创造能力，同时也为企业提供了可持续的人才保障。

2）业务人力注重的是人才的精准匹配和优化配置。它根据企业的业务需求和战略目标，对全球范围内的人才进行深入调研和分析，并结合不同国家和地区或不同业务单元的人才结构性需求，确定所需人才的具体要求和特点。因此，业务人力围绕属地化人才招募、属地化合规管理、属地化文化建设、属地化法律遵从、属地化人力运营、属地化薪酬体系等具有针对性的业务策略，通过精准的人才搜索、评估和选拔机制，构建全球人才供应链，进而确保企业找到最符合其需求的人才，并将其配置到最合适的岗位上，实现人才与岗位的精准匹配。

3）共享人力层面，企业需要构建支撑全球发薪、风险管理、合规管理的全球数字化系统，包括跨区域共享服务中心、全球招聘中心、全球派遣中心等一体化运营基础设施与规范体系，以支撑全球、全局、规范、统一的人力资源管理体系。

2. 全球人力资源数智化系统

建设并运营全球数智化系统，是全球人力资源运营的关键环节。企业若想在全球范围内成功部署人力资源管理系统，可通过以下几个关键步骤进行有序推进：

1）战略规划：实施系统前，企业应锚定全球化人力资源系统的战略目标，明确跨国运营的具体目标、优先级任务以及关键绩效指标；对当前人力资源流程、现有系统和组织文化进行全面梳理评估，找出需要改进与调整的方向；在全球范围内，制定统一的人力资源制度与流程，确保不同国家和地区执行一致的管理标准。进入全球化运营阶段后，企业更要探索全球共享服务模式，提升运营效率。

2）技术选型：结合公司实际需求与预算，挑选适配的全球人力资源数智化系统，这需要与 IT 部门达成深度协作。系统不仅要契合企业的全球化人力资源战略，满足当下业务需求，还要具备前瞻性，能灵活应对未来的业务变化。挑选人力资源管理软件和技术工具时，企业务必重视本地化技术支持，确保工具能在全球范围内助力管理员工信息、薪酬、绩效评估和培训等数据。企业还需要定期监测系统性能，依据反馈和数据及时调整，保障系统始终契合企业需求。

3）文化整合：在系统实施过程中，企业应充分考量文化因素，通过多种举措促进员工之间文化融合与协作。在开展全球化人力资源管理培训时，需要同步帮助员工熟悉并熟练运用新系统，提升其数字素养。

4）法规合规：全面了解各个国家或地区的法规要求，确保企业人力资源政策与之相符。尤为重要的是，保障员工数据安全和隐私，严格遵守数据保护法规，规避潜在法律风险。

针对大型企业的全球化人力资源系统，企业需要重点考查以下几方面的能力：

1）多语言与多货币支持：系统需支持多种语言与货币，满足全球员工的沟通需求与薪酬管理的基础需求。

2）法规合规性：系统要灵活适配各国劳动法规，妥善管理工资规则、税法等合规事项；要凭借强大的安全功能，保护员工敏感数据，满足 GDPR 等数据隐私法规及审计要求。

3）集成与扩展能力：系统要与工资核算、绩效管理、财务等系统集成，保障数据流与报告无缝对接，还要具备良好的扩展性，以适应公司的规模扩张与新区域的业务发展。

4）便捷交互与自助服务：界面设计要直观易用，方便全球员工与 HR 人员操作；提供员工自助服务功能，员工可自助访问、更新个人信息，以及申请休假与查看工资单；支持移动端随时随地访问系统。

5）数据整合与分析：系统应具备全球数据整合能力，并能借助强大的报告和分析功能，助力 HR 和高管基于实时数据做出决策。

6）本地化培训支持：为 HR 团队和员工提供充分的培训与持续支持，帮助他们熟练使用系统。

7）国际认证评级：通过 ISO、安全等保等业务与安全领域的国际标准认证，参考 Gartner、IDC 等权威机构的评定结果，进一步验证系统的全球化水平。

9.2.3　全球化供应链协作

数智时代的全球供应链呈现的是一种网状结构，这个网络由全球各地不同类型的客户、仓储配送中心、工厂、供应商组成。数字经济越发达，供应链呈现的网络结构就越复杂。中国企业在全球化征途中，通过加强数智化建设，可增强全球供应链的韧性和效率，提高企业在全球供应链层面的竞争力。

出海企业应该以深度融合技术、业务和数据的数智化系统作为企业全球化发展的数智底座，避免单从技术讲技术、单从业务讲业务；通过构建全球供应链、全球营销和全球采购，打造全球一张网，为增强全球供应链韧性发挥出独特价值，助力高质量出海。

1. 全球供应链控制塔

全球供应链的价值在于从供应链运营、供应链协同、供应链计划 3 个层面，将市场、线索、订单、计划、采购、生产、交付、服务串联起来，连接所有的客户价值链，并在全球供应链控制塔（见图 9-6）中进行监控，让企业实时感受到供应链的高效和便捷。

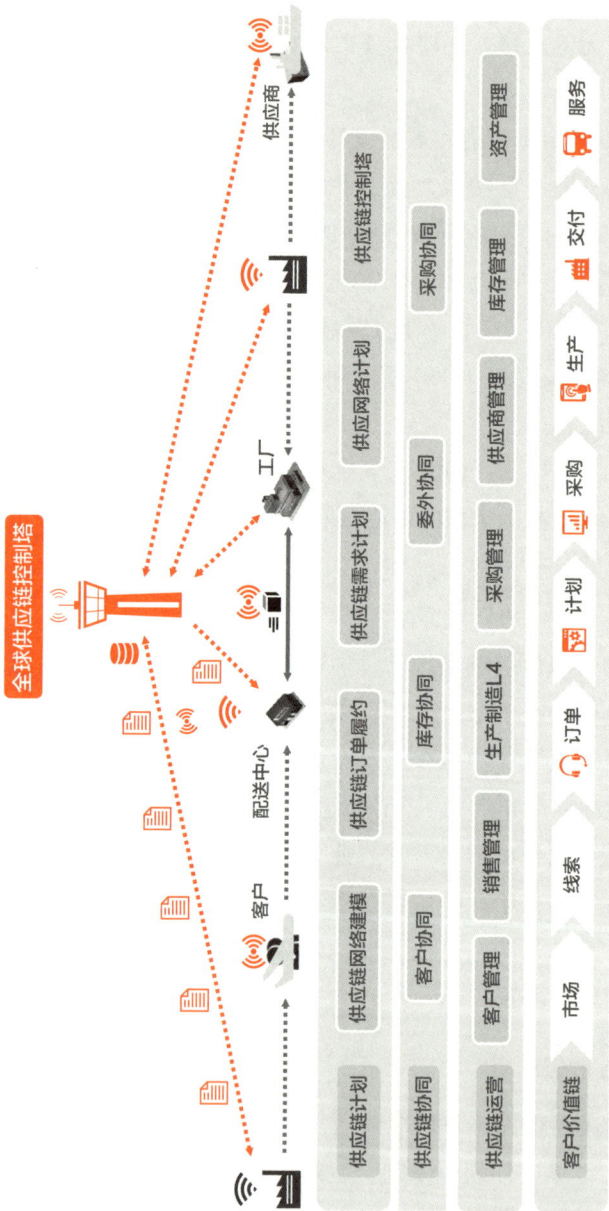

图 9-6 全球供应链控制塔

全球供应链应该包含产业链条上的多方参与者，主要可以分为两部分，第一部分是供应管理，第二部分是产品管理。供应管理主要由财务、制造、计划与采购 3 部分组成，基于产能计划、物料采购计划、物流计划、产品成本和毛利计划等形成支撑。产品管理包含 NPI/EOL 计划、销售和营收计划、渠道和客户信息、竞争对手趋势等。它通过速度、质量、成本、准确率等各种 KPI 去管控供应及需求，同时基于平台支撑业务集成计划，让业务价值链的实时进度一目了然，最终提升客户的满意度，提高供应商的响应速度，降低供应链成本，提高营收。

全球供应链计划中心应依托全球网络供应链控制塔，为终端客户提供全球供应链可视服务，为分公司提供订单履约服务；基于供应约束，保障公司供应链网络及时响应客户需求；通过公司供应链网络与供应商的协同交互，确保供应商按时交付，满足公司供应链的运营需要，助力产业链核心企业实现全球供应链集成经营。

2. 全球数智营销

对于出海企业，营销管理的三大核心能力为 B2B 服务、B2C 服务、营销中台，如图 9-7 所示。数智营销结合海外客户在管理、运营等多维度的需求，围绕客户管理、在线交易、消费互联和多场景新零售服务四大需求场景实现本地

图 9-7　全球营销数智化应用全景

化服务，让企业的营销能力真正跨到海外市场，完成出海当地的数智化建设，为本地企业提供服务，实现营销的数智化转型。

（1）客户管理

对客户实施全方位管理，通过360°视图清晰查看客户的基本信息、准入申请及经营行为与过程。通过客户评级模型，自动对客户进行管理和等级评测，对重点客户制订针对性的拜访和推进计划。另外还可以通过地图标注的形式简单明了地查看客户分布情况，助力业务赋能。

（2）在线交易

通过在线呈现方式将商品信息直接传达给客户，包括新品信息、样式、特性、价格、营销活动、库存信息公告等内容，提升客户和企业之间的协作效率和客户在交易过程中的应用体验。企业通过这种在线商城式的销售变迁，实现从传统的线下销售模式到在线营销模式的平稳升级，大大提升销售营销能力。

（3）消费互联

企业可以通过微分销的模式让消费者或会员形成强大的口碑传播链条，扩大品牌影响力；也可通过对会员忠诚度的管理，加强企业与会员之间的连接，提升会员的黏性，增加企业与会员的互动的频次。

（4）多场景新零售服务

将线上零售和线下实体店零售进行有效整合和协同，实现线上和线下的O2O互动与协作，给消费者提供一个更好的消费体验。对于很多企业而言，实体店的零售是比较核心的交易场景，在线下实体零售中，营销云通过智能POS和聚合支付，提高收银效率；通过对商品、会员、交易、收银实施一体化的实时在线管理，提高消费者转化效率。

3. 全球数智采购

通过数智化管控海外公司的业务，尤其是如何构建既能满足国际法律法规方面的要求，又能契合本公司发展路径和管理实际的全球化采购供应链管控系统，成为企业出海的一个决策话题。

在构建全球化采购供应链管控系统时，需要从信息安全、网络传输制约与限制、本身的采购组织及人员能力、全球供应链部门的构建模式及管理能力、海外企业整合程度、成员企业之间的物料协同度、海外供应商开发的成熟度、各海外成员企业的历史情况、海外成员企业的历史信息化程度和诉求等 9 大方面进行考量，综合判断应该采取哪种合作建设模式，如图 9-8 所示。

- ✓ 全球供应链部门的构建模式及管理能力
- ✓ 海外企业整合程度
- ✓ 成员企业之间的物料协同度
- ✓ 本身的采购组织及人员能力
- ✓ 海外供应商开发的成熟度
- ✓ 网络传输制约与限制
- ✓ 各海外成员企业的历史情况
- ✓ 信息安全、GDPR
- ✓ 海外成员企业的历史信息化程度和诉求

图 9-8 在构建全球化采购供应链管控系统时需要考虑的 9 大方面

其中，海外供应商开发的成熟度，是指海外公司在当地开发和储备的供应商是否足够，是否足以支撑从当地采购生产经营相关的绝大部分或全部物资的需要。这一点将影响到当地企业是否有必要全球化采购，以及是否有必要进行全球化采购管控。

成员企业之间的物料协同度，是指海外分子机构之间的生产材料是否有相似性，各分子公司的产品是否存在上下游关系、是否有相互的依赖性。这一点将会影响在构建全球化采购供应管控系统时，物料协同性高的海外分子公司是否需要在同一套系统中处理业务，以加强上下游间的业务协同。

用友多年来服务于各个出海企业的全球化采购供应链平台建设，总结并形成了全球采购业务与应用的 3 种模式，如图 9-9 所示。

模式一：集团建设统一的全球数智化采购管控平台，并通过统一的平台实现全球采购业务的一体化运营和管控。

	大集中采购模式	部分集中采购模式	分散采购模式
模式特点	✓ 全球统一供应商管理、全球统一物料管理、全球寻源、大集中采购、强管控	✓ 全球统一供应商管理、全球统一物料管理、部分物资全球寻源、部分海外企业集中采购	✓ 全球分散采购、部分物资需要全球采购时，由专门的贸易公司进行全球代采
企业相关情况	✓ 设立全球供应链采购部门 ✓ 对全球的分子公司有较强的管控力 ✓ 全球分子公司共用物资较为集中，需要集中采购，全球寻源以获得价格优势；精益生产的要求非常高 ✓ 需要做到全球库存平衡	✓ 设立全球供应链采购部门 ✓ 部分收购企业有自身系统 ✓ 部分下属单位管控度弱 ✓ 部分海外当地供应商开发较为成熟 ✓ 海外企业间的物料协同性一般	✓ 设立全球采购贸易部门 ✓ 各分子公司物料依存度低 ✓ 将中国作为全球货源地之一，部分物资海外当地供给不足或者价格过高（采矿设备，粉碎、筛选设备）从中国市场采购。但是采购权在各个全球分支机构。
系统部署方式	✓ 全球统一部署，各海外分子公司共同使用。**一套系统**	✓ **多节点多套系统**部署，全球寻源 ✓ 在中国、美洲、欧洲分别部署一套服务器，多套系统之间进行系统集成，集团做业务监控	✓ 全球部署**一套集中采购系统**，需要在中国采购的业务进入该平台 ✓ 其他业务在各自海外公司系统中处理

图 9-9 全球采购业务与应用的 3 种模式

模式二：在全球主要国家和地区，按照企业下属单位的聚集程度、成员企业之间的物料协同性，在全球建立多套统一的集中物资采购平台（例如在中国、欧洲、美洲建立），实现全球统一供应商管理、全球统一物料管理、部分物资全球寻源、部分海外企业集中采购。

模式三：各个成员企业分散建立采购平台；中国母公司可以建立集团数智化采购管控平台，需要在中国本土采购的业务，可以进入该平台进行处理，其他业务在各自系统中进行处理，然后系统间进行数据集成。

9.2.4 法律法规合规与应对

在全球化浪潮中，企业面临着错综复杂的法律法规合规环境，其中财税、人力以及经营等方面的合规问题尤为关键，如图 9-10 所示。

从财税合规角度看，企业开展跨国业务时，必须遵循国际财务报告准则（IFRS），以保证全球财务信息的一致性与可比性。上市公司更要依此编制财务报告，以满足国际市场的需求。例如，某跨国企业在多个国家设有子公司，为了向全球投资者提供统一标准的财务信息，需要严格按照 IFRS 规范财务报表编制流程。同时，税收法规也是财税合规的重要一环。不同国家的所得税法、增值税法等差异显著，企业需精准把握各国的纳税要求，按时按规报税，避免税务纠纷。如美国的税收政策复杂多变，企业若不及时跟进并合规操作，可能面临高额罚款。此外，反洗钱法规要求企业建立完善制度，在金融交易中防范资金用于非法活动，维护金融秩序。

政策法规合规	财税合规	人力合规	经营合规
全球化合规应对	财务核算合规 / 外汇合规	劳动法合规|劳动用工合同	合同订单|全球物流与海关稽查
	税务申报合规 / 国家会计准则	个人信息跨境传输管理	价值汇率波动 / ESG报告批露
	属地国法定合并与管理合并	海外人才招聘|合规画像	知识产权|专利合规|商标合规
	财务支付标准 / 本地税务计算	属地文化融合 / 文化包容	产品可销性 / 危险品管理
	银企直联|大额及可疑交易	海外合规派遣与劳动用工	合作伙伴黑名单扫描|黑名单检查

图 9-10 出海企业面临的主要合规问题

全年化的财务软件可以内置 IFRS 的各项规则，自动对财务数据进行分类、计量和披露处理。企业通过系统，只需将分散在全球子公司的基础财务数据录入，就能快速生成符合 IFRS 标准的财务报表，极大提升了编制效率，减少人为差错。例如，跨国企业财务管理软件支持多语言、多币种操作，能够根据不同国家的会计准则进行灵活切换，帮助企业轻松实现对全球财务信息的统一整合与呈现。全球化税务系统可实时更新各国的税收政策动态，自动计算不同国家的应纳税额，涵盖所得、增值税等多种税种。企业利用系统的智能提醒功能，能及时掌握各国的报税截止日期，按时提交准确的税务申报资料。同时，系统还能对税务数据进行深度分析，帮助企业优化税务筹划，降低税务成本。

人力方面的合规挑战同样突出。不同国家的劳动法差异巨大，从工时规定到福利待遇，从雇佣关系解除到工会权益保障，企业都需严格遵循法律法规要求。比如，法国对员工的工作时间、休假制度有着明确且严格的规定，企业在当地运营就必须依法保障员工权益。在薪酬管理方面，企业既要符合当地最低工资标准等法规，又要处理好跨国薪酬体系的公平性与合理性。而且，涉及员工薪资、绩效考核等财务信息的处理，企业需遵循"最小必要原则"，防止超范围收集与存储员工信息，保障员工隐私。

针对不同国家劳动法的巨大差异，企业可运用一体化人力资源管理数字化平台，预先录入全球各国的劳动法规细则，详细涵盖工时、休假、雇佣关系解除等关键条款。例如，企业在法国运营时，平台能依据当地法规自动为员工设置标准的工作时间和休假安排，并实时跟踪员工的考勤数据，一旦出现超时工作或休假安排不合理的情况，系统立即发出提醒，确保企业完全符合法国严格的劳动法规要求。数字化系统能实时对接各国最低工资标准数据库，在制订薪酬方案时自动比对并确保合规，还可通过复杂的算法综合考虑跨国业务中不同地区的经济水平、岗位价值等因素，平衡跨国薪酬体系的公平性与合理性。

经营合规也是全球化运营中不可忽视的部分。企业在全球采购过程中，要遵守各国的贸易法规，如进出口限制、关税政策等。部分国家为保护本国产业，会对特定产品设置高关税或进口配额，企业需提前了解并规划采购策略。同时，在供应商选择与合作中，企业也要考虑合规因素，确保供应商在环保、劳工权益等方面符合法规要求，避免供应链风险。例如，一些欧美国家对进口产品的环保标准要求极高，若企业采购的原材料不符合相关标准，产品将无法进入当地市场。

企业在筛选供应商时，数字化平台发挥着关键作用，系统能自动根据供应商提供的信息，对照法规标准进行全面评估。如针对欧美国家对进口产品极高的环保标准要求，平台可详细审查供应商的原材料来源是否符合环保法规、生产过程中的废弃物排放是否达标等。一旦发现供应商存在不合规风险，系统立即发出预警，帮助企业及时调整供应商策略，避免因供应链上游不合规导致产品无法进入目标市场。此外，系统还能利用大数据分析技术，对供应商过往的合规表现进行综合分析，为企业建立长期稳定、合规可靠的供应链提供有力支持。

9.2.5 数据安全 & GDPR 合规风险及应对

数智时代，数据已成为企业最为关键的资产之一。随着对数据的大量收集、存储、传输与使用，数据安全面临着前所未有的挑战。近年来，全球主要经济体加强了对数据安全和隐私合规方面的立法与执法（见表 9-2）。如欧盟的《通用数据保护条例》（GDPR）对企业的数据处理活动提出了极高要求，企业若处理不当，将面临严重的合规风险。

表 9-2 全球主要经济体的数据安全与隐私保护法规

国家 / 地区	法律 / 法规名称	影响范围
欧盟（EU）	《通用数据保护条例》(GDPR，2018)	适用于所有处理欧盟居民数据的组织（无论是否位于欧盟）
美国	《加州消费者隐私法案》(CCPA，2020) 《健康保险可携性和责任法案》(HIPAA) 《儿童在线隐私保护法》(COPPA)	CCPA 适用于年收入≥2500 万美元或处理≥5 万用户数据的加州企业 HIPAA 适用于全美医疗机构及关联方 COPPA 适用于面向美国儿童的全球运营商
中国	《中华人民共和国个人信息保护法》(PIPL，2021) 《中华人民共和国数据安全法》(2021) 《中华人民共和国网络安全法》(2017)	适用于所有在中国境内运营或向中国提供服务的机构
俄罗斯	《个人数据本地化法》(2015)	适用于所有收集俄公民数据的国内外企业
新加坡	《个人数据保护法令》(PDPA，2012 修订)	适用于所有在新加坡运营的企业
日本	《个人信息保护法》(APPI，2020 修订)	适用于所有处理日本居民数据的国内外企业
韩国	《个人信息保护法》(PIPA，2020 修订)	适用于在韩运营的企业及公共机构
印度	《数字个人数据保护法》(DPDP，2023)	适用于所有处理印度居民数据的机构
巴西	《通用数据保护法》(LGPD，2020)	适用于所有处理巴西居民数据的组织

在技术层面，网络攻击手段日益复杂多样，黑客可能通过恶意软件、网络钓鱼、漏洞利用等方式，入侵企业系统，窃取、篡改或破坏数据。例如，2017年的 WannaCry 勒索病毒事件，在全球范围内导致大量企业和机构的文件被加密，数据安全受到严重威胁，众多企业遭受了巨大的经济损失和业务中断影响。另外，内部数据泄露风险也不容忽视，员工的误操作、恶意行为或者权限管理

不当，都可能导致敏感数据泄露。

GDPR 作为全球最严格的数据保护法规之一，其合规风险对企业的影响极为深远。该条例适用于所有处理欧盟居民个人数据的企业，无论企业位于欧盟境内还是境外。违规企业可能面临高达全球年营业额 4% 或 2000 万欧元（以较高者为准）的巨额罚款。例如，英国航空公司因数据泄露事件违反 GDPR，被处以近 2 亿欧元的罚款。GDPR 在数据主体权利、数据处理合法性基础、数据保护影响评估、数据泄露通知等方面做出了严格规定，企业需要投入大量资源来确保合规。

面对这些风险，企业需要采取一系列行之有效的应对措施。在数据安全方面，首先要建立完善的数据加密机制，在存储和传输过程中对数据进行加密处理，确保即使数据被窃取，黑客也难以获取明文信息。其次，实施严格的访问控制策略，根据员工的工作职责和业务需求，最小化分配数据访问权限，并定期进行权限审查和更新。同时，持续进行安全漏洞扫描与修复，及时发现并解决系统中的安全隐患。

为满足 GDPR 合规要求，企业需设立数据保护官（DPO），负责监督企业的数据保护策略和实践，确保企业活动符合 GDPR 的规定。在收集数据时，企业必须明确告知数据主体收集目的、使用方式等信息，并获得其明确同意。企业应开展数据保护影响评估（DPIA），识别和降低数据处理活动对数据主体权益的潜在影响。一旦发生数据泄露事件，企业应在 72 小时内向监管机构报告，并通知受影响的数据主体。

数据安全和 GDPR 合规风险是在全球化、数智化运营中企业必须高度重视的问题。企业只有积极采取技术、管理和流程上的应对措施，将数据安全和合规要求融入日常运营的每一个环节，才能在充分利用数据价值的同时，有效防范风险，实现可持续发展。这不仅是企业应对外部监管的需要，更是维护企业声誉、赢得客户信任、提升市场竞争力的必然选择。

9.2.6　ESG 与可持续发展

ESG 是 Environment（环境）、Social（社会）和 Governance（治理）3 个英

文单词的首字母缩写的合称（如图 9-11 所示）。目前，ESG 主要用于投资领域，已成为影响投资决策的重要参考。它从环境、社会、治理 3 个非财务维度来评价企业的指标，评估企业（投资对象）在促进经济可持续发展、履行社会责任等方面的贡献。

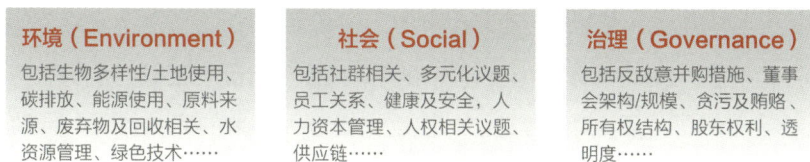

环境（Environment）	社会（Social）	治理（Governance）
包括生物多样性/土地使用、碳排放、能源使用、原料来源、废弃物及回收相关、水资源管理、绿色技术……	包括社群相关、多元化议题、员工关系、健康及安全、人力资本管理、人权相关议题、供应链……	包括反敌意并购措施、董事会架构/规模、贪污及贿赂、所有权结构、股东权利、透明度……

图 9-11　ESG 的定义

中企出海背景下，当前国际环境对 ESG 的要求越来越高，尤其是欧美市场，这可能影响到中企的合规性和市场准入。所以，ESG 不仅是道德问题，还是战略需求。同时，数智化手段如大数据、AI、区块链等，可以帮助企业有效管理 ESG 指标，提升透明度和效率。

1. 企业落实 ESG 的驱动力来自哪里

近年来，越来越多的企业组织开展各种内部项目，以满足不断扩大的立法和监管要求，例如美国证券交易委员会（SEC）提出的上市公司进行气候披露。

企业受到来自投资者、消费者和政府立法的压力越来越大，各组织需要根据 ESG 要求转变其采购做法。除了减排，这些任务通常包括废物管理、材料和劳动力的道德采购，以及对整个价值链的环境和社会影响的总体评估。

消费者越来越喜欢有助于环境保护的可持续产品——贝恩公司发布的《2024 全球消费品年度报告》指出，从消费者角度看，目前全球约一半的消费者将可持续发展列为购物时所考虑的四大要素之一，他们愿意为符合可持续发展要求的产品支付 10% 的溢价。

ESG 对投资者来说也变得越来越重要：根据彭博新闻社发布的《2024 年全球 ESG 展望报告》，预计到 2030 年，ESG 投资额可能达到 40 万亿美元。如今，许多投资者对公司有着严格的报告要求。美国证券交易委员会（SEC）新提出的气候相关披露规则等法规支持了这一点，该规则要求上市公司需要报告与气候相关的风险和温室气体排放的业务敞口，以帮助投资者根据一致可靠的数据做出明智的决定。

2. 大型企业建立 ESG 总体能力架构

企业应建立 ESG 总体能力架构，系统地构建可持续发展核心能力，以环境（E）、社会（S）、治理（G）为支柱，构建从战略到落地的完整体系，推动 ESG 从理念到实践的全链条落地，如图 9-12 所示。

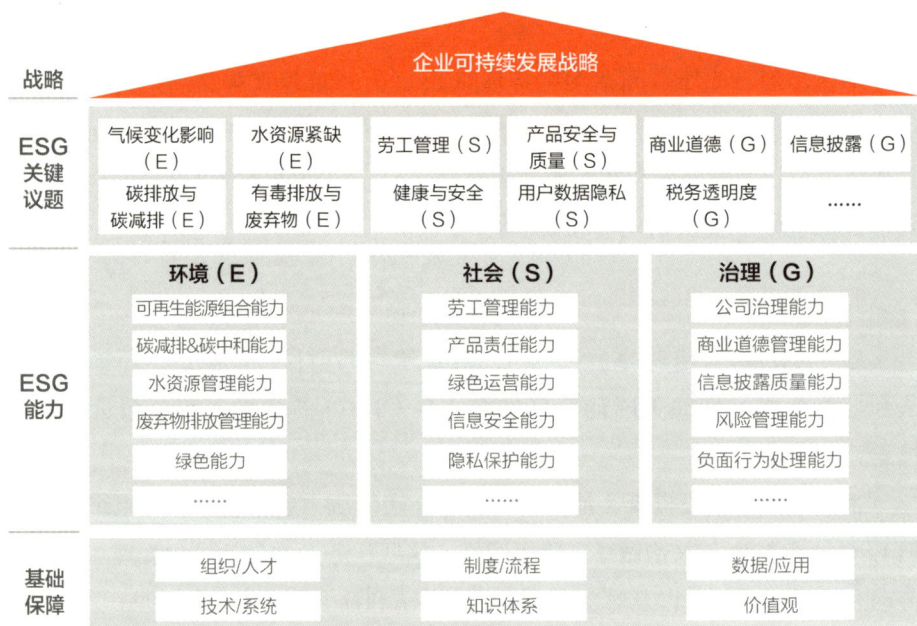

图 9-12　用友建议的企业 ESG 总体能力架构

（1）环境维度

聚焦气候变化应对与资源管理，企业应建立碳减排与碳中和能力（如监测碳排放、优化能源结构）、水资源与废弃物排放管理能力（减少污染排放、提升循环利用率），以及绿色能力（推动可再生能源应用、节能技术改造）等。关键议题包括气候变化影响、碳排放管理、有毒废弃物处理等。

（2）社会维度

强调利益相关方责任，企业需强化劳工管理能力（保障工时合规、健康安全）、产品安全与质量能力（全生命周期追溯）、用户数据隐私保护能力（数据安全合规）等。议题涵盖供应链劳工权益、健康安全风险、用户数据隐私等。

（3）治理维度

注重透明合规与道德经营，企业需提升信息披露质量能力（符合 ESG 报告标准）、商业道德管理能力（反腐败机制）、风险管理能力（应对税务争议、合规审计）等。核心议题包括信息披露透明度、商业道德规范、税务合规性等。

3. 数智化是企业落实 ESG 的重要手段

当前大型企业的 ESG 实践已从"被动合规"转向"主动赋能"。而数智化技术正成为企业高效落实 ESG 的核心手段。通过数据驱动、智能决策与全链路协同，企业不仅能破解 ESG 实践中的成本与效率难题，还可将其转化为差异化竞争力。

（1）环境维度：从碳足迹追踪到精准减排

在"双碳"目标下，数智化工具正在重构企业的碳管理逻辑。例如，宁德时代通过区块链技术记录动力电池全生命周期的碳足迹，并在 2019 年率先在业内使用区块链技术进行原材料溯源。此外，宁德时代还推出了"CREDIT"价值链可持续透明度审核计划，涵盖碳足迹、能源管理、可持续采购管理等内容。这些数据经过第三方认证后，向全球客户透明披露。

成都航空利用用友 BIP 平台进行节油和碳排放管理，通过多维度采集飞机航行数据，优化航线和飞行参数，每年节省燃油成本达 300 万元，并生成碳排放报告以满足监管要求。这些数智化手段和 SAF、光伏发电、全流程碳中和航班等多种方式组合，积极推动了成都航空的碳减排和绿色低碳发展。

（2）社会维度：数据驱动的包容性增长

数智化技术可助力企业平衡商业价值与社会责任。例如，TikTok 推出了青少年模式，为青少年用户提供更加安全、健康的网络环境，并通过内容审查机制保护年轻用户的健康和安全。鸿海科技集团要求其供应商制定长期减排目标，并通过数字碳管理平台披露碳排放数据和减排成就。此外，华为也通过供应商碳减排管理平台对供应商进行碳盘查，并制定了严格的碳减排要求。

（3）治理维度：从人工合规到智能披露

面对碎片化的国际 ESG 规则，企业急需智能化工具来破解合规难题。微软推出的"Microsoft Cloud for Sustainability"平台，可自动整合全球工厂、供应链的 ESG 数据，一键生成符合欧盟《CSRD》、美国 SEC 气候披露等要求的报告。用友于 2023 年发布面向能源行业的 ESG 云。用友 ESG 云可提供更快、更智能、可追溯、可信任的 ESG 报告和绩效洞察，内嵌多套 ESG 指标和模版，可以一键生成 ESG 叙述性报告，可实现报告模板的定义、按报告模板生成报告、生成报告后多人协同编辑，并在系统中完成报告审批的一套解决方案，以满足内外部报告要求。

9.3　全球部署架构

为支撑全球数智运营，大型企业应构建具备弹性扩展能力的全球化部署架构。具体而言，企业应基于云原生技术构建分布式架构体系，实现全球业务应用的敏捷部署与动态资源调度，在确保数据安全的同时提升运营效率；通过建设统一的全球化应用支撑平台，系统性地应对合规监管、文化本地化融合、跨区域资源协同等核心挑战，确保业务能够实现全球统一管控与本地化灵活落地的动态平衡。

在全球化云应用选型时，企业需重点考量 5 个方面的核心能力：满足安全合规要求、全球基础设施覆盖、数据驱动能力、智能运营能力以及成熟和丰富的客户实践，并从安全性、高可用性、成本效益及性能优化等多维度持续完善云架构体系。

9.3.1　云服务，全球数智运营最优解

传统本地化 IT 架构因部署周期长、运维成本高、跨域协同难等问题，已难以满足企业快速拓展国际市场的需求。而云服务凭借敏捷部署、全球覆盖、弹

性扩展、合规保障等优势，正成为企业全球数智运营的"最优解"。

1. 云服务对全球化企业的优势

在全球化竞争中，基于云原生的应用服务成为企业构建全球业务系统的首选方案，对比传统 OP（On-Premise，本地化部署）模式优势明显。

1）敏捷部署与全球覆盖：传统 OP 模式需在各地自建数据中心，部署周期长、成本高。而云服务架构依托全球分布式基础设施，可实现分钟级资源开通，快速支撑新市场业务落地，确保全球用户低延迟访问。

2）弹性扩展与成本优化：OP 模式依赖固定硬件投入，难以应对业务波动。云服务架构可提供按需伸缩的能力，企业仅需为实际使用的资源付费，避免过度投资，同时还可利用云厂商的规模效应降低运维成本。

3）合规与本地化适配：全球化运营需满足多国对数据主权（如 GDPR、CCPA）及行业合规的要求。云厂商已内置全球合规认证，并通过区域化部署（如 AWS 区域、Azure 可用区）帮助企业自动适配本地法规，而 OP 模式需自行构建合规体系，实施难度大。

4）统一管控与协同创新：云服务架构支持全球统一的版本迭代与标准化管理，以确保各区域业务系统一致；同时提供开放的 API 生态，便于与本地合作伙伴的系统进行集成，实现数据实时协同。OP 模式易形成"信息孤岛"，跨区域协作效率低下。

5）高可用与智能运维：云平台提供跨地域容灾、自动化备份及 AI 驱动的运维监控等功能，有利于保障业务的连续性；而 OP 模式依赖企业自建容灾体系，技术门槛和风险更高。

2. 云服务支撑企业全球运营——以日丰集团为例

日丰集团作为中国管业的龙头企业，在其发展的第 20 个年头（2016 年起）进入高速发展期，开始布局全球市场。作为一家发展出海业务的企业，日丰面临着合规安全数字运营、业务增长和本地化经营等问题。它在东南亚、南美、非洲等地设立海外分公司时，需要解决佛山总部与全球不同国家、不同时区的业务协同发展问题。随着出海业务激增，构建一套能够快速支持海外业务拓展的数字化系统迫在眉睫。

具体而言，日丰以佛山总部为生产基地，将产品销售给海外分公司，再由海外分公司对接客户。这种业务模式需要严格管控销售过程中的信用账期、营销费用使用及价格管理，确保对订单售价和毛利的把控。同时，日丰海外子公司雇佣了大量当地员工，需满足多语言等海外应用需求。作为出海企业，日丰布局多国市场，需在不同时区基于同一套系统实现生产基地与海外分公司的无缝连接。

借助用友 BIP，日丰建立了业财融合的协作平台，实现了在业务发生时，交易、订单、资金等信息与财务实时拉通，完成了全过程的业财数据融合，并强化了财务控制。例如，日丰通过用友 BIP 在财务月结时实现一键结账，大幅提升核算效率。如今，日丰在每月 1 号即可顺利出账出表，这在以往使用国外系统时难以实现。财务工作效率的提升也带来了工作质量的改善。

从 IT 部署角度看，日丰平均每 3 周完成 1 个海外分公司系统的上线工作，如图 9-13 所示，实现了不需要独立部署即可在不同国家顺畅使用系统，并在业务上保持了管理一致性。同时，日丰通过云服务模式降低了 IT 运维的难度和网络依赖。

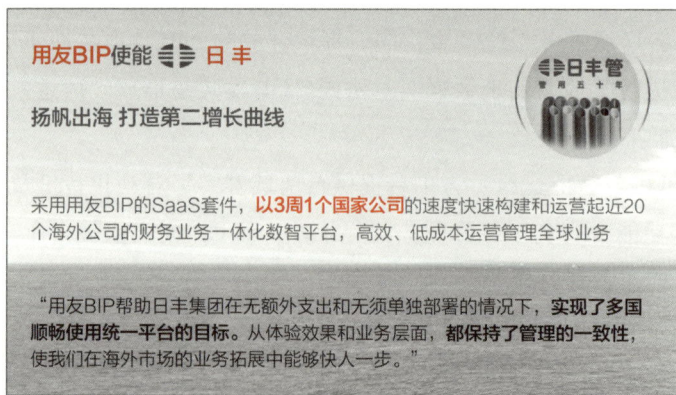

用友BIP使能 ⋙ 日丰

扬帆出海 打造第二增长曲线

采用用友BIP的SaaS套件，**以3周1个国家公司**的速度快速构建和运营起近20个海外公司的财务业务一体化数智平台，高效、低成本运营管理全球业务

"用友BIP帮助日丰集团在无额外支出和无须单独部署的情况下，**实现了多国顺畅使用统一平台的目标**。从体验效果和业务层面，**都保持了管理的一致性**，使我们在海外市场的业务拓展中能够快人一步。"

图 9-13　云服务帮助日丰集团快速完成全球部署

从日丰集团的案例可以看出，企业选择云服务架构，能快速支撑其全球化发展。出海企业为应对全球化业务拓展，应加速向云服务迁移，以提升全球市场响应速度与运营韧性。

9.3.2 全球化应用总体架构

全球化应用总体架构需要适应本地市场需求，整合全球资源来提供服务，并提供统一的技术和架构保障。因此全球化应用总体架构需包含本地化应用、全球化服务、统一平台支撑 3 个层级，如图 9-14 所示。

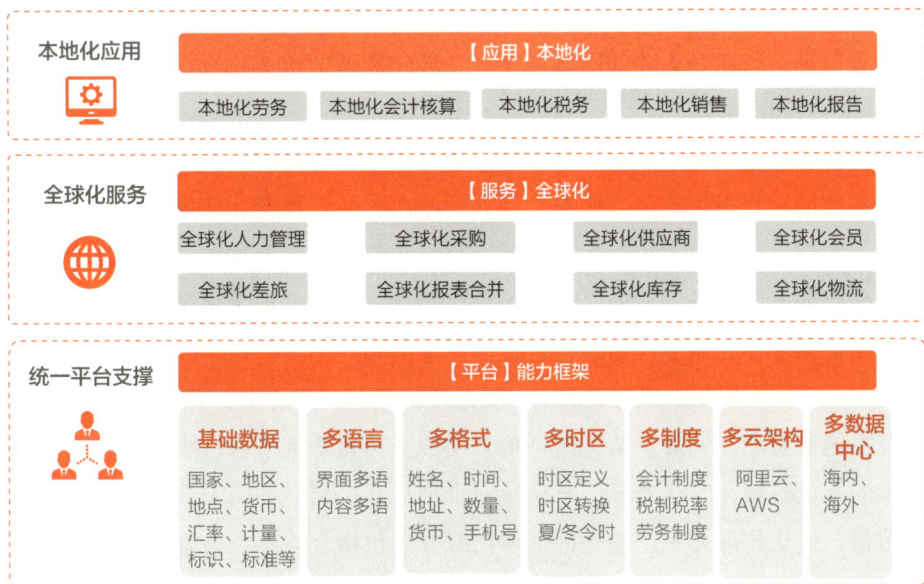

图 9-14 全球化应用总体架构

1. 本地化应用

本地化应用是全球化应用总体架构中贴近终端需求的关键层级，必须深度适配特定国家或地区的复杂生态环境，确保业务合规性与文化兼容性。本地化应用通过"一国一策"的精细化设计，能够很好地满足当地的合规要求，有效规避跨国经营中的法律风险，提升区域市场的服务响应速度。

例如，本地化劳务系统主要用于适配某一特定国家或地区的劳务法律法规（如当地的工时计算规则、工资核算方式、社保缴纳规定等）、文化差异（如语言、工作习惯等）。本地化会计核算涉及根据差异化会计准则，自动生成符合当地审计要求的财务报表。本地化税务模块则需实时对接各个国家和地区的动态税制，实现税务申报的自动化与合规化。此外本地化应用还包括本地化销售、本地化报告等。

2. 全球化服务

全球化服务的能力，能够很好地支撑各个本地化业务系统的开展，为企业提供资源整合、全球调配等能力。这里的资源整合，既包括物理资源的整合，也涵盖数据、技术与人才的跨国流动。全球化服务为本地化应用提供了稳定的资源底座与创新动能。

全球化供应商通过整合全球范围内的原材料、零部件、劳动力等资源，为全球各地的客户提供产品或服务。例如，某电子元器件全球化供应商会从世界各地采购原材料，并利用分布在不同国家的工厂进行生产加工，然后将产品供应给全球的电子设备制造商。全球化差旅管理同样依托数字化平台，为跨国企业员工提供一体化服务。通过整合全球航空公司、酒店、租车公司资源，企业差旅管理系统可根据员工行程需求，智能匹配最优出行方案，并支持实时改签、在线报销等功能。例如，某跨国科技公司的全球化差旅平台，能根据员工所在国家的签证政策、时区差异，自动规划合理行程，同时利用大数据分析差旅消费习惯，优化预算分配。此外，全球化服务还包括全球化人力管理、全球化报表合并、全球化物流等。

3. 统一平台支撑

应用支撑平台能简化应用开发流程，为开发、部署和运行各类应用程序提供基础支持，让开发者无须从底层构建所有功能，而是利用平台已有的组件、工具和服务进行开发。此外，应用支撑平台还需要符合跨境数据安全合规的架构。

支撑全球化业务应用，必然需要一个具备全球化能力的应用支撑平台。

1）多语言：企业需面向不同语言背景的用户和员工，平台要支持界面多语和内容多语，便于不同语言背景的使用者操作和理解。同时，平台应提供可视化翻译功能，方便进行语言转换，还需支持租户个性化设置，满足不同业务场景下的语言需求，以促进跨国沟通协作。

2）多格式：不同国家和地区在区域格式、地址格式、姓名格式、手机号格式以及证件格式等方面存在差异。平台要能兼容这些多样化的格式，确保数据在录入、存储和处理过程中准确无误，避免因格式问题导致业务流程受阻。

3）多时区：全球化业务涉及不同时区的运营，平台需具备时区定义和转换功能，处理好夏／冬令时等特殊情况，保证业务时间的准确性。这有助于跨国团队开展协作、安排会议、处理订单等，使各项业务能在合适的时间节点得到推进。

4）多币种：在全球贸易和业务往来中，会涉及多种货币交易。平台要支持不同币种的显示和处理，具备精确的币种精度设置，以及汇率算法和中间币换算功能，方便企业进行财务核算、定价和结算，有效管理跨国资金流。

9.3.3　全球化业务云选型与云架构优化

1. 全球化业务云选型

全球化业务云选型是企业进行全球化系统建设过程中需要首先完成的任务，如图 9-15 所示，它决定了未来企业的全球化进程是否符合安全合规要求，以及对上层数智化应用系统的支撑能力。此外，企业出海过程中的云服务供应商是否拥有具备完备的全球化能力的合作伙伴也至关重要，丰富的合作伙伴和解决方案能够快速解决企业在出海过程中遇到的问题。

图 9-15　全球化业务云选型

（1）满足安全合规要求

企业在进行全球化业务云选型时，需要首先考虑云基础设施对当地数据安全与隐私保护政策和制度的满足程度。各国加速在数据安全与隐私保护领域的立法进程，执法力度不断加强。出海业务需要首先考量云服务厂商的数据安全与隐私保护能力。

在进行全球化业务云选型时，企业应该首先考虑云基础设施服务商的安全合规能力。领先的全球化云厂商可以提供丰富的安全产品来保证数据安全，并同时提供统一的"云安全状况管理服务"：通过对云上资源进行自动、持续的安全最佳实践来简化安全操作，并且能以标准化格式汇总安全警报、确定优先级，以便于用户对安全警报进行调查和修复。此外，除了提供基础安全最佳实践以外，云安全状况管理服务还提供符合行业和监管框架的其他标准，例如支付卡行业数据安全标准（PCI DSS）、CISA 认证等。

云安全状况管理服务还提供安全性与合规性检查、管理安全警报、自动化和响应、成本优化等功能。

（2）全球化的基础设施

构建"全球业务协同网络"已成为中国企业数字化出海战略的核心基础设施。调研数据显示，具备跨区域资源调度能力的云服务平台，正成为企业实现全球化布局的关键支撑。云服务商需突破地理边界限制，依托弹性扩展的基础设施架构，为跨国企业提供覆盖全球主要市场、技术标准统一的云服务基础资源体系。

这种全球化云架构赋予企业双重战略价值：一方面确保多区域业务系统的稳定运行，支撑"全球化思考"下的资源最优配置；另一方面通过本地化部署能力，快速响应不同市场的政策法规、用户习惯及技术标准差异，实现"本地化运营"的精准落地。

例如，领先的云基础设施服务商在全球 36 个地理区域内运营 114 个可用区。

全球化服务器的部署方式有两种（见图 9-16）：一种是集中部署——数据存储在境内主服务器，境外机构通过 VPN 的方式进行登录并对链路进行加密传输；另外一种是分布式部署——在境外单独设置服务器，用于传输符合当地数据安全政策的内容，针对网络互通的国家直接进行互联网传输，针对网络不通的国家，通过 VPN、专线等方式进行传输。

全球化服务器部署方式
主要影响因素：1.数据的存储要求（是否要求本地化存储？）个人信息、行业领域数据等；
　　　　　　　2.满足数据跨境传输合法性的条件（国内、国外相关法律要求）

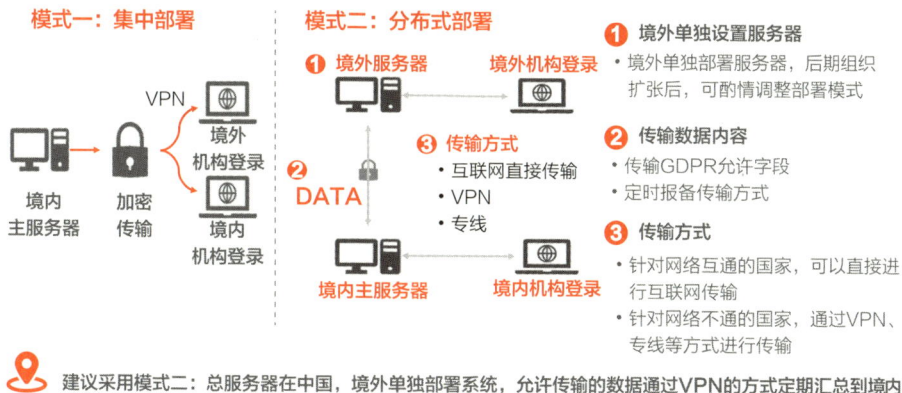

图 9-16　全球化服务器部署方式

（3）数据驱动能力

全球化业务的开展对企业的数据处理能力和可扩展能力提出了更高的要求，企业需要考虑融合 HTAP 混合处理引擎、实时流计算框架、智能调度系统和多维分析模型的分布式超融合数据库。这些技术架构不仅能支撑 PB 级的数据存储与万级的并发访问，还能通过智能分层存储、弹性扩展、库内流计算等先进技术，为企业的全球化业务创新提供可持续的技术保障。

（4）智能运营能力

中国出海企业正加速整合人工智能与机器学习技术，以驱动产品迭代升级与业务模式创新，进而提升全球市场的用户黏性及自身的核心竞争力。调研显示，这类企业对云服务商提出了更高的要求——须构建覆盖全栈 AI 能力的技术底座，提供包含预训练模型、自动机器学习（AutoML）工具、分布式训练框架等在内的智能化基础设施，同时通过开发平台降低技术使用门槛，帮助企业在保持业务敏捷性的同时，实现智能化创新的高效落地。这种技术赋能需求，本质上是在全球化竞争中企业加速数据资产价值转化的战略选择。

1）打造智能产品的增值服务。

中国出海企业正通过技术创新开拓新的盈利增长点，重点聚焦于企业服务软件的增值服务体系构建。以 SaaS 平台为载体，企业依托 AI 和机器学习技术，持续为海外客户提供智能数据分析、自动化业务流程优化等场景化解决方案。在欧美等高净值市场，头部企业正探索"软件＋服务"的订阅制服务模式，通过云原生服务订阅与行业解决方案的深度融合，实现业务的可持续增长。这种模式创新既提升了客户的全生命周期价值，又为企业构建了差异化的竞争壁垒，标志着中国软件服务在全球价值链中的战略升级。

2）为各地区用户提供本地化、个性化服务体验。

为了提高在海外地区的竞争力，中国出海企业希望针对各个国家和地区的用户提供符合当地特色与需求的服务体验，例如本地化语言的商业创新平台、本地化语言的应用操作界面、个性化的产品推荐服务等。

3）实现海外业务流程智能化。

中国出海企业正通过智能自动化解决方案重构全球业务流程，重点聚焦于本地化流程优化与知识伴随场景的数字化升级。针对跨国运营中涉及的复杂业务流程，企业依托 RPA+AI 融合技术构建智能中台，实现跨语言文档智能解析、多税制自动申报等流程自动化功能，同时通过知识图谱与语义检索技术为业务人员提供实时合规指引和智能决策支持。

（5）成熟和丰富的客户实践

云服务商依托全球化运营网络，基于跨行业服务经验，形成了对区域市场特征的精准洞察能力。通过建立覆盖全球主要市场的服务节点，服务商能够为企业提供快速的市场响应支持，协助其在目标区域内实现业务的闪电式布局。这种先发优势的构建，既得益于服务商对当地法规、文化和消费习惯的深度理解，也源于其可快速复制的解决方案交付能力。

例如，用友通过直营机构与商业伙伴结合的模式构建全球服务网络，为企业提供实时化与本地化的产品与服务，如图 9-17 所示。目前，用友全球服务团队具备多语种沟通能力，可以与本地客户顺畅沟通，并进行业务交流。用友也已经在全球 12 个区域建立了本地化服务机构，服务可以直接覆盖 40 余个国家／

地区，为客户提供用友的原厂服务，实时响应客户需求。用友具备丰富的海外项目交付经验，提供多国家 / 地区的解决方案，自用友开展海外业务开始，已经完成了 100 余个国家 / 地区的项目交付。

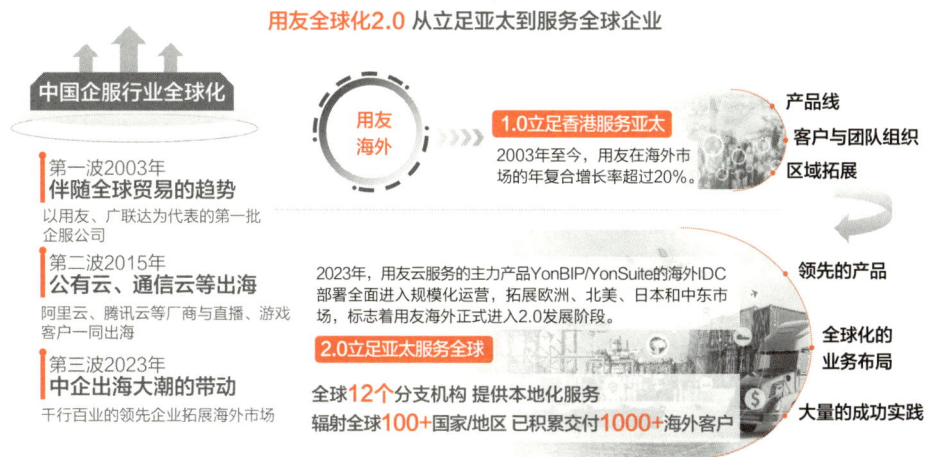

用友全球化2.0 从立足亚太到服务全球企业

中国企服行业全球化

第一波2003年
伴随全球贸易的趋势
以用友、广联达为代表的第一批企服公司

第二波2015年
公有云、通信云等出海
阿里云、腾讯云等厂商与直播、游戏客户一同出海

第三波2023年
中企出海大潮的带动
千行百业的领先企业拓展海外市场

用友海外

1.0立足香港服务亚太
2003年至今，用友在海外市场的年复合增长率超过20%。

2023年，用友云服务的主力产品YonBIP/YonSuite的海外NDC部署全面进入规模化运营，拓展欧州、北美、日本和中东市场，标志着用友海外正式进入2.0发展阶段。

2.0立足亚太服务全球

全球12个分支机构 提供本地化服务
辐射全球**100+**国家/地区 已积累交付**1000+**海外客户

· 产品线
· 客户与团队组织
· 区域拓展

· 领先的产品
· 全球化的业务布局
· 大量的成功实践

图 9-17　用友网络的全球化交付

用友的全球领先实践包括中国移动、中国电信、美的、格力、旭阳集团、卧龙电驱等。这些海外项目的交付不仅帮助跨国企业完成了业务本地化支撑落地，还帮助客户实现了全球化运营。

2. 全球化业务云架构优化

（1）安全架构优化

数据保护是大数据安全的重要基础和组成部分，完善的数据保护政策是推广应用大数据的重要保障。目前，各国数据保护的范围、思路、政策等各不相同，涉及数据保护政策、数据保护参与方及范围、数据监管者管理、数据主体权利、数据控制者义务等多个方面。

（2）高可用架构优化

系统中存在一些可预见的稳定性风险，主要包括软硬件故障和难以预料的流量变化。这些风险小能导致线程级别的问题，大能引发地域级别的灾难。基于这些情况，我们可以从容灾、容错、容量这三个方面入手，构建稳固的系统架构。

（3）成本优化

云计算为企业的 IT 基础设施注入了强大活力，显著提升了敏捷性与运行效率。然而，随着企业在云上开展的业务体量持续增长，业务场景的复杂程度不断攀升，一系列问题也随之浮现。其中，云上资源配置不合理，甚至过度配置的情况在企业中极为常见。成本优化计划应运而生，它为企业在云上的成本管理与优化工作提供了科学的设计原则和切实可行的最佳实践方案。

通过这些工具，企业可以系统地实施云上成本优化，主要包含以下步骤，如图 9-18 所示。

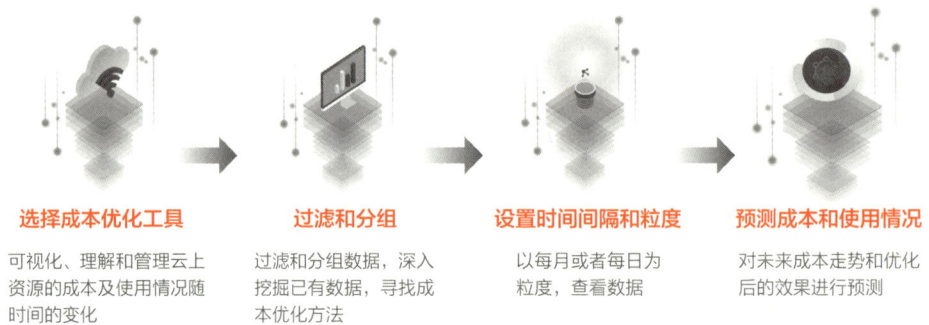

| **选择成本优化工具** | **过滤和分组** | **设置时间间隔和粒度** | **预测成本和使用情况** |
| 可视化、理解和管理云上资源的成本及使用情况随时间的变化 | 过滤和分组数据，深入挖掘已有数据，寻找成本优化方法 | 以每月或者每日为粒度，查看数据 | 对未来成本走势和优化后的效果进行预测 |

图 9-18　云上成本优化步骤

1）选择成本优化工具。企业需要根据自身云环境（如多云或单一云平台）选用合适的工具。许多云服务提供商都提供了自己的成本管理工具，如亚马逊云科技（AWS）的 AWS Cost Explorer、微软 Azure 的 Cost Management+Billing 等。这些工具可以帮助企业查看成本报告、分析成本趋势、设置成本警报等。

2）过滤和分组。企业需要深入挖掘已有数据，按照服务、区域、标签或业务部门等维度对资源进行分类，识别成本消耗的关键领域（例如发现长期闲置的实例或未被充分利用的存储资源），从而定位优化机会。

3）设置时间间隔和粒度。企业可根据需求选择按月、周或日分析数据，短期粒度（如每日）能捕捉突发性支出，而长期粒度（如月度）则更适合评估整体趋势，为预算调整提供依据。

4）预测成本和使用情况。基于历史数据和机器学习模型，企业可预估未来资源需求与成本走势。例如，企业可结合业务增长计划预测下季度的云支出，或模拟优化措施的潜在节省效果，从而制定更精准的决策。

（4）高性能架构优化

在云基础设施环境下，灵活的弹性功能有效解决了传统 IT 环境的痛点，让容量评估和线上扩容变得相对简便，同时也为高性能设计提供了更多选择，但增加了复杂性。除设计层面的容量评估与灵活弹性运用，以及实现层面的性能测试、监控和优化外，充分利用云产品技术迭代带来的性能红利，成为构建高性能系统的重要考量因素。高性能架构优化主要包含以下内容。

- ❑ 高性能架构设计：涵盖高性能架构常见的设计准则，明确业务适配的规格与类型，确保系统具备可伸缩和可扩展特性；同时阐述性能层面部分架构设计的最佳实践案例，剖析其中面临的挑战以及须注意的事项等内容。

- ❑ 性能测试：包含对性能测试的详细介绍，说明性能测试所适用的各类场景，以及分享性能测试过程中的最佳实践经验等内容。

- ❑ 性能监控：阐述进行性能监控的原因，解释何为性能监控，以及提供性能监控方面的最佳实践方法等内容。

案　例　篇

10

大型企业数智化领先实践

本章精彩观点

在全球经济格局深度重构的数字化浪潮中，加速推进数智化转型已成为大型企业突破困境、实现高质量发展的核心路径之一。截至目前，已经有超过6.5万家大中型企业选择用友BIP，推进数智化转型升级。本章精选了制造、消费品、能源、交通、金融等不同行业领先企业的数智化领先实践。这里既有世界500强央企，也有行业隐形冠军企业，既有传统产业巨擘，也有新兴行业龙头，不同的企业都在讲述着通过数智化升级，实现业务敏捷、精益管理、全球运营的故事。这些鲜活的中国商业数智化进化样本，为行业提供了可复用的方法论与落地路径。期待这些真实、前沿的转型故事，能为大型企业探索数智化点亮方向，在变革浪潮中行稳致远！

10.1　中国一重：以数智化激发人才活力，重塑组织"新动能"

本案例讲述了中国一重在面对国企改革新要求以及多元化人才结构背景下，坚持弘扬工匠精神，以人才发展为核心理念，积极探索体制机制创新。通过实施"两个合同"退出机制、"五个通道"晋升机制，以及"五个倾斜"激励机制，中国一重有效激发了人才活力。同时，借助数智化人力资源系统，不仅提升了各业务间的协同效率，还为员工的成长与发展提供了坚实的平台支撑。

1. 转型背景：以工匠精神为先，以人才发展为重

中国一重始建于 1954 年，是毛主席提议建设、被周总理誉为"国宝"的 156 项国家重点工程项目之一。作为按照国家战略部署和功能定位率先在祖国边疆荒原建立并发展起来的大型企业，它承担着重大技术装备国产化首台（套）和替代进口的特殊使命。

70 多年来，中国一重始终秉承"发展壮大民族装备工业，维护国家国防安全、科技安全、产业安全和经济安全，代表国家参与全球竞争"的初心和使命，紧紧围绕钢铁、核电、火电、石化、船舶、汽车、矿山、航天航空、深潜、军工等国民经济和国防建设需求，深耕实体经济，致力于科技创新，做强装备产业。企业先后创造了数百项第一，开发研制新产品 421 项，填补国内工业产品技术空白 475 项，提供了 500 多万吨重大装备，打破了关键核心技术"要不来、买不来、讨不来"的困境。

作为国家创新型试点企业和国家高新技术企业，中国一重拥有国家级企业技术中心、重型技术装备国家工程研究中心、国家能源重大装备材料研发中心，以及国际一流的铸锻钢基地。企业人员构成复杂，用工方式多样，既包括大批量的操作型员工，也包括高精尖技术创新类人才。对于前者群体，企业侧重于管理效率及用工风险的把控；对于后者群体，企业则更关注关键人才的留用、发展及激励。这也是数智化转型的难点之一，积极探索最佳数智化转型实践路径成为必然选择。

2024 年 9 月 27 日，习近平总书记给中国一重产业工人代表回信，希望产业工人们"坚守技能报国初心，弘扬劳模精神、劳动精神、工匠精神，苦练内

功、提高本领，继续为建设制造强国、推动东北全面振兴贡献智慧和力量"。总书记的回信既体现了对中国一重产业工人的深切关怀和殷切期待，也为中国一重做好人才队伍建设指明了方向。中国一重牢记总书记的嘱托，以科技、人才、创新"三个第一"为基础战略支撑，深入实施"人才强企"战略和"百名人才工程"，着力培养技能领军人才。近年来，通过构建"五项机制"（"两个合同"退出机制、"五个通道"晋升机制、"五个倾斜"激励机制、百名人才工程、创新工作室体系），全面推动人才队伍建设，形成了独具特色的现代化企业人才发展体系。

2. 破局之道：构建以"人才发展"为核心的人力资源数智化平台

对于中国一重而言，如何深入贯彻习近平总书记关于做好新时代人才工作的重要思想，纵深推进新时代人才强企战略，是新时代的重要课题。为此，中国一重坚持全方位培养、引进和用好人才，以技术人才、营销人才、技能人才、管理人才和党建人才"五支人才队伍"建设为重点，着力培养和造就高精尖缺人才，系统优化人才发展制度体系、培养体系、激励体系和保障体系，持续提升人才承载力、创新力和竞争力，为建设世界一流企业提供人才支撑。

体系化的制度离不开数智化的支撑。中国一重重新规划并启动了新一代数智化人力系统的建设。中国一重借鉴世界一流企业的人力资源数字化实践，搭建端到端、全模块、一体化的人力资源系统（见图10-1），覆盖中国一重人力资源业务全景，沉淀人力资源全景数据。该系统为基层单位提高业务工作质量、效率，为团队管理者开展组织内人资相关工作提供了有力支持。同时，坚持各级次统一规划、统一建设、统一标准，打造"主干清晰、末端灵活"的系统架构，全面助力人才发展体系的落地实施。

整体架构设计围绕中国一重数智化人力资源系统的"技术跃迁、功能重构、体验升级"三大建设思路展开。

- ❑ 在技术跃迁方面，面对中国一重快速发展与频繁业务调整的需求，新一代技术底座须具备完整、成熟、领先的能力，降低开发成本，动态适配企业发展需求，支撑公司长期战略。

数智化业务应用全景图

角色：决策者　管理者　HR　候选人　员工　机器人　｜　手机　平板电脑　PC　监管大屏

体验升级
待办任务｜工作通知｜预警通知｜流程审批｜信息查询｜查阅人数｜业务申请｜工资单｜打卡｜领域服务对接

功能重构

核心人力	薪酬管理	考勤管理	绩效管理	人才发展	干部管理	数智人力
组织管理	全面薪酬	考勤业务	目标管理	人才标准	干部信息	人才标签
员工管理	奖金分配	休假业务	绩效规则	任职资格	干部任免	人才发现
编制管理	薪资预算	加班业务	指标库	人才盘点	任免表管理	人才画像
招聘管理	薪酬核算	出差业务	员工绩效	人才继任	干部纪实	组织画像
合同协议	社保管理	假勤规则	组织绩效	培训管理	干部分析	人力分析
员工服务	国资薪酬上报	假勤分析	绩效分析	人才分析		

领域服务对接：主数据系统　成本系统　OA系统　……

技术跃迁

人力业务中台：组织中心｜员工中心｜时间中心｜薪酬中心｜绩效中心｜人才中心

人力数智中台：业务中台｜数据中台｜智能中台｜技术平台　｜　分析子集｜指标库｜标签库　业务算法库｜知识图谱｜人岗匹配

技术底座：低代码开发平台｜连接集成平台

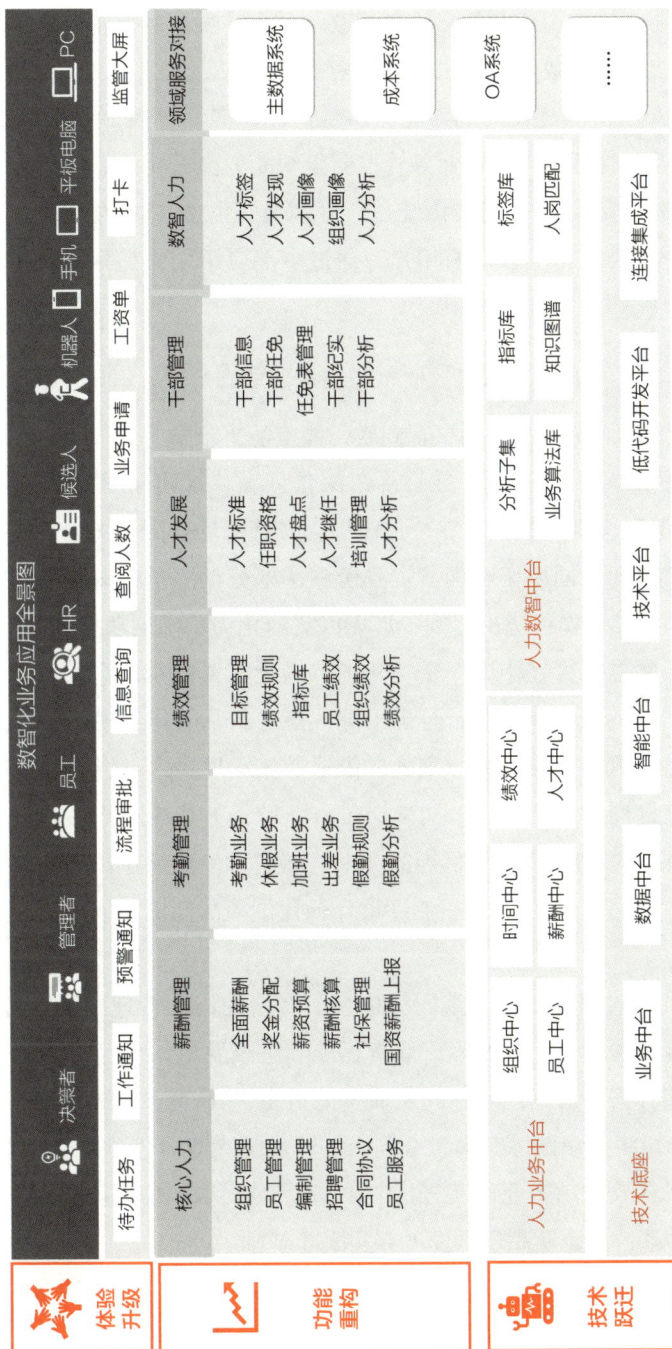

图 10-1　人力数智化业务应用全景图

❑ 在功能重构方面，紧扣三项制度改革及人才发展新要求，系统既要实现基础应用的高效便捷与国务院国资委监管的合规性，又要构建覆盖多序列的人才供应链，围绕"能力"打造"标准－评价－盘点－发展"的关键人才管理闭环，从业务管控向组织能力提升转型。

❑ 在体验升级方面，突破传统以"管理员工"为核心的思维，聚焦领导者、HR与员工等多层级用户，通过多端应用全面提升使用体验，完成向"服务员工"的价值转变。

3. 转型价值：创新"255机制"，激发人才活力

（1）人才评价："两个合同"管到底，能上能下新常态

中国一重在人才管理改革方面持续深化创新，推出了具有里程碑意义的"两个合同"退出机制。该机制在全员范围内实行劳动合同与岗位合同双轨并行的管理模式：劳动合同用于明确员工身份和基本劳动关系；岗位合同则聚焦岗位职责、绩效标准及岗位进出规则，形成以契约化为基础的动态用人机制。

对于各级领导干部，中国一重构建了市场化配置体系，除党务岗位外，全面推行任期制与竞聘上岗机制，打破干部"终身制"的传统模式。干部任期为三年，任期结束后重新参与岗位竞聘，依据考核结果决定是否继续任职。高级管理人员需签订岗位聘用合同，明确岗位目标、任务指标和奖惩措施。若未完成年度收入目标的60%或利润目标的70%，将自动解除岗位职务，实施"退长还员"，转为一般员工身份。这一制度设计强化了干部能上能下、能进能出的市场化机制。

在普通员工层面，中国一重同样建立了严格的岗位管理和绩效考核体系。通过在岗位合同中细化工作内容、职责标准和考核要求，确保每位员工岗位职责清晰、考核有据。对不能胜任岗位职责的员工，在经过两次培训仍无法达标的情况下，公司将依法解除其岗位合同，并同步解除劳动合同。这种"双合同、双退出"机制有效推动企业彻底告别"大锅饭"时代，建立起市场化、契约化的人才管理体系，为企业高质量发展夯实人才基础。

目前，中国一重的合同管理仍依赖线下手工操作，存在合同签署不及时、续签判断主观等问题，容易引发用工风险。因此，推进合同契约文书的数智化

管理，不仅有助于提升合同签署效率和规范性，更能有效规避法律风险，保障改革举措高效落地、持续推进。

（2）人才提升：构建"五个通道"晋升机制，拓宽人才发展空间

为破解传统国有企业中"千军万马挤独木桥"的职业发展困局，中国一重创新构建了"五个通道"晋升机制。在数智化人力系统建设初期，针对各级组织和岗位标准进行了系统性治理。在数据规范的基础上，建立了技术研发、市场营销、企业管理、党务工作和技能操作五大职业发展通道。每条通道设置了 6 个职级层次，并明确了每个层次的标准，每年进行一次评定，确保各类人才都有晋升机会，有效拓宽了员工成长路径。同时，还打通了各通道之间的横向联动机制，支持人才在不同序列间合理流动，实现身份灵活转换与能力多维发展。全面落实这一制度设计，不仅激发了员工的职业潜能，还为企业打造了"横向贯通、纵向畅通"的人才生态体系，真正实现人岗相适、才尽其用。

（3）人才激励：优化"五个倾斜"激励机制，落实"三全"目标

激励机制突出"按贡献分配"的核心导向，构建了以"五个倾斜"为特色的薪酬管理体系，即薪酬分配向营销、高科技研发、苦险脏累差、高级管理及高技能人才五类人员重点倾斜。薪酬的差异化设计紧密关联职务级别、绩效结果、技能等级以及环境补贴等多重因素。同时，还研究并建立了岗位分红、股权期权、利润增量分享等中长期激励政策，形成了多种薪酬模式并存的灵活机制。

- ❏ 营销岗位：实行"业绩提成制"，上不封顶，充分激发销售活力。
- ❏ 高科技研发岗位：采用"基本工资＋项目计提＋成果转让"的弹性激励机制，鼓励技术创新。
- ❏ 高技能人才岗位：提供"技能津贴＋特殊津贴"的组合激励，例如，大国工匠可享受每年 6 万元至 12 万元的专项津贴。
- ❏ 苦险脏累差岗位：通过设置环境补偿系数（可达 2～3 倍），体现对工作环境艰苦岗位的认可与保障。

为实现"五个倾斜"激励机制的有效落地，要求能够对不同类别员工的薪酬结构进行动态调整，并确保薪酬计算的精准性与及时性。然而，在实际执行中，仍面临诸多挑战：各级业务差异大、人员类型多样、薪酬结构复杂、数据

来源广泛，导致薪资标准在制定和执行过程中呈现出"多而杂"的问题。

2024年，国务院国资委印发《关于加强中央企业薪酬管理信息系统建设的通知》，明确提出薪酬管理信息系统建设的"三全"目标——实现全员、全级次、全口径的薪酬管理。在国家政策指引下，中国一重积极贯彻落实国资监管要求，系统梳理并优化薪酬标准，打造了一个"主干清晰、末端灵活"的薪酬管理系统。该系统实现了薪酬数据的实时采集、自动汇总与上报，全面覆盖所有员工和各级单位，同时强化了对下属单位薪酬发放关键指标的监管能力。通过薪酬数智化建设，有效支撑中国一重实施差异化的薪酬激励策略，精准激励关键岗位人才，进一步增强企业吸引力和人才集聚效应，助力高质量发展。

4. 转型启示：国有企业只有敢于打破"铁饭碗"，才有升级新机遇

中国一重的经验表明，推进人力资源数智化转型需要把握以下关键点：一是坚持战略引领，将人才管理的数智化建设纳入企业整体发展战略框架，与业务转型深度融合；二是注重体系化设计，构建涵盖各级次、各层级，从基础应用到人才发展再到数据驱动的全维度数智化蓝图；三是勇于变革，中国一重建立了市场化选聘、契约化管理、差异化薪酬、市场化退出的闭环管理机制，彻底打破了传统国企"铁饭碗""大锅饭"的弊端，使企业人力资源管理更加灵活高效。

10.2 国机集团：打造世界一流司库的"中国范式"

本案例通过国机集团的实践，讲解了中央企业如何聚焦产业板块众多、业务交易频繁、资金量巨大的业务特点，通过数智化转型对标世界一流财务管理体系。国机集团通过全球司库建设，建立了全球账户管理、资金结算、票据管理、资金预算、融资担保和外汇风险全流程闭环管理，实现了对跨100多个国家和地区的业务的统管与分治，帮助企业实现资金的精细化管理。

1. 对标世界一流，吹响央企集团资金管理转型号角

中国机械工业集团有限公司（国机集团）是中央直接管理的国有重要骨干企业，其历史可追溯至新中国第一机械工业部。作为中国机械工业规模最大、

业务链最完善、研发能力最强的综合性装备工业集团，集团业务涵盖高端重型装备、农林地质装备、纺织装备等八大板块，涉及机械、能源、交通、汽车、航空航天等国民经济关键领域，连续多年位居中国机械工业百强首位。

目前，国机集团在全球 100 多个国家和地区设有 360 多个驻外机构，拥有 28 家二级企业、12 家上市公司及近 12 万名员工，形成了覆盖研发、制造、工程与服务全产业链的国际化运营体系，彰显了其作为高端装备制造和全球工程服务领军企业的综合实力。

2022 年，一场关于财务管理变革的浪潮在中央企业中悄然兴起。这一年，国务院国资委发布《关于推动中央企业加快司库体系建设 进一步加强资金管理的意见》，吹响了央企资金管理向数智化、集约化转型的号角。

从战略落地看，国机集团依据《财务管理提升三年行动方案》，亟须优化资金配置、灵活运用金融工具、强化资金管理、提升运作效率，为战略实施提供有力支撑；从风控角度看，构建覆盖全级次企业的风控体系，平衡资金收益与风险，成为当务之急；从管理角度看，为实现司核报一体化，集团需强化总部职责，发挥规模效应，提升服务成员单位的质效；在数智化转型方面，搭建全面穿透、业财深度融合的信息系统，也将驱动管理向精细化、智能化升级，这更是实现集团高质量发展的关键路径。

基于以上需求，国机集团提出了"123456"司库体系建设规划，如图 10-2 所示，即锚定 1 个目标，搭建境内外 2 大平台，明确价值引擎、智能导航、风险雷达 3 大定位，锻造资金运营、资源配置、决策风控、产业金融运作 4 大能力，落实组织职责、制度流程等 5 项保障，实现层级、业财等 6 层融通，从而全力构建世界一流的全球数智化司库精品工程，为集团长期价值实现筑牢资金管理基石。

面对这一重大战略工程，国机集团以严谨审慎的态度开展合作伙伴遴选工作。经过多轮技术验证、方案比选与综合评估，用友凭借在企业数智化领域的深厚技术积累、丰富的司库系统实践经验，以及对国资央企管理需求的精准把握，脱颖而出，成为国机集团的战略合作伙伴。双方基于用友 BIP，携手建设契合国机集团业务特色，具备"智能友好、穿透可视、功能强大、安全可靠"的司库信息系统，为国机集团财务转型注入强劲动能。

构建面向长期价值实现的
"123456" 全球数智化司库精品工程

1个目标			
2大平台	境内平台	境外平台	
3大定位	价值引擎	智能导航	风险雷达

资源配置能力
——————————
影响力

资金运营能力
——————————
引领

世界一流司库能力标杆

产业金融运作能力
——————————
生态

4大能力

决策风控能力
——————————
可靠、可信赖、赋能

| 5项保障 | 组织职责 | 制度流程 | 数据规则 | 考核评价 | 平台工具 |
| 6层融通 | 层级融通 | 业财融通 | 内外融通 | 系统融通 | 数据融通 | 生态融通 |

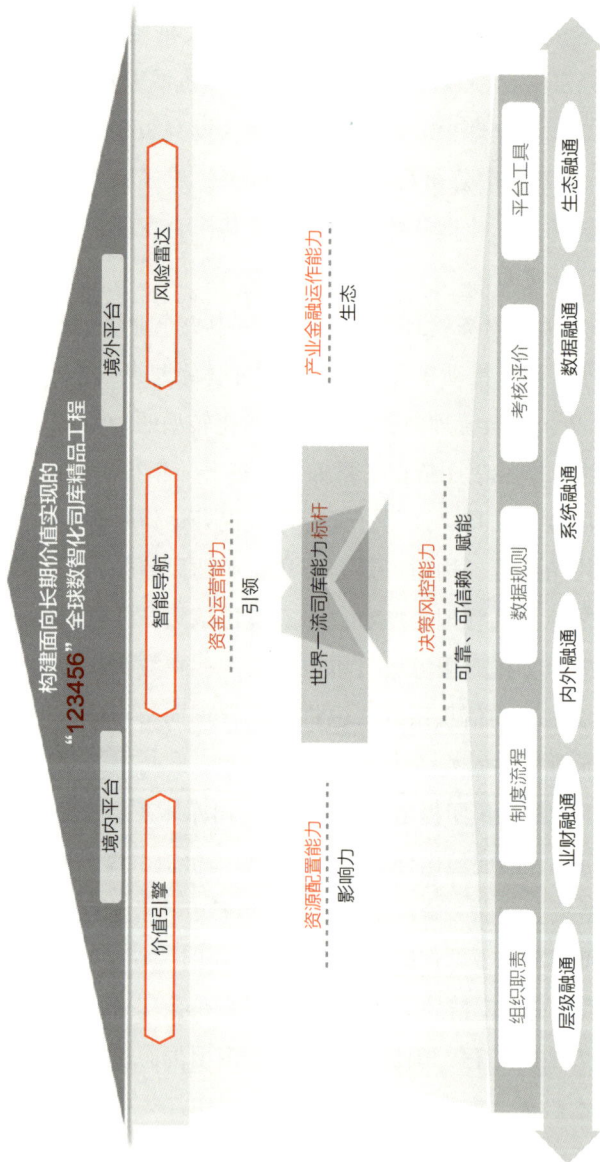

图10-2 国机集团 "123456" 全球数智化司库精品工程，着眼世界一流新境界

2. 全面攻坚，国机集团司库体系建设之路

对于司库体系建设这个财务数智化转型的关键突破口，国机集团高度重视，从组织保障到业务层面都进行了积极调整，确保项目顺利推进。

例如，在集团顶层，成立了以董事长任组长、总经理任常务副组长的司库体系建设领导小组，从战略高度统筹规划司库建设方向；同时组建由分管领导挂帅的司库信息系统建设工作组，聚焦技术落地与系统搭建；此外，集结总部部门、财务公司及各板块骨干力量，成立司库信息系统建设项目团队，确保执行层面高效推进。

同时，各层级企业积极响应，"一把手"亲自挂帅，成立司库体系建设领导小组，压实主体责任；财务与信息化负责人牵头组建司库信息系统建设团队，精准对接集团要求，实现组织架构纵向贯通、横向协同，为司库体系建设提供全方位的组织保障。

尽管方向明确，但项目组在初期仍面临不小的挑战。由于集团下属单位众多、业务分布广，资金分散于不同板块，难以实现统一调度。更为严重的是，原有系统庞杂、标准不一，外围与自建系统交错，形成大量数据孤岛，极大增加了系统整合和国产化适配的难度，成为司库建设路上的"拦路虎"。

为此，国机集团携手用友，以"逢山开路、遇水架桥"的魄力，在两年多的攻坚历程中，凭借系统化顶层设计与创新实践，一步步突破管理、技术等多重瓶颈，摸索出了实战方法论。

例如，在顶层设计层面，项目组坚持"高位谋划、深入规划"，以司库系统为核心，统筹规划数据治理、流程再造与系统升级，实现管理架构与技术架构的协同演进。

在执行层面，采取"高效统筹、全员参与"模式，组建覆盖全级次企业的千人专业团队，通过"集团军作战"攻克技术难关。同时，他们强化资源保障，累计开展几十次 UAT（用户验收测试）与上线培训，编制 57 个操作手册、29 个培训课件等，确保各层级人员快速掌握系统应用。

针对资金管理分散的难题，项目组创新采用"前后分离、重点突出"的策略，优先打通结算渠道，统一境内外资金管理标准，建立全流程动态管控机制，

实现资金业务从分散运营向集中管控的转变。

系统建设坚持"功能全面、广泛兼容"的原则，既确保账户管理、融资结算等标准模块的高效稳定，又结合集团业务特色定制开发个性化功能，构建全链条风险管理体系，并实现与多系统的无缝集成，形成基础扎实、特色鲜明的司库系统架构。

在技术创新领域，项目组践行"自主可靠、技术创新"的理念，力争打造业内首个全栈国产化司库系统，同时通过等保、密评双重认证，并开发智能预警、数据分析等智慧应用模块，坚持走自主可控的技术路线。

国机集团财务部部长王谟卫曾指出，司库体系建设是革新资金管理、推动财务数智化转型的关键工程。历经两年多的攻坚，集团司库体系已取得阶段性成果。这些实践正为国央企深化管理变革、释放数智化效能提供重要借鉴，创造更大价值！

3. 价值引领，国机集团司库覆盖 11 大核心场景

目前，国机集团司库系统全面覆盖账户、结算、融资等 11 大核心场景，运行成果显著。

从使用效果层面看，截至 2024 年 7 月，多项核心指标实现了跨越式突破：账户管理效能显著提升，账户数量较历史峰值减少近 40%；境内银行账户直联率达到 87%，境外账户可视率达到 94%；资金集中管理成效突出，境内全口径资金集中度提升 8%，可归集资金集中度提高 14%。

结算体系也实现了质的飞跃：系统结算率攀升至 91%，19 家境内银行通过司库系统统一结算，日均处理资金超 25 亿元、业务量达 5000 笔；融资成本显著下降，较 2021 年末降低 70 个基点，降幅达 20%，有效节约了财务支出。

此外，风险管理从被动防御转向主动预警，通过搭建智能监控模型实现了业务全流程动态监测，数据应用成果也颇为丰硕，66 个监测模型与 3 类综合报表实时呈现账户、结算、融资等核心业务数据，为科学决策提供了精准支撑。

从价值来看，国机集团司库建设初步完成了资金管理全流程的数字化转型，

其创造的影响力不容小觑。

第一，国机集团实现了"五个统一"——统一系统、统一结算通道、统一银行管理、统一审批规则、统一数据管理。

第二，国机集团通过"六个贯通"打造了司核报一体化。具体来说，在层级贯通上，一套司库系统贯穿了集团全层级企业的资金管理，提升了全集团管理的集约性；系统贯通方面，打通了司库、核算、报表、业务等系统，提高了系统运行效率；内外贯通实现了境内与境外资金的联通，促进了全球资金的集中与高效运作；数据贯通统一了数据标准，对各企业数据信息进行动态监测，使资金等信息数据一目了然；业财贯通以资金管理视角为主，实现了端到端的高效融合，更好地支持业务发展；生态贯通则实现了与上下游企业在产融投方面的打通，打造了协同发展的产业链生态。

第三，在应用层面，国机集团推进了"五全"应用——全级次、全功能、全体量、全过程、全周期，在央企内部也是极为罕见的。

第四，为保障资金安全，国机集团建立了包括人员角色准入、不相容岗位分离、分层设置复核权限等措施在内的资金安全"五道防线"。

更重要的是，国机集团司库建设在理念和管理层面产生了显著的牵引效应，例如：推动数字化转型与世界一流财务体系建设深入人心，激发各级企业主动参与变革；强化总部集中管控，深化业财融合与数据贯通，促进一体化管控平台和数据中台的建设；以"一网一云一池"为目标，构建国产化云平台，实现跨系统数据集成与安全防护升级，为集团的数智化转型奠定了坚实基础。

总而言之，国机集团打造的司库建设方案契合中国企业的特点，为央企财务管理升级提供了可复制的成功范例。

4. 一场重构管理范式的央企变革突围

国机集团的司库体系建设，不仅是一场技术革命，更是一次管理范式的重构与战略思维的跃升。从顶层设计到基层执行，从技术创新到生态协同，其以"敢为天下先"的魄力，在央企资金管理领域树立了一面标杆旗帜。

未来已至，变革不息。国机集团的实践再次证明：唯有将战略定力、创新活力与执行合力融为一体，方能在不确定性中确立优势，在全球化浪潮中赢得主动权。这不仅是国机集团的破局之道，也是中国央企迈向世界一流企业的必由之路！

10.3　河南钢铁集团：构筑盈利型采购新生态，重塑钢铁行业竞争力

本案例结合河南钢铁集团的实践，讲解传统钢铁企业如何实现"采购供应链一体化建设"，统一数据入口，打破信息孤岛，为采购业务决策提供强有力的数据支持。河南钢铁集团通过采购精细化管理提高市场竞争力，实现了采购管理全程可视化、精细化优化、采购监督强化与合规性提升，推动采购从"成本中心"向"利润中心"转变。

1. 转型需求：实现降本提效

河南钢铁集团有限公司（以下简称河南钢铁集团）是河南省委、省政府为推动全省钢铁产业整合重组和钢铝铜镁产业融合发展，以安阳钢铁集团为主体，组建成立的特大型冶金产业集团。其前身安阳钢铁始建于 1958 年，是新中国第一批重点建设的钢铁企业。历经 60 余年发展，河南钢铁集团现已成为安阳、周口两大钢铁基地比翼齐飞，矿产资源、绿色铸造、节能环保、数字信息、物流贸易等多元产业协同发展的千万吨级特大型钢铁集团，是中原地区最大的精品板材和优特钢生产基地。2024 年跻身中国企业 500 强第 364 位。

随着钢铁行业竞争加剧、全球贸易环境不确定性增加、原材料价格频繁波动以及环保政策日趋严格，河南钢铁集团面临多重挑战。同时，在集团重组与规模扩张的背景下，信息不对称导致决策延迟、流程烦琐造成效率低下，以及对市场变化响应迟缓等问题，严重制约了河南钢铁集团的竞争力。

特别是在采购与供应链管理方面，传统粗放式采购模式如同锈蚀的齿轮，使这个年产千万吨级钢材的巨头在成本控制与效率提升之间陷入两难境地。集团意识到，必须通过数字化与智能化手段，实现采购管理的精细化与智能化，以应对复杂多变的业务环境，降低运营成本，提升整体效能。

钢铁行业作为典型的资本密集型与技术密集型行业，涉及物资品类繁多、

灵活性较高，且各类大宗物资业务规则差异显著，供应链管理的复杂性与独特性不言而喻。从原料的采集、冶炼、加工到产品的配送，每一个环节都需要精确协同与高效的资源配置。

河南钢铁集团的采购部门，从采购需求到招投标全部通过纸质文件传递，招标部门最多时每个业务员需要登录 6 个平台进行操作，界面不同，操作习惯各异。大宗原料采购周期长达数周，价格波动风险难以预判，库存积压与短缺危机交替出现。采购与供应链的集约化、数字化与智能化水平仍处于起步阶段，现有的 ERP 系统已无法很好地满足当前采购管理的需求。

面临业务流程复杂、系统集成难度大、原有系统改造成本高等多重挑战，尤其是在保障业务连续性和分、子公司统一规划的前提下，如何完成系统的平滑过渡与升级，成为亟待解决的关键问题。

2. 转型历程：以数智化采购为抓手的精益化管理之路

为应对挑战并具备快速适应市场变化的能力，河南钢铁集团紧抓企业物资采购与供应链管理变革。经过审慎考量，河南钢铁集团携手用友，以"采购供应链一体化建设"为抓手，并以"数据即资产"作为业务规划整体思路，积极探索企业数智化转型。

基于用友 BIP 采购云，河南钢铁集团构建了以品类管理为驱动的数智化集采平台，如图 10-3 所示。该平台不仅提升了操作透明度和效率，还通过全流程可视化管理促进了阳光采购和成本效益的提升，覆盖了需求、计划、招标、合同、执行的全流程，推动采购从"成本中心"向"利润中心"转变。

该架构以"数据驱动、智能协同、生态开放"为核心，通过技术赋能实现招采全链条的降本增效与合规管控。不仅契合钢铁行业重资产、多品类的业务特点，还可为其他重工业领域提供数字化转型参考。其先进性体现在从单一工具升级为生态平台，后期通过平台升级实现与新技术的无缝对接。

在供应商端，平台为供应商提供统一入口，支持供应商在线完成注册申请、信息变更、报价、投标、竞卖、谈判等全流程操作，减少人工沟通成本，提升协同效率。同时，平台支持第三方征信平台（如启信宝）进行校验，并采用模块化设计（如"多租户"架构），以支持灵活扩展。

供应商端｜注册申请　信息变更　报价　投标　竞卖　谈判　计划协同　销售合同　销售订单　销售发货　销售对账　销售开票

供应商管理｜准入审核　档案管理　供应商画像　变更审核　供应商评价　供应商认证　冻结解冻　黑名单

采购门户

商城：允销申请、商城协议、上架、下单、协同

可视分析：统计分析、驾驶舱、自定义报表、自定义、驾驶舱

采购价格：价格目录、价格调整、价格公式、供货目录

采购协同：采购订单、发货、到货、业务对账

计划协同：周计划、月计划、季度计划、年度计划

采购合同订单：系统合同、电子合同、电子签章、合同条款、采购订单

竞拍采购：竞拍方案、竞拍项目、竞拍大厅、竞拍谈判、竞拍定标

询比价/定向谈判：询价、比价、谈判、结果推荐、小结定标

招投标（公开邀请）：招标方案、发标澄清、开标远程、评标远程、谈判/答疑、小结定标、专家管理

需求管理：需求申请、采购需求、采购任务、分配规则

采购商端：需求管理　数字化建模

集采平台

集成平台
用友BIP连接集成平台（友企连，YonLinker）
组织、部门、人员、物料、项目档案、用户、权限、审批流、模板、消息、预警、报表平台、业务工作台

主数据　工程项目　资产　公共资源　ERP　OA

低代码开发平台

国外ERP：库存、订单、出入库、结算

图10-3　河南钢铁集采平台整体架构

在采购商端，采购企业能够一站式实现供应商准入管理、采购需求发布、电子招投标执行、多模式采购（询价/竞价/拍卖）以及合同在线签署，覆盖从寻源到履约的采购全生命周期数字化管理，助力供需双方高效协同，并通过CA加密等功能确保数据不可篡改，提升透明度。

对内集成 ERP、财务、OA、主数据、工程项目等系统，对外对接政府监管平台（如阳光采购平台）、第三方支付及物流服务，实现数据互联互通。集成后可以实时更新物料库存与消耗情况，支持结合市场行情预测生成智能采购建议，例如自动触发补货提醒或推荐替代供应商。通过数据中台，对采购成本、供应商绩效等数据进行多维度分析，生成可视化报表。

3. 创新中谋发展：采购由成本中心向利润中心转变

2025 年一季度，河南钢铁集团集采中心以攻坚克难的"拼劲"、敢为善成的"闯劲"、敢抓善管的"狠劲"、久久为功的"韧劲"这"四劲"精神为引领，统筹推进采购降本与保供增效，以一马当先、一以贯之、一鼓作气、一抓到底的姿态和状态，实现了大宗原燃料、备件、材料等采购指标的稳步提升，物流费用显著下降。2025 年第一季度，河南钢铁集团盈利约 1810 万元，交出了首季精彩答卷。

场景一：远程不见面招投标实现高效透明采购

河南钢铁集团构建了行业领先的"远程不见面"招投标管理模式，集成视频会议系统与电子化流程，支持多地专家在线评标、供应商远程参与投标及监督人实时监控。该平台覆盖从招标公告发布、标书购买、在线开标到电子合同签订的全流程，招标效率得到了极大的提升，日均处理招标项目 60 个，高峰期可达 120 个，年均节约差旅成本超 300 万元。自 2023 年 6 月起，集采平台由股份公司扩展到全集团，覆盖 22 家分、子公司的大宗原燃料、备品备件等几乎所有采购业务。目前，数智化集采节资率达 10% 以上。通过全流程线上化与透明化，集团实现了阳光采购，有效规避了围标、串标风险，显著提升了供应链响应速度与合规性。

场景二：智能供应商全生命周期管理优化资源池

河南钢铁集团构建了供应商智能化管理机制，从准入、资质审核、动态评价到淘汰禁入，实现全生命周期闭环管理。通过交付准时率、质量合格率等 6 大维度构建供应商画像，动态评估绩效，逐年淘汰低效供应商。供应商管理平台实现了从入围、审核到共享、禁入的技术化管控，有效避免了人为因素带来的风险。同时，平台支持供应商在线协同，显著提高了采购透明度与资源整合效率。

场景三：大宗物资价格智能计算与成本优化

针对铁矿石、煤炭等大宗物资采购，河南钢铁集团利用用友 BIP 的"价格公式引擎"，基于供应商报价中的元素含量（如矿石品位、焦炭灰分）进行元素调价，并通过 AI 算法动态比价，精准筛选最优供应商。该功能解决了传统大宗采购依赖人工核算，效率低、误差大的问题，使采购效率提升了 35%。价格中心实现了大宗物资元素调价场景的智能化管理，节约资金超 4.24 亿元。此外，平台内置价格波动预警模型，结合历史数据与市场行情，实时监控价格异常，辅助管理层快速决策，进一步巩固了成本控制优势。

4. 价值升级：效率、成本与生态的三重跃升

河南钢铁集团的转型实践为传统重工业提供了可复制的经验。该平台以数据为核心，整合信息化建设成果，统一数据入口，打破信息孤岛，为业务决策提供了强有力的数据支持。

价值一：实现核心业务流程的智能化整合

平台集成了采购计划、招标定价、合同签订、订单制作、供应商管理、结算管理、网上商城采购等一体化功能模块，并与 SAP、数据标准化、设备信息化、OA 等 6 个软件系统无缝融合，打破信息壁垒，实现信息的自由流通与共享，为集团的集约化采购和无纸化办公提供了强大的技术支持。

价值二：实现采购管理的精细优化

河南钢铁集团依托用友 BIP 平台构建数智化采购体系，通过全链路数字化实现流程透明化与标准化，提升决策效率。创新"远程不见面"招投标模式，集成电子文件模板与在线交易能力，实现专家异地评标、供应商远程协同及监督全程介入，构筑阳光化采购生态。智能化价格中心以数据驱动替代经验决策，通过原料元素解析与动态比价优化大宗物资采购精准度。供应商全生命周期管

理依托电子签章与智能准入机制，形成闭环风控体系，规避人为干预风险。采购驾驶舱整合多源数据，以可视化看板实时追踪价格波动、合同执行及供应商绩效，推动供应链从被动响应转向主动预测，全面构建高效协同、透明合规、韧性增强的智慧采购新范式。

价值三：实现采购监督的强化与合规性提升

河南钢铁集团通过数智化采购体系构建了严密的双维监管机制。在过程监控层面，依托用友 BIP 平台实现全链路数字化审批与实时跟踪，从需求提报、招标评审到合同签订、履约验收的 32 个关键节点均设置电子围栏，每年平台自动拦截异常操作 20 余次，流程合规率达 99.6%，有效避免履约延误风险。在供应商监管层面，系统建立资质审核自动化预警机制，并通过负面行为清单与履约数据构建动态评估体系，对围标串标、质量违约等行为实时公示，每年累计公示违规供应商 30 余家，高风险供应商淘汰率同比提升 40%。在双维监管机制下，形成了"数据预警 – 问题溯源 – 闭环整改"的全周期风控链条。

5. 行业启示：数智化重构钢铁供应链竞争力

通过用友 BIP 采购云，河南钢铁集团实现了跨系统、跨组织的业务协同，推动计划、采购、库存、结算等业务的一体化流转，显著提升了集团的资源共享与协同能力。

河南钢铁集团在数智化转型的过程中，以其独特的战略眼光和行动力，不仅对传统模式进行了深刻变革，还展现了对高质量发展的持续探索。这不仅为中国钢铁行业注入了新的活力，也为全球制造业的转型提供了宝贵的经验和启示。河南钢铁集团的故事，是关于创新、勇气和智慧的典范，是值得每一家渴望在新时代保持竞争力的企业借鉴的案例。

10.4　开滦集团：从"百年基业"到"数智新生"

本案例结合开滦集团的实践，讲解工业企业如何以财务共享中心建设为起点，实现精细化财务管理。开滦集团通过打造数智化物资管理平台，建立高效协同的财务管理运行模式，重塑财务体系，降低成本并提高效益。

1. 开滦集团的发展背景和面临的挑战

作为中国近代工业的"活化石"，开滦集团跨越三个世纪，其经营史堪称一部中国工业发展的史诗。1878 年，它以"开平矿务局"之名叩响中国机械化采煤的第一声；2024 年，它以 934 亿元的资产规模居中国企业 500 强第 284 位。

然而，当全球数字经济重构产业竞争格局时，这家拥有 10 座矿井、3000万吨年产能的能源巨头，不断在时代浪潮中寻找破局之道。2022 年，开滦集团顺势而行，在"数字开滦"的指引下，以财务管理为支点，开启了一场关乎百年基业存续的数智化革命。

或许我们都会有同样的疑问：作为一家工业巨擘，开滦集团是如何踏上数智化转型之路的？在这场变革中，它挖掘出了哪些全新价值？是否焕发了新的活力？

有时候，行动既源于内部驱动力，也受外部环境的激发。正如 2022 年的开滦集团，在面对国资监管的新要求、内部流程优化的需求以及智能财务发展的机遇时，重新站在了一个转折点上，数智化转型势在必行。

当年，开滦集团面临多方面挑战：

❑ 政策层面：河北省国资委要求在 9 月 30 日前建成财务共享平台。

❑ 流程层面：传统纸质审批模式效率低下，流程不可控，结果难以追溯。

❑ 数据价值层面：原有系统中的数据孤岛林立，无法有效利用，也无法辅助决策。

❑ 业财融合层面：下属单位的业务系统与财务系统严重割裂，无法实现全量分析。

❑ 集团管控层面：旧系统难以满足财务数智化发展需求，需要引入先进平台提升管理效率和质量。

2. 以财务共享中心撬动数智化革命

建设"数字开滦"的第一步，就是建设财务共享中心。用友成为推动这一变革的理想伙伴，以"业业融合、数据融合、智能运营"为目标，通过用友BIP 建设开滦数字化运营平台，如图 10-4 所示。

业务融合　数据融合　智能运营

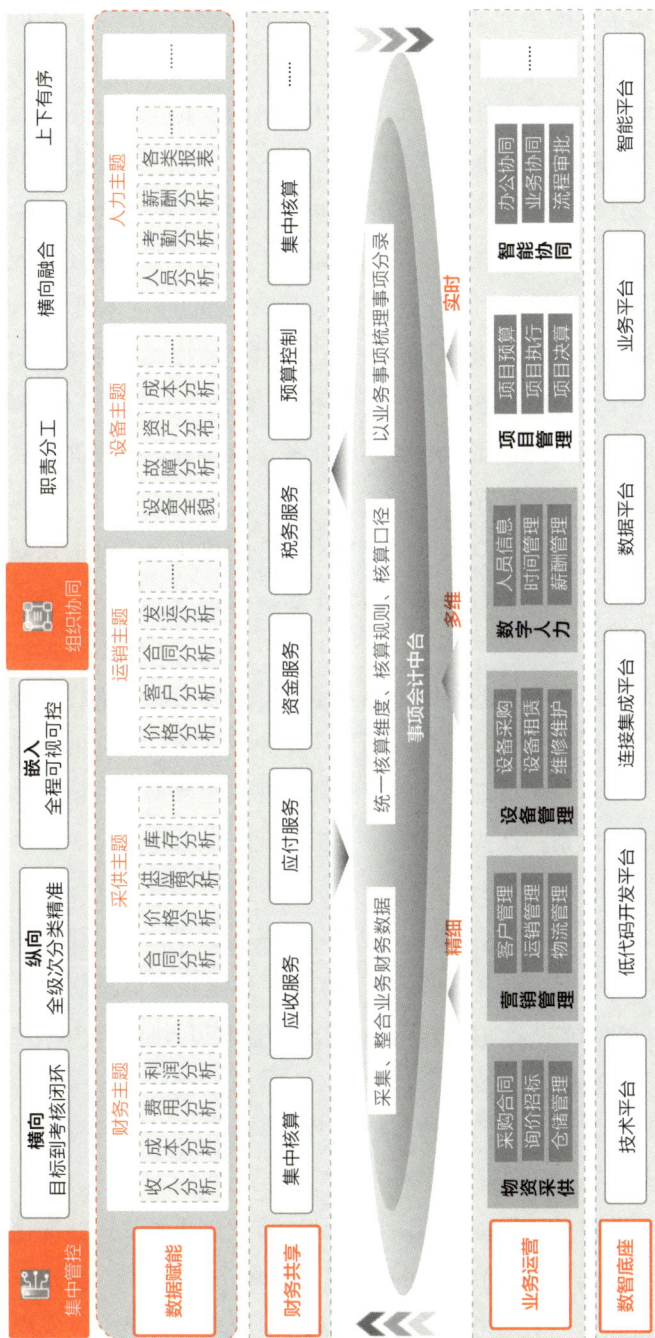

图 10-4　开滦数字化运营平台架构

从羊皮账本到电子凭证，从手工算盘到智能中台，开滦集团的财务管理史正是其百年基业的缩影。在这样深厚的历史积淀中推进财务共享中心建设，并非易事。例如，当分散的业务单元各自为政、数据标准千差万别时，能否仅靠一套标准化系统就实现全集团财务数据的"大一统"？面对组织架构层级森严、部门利益错综复杂的局面，如何打破数据孤岛，应对转型阵痛？

然而，所有创新都建立在坚实的基础之上。对于开滦集团来说，他们拥有充足的底气应对各类挑战，这正是因为其精心构建的"一体两翼"财务架构。

具体来说，这一架构以业务财务、目标财务、战略财务构成的三级管理体系为核心，向外延伸出财务共享中心与财务公司两大支柱。三级管理高效联动，左右两翼协同发力，形成了以财务驱动业务、以管理赋能发展的良性循环，为企业可持续发展筑牢财务防线。

基于这一坚实基础，双方对财务共享中心建设进行了全面谋划，计划建立五大平台——会计处理平台、内控监督平台、数据服务平台、经济调度平台和决策支持平台。

但是，这场财务变革的深度远不止于此。双方突破性地将价值法与事项法会计深度融合，以"七化"标准——会计业务标准化、会计处理集约化、会计信息场景化、核算单元精细化、内控监督可视化、数据服务精准化和业务审批线上化重塑财务体系。这些举措为下一步建设开滦数字中心、推动全面数智化转型奠定了坚实的基础。

2022年7月，项目正式启动。在一年多的建设期内，开滦集团与用友共同努力，成功构建了驱动财务转型的五大引擎，并实现了集团总部、11个二级公司、282个三级单位的全面上线运行。由此，企业迈入财务数字化2.0时代，并积极向3.0时代进发。

那么，财务共享中心的构建满足了当前企业管理的哪些需求？又为未来全面数智化转型创造了哪些机遇？

第一，推动财务从传统核算向价值创造转型。通过统一标准化流程，构建精细化核算体系，培养综合型财务团队，提升财务服务效能。

第二，驱动分、子公司财务向业财融合、管理会计转型，实现财务职能的分离与决策能力的提升。

第三，以数据共享贯通业务、财务、资金与税务，建立财务大数据中心，推动财务从价值守护向价值创造转变。

第四，实现业务端到财务核算的全程数字化，推进会计档案电子化，构建透明可控的智慧财务体系。

第五，融合先进技术重构财务流程，打造智能财务体系，以数据驱动战略决策，引领财务智慧化变革。

从实际效果来看，目前，开滦集团的会计核算人员数量减少至原来的 1/3，审批效率提升了 100%，员工填报单据的时间节省了 90%。而这只是开始，未来随着财务管理体系的不断优化，这家百年企业将迎来更强劲的发展动能。

3. 穿透式管理破局物资采购"深水区"

财务共享中心的落成，标志着开滦集团与用友携手迈出数智化转型的关键一步。随后，双方乘势而上，聚焦物资管理这一传统企业转型的"深水区"，基于用友 BIP 数智供应链，掀起新一轮数智化浪潮。

近年来，开滦集团精准锚定"以煤为基、相关多元"的战略坐标，精心构建"三柱一新"的产业版图，涵盖煤炭、煤化工、现代服务与新兴产业。其生产经营的足迹遍布河北多地以及内蒙古、新疆等广阔区域，正处于转型发展的关键阶段。当下，唯有推动数据流、物流、资金流深度融合、同频共振，才能更好地驱动企业转型发展。

为此，开滦集团以打造数智化转型标杆为目标，全力构建流程统一、管理规范的物资管理平台。该平台不仅要实现全集团物资集中管控与穿透式管理，更通过与财务共享中心的数据互通，推动业财深度融合。

那么，究竟何为"穿透式"管理？

可用四句话精准概括：全链贯通，让物资从计划到结算、设备从申请到报废的每个环节都"活"起来，让整个供应链焕发生机；数据赋能，让业务数据不再是沉睡的数字，而是成为流动的"智慧血液"；智能升级，让管理看得见、管得住，决策更高效，成本更可控；模式进化，实现从经验判断到"数字说话"

的转变，并通过管理模式的升级，让管理者不仅能看清当下，更能预见未来。

历经多方协同攻坚，该系统建设成果显著，其核心价值可以凝练为五大维度。

第一，全流程智能管控。通过构建统一物资采供平台，贯通全业务流程，实现供应商全生命周期管理。通过推动端到端业务融合，提升计划精准度，实现提质、降本、增效目标。

第二，仓储与采购双效优化。通过优化多级库存与补货业务，实现仓储精细化管理；通过全链条数字化管理，大幅提升采供效率，控制物资积压。

第三，风险管控与决策支持。实现采购供应多维分析与管控，保障供应链高效透明，提升整体水平。同时，提升主数据管理能力，增强业务决策能力。

第四，流程与架构双重优化。践行"同级同质、纵向扁平、审批数智化"的理念，实现物资管理的高效运转。同时，兼顾集团统一管控与上市公司业务的独立性，为审计提供可靠依据。

第五，数据深度融合与行业覆盖。统一管理物资全链条业务数据，满足数据共享中心的建设需求。同时，通过打造"横向覆盖、纵向穿透"的物资管理平台，实现全链条、全周期、全覆盖的管理，确保过程可控、数据可追溯。

4. 数智化转型，从单点突破到全域深耕

如今，开滦集团与用友的合作早已超越财务共享与物资管理的范畴，在投资、贸易、数据等核心领域持续深入探索。

比如，在投资管理领域，双方联合打造的一体化平台，构建了集团与二级公司分层协同的资本运营体系，从项目评估到投后管理的每个环节都实现了透明化、智能化，显著提升了资本配置效率，为战略投资决策提供了"智慧引擎"。

大宗贸易管理平台则以合同为核心枢纽，贯穿事前风险预判、事中动态跟踪、事后复盘优化的全生命周期管控。通过智能风控模型与流程自动化，有效规避了市场波动风险，贸易业务运营效率提升超过30%，成为集团拓展市场的重要保障。

最具突破性的成果当属企业数据中心建设。基于用友BIP技术底座，开滦

集团搭建了"1+5"数据架构，即 1 个统一技术底座协同数据治理、存储、计算等 5 大支持中心，构建了覆盖 16 大智慧产业的特色指标体系。从数据采集、可视化呈现到智能分析预警，通过全链路优化，不仅为经营管理提供了实时洞察，更前瞻性地布局了企业 AI 数据基建，成为传统企业向数智化转型的领先实践。

由此可见，用友作为战略伙伴，为开滦集团数智化转型注入了强大的活力。这一系列举措有力推动了"大一统"开滦数字中心的成形，让"数字开滦"的战略蓝图从规划走向现实，更为百年企业的高质量发展插上了数智翅膀。

5. 数智基因激活百年血脉

开滦集团的转型之路揭示了一个深刻命题：在数字经济时代，传统企业的竞争力不再取决于历史积淀，而在于进化速度。从财务共享中心到智能供应链，从数据中台到决策大脑，这场跨越 146 年的自我革命，不仅让老牌国企焕发新生，更为中国工业的数智化转型提供了鲜活样本。

历史从不眷顾墨守成规者。唯有将百年积淀转化为数智基因，传统巨头才能在未来竞争中继续定义行业规则！

10.5　厦航财务传奇：业财数全面融合助"白鹭"翱翔

本案例通过厦门航空的实践，讲解企业如何推动业务、财务和数字化技术全面融合，打造"大财务管理模式"，实现财务管理从传统核算型向经营管理型的转变，以及更进一步向价值创造型的跃升。通过持续的管理创新，厦门航空大财务管理成为企业高质量发展的核心引擎，并支撑企业连续 38 年盈利。

1. 厦门航空持续盈利的推手

在航空业这个以"高风险、高波动"著称的领域，有一家公司创造了令世界瞩目的奇迹——它不仅是当今全球唯一连续 38 年盈利的航空公司，更在疫情三年期间，行业陷入至暗时刻时，资产负债率不升反降，展现出强大的韧性与活力。

这就是厦门航空有限公司（简称厦门航空）。从 1984 年依靠 5000 元借款开户起家，到如今拥有 500 万小时的安全飞行记录，45 次蝉联服务冠军，斩获"中国质量奖"这一行业最高荣誉，厦门航空用一组看似不可能的数字，诠释了"安全、服务、效益"这一难以兼得的黄金三角。特别是当美国西南航空 47 年的盈利神话被疫情终结时，厦门航空逆势接棒，成为全球航空业"永不降落"的标杆。

这不仅是商业的成功，更是中国管理智慧的胜利。作为中国航空业的缩影，这份成绩的背后是一套打破常规的大财务管理体系、一群勇于创新的探索者，以及对中国式高质量发展的不懈追求。

然而，与其他航空公司一样，厦门航空在推进财务数智化转型前，也曾面临多重核心痛点，比如数据孤岛严重、流程低效、风险控制薄弱、数据应用能力不足、业财融合深度不够等，尤其是在疫情后，这些问题日益凸显。

2. 超前 20 年的财务管理革命

早在 1998 年亚洲金融危机期间，财务管理已成为厦门航空持续盈利的重要助力。彼时，民航业面临全行业亏损的严峻局面，厦门航空率先提出精细化财务管理理念，积极推动财务管理从后台核算向前端管理转型，动员全体干部员工通过管理提升效益。而这一前瞻性布局比业界常规认知超前了整整 20 年。

当时，该创新体系以三大核心要素为支撑：

其一，推动财务职能前置，构建涵盖事前规划、事中管控、事后复盘的全流程职能体系，充分发挥财务部门在企业运营中的价值；

其二，深化业财融合，将财务管理全面嵌入业务流程，实现财务与业务的深度协同；

其三，搭建规范化的管理体系与 IT 支撑平台，为精细化管理和数智化升级夯实基础。

直到现在，我们才发现这一变革具有深远的里程碑意义。它不仅帮助厦门航空重新明确了财务部门的职能定位，还成功构建起以价值创造为导向的新型财务管理模式，为后续发展以价值创造为核心的大财务管理模式奠定了坚实基础，从而实现战略规划、业务运营、风险防控与决策支持的协同增效，提升企业整体竞争力。

3. 大财务管理模式下的平台重构

此后，厦门航空在财务管理领域持续创新，走出了一条独具特色的发展路径。从 2000 年起，其职能边界不断拓展，陆续整合法律事务与董事会管理职能；2010 年前后，又将公司战略规划、绩效考核、投资管理纳入职责范畴；2020 年，进一步融入深化改革、可持续发展及采购管理职能，最终构建起极具特色的大财务管理模式。

围绕大财务管理模式，厦门航空精心打造了四个体系（见图 10-5）——SRP 战略资源管理体系、SRP 价值管理体系、"六环相扣"内控管理体系与"三全"决策支持体系。这四大体系环环相扣，从战略、效益、风控和决策四个核心维度协同发力。

比如，在业财融合层面，依托"六环相扣"内控管理体系，厦门航空将战略制定、预算管控、采购执行、合同管理、资金收付、绩效评价等环节有机串联，确保每一项经营活动都能实现全流程精准管控；在财管与人力协同领域，财务 BP 与人力 BP 深度协作，激发组织活力，实现人、财、物资源的科学配置与效能最大化。

然而，要实现这一系列变革与发展，选择一位可靠的合作伙伴至关重要。加之在国产化替代的浪潮下，厦门航空决定将整个财务系统迁移至新平台。为此，厦门航空进行了深入细致的市场调研，最终做出了明智之选——采用用友 BIP。

众所周知，迁移财务系统绝非易事，即便做了充分的准备，这一过程依然充满风险。正是在这个关键时刻，厦门航空通过选择用友 BIP，在战略、内控、经营、财务四大管理领域取得成效。同时，用友 BIP 以其强大的底座能力和卓越的扩展性，不断嫁接企业自身的管理模型、功能模块以及应用场景，成功支持了这一关键步骤的顺利实施。

随着应用的逐步深入，厦门航空后续又在该平台上陆续上线采购云、资产云等应用，使企业的财务管理能力与数智化水平不断完善。

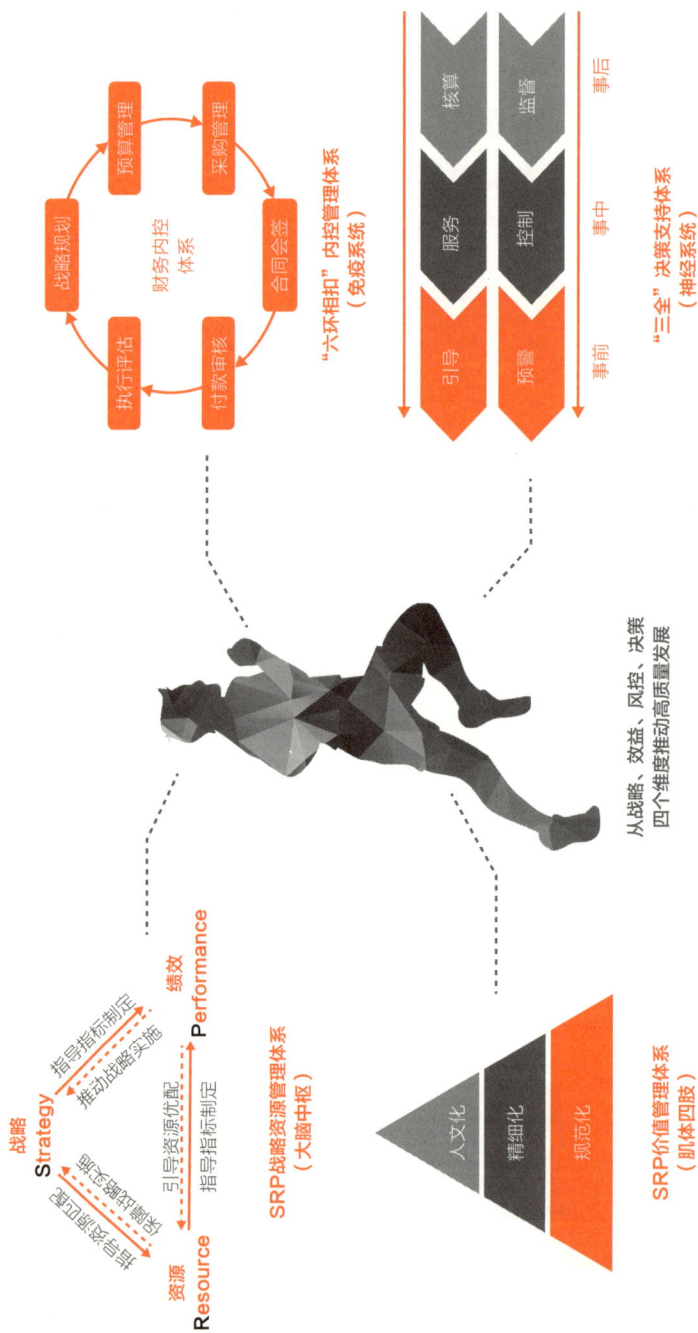

图10-5 厦门航空大财务管理模式的四个体系

"六环相扣"内控管理体系（免疫系统）

预算管理 → 采购管理 → 合同会签 → 付款审核 → 执行评估 → 战略规划

财务内控体系

"三全"决策支持体系（神经系统）

事前 | 事中 | 事后

引导 → 服务 → 核算

预警 → 控制 → 监督

从战略、效益、风控、决策
四个维度推动高质量发展

战略 Strategy

资源 Resource

绩效 Performance

指导指标制定

推动战略实施

引导资源优配

指导指标制定

SRP战略资源管理体系（大脑中枢）

SRP价值管理体系（肌体四肢）

人文化

精细化

规范化

4. 数智赋能"三重奏"

借助用友 BIP 财务云，厦门航空在财务管理升级与数智化转型中实现了智能核算与高效往来管理的突破，并在民航业首创的全服务共享中心基础上进一步提升。

厦门航空在智能核算方面，一是构建了更为精细化的核算体系，推动管理颗粒度下沉，使每一分投入产出"看得见"，提升各级管理者的管控能力，助力全员降本增效；二是建立统一规范的科目管控与折算规则，灵活适配多种会计政策与报告需求，同时满足跨境业务"一本账"管理，构建全球合规的财务中枢；三是打造多维度、多币种核算合并体系，实现成员单位业财数据互联互通，精准识别经营风险。

尤为重要的是，该实践彻底解决了销售资金侵占、收入核算滞后等痛点，推动财务管理从记账核算向经营管理转型，从事后处理向事前预判转变，从机关职能向服务赋能迈进。

基于健康的核算数据，厦门航空自主开发了覆盖经营分析、结算风控与共享业务的 18 个智能场景，为财务管理升级开辟了新模式。

比如，在经营分析层面，厦门航空构建的客源溢出模型突破了传统决策的局限性，通过整合全行业海量数据，能够精准测算航线机型配置、舱位规划等核心参数，每年为企业创造了超 3000 万元的显著经济效益。

在结算风控领域，厦门航空构建了精准的销售数据分析模型，曾成功识别出一个由 132 人组成的套现团伙，及时拦截了 4000 余万元资金的非法流失。同时，厦门航空构建的实时监测算法在 2023 年成功阻断了多起海外异常交易，挽回了 900 万元损失。

在复杂的往来管理方面，厦门航空通过多功能交易类型配置，快速适配包括暂估、计提、付款、代收、代垫、代扣、收转付及割差在内的多种往来场景，确保了业务扩展的灵活性与便捷性。同时，灵活的核销规则配置能够处理复杂的往来核销关系，大幅提升了财务管理的精确性和效率。

此外，用友 BIP 配备的简便、易用的自定义报表功能，支持扩展各种往来关系的关联查询和穿透分析，为企业决策提供了强有力的数据支撑。

总体来说，这些功能的结合不仅简化了厦航的往来管理流程，还提升了财务操作的准确性和透明度，为企业的未来发展奠定了坚实的基础。

最后，为匹配规模化、集团化、国际化的发展战略，厦门航空整合预算、资金等 20 个信息系统，基于用友 BIP 财务云建成财务共享中心。它的设立不仅使部分财务人员从记账工作中解放出来，能够更加专注于业务和管理决策，还实现了业财融合。

全服务共享中心采用"工厂化"作业方式，集中处理全球 18 个国家和地区的会计业务，服务于超过 2 万名员工，大幅提升了工作效率与服务质量。例如，对外付款时效从 15 天缩短至 2.6 天，对内付款时效从 5 天缩短至 0.7 天，财务核算成本降低了 10%，财务报表编制时间提前至每月 2 日。

为了打造好民航业首家全服务共享中心，厦门航空聚焦财务审核效率这一关键环节，进行了大胆创新。面对航油等巨额成本所产生的海量数据，厦门航空创新性地引入智能算法，替代了传统僵化的审核逻辑，使异常处理量从 159 万条锐减至 24 万条，人力投入大幅降低 76%，极大地释放了财务人员的时间和精力。

5. 数据驱动，管理质变

除了业务领域的重大革新外，基于用友 BIP 数智底座 iuap 平台，厦门航空还打破了数据壁垒，全面推动数据驱动的管理模式。

具体到效果方面，以往领导突击查看报销情况时，财务人员需要耗费两周多时间来整理数据。而如今，只需轻轻一键，即可生成详细且准确的报告。同样，业务部门在查询供应商收付款状况时，过去响应速度较慢，现在借助 BI 工具，可随时随地进行查询。

此外，通过数据驱动，财务内部管理得到了优化。通过量化员工工作并建立先进的分析模型，财务部门能够实时监控单据积压情况并及时预警。目前，这一创新应用已拓展至合同审核等其他环节，实现了全流程的精细化管理。

同时，在数据驱动下，财务部门实现了显著的"财务快报"变革，特别是通过建立统一的数据库，进一步缩短了整体工作时间，显著提升了数据处理的能力和效率，同时也极大地改善了财务快报的编报效率和质量。

由此可见，通过夯实数据基础，重构业务流程，创新组织形态，厦门航空在数据驱动方面的路径愈发清晰，并开启了一场全面的质变。

6. 管理创新，助"白鹭"翱翔

在当今瞬息万变的航空业，厦门航空的财务职能正经历一场意义深远的革命性演进。通过深度的业财协同和强大的数智赋能，财务职能从幕后核算走向战略决策的核心舞台，成为具备强大价值创造能力的中枢系统。这种变革深刻彰显了财务管理创新对企业高质量发展的关键支撑作用。

事实上，厦门航空的财务管理创新实践还揭示了另一个至关重要的规律：优秀的财务管理必须与企业战略同频共振、紧密贴合。从创业期的"启航"，到成长期的"展翅"，再到集团化阶段的"高飞"，最终迈向数智时代的"逐梦"，在企业发展的每一个阶段、每一个关键节点上，财务管理的创新发展与转型升级都与"白鹭"品牌的发展轨迹完美契合，从而实现了管理创新与企业发展的齐头并进，体现了大财务管理"管好家、理好财、参好谋、领好航"的使命。

面对未来，尽管外部环境依旧充满变数和不确定性，但厦门航空的财务团队依然充满信心。正如历经风雨洗礼后所展现的从容底气，他们将新挑战视为续写新传奇的起点。只有持续不断地推进财务管理创新，才能助力企业御风前行，续写蓝天之上的卓越篇章。

10.6　云南白药：数智化重塑百年药企的组织创新与人才战略

本案例结合云南白药的实践，讲解企业如何通过建设集团统一的人力资源数字共享平台，以场景化、智能化、角色导向，打造人才供应链体系，为业务发展精准匹配人才，实现人才全生命周期管理，赋能员工并成就组织。通过发挥企业 AI 的作用，云南白药在 AI 招聘、数字员工应用等方面实现了创新突破，服务了分布在全国各地的 1 万多名白药员工，以提升组织效能，助力企业精益管理，推动企业迈向世界级健康生态圈。

1. 从止血散到健康生态，如何增强队伍战斗力

在中国医药行业，很少有企业能像云南白药一样，既是百年品牌的文化象征，又是创新转型的先锋标杆。创制于 1902 年的云南白药，以一瓶止血散剂起家，历经 120 多年风雨，已成长为横跨药品、健康产品、中药资源、滋补保健、医药流通、医疗器械等领域的综合性健康产业集团。作为云南省首家上市公司、中国医药行业的头部企业，云南白药连续 13 年入选 BrandZ 最具价值中国品牌100 强，2024 年营收已突破 400 亿元。其核心产品从传统中药散剂扩展到牙膏、创可贴等健康消费品，再到三七种植等上游产业链布局，构建了"药品 + 健康品 + 服务"的全生态版图。

在医药健康行业的新趋势和医疗改革持续推进的大背景下，云南白药面临由传统制造企业向综合解决方案提供商转型、由区域性企业向跨区域布局的国际化企业转变、由传统内生式增长向"双轮驱动"模式转变的挑战，对人力资源管理提出了更高的要求。

云南白药基于有温度的企业文化和科学的管理体系，在组织、管理者、人才方面进行了变革，通过"三位一体"的管理方式持续增强队伍战斗力。

在组织方面，从"以产品为中心"向"以客户为中心"转变，搭建流程贯通、权责清晰、主体明确、方向统一、人员适应的组织架构；在管理者方面，提出了"选用育留管"五个原则以及前瞻力、洞察力、决断力、行动力、影响力五个要求；在人才方面，建立了明确的用人、培养、晋升标准（一套标准、两个通道、三个层次、四个手段、五个能力），确保充足的人才储备，为企业发展提供更多动力。

人才供应链的效率与精准度已成为制约企业发展的关键瓶颈。现有的人才招聘方式效率低下，难以满足企业对高素质、专业化人才的需求，尤其是在新兴业务领域，人才短缺问题尤为突出。云南白药需要增强集团多组织的统一管控能力，通过数据治理构建"基于事实"的智能决策系统，规范业务流程以提升人力资源管理效率。同时，通过数字化手段支持"内部培养 + 外部引进"双通道的人才管理模式。然而，原有的国外软件系统已无法满足现有需求。

不能用过去的地图导航未来的航程！唯有打破传统路径依赖，以数智化重构组织与人才管理体系，才能实现从"制药企业"到"健康生态引领者"的跨

越。云南白药清醒地认识到，平台能力是企业保持并增强持续竞争力的重要保障。因此，亟须构建全生命周期的人才管理数字化平台。

2. 破局之道：构建"一个白药"，助力精益管理

为支撑集团从优秀到卓越的战略升级和组织变革，云南白药携手用友，以"统一平台、数据驱动、智能赋能"为目标，基于用友 BIP 打造了覆盖全集团的人力资源数字共享平台——"一个白药"（ONE-BY），构建员工、专业人员、管理者三个视角的共享服务平台，如图 10-6 所示。平台覆盖集团总部及下属各级公司，服务于分布在全国各地的 1 万多名白药员工。该平台为云南白药打造了人才供应链体系，为业务发展精准匹配人才，通过人才全生命周期管理，实现赋能员工与成就组织。

"一个白药"系统上线后，在以下几个方面发挥了重要作用：

- ❑ 数据治理：统一规范多维度数据，为构建人才画像提供精准信息，为数据资产的深度和广度应用提供"基于事实"的基础。
- ❑ 数据畅通：打通人力资源与财务、生产制造、营销管理、供应链等多个业务系统的链接，提升数据的及时性与准确性，增强用户体验。
- ❑ 流程规范：梳理人力资源业务流程，使员工异动更加规范，奖金核算及时可控，目标绩效清晰，人才选拔更高效。
- ❑ 员工体验：打造移动互联门户，建设外部生态链和内部生态圈，使公司成为践行"智能驱动、数据透明、打破界限、随时随地"理念的数字型、生态型组织。

3. 价值提升：数智化人才供应链重构效能边界

通过实施落地"一个白药"，云南白药在人力资源管理领域取得了显著成效：业务线上化使员工满意度提升了 28%，每年节约人工成本达 100 万元，人力业务效率提高了 12%。此外，通过引入数字化员工"白小柒"，人才筛选效率提升了近 60%，流程处理效率提升了 30%。这些量化的价值指标不仅体现了数智化转型在提质增效方面的直接效益，更展现了其在推动企业战略转型和促进持续健康发展方面的深远影响。

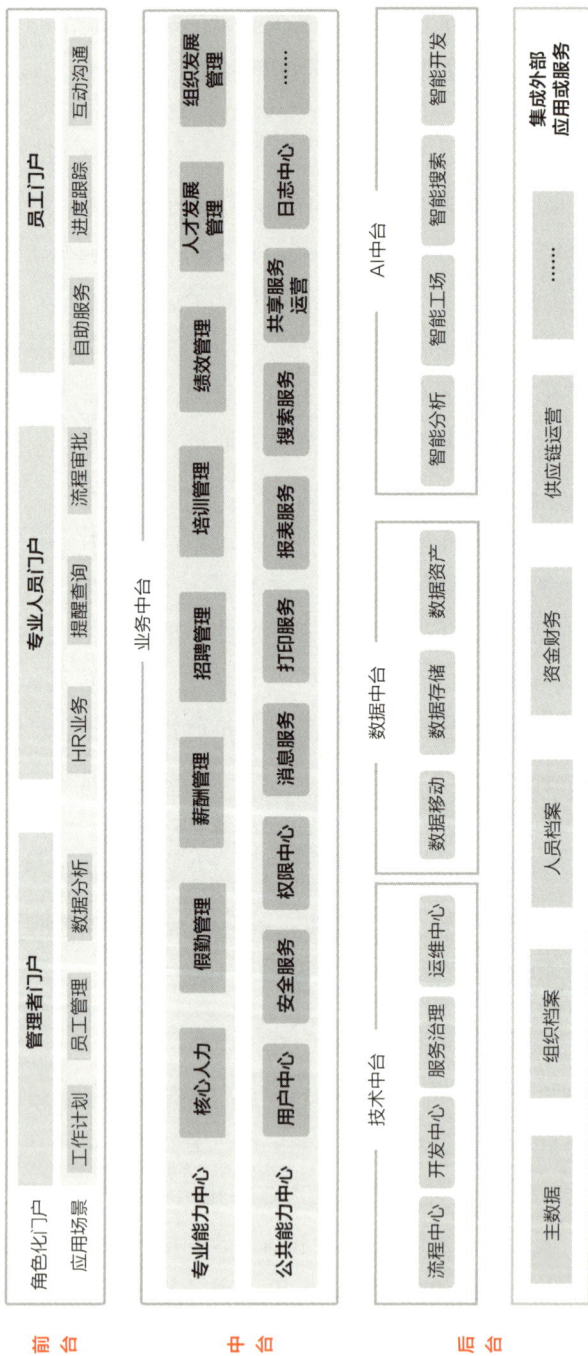

图 10-6 云南白药人力资源数字共享平台

（1）AI 招聘提升招聘效率与质量

在传统招聘模式下，云南白药面临简历筛选效率低下、面试评估主观性强等问题。通过引入用友大易 AI 招聘解决方案，云南白药实现了人才筛选的智能化和自动化。AI 面试系统能够根据预设的胜任力模型，对候选人进行精准评估，并生成多维度评估报告。这不仅大幅提升了招聘效率，还确保招聘到的人才与岗位需求高度匹配。

例如，在校园招聘中，AI 面试系统能够迅速筛选出符合条件的候选人，并自动发送面试邀请。在面试过程中，系统能够考察候选人的沟通能力、团队协作能力和专业能力，同时针对特定专业领域的知识和实习经验进行提问。通过智能分析候选人的回答，系统能够客观公正地给出评估，为 HR 提供了一份专业、标准化的评估报告。这不仅减轻了 HR 的工作压力，还使校园招聘工作更加高效。

（2）数字员工提升员工体验与管理效率

数字员工"白小柒"的入职，为云南白药的员工服务带来了巨大的变化。在财税、人事、知识问答等多个领域，"白小柒"能够 7×24 小时在线为员工提供帮助和支持。无论是查询工资、了解公司政策，还是寻求专业建议，"白小柒"都能迅速响应并提供准确的答案。

例如，"白小柒"作为求职顾问，能够随时解答候选人的疑问，提升候选人的求职体验。同时，"白小柒"还参与到 AI 招聘全流程的升级中。目前，"白小柒"可以高效解答用户在应聘过程中关于企业介绍、简历投递、面试与测评、offer 与入职流程等相关问题的咨询。这不仅提升了候选人对公司的满意度和忠诚度，还减轻了 HR 的工作负担，提高了管理效率。

（3）全生命周期数字化，打通人才供应链的闭环管理

云南白药注重以战略为牵引，打造精准、高效、具有白药特色的人才供应链体系。通过用友 BIP 搭建前、中、后台人才管理平台，云南白药实现了人才供应链的闭环管理。平台集成了人才盘点、人才规划、人才训战等功能模块，支持人才能力建模、绩效评估和发展变化。

例如，在人才盘点方面，平台通过价值观、绩效、能力、潜力等多维度进行人才盘点和评鉴，识别高潜力人才，为企业的长远发展提供了有力的人才储

备。在人才规划方面，平台通过人才圆桌会议，识别人才类别，制定人才规划，确保企业能够持续获得符合战略需求的人才支持。在绩效管理方面，云南白药通过平台实现了目标设定、过程跟进、实时评估和反馈改进的全流程管理。这不仅使绩效评估更加客观公正，还激发了员工的工作积极性和创造力。同时，平台支持多维度数据分析，为管理层提供了有力的决策支持。

4. 启示：百年企业的"数智化基因再造"

从"埋头制药"到"抬头看路"，从"经验传承"到"数据驱动"，云南白药通过与用友合作，不仅推动了企业的数智化转型进程，更为医药健康产业树立了新的标杆。特别是在人才供应链方面，通过引入用友 BIP 平台及相关解决方案，云南白药显著提升了人才供应链的效率与精准度，为企业的持续发展奠定了坚实基础。

"数智化不是选择题，而是必答题。"当"白小柒"们穿梭于数字世界，当 AI 面试官与 HR 专家并肩协作，这家百年药企正以"科技＋人文"的双螺旋基因，向世界级健康生态圈迈进。其故事印证了一个真理：在数字经济时代，没有永恒的传统，只有持续的进化。

10.7　江苏索普集团：数据驱动"化学反应"，高价值数智化场景落地

本案例结合索普集团的实践，讲解传统化工企业如何构建一个数据底座，以数据共享服务为核心理念，打造集应用场景、数据资产、持续运营三位一体的体系，打破资源和数据壁垒，实现资源与数据的共享与融通，帮助企业快速响应客户需求，支持业务敏捷、持续发展，推动公司商业创新与数智化转型。

1. 企业快速发展带来的挑战

从全球最大的醋酸生产单体工厂，到拥有煤化工、精细化工、基础化工三条产业链的化工集团；从成立于镇江，到版图遍布全国，并远销东南亚、欧洲等地……江苏索普（集团）有限公司（简称索普集团）作为国内醋酸行业的佼佼者，在新的时期，通过持续的技术创新和产业链整合，加速数智化、绿色化转

型，在行业内构筑了独特的成本优势。在不断巩固市场地位的同时，还确保了产品质量持续领先于行业。

作为国企，索普集团需要践行国资管理职能，充分发挥"红色领航，绿色领跑"党建品牌引领作用，以"党建赋能"夯实索普发展根基，以"发展中心"的定位指引企业发展方向，以"风控中心"的定位保障企业发展底线。同时，还需通过战略引领与专业赋能，指导索普股份等生产经营单位实现利润中心与成本中心的业务目标。

在高质量发展的新时期，索普集团的快速发展也面临着诸多挑战，包括：产业链协同复杂，需要打通"煤化工－精细化工－基础化工"产业链的堵点与断点，实现产业链上下游的协同一体化；安全与风险管控要求日益严苛，绿色发展已成为必然方向，化工生产对安全管理、库存监控、碳排放等指标的要求极高，须构建实时预警与动态分析体系以及安全风险防控体系；集团化管控方面存在挑战，下辖多个生产单元和二级子公司，需要通过数据穿透实现"战略引领、资源统筹、专业赋能、监督保障"四大能力的落地。

建设数智化平台，释放数据要素价值，落地数智化高价值场景，已成为必然选择。

2. 聚焦三大转型目标，构建集团数智化平台

2023 年 12 月，索普集团选择用友作为数智化平台建设的合作伙伴。

基于集团管控预警化、决策科学化、管理精细化的转型目标，索普集团数智化平台包括"一舱、十纵、三横"，如图 10-7 所示。其中，"三横"涉及索普集团、二级公司和作为生产单元的各类工厂，"十纵"则涵盖了财务管理、生产监测、人力资源、采购管理等十大维度的业务数据指标。

为实现整体平台的构建与数智化目标，索普集团基于用友 BIP 构建了自下而上的三层架构。第一层是数据与技术基础底座，包括统一组织人员、财务科目等管理主数据与物料、客商等业务主数据的处理，以及技术底座等。第二层是数据价值服务，汇聚并加工处理内部业务、外部行业和国家级监管等数据，构建指标体系，形成数据资产，从而打破资源和数据壁垒，实现资源和数据共

享。第三层是数智化场景构建，搭建经营管理、风险监控等数智化应用场景，助力集团公司实现管理穿透，赋能索普集团在采购提效、生产监控、精准营销等方面实现精细化运营。

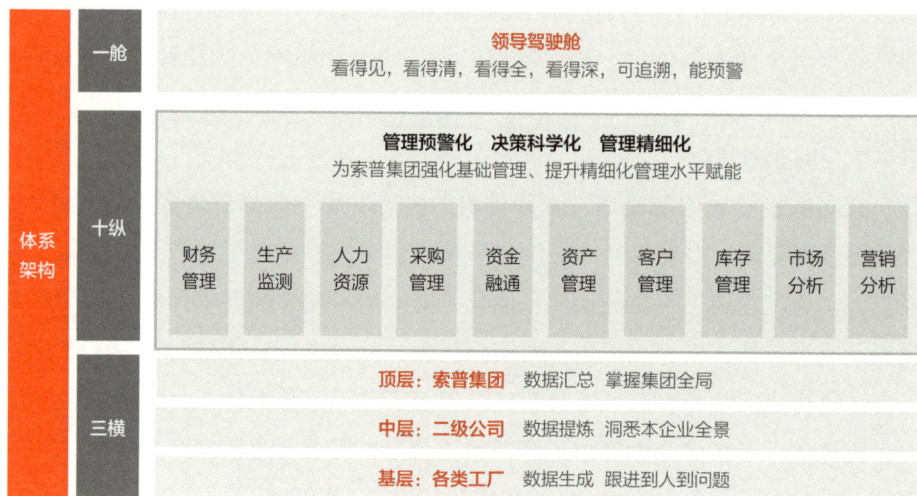

图 10-7　索普集团数智化平台整体架构

最终，以数据共享服务为理念，打造集应用场景、数据资产、持续运营于一体的体系，打破资源和数据壁垒，实现资源和数据共享融通，持续满足业务服务需求，支撑公司业务创新发展，推动数智化转型。

3. 转型历程：数据治理是"基因工程"

化工行业的数智化不是技术的简单堆砌，而是要让数据成为新的生产要素，成为企业的宝贵资产。索普集团在数智化转型过程中，以数据治理为先导，其数据治理实践深度融合行业特性，并基于用友 BIP PaaS 平台——iuap 的平台底座能力，为数据价值的更大发挥提供了基础保障。

索普集团原有的主数据管理面临多重挑战，例如：客商信息未实现统一维护，导致供应商信息可能出现不一致；会计科目缺乏细化，末级科目未统一；在维护原辅料和备品备件时，存在一物多码的问题；设备分类体系存在两套标准，且标准不统一。

在数据治理之前，需要确定主数据标准体系，充分结合行业标准、企业特点和业务场景。在主数据实施过程中，结合业务特点和不同物料的特性，索普集团总结出个性化的物料标准。通过用友 YonData 数据平台，在标准层定义统一的数据模型和指标计算规则，确保数据的纯净性与一致性，并实现数据的一站式采集与集成，打通各单位异构系统之间的主数据通道。

同时，其主数据管理组织采用了三层结构：决策层、管理层和执行层。主数据管理组织有效嵌入集团公司的数字化转型组织中，统一的决策层与覆盖全业务的管理层为业务提供了强有力的支持。

通过用友 YonLinker 集成平台，以标准化和松耦合的方式连接各业务系统与主数据系统，实现系统间的解耦，避免牵一"数"而动全身的风险，有效降低业务成本，为业务协同提供支撑，并快速响应未来融资风控等数智化应用的需求。

为满足索普集团的创新应用需求，借助用友 YonBuilder 开发平台的低代码与专业开发体系化能力，支持索普集团未来在业财融合、融资、风险管控等创新应用中的柔性敏捷构建，快速响应业务变化需求。

基于用友 iuap 平台，索普集团构建了以数据为核心的数智化平台，打破数据壁垒，实现数据共享与融通。该平台形成了批量的高质量数据资产，为行业研究与管理决策提供数据支持，并依托数据洞察与预警指标，增强风险预警能力，持续满足公司管理及业务创新需求。

4. 转型价值：三大典型数智化场景落地

作为数智化创新平台的核心落地层，索普集团的数智化场景建设紧密围绕化工行业"流程复杂、风险敏感、管控层级多"的特性，以"数据资产＋业务场景"双轮驱动，构建了覆盖经营风险防控、评价体系、精细化运营的三大核心场景体系，实现了从数据到价值的转换。

数智化场景一：经营风险监控与管理穿透。构建经营风险监控模型，总览下属单位的经营状态（如子公司利润率波动时，通过穿透分析原料成本、生产能耗、销售价格等链条）。在此基础上落实集团的四项能力（战略引领、资源统筹、专业赋能、监督保障），改善跨部门的工作协作能力，最终构筑起索普集团的风险管理防线。

数智化场景二：建立国内领先的评价体系。承接索普集团的战略管理要求，使指标体系成为经营理念和专业管理的重要体现；指标体系贯通集团、公司、工厂三个层级，形成纵向贯通的专业指标；指标体系覆盖各个业财领域，形成横向覆盖的专业指标；指标体系应用于事前引领（战略指标）、事中控制（过程驱动指标）、事后评价（关键结果指标）等，构建起全流程的目标管理体系。

数智化场景三：核心业务提效，助力集团走向更加可持续、精细化的运营。这涉及采购提效、生产监控和精准营销三个方面。采购提效：对寻源情况、采购品类、支出情况、节支情况、供应商情况、执行能力、提效策略等进行数据分析，提高管理者对采购过程的把控能力，并推动采购企业降本增效。生产监控：实时关注生产负荷、质量管控、设备运行、能源消耗、异常报警等多维度的业务进展，全面掌握企业生产情况。精准营销：涵盖销售分析、市场分析等，通过运营数字化实现业绩的可持续增长；通过营销管理数字化，实现把钱花在刀刃上；通过业务监控和预警，帮助索普集团监测风险，提高经营能力。

作为一家化工企业，索普集团始终把安全这根弦绷得很紧。索普集团在数智化创新平台中建立了完善的安全管理体系。用友 BIP 还提供了完整的、全链路的安全方案以及配套制度以保障数据安全，确保符合政策法规及标准规范。

索普集团的数智化转型，不仅是技术架构和平台能力的升级，更是管理思维的重塑。将传统化工行业与数据智能深度融合，用友 BIP 助力索普集团在安全与效率之间实现平衡。未来，索普将继续以数据智能为驱动，向"百年企业"的目标稳步迈进。

10.8　旭阳集团：数智底座使能焦化行业破局与新生

本案例结合旭阳集团的实践，讲述企业如何通过构建数智底座，打破数据孤岛，运用 AI 算法融合行业经验，实现精准决策与自动化优化；依托数据驱动与业务流程自动化，重构并提升效率；借助生态协同与知识外溢赋能产业链；通过场景化应用的迭代推动产业升级，驱动战略转型，从而助力企业降本增效并重塑竞争格局。

1. 旭阳集团发展背景和挑战

中国旭阳集团有限公司（以下简称旭阳集团）创立于 1995 年，总部设在北京。作为全球焦化行业的领军者，凭借"煤、焦、化、新材料、新能源"一体化高耦合产业链，稳居全球独立焦炭生产之首。然而，在"双碳"目标与行业竞争加剧的背景下，这家年产能"焦化材"3419 万吨、煤炭 360 万吨、洗煤 2600 万吨，年收入规模突破千亿元的大型企业集团，也同样面临数据孤岛阻碍决策响应、供应链协同不足削弱市场应变能力等传统工业模式对全面数字化升级的惯性冲击。如何破局？旭阳集团选择以数智化为核心，携手用友，探索基于统一数智底座的联合创新，开启了从"制造"到"智造"的跨越之路。

这条路不仅贯通旭阳集团 11 个生产园区，使旭阳集团成为焦化行业数智化转型的标杆，还贯穿整个能源化工行业上下游产业链，以旭阳模式赋能行业整体数字化革新。也因此，旭阳集团旭阳数字科技有限公司（简称"旭阳数科"）应运而生。作为能源化工行业优秀的数字化解决方案服务商，旭阳数科基于"旭阳云"工业互联网平台，引领行业数智化转型，推动资源配置效率质的跃升。

一克煤的偏差，可能毁掉一炉焦！焦炭是钢铁工业的"粮食"，而配煤则是炼焦的"命门"。过去，这里的工程师们靠经验与运气在"煤堆里淘金"，误差率高，每年造成数万吨优质炼焦煤浪费。而今天，算法工程师将配煤师的经验融入 AI 算法中，使屏幕上的算法实时计算数万种配煤方案，精准度飙升至 94%，为企业节约至少 1% 的成本。这场变革的背后，是一家传统巨头站在行业潮头的前瞻布局：当全球最大的独立焦炭生产商及供应商勇于自我革命，撕掉"高耗能、粗放式"的标签，又该如何用数据与智能重构一种产业模式？如何用数智底座重构一个行业生态？

在焦炭生产中，煤炭、电力、劳动力是主要的成本组成部分，其中原煤费用占整体成本的 85%～90%，因此配煤成为决定成本与质量的关键环节。但这一环节长期依赖人工经验。传统配煤如同操作"黑箱"，工程师凭经验调整煤种比例，误差率高达 6%～8%。这不仅导致焦炭质量波动，还造成原料煤的严重浪费，仅此一项，年损失便超亿元。更为严峻的是，专业配煤师的培养周期长且人才短缺，难以支撑集团快速扩张的需求。

生产管理的痛点同样突出。旭阳集团下属 13 条焦炭生产线和 57 条化工生产线，共有 100 多个管理系统（ERP、MES、HRM 等），仅设备数据就分散于 PLC、SCADA 等几十个独立系统。由于技术标准不统一，形成了数据孤岛。管理层若想获取实时生产状态，须层层汇总报表，这不仅容易导致决策滞后，还可能引发连锁反应。

供应链的脆弱性也在市场波动中暴露无遗。焦化行业处于黑色产业链的中游，受上下游企业的影响较大。传统模式下，企业与供应商、客户之间的信息流通不畅，难以实现高效的供应链协同，导致市场响应速度较慢。

如何通过技术创新、管理升级和资源整合等多维手段，降低生产成本，提高竞争力和盈利能力，是焦化行业需要直面的挑战。同时，粗放式管理在行业内亦普遍存在，甚至成为难解的顽疾。怎么办？唯有数智化，才能打破经验与数据的鸿沟。

2. 破局之道：构建焦化行业数智底座

面对多重挑战，旭阳集团通过旗下旭阳数科与用友深度合作，以用友 BIP 平台为核心，搭建了焦化行业首个互联网平台——"旭阳云"（见图 10-8）。通过统一技术标准与数据规范，将原本孤立的 ERP、MES 等系统整合为"IaaS-PaaS-SaaS"三层架构，彻底打通从边缘设备到管理决策的全链路，全面覆盖原料煤运输、备煤、炼焦等五大环节的 20 余个应用场景。实现以数据与服务的方式提升集团研发、生产及运营效率，同时沉淀行业知识，形成通用产品对外输出，促进化解过剩产能和提升产业集中度，最终实现对企业、行业和生态的赋能。

（1）智能配煤：从经验到算法的革命

依托用友 BIP 开发平台 YonBuilder，旭阳集团将自己通过深耕行业积累的配煤经验与 20 余项专利转化为"旭阳 1 号智能配煤系统"。这套系统沉淀了包括 1 万条煤炭数据、10 万条焦炭数据以及 37 个煤炭特征模型训练等丰富的数据，同时 40 多名配煤专家、20 多名算法专家全程参与指导系统建设，形成强大的专家团队支持。

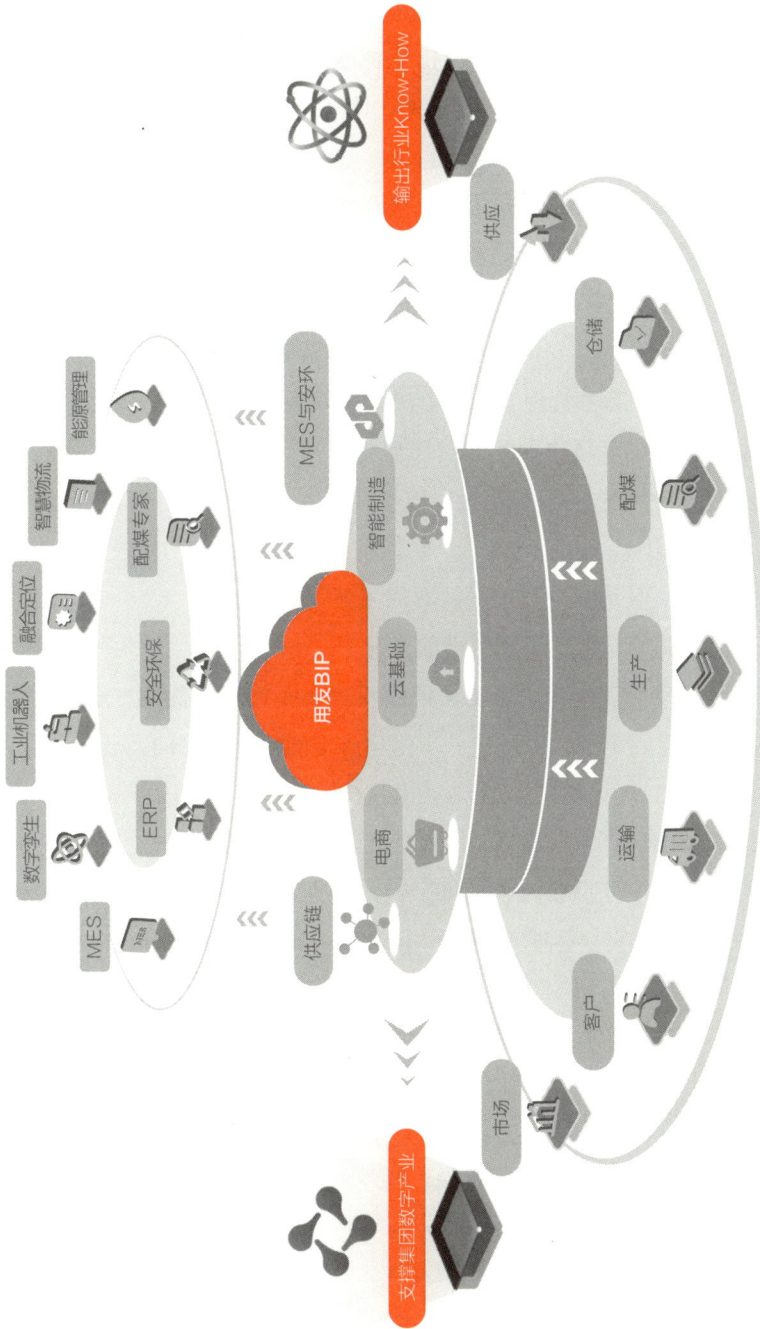

图 10-8　焦化行业首个互联网平台——"旭阳云"

过去依赖"老师傅",现在靠数据说话。在专业团队的打磨下,"旭阳1号智能配煤系统"通过AI算法动态优化煤种配比,将精准度提升至94%,每年降低成本至少1%,显著提升原料利用率。该系统在实际应用中还可反向输出行业标准,形成对整个焦化产业的赋能。

（2）设备资产管理：数据驱动的全链路贯通

旭阳集团围绕业务与智能化相结合、管理与数据服务相结合的核心设计思想,基于用友BIP的AIoT平台,将85台关键设备接入物联网,实时采集温度、压力、能耗等数据,并构建设备健康评估模型。通过数据大屏展示设备核心运维指标,为公司运营管理者的核心决策提供数据支撑。

对于设备管理的现场作业,通过移动化和智能测温测振技术,实现了现场点巡检的实时化、在线化和高效化。设备运行可视率达到100%,巡检执行率达到100%,保养执行率达到100%,设备送检率达到98%,隐患整改的及时性提升30%,设备维保效率提升45%,取得了显著的成果。

（3）供应链协同：从孤岛到生态的跃迁

智能配煤虽然显著降低了成本,但仅仅提供了用煤的优化方案。如何快速采购距离园区最近的煤炭,也是进一步优化成本时必须考虑的问题。

旭阳集团的11个生产园区分布在河北省的邢台、定州、乐亭、沧州,山东省的郓城、东明,山西省的孝义,内蒙古自治区的呼和浩特、商都,江西省的萍乡,以及印度尼西亚的中苏拉威西省。每个园区都拥有方圆几百公里范围内的整合供应链。通过结合算法、管理实践和数据地图,可以找到最优的成本解决方案。

从车辆的调度到入场、过磅、出货、质检等整个流程,通过数据与智能技术的应用,原本需要3个小时的流程现在缩短至110分钟,大幅提升了效率。

3. 转型价值：效率、生态与战略的三重跃升

旭阳集团依靠"新产品、新生态、新制造、新服务"数智化战略,以及强大的数智底座能力,使同类产品每吨盈利水平比同行业高出50~70元。其供应链整合能力也是行业领先的,例如成为行业首家实现销售预收款的公司、行业首家取消承兑汇票的公司等。这些开启行业先河的成功实践,既彰显了旭阳集

团战略布局合理、规模行业领先、综合实力突出的优势，也体现了旭阳集团数字化建设的前瞻性和数智化能力的全面性。

可以说，旭阳集团的数智化升级，不仅实现了内部运营的标准化与降本增效，更以行业赋能者的角色推动焦化产业整体升级，形成"内生增长＋外延输出"的双重价值闭环。

（1）敏捷革新："数治"联通"孤岛"

数智化让旭阳集团的运营效率和效益显著提升，使业务更加敏捷。许多企业在进行数智化转型前已积累了大量的信息系统，但这些系统之间缺乏数据统一和流程统一，从而形成信息孤岛。为了打破孤岛，旭阳集团进行了大量系统集成工作。2022 年，旭阳集团统计数据显示，由于缺乏底座支撑，每新增一个系统，就需要增加同等成本的接口费用。

2023 年，基于数智底座（"旭阳云"工业互联网平台），旭阳集团成立数据管理中心，对 100 多个系统、11 个园区的业务数据进行标准化治理，消除信息孤岛，提升数据决策支持能力。此外，通过底座的低代码平台，可以快速响应不同园区的业务需求，两周内完成园区管理应用的交付，大幅减少开发时间与成本。

（2）行业赋能：从"独行"到"众行"

旭阳集团不再仅仅是制造商，而是行业数智化的先驱者。"旭阳云"工业互联网平台不仅服务行业内部，还向外输出行业解决方案。

在焦化行业，旭阳集团依托数智化能力成为"链主"企业，通过数智底座统一技术架构，并对供应商提出准入标准，以避免技术碎片化，降低后续集成成本。同时，旭阳集团串联煤－焦－钢产业链，扩大行业话语权。

同时，旭阳数科将智能配煤、智能工厂等内部经验封装为标准化产品，对外提供"产品＋实施＋服务"的解决方案，赋能焦化、钢铁等行业。2023 年，旭阳集团联合用友发布了焦化行业首个智能工厂建设指南，覆盖从原料运输到炼焦的 22 个场景。基于此孵化的智能机器人、工业大数据分析等产品，已帮助行业伙伴实现大幅降本增效。

（3）战略升级：第二曲线的爆发式增长

数字化转型催生了旭阳集团已经决策并加速战略性进入的数字产业这一集

团新设立的独立管理业务板块。2023 年，其营收同比增长 30%，成为集团增长最快的业务板块之一。更重要的是，通过数智化，旭阳集团正在助力焦化产业向绿色低碳转型。数智化不仅是工具，更是战略级杠杆。

4.传统工业的数智化启示

旭阳集团与用友的合作，为焦化行业乃至传统制造业提供了"平台＋生态"的转型升级范本。通过底层技术能力与行业 Know-How 的深度融合，旭阳集团不仅破解了自身的痛点，也重塑了行业的竞争规则。未来，随着工业互联网平台的持续迭代，旭阳集团有望引领更多企业跨越数智化鸿沟，迈向高效、绿色、智能的新工业时代。在数字经济时代，没有传统的产业，只有传统的思维。在这场变革中，谁先拥抱数据，谁就能定义未来。

10.9 立高集团：短保食品行业，以数智化打赢"时间之战"

本案例结合立高食品的实践，讲述短保食品企业如何通过产品、渠道和数智化三轮驱动，构建产业级数字化平台，形成需求预测驱动的供产销运营体系，从营销服务、产品交付到运营赋能，全方位推进数智化转型，实现精准营销、优化供应链、整合资源与管控风险。数智化帮助食品企业敏捷应对临期产品库存积压、多渠道管理和客户需求不稳定等难题，最终打赢"时间之战"，实现"爆款不爆仓"。

1."三轮"驱动，引领短保行业标准

烘焙行业的竞争，本质上是一场与时间的赛跑。立高食品股份有限公司（简称立高食品）作为"中国冷冻烘焙食品第一股"，其市场份额连续多年稳居行业首位。产品涵盖奶油、冷冻烘焙半成品、酱料等千余品类，服务网络遍布全国 357 个城市，触达超过 3000 家经销商。随着消费需求的升级和短保趋势的兴起，立高食品以用户思维优化经营策略，引领产业升级。

烘焙行业的短保特性如同一把"双刃剑"——消费者追求新鲜，但企业却不得不面对销售半径受限、物流成本高企、规模效应难以形成的挑战。只有通

过供应链成本最低的经营安排，才能在市场竞争中胜出。立高食品同样在"增长"与"效率"之间寻找最佳平衡点。

立高食品深耕烘焙食品原料和冷冻烘焙食品行业，已经形成了集研发、生产、销售于一体的经营模式，并且在业内拥有较高的知名度和美誉度。一方面，立高食品加紧布局产能，以适应业务的高速增长；另一方面，成立了独立的物流公司，整合公司内部供应链资源，并形成对外服务能力。

为了打造一个烘焙全产业链供应平台，立高食品形成了产品和渠道双轮驱动的发展模式。在产品端，引领行业生产及储运标准，并增强交付能力；在渠道端，提供更综合的服务和配套能力，提升客户体验，并针对不同业态的客户实施差异化经营。

自 2021 年以来，立高食品进入了快速发展时期。如何为客户提供个性化体验，让有价值的客户聚集？经销商数量的增长导致管理难度攀升，如何实现经销商的体系化管理和赋能？生产计划编制受到交期、换产、交付、库存优化及瓶颈工序等复杂因素的影响，如何实现精准的销售预测？为了达成最优生产，众多工厂间如何形成良好协作？如何提高库存周转率？这些都是立高食品在持续引领冷冻烘焙行业发展过程中必须思考的问题。

数智化正是立高食品支撑快速发展的第三驱动力！

2. 数智化破局：以产品思维打造产业级数字化平台

立高食品始终以客户为中心，不断创新，为不同客户群体提供精准化、个性化服务。为了持续推动产品创新和快速响应市场需求，立高食品提出了"人人产品经理，事事产品思维"的理念，这一理念成为其数智化建设的核心思想。

面对业务、资源和成本压力等数智化转型挑战，立高食品信息中心总监汤生鸿的思路是：结合业务进行全面规划，同时推进建设落地，实现业务的全面数字化与智能化，所有业务统一整合到一个网络平台。在系统建设层面，要求高效、快捷、易用，一切以业务和用户为中心，推动所有业务线上化和数字化。

立高食品通过整合营销服务、产品交付和运营赋能，形成数智化整合的"金三角"模式，打造核心竞争能力，为企业的快速发展提供有力保障。

立高食品构建了产业级数字化平台，如图 10-9 所示，以多层级、全链路协

前端

门户

企业门户　服务商门户　供应商门户　客户门户　消费者门户

产业拓展

上游资源服务　共创研发标准　溯源、食品安全　社会化产能　社会化物流　金融服务　下游资源服务

中台支撑 — 中台管理中心

营销中心：B2B营销（订货平台）　商品中心　渠道中心　政策中心　B2B　CRM　订单中心　B2C电商OMS　结算中心　库存中心　服务中心

采购平台：供应商协同　供应商管理

财务中台：财务中心平台　共享中心平台

数据中台：主数据　数据智能　数据湖

经营管理

采购管理：采购合同　采购订单　采购价格　委外加工

库存管理：库存计划　出入库管理　内部交易　调拨盘点

生产管理：生产配方　需求计划　生产计划　生产订务

设备资产管理：设备档案　资产使用　维修维护　运行管理

销售管理：销售价格　销售信用　销售订单　销售结算

集团财务：总账/资产/报表　应收管理　应付管理　成本管理　银企直连　投资管理　税务管理　电子会计档案

综合管理：人力资源　项目管理　报销（汇联易）　OA/档案管理　PLM

作业执行

生产执行MES（Rockwell）　APS智能排程　QMS（可口可乐）　仓库WMS（推广中）　物流管理TMS

技术平台

用友iuap平台　建模平台　报表平台　开发平台　自动运维

大数据分析

营销多维度分析　客户创利分析　存货及生产分析　成本分析　经营预算分析

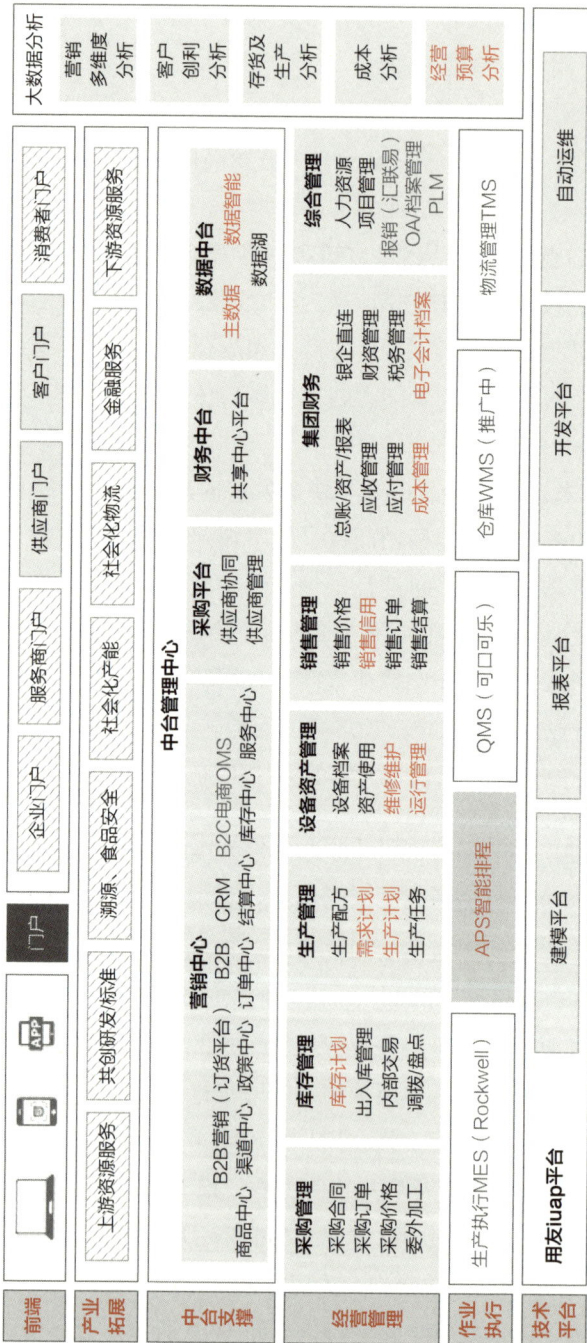

图10-9　立高食品产业级数字化平台

同为核心，涵盖前端门户体系、中台管理中心以及后端负责经营管理的业务系统，并深度融合技术平台与数据智能应用。该架构通过整合上游资源服务、社会化产能与物流，以及下游金融服务与营销分析，实现从原料采购到生产执行、质量管理、仓储物流的全链条数字化闭环，支撑企业高效运营与创新发展。

用友公司作为立高食品数智化转型的战略合作伙伴，通过用友 BIP，为其提供了涵盖数据、营销、制造、供应链和财务等五大核心领域的数字化服务，以及底层技术平台支持，实现产品、渠道和数智化的三轮驱动。从客户管理、销售管理到订单处理、物流跟踪，用友不断强化立高食品的产业链建设，通过数智化协同产业伙伴，夯实竞争力。

3. 重构产供销的"黄金三角"，实现"爆款不爆仓"

基于用友 BIP，立高食品建立了行业领先的数智化管理平台，实现了烘焙行业内业业融合、业财一体、业管融合，为立高食品的多元化、集团化、敏捷化的高质量发展奠定了基础。同时，立高食品形成了全链路数字化能力，实现全链路数据可视化、风险可控，以数据驱动优化经营效率，推动管理与经营从经验化向数据化的新时代企业转型。

（1）实现精准营销，提升客户满意度

用友 BIP 营销云助力立高食品实现营销全渠道、全链路和全过程管理，达成精准营销，全方位优化客户体验，增强了客户黏性。

在渠道管理方面，立高食品搭建了数智化订货平台，实现了全链路（订货、物流、签收、对账、开票、结算）的在线化，与渠道商建立了数据连接，从而优化库存备货、掌握动销数据，助力销售预测与库存管理。经销商可以便捷地在平台上挑选商品、下单并完成支付，平台后台自动进行入账登记、信用检查等操作，每日批量处理未付款订单并自动审核，大幅提高了订单处理效率。此外，立高食品同步构建了兴高采链网页版和小程序的交易功能，满足交易全链路场景的各类需求。经销商和终端客户可以通过小程序或网页版随时查询商品信息、促销活动，实时掌握订单状态、物流状态和返利费用，显著改善了客户体验。

在营销费用管理方面，立高食品通过目标管理对经销商进行科学规范的管理，在合同中明确任务目标并以此作为返利考核基数，利用返利管理系统精准快速地核算和兑付返利，充分激发了经销商的积极性。同时，通过活动费用管理对营销推广活动的执行及费用投放进行精细化管控，确保营销费用的合理使用，有效提高了营销费用的使用效率。

在客户管理方面，借助用友 BIP CRM 系统，立高食品实现了对客户 360° 历史信息的全面管理。集团统一管理客户信息并向各事业部透明化，确保了信息的准确性和一致性。

CRM 系统通过将计划、执行、反馈、费用、报销等环节实现全流程在线化，更好地赋能业务员。客户拜访管理系统提供基于地图可视化的拜访计划和基于数据智能分析的拜访计划两种方式，提升了客户拜访的效率和质量。

（2）多级生产排程，确保产品按时交付

借助用友 BIP 智能制造平台的高级计划排程系统（APS）、MPS、MRP 运算、齐套分析、高级计划、运筹学算法、工厂优先级、产线优先级、SKU 优先级、齐料检查、领料控制、完工报告、作业量报告等系统功能，实现业务操作的数字化。同时，将生产数据反馈至成本管理系统，推动传统生产制造向数智化生产制造转型。

立高食品具有集团化多工厂组织的特点。为此，公司基于用友 BIP 建立了多级生产排程体系，驱动产供销一体化协同。该体系整合了生产过程中的设备产能、物料供应、人力资源等各种资源和约束条件，通过智能化算法实现生产计划的自动排程，有效提高了生产效率，确保产品按时交付。据统计，生产计划执行效率提升了 5%，车间计划执行效率提升了 8%。

（3）优化供应链，爆款不爆仓

用友 BIP 助力立高食品构建了大供应链供产销运营协同体系，通过全局供应（仓储、工厂、供应商）和多层次计划，大幅提升销售预测收集效率，提高预测准确率与供应率，实现了"爆款不爆仓"。

基于用友 BIP 研发的多需求分类智能销售预测模型，为生产部门制订合理的生产计划、为采购部门及时采购原材料、为物流部门提前规划运输计划提供支持，确保产品按时交付。

该模型深度融合了历史销售数据、市场趋势、促销活动、季节因素及消费者行为数据等多维度信息，利用统计学和 AI 算法进行深度分析与预测，大幅提升了市场需求预测的精准度。同时，实现了信息的实时共享，用于指导后续制订库存、生产、采购等计划，推动产供销协同更加顺畅，出色完成供应协作和执行，快速响应市场变化并灵活调整，持续保障供需动态平衡。

在库存管理方面，通过"多盘货"策略，将同一种货品面向线上、线下、批发、零售等不同销售渠道的库存统一规划，实行全渠道库存共享、统一调配和可视化运营，从而以最快的方式将产品送达消费者手中。

在发货环节，系统能够智能选择实体仓库，并自动匹配该实体仓库的多个虚拟仓库，实现快速周转，减少人工分货成本，将每月耗时至少减少 1000 小时。

（4）运营赋能环节：整合资源，强化风险管控

用友 BIP 在立高食品的运营赋能方面发挥了重要作用，帮助立高食品整合资源，提升产业链运营效率，并强化风险管控。

立高食品基于用友 iuap 平台搭建的数据中台，如同企业的"智慧大脑"。该平台将分散在各个业务系统中的营销、生产、供应链等数据进行整合和集中管理，实现数据互联互通，完成数据融合与业务优化，为前端业务提供高质量的数据支持。通过数据中台，立高食品能够实时监控业务数据并进行深度挖掘，促进数据流动与利用，推动数据价值最大化。

在营销领域，数据中台为制定精准营销策略提供了有力的数据支持；在供应链管理方面，它能够实时跟踪原材料采购进度、库存水平和物料消耗情况，及时发现并调整潜在问题。此外，还支持对历史数据的深度分析，帮助企业总结经验、发现业务规律，为战略决策提供可靠的数字依据。

风险预警功能帮助立高食品实时监测运营过程中的风险，例如对库存临期状态的监控以及对滞销品的提前预警。在财务方面，该功能可对营销费用、采购成本等关键指标进行实时监控，及时发现潜在的成本波动，从而帮助企业规避运营风险。

4. 行业启示：数据 + 智能，让短保食品跑赢时间

立高与用友 BIP 的合作，不仅解决了"与时间赛跑"的行业难题，更构建

了"预测－生产－物流－销售"全链路数字化能力。通过供应链与营销的双轮驱动，立高的库存周转率、生产效率和客户满意度均跃居行业前列，为年营收突破百亿元目标奠定了基础。

在保质期与市场波动的双重压力下，唯有以数据为纽带，借助智能技术，将经验沉淀为算法，让每一份新鲜产品抵达终端的同时，为企业创造最大价值。立高食品的数智化之路，不仅是一场效率革命，更是一场行业生态的重构——它证明，即便在"寿命以天计算"的短保赛道，数据也能助力企业跑赢时间，迈入爆款不爆仓的新时代！

10.10　索通发展：碳材料"智"造走向世界，解锁产业龙头密码

本案例结合索通发展的实践，讲述制造企业如何通过"1个智能总部+N个低碳智造工厂"的模式，搭建"全链路、自适应、强智能"的数智平台，支持业务从经验驱动向数据驱动、从流程固化向敏捷创新的转型。实现从计划到销售、采购、研发、生产、仓储物流、运维服务的一体化管理，使业务更加敏捷，并实现实时感知、快速响应和协同运营，推动中国"智"造走向世界。

1. 行业龙头的发展困局：规模扩张下的标准化管理挑战

作为全球预焙阳极行业的头部企业，索通发展股份有限公司（简称索通发展）是目前全球规模最大的商用预焙阳极生产企业，也是同行业中全球唯一一家上市公司。企业当前年产能达346万吨，产品出口量连续17年位居全国首位，业务覆盖全球10余个国家和地区。依托"预焙阳极＋负极材料"双支柱产业布局，以及风光储氢一体化的绿色能源体系，索通发展在碳材料领域建立了强大的竞争优势。

面对全球能源转型和"双碳"目标的挑战，索通发展制定了"双驱两翼、低碳智造"的业务战略。该战略聚焦预焙阳极和负极材料等新型碳材料产业，通过低碳技术和智能制造的推动，实现企业的绿色可持续发展。在"双驱两翼"的引领下，索通发展不仅致力于提升现有产品的竞争力，还积极探索碳材料的

新应用领域，推动企业向高端化、智能化、绿色化转型。

随着企业规模的扩大和业务的多元化，生产基地从 3 个迅速扩展至全国 13 个省市，传统管理模式逐渐显现出与规模化发展不相适应的深层矛盾，已难以满足标准化管理与高效协同的需求。多地分散的工厂布局导致人力、采购、财务等管理成本居高不下，信息流通不畅，决策效率低下。此外，生产过程中的能耗高、效率低、质量不稳定等问题也制约了企业的进一步发展。特别是在全球贸易环境不确定性增加、原材料价格频繁波动的背景下，如何通过数智化手段优化供应链管理、降低生产和运营成本、提升产品质量，已成为索通发展亟待解决的问题。

2. 管理破局：以"1+N"数智化战略重构管理基因

为应对快速发展中的管理与运营挑战，索通发展通过引入先进的数字技术和智能系统，实现企业运营管理的全面升级。

索通发展认识到，在数智化转型过程中，企业需要构建一个"全链路、自适应、强智能"的数智平台，以支撑业务从经验驱动向数据驱动、从流程固化向敏捷创新的转型。

为实现数智化转型战略，索通发展选择继续与合作了近 20 年的用友公司携手前行，并于 2019 年开始规划智能工厂建设。经过两年准备，2021 年索通发展正式确立了"1+N"的数智化战略，构建覆盖全集团的智能管理体系，如图 10-10 所示。"1"代表智能总部，负责集团层面的战略规划、资源配置和决策支持；"N"则代表多个低碳数智工厂，通过智能设备和系统的应用，实现生产过程的自动化、智能化和绿色化。

其中包含五层智能数智化体系，即智能设备层、智能控制层、智能工厂管理层、智能经营层、智能决策层，每一层都有其具体内涵。例如：智能设备层，引入智能设备，让工厂设备具备自感知、自学习、自适应、自决策能力；智能控制层，使设备能够自动智能控制运行；智能工厂管理层，使生产管理流程更加高效顺畅；智能经营层，使财务和运营指标更加清晰，员工工作更加高效；智能决策层，以底层逻辑的数据为依据，快速做出正确决策。

索通"1+N"数智化战略：1个智能总部+N个低碳数智工厂

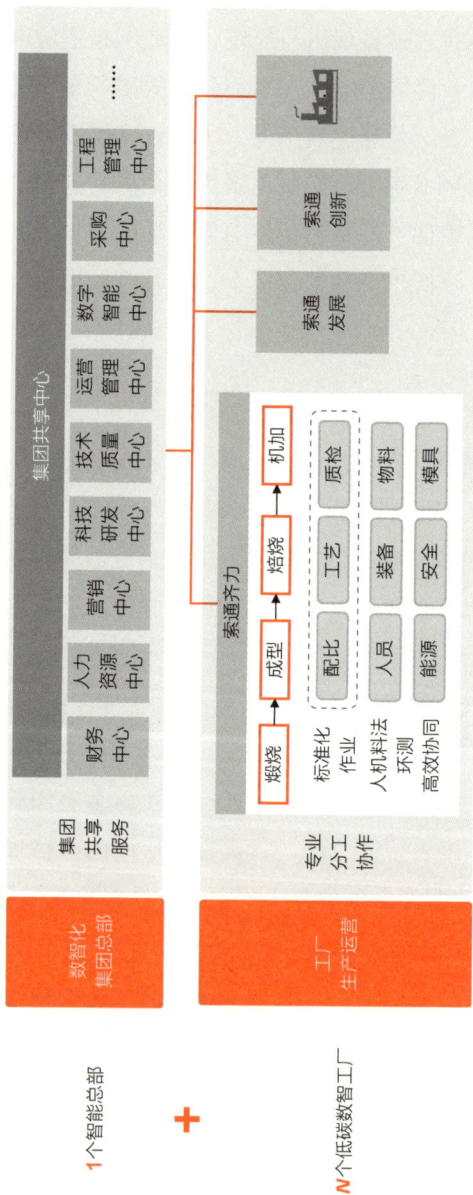

集团共享中心

集团共享服务

| 财务中心 | 人力资源中心 | 营销中心 | 科技研发中心 | 技术质量中心 | 运营管理中心 | 数字智能中心 | 采购中心 | 工程管理中心 |

······

数智化集团总部

索通齐力

专业分工协作

煅烧 → 成型 → 焙烧 → 机加

标准化作业
人机料法
环测
高效协同

配比 | 工艺 | 质检
人员 | 装备 | 物料
能源 | 安全 | 模具

工厂生产运营

索通发展

索通创新

1个智能总部

+

N个低碳数智工厂

图10-10 索通发展"1+N"数智化战略

首先，索通发展搭建起以财务、供应链、资金、成本、人力为一体的数智化架构，使所属企业实现统一采购、统一销售、统一生产、统一收支、统一人力等多方位的全面管理，大幅提升管理效率和管控能力。

在财务领域：基于用友 BIP 智能会计支撑财务共享中心建设，主要包含资金结算、费用报销、采购到付款、销售应收和总账管理五大模块，覆盖了从以全面预算为起点到以合并报表经营分析为终点的企业全管理链条。通过集中核算、统一支付和标准化管理，提升财务管理的效率和透明度。

在供应链领域：为了实现采购、生产、销售等环节的紧密协同，索通发展基于用友 BIP 构建了智慧供应链平台，以辅助采购决策；通过主数据系统进行智能编码管理，建立统一的采购标准；通过采购云建立智慧采购平台和智慧物流平台，打通采购及物流的全生命周期管理。

2023 年，索通发展在财务数智化牵引下，基于业财融合的基础，以及前期智能设备的投入使用，智能工厂建设的时机已经成熟。通过建立智能制造标杆工厂，提升整体制造运营能力、客户服务能力，以及多工厂、高质量、低成本的生产能力。其中包括 PLM 产品全生命周期管理、基于 AI 算法的智能配料和高级排产管理、基于 AIoT 的智能设备维护及能源管理，并集成 MES 实现多工厂协同生产与资源优化配置管理。通过这些措施，进行生产过程的实时监控、智能调度和优化控制。

3. 价值跃升：走出精细化管理之路

索通发展通过数智化技术深度赋能生产管理与业务运营全流程，实现了数据颗粒度精细化、管理决策精准化、资源调度敏捷化，从粗放式增长转向高质量发展的跨越。

索通发展总裁郎静认为："通过用友 BIP 推进数智化转型，索通发展管理标准化成效显著，对公司运营产生积极影响。管理颗粒度细化，精准度提升。尤其在财务数据标准化后，推动了各工厂运营数据标准化，促进工厂精细化管理，有效提升了成本控制水平。"

（1）财务管理提升管控能力与价值创造

在价值定位上，财务共享中心升级为价值创造中心，从"数豆者"转变为业务"战略伙伴"。在财务决策方面，使财务、运营指标更加清晰，企业能够实时监控各项财务指标和业务数据，及时发现问题并做出调整，从而提高了企业的整体运营效率和抗风险能力。例如，在制订年度经营计划时，管理层可以通过财务分析系统，快速获取各个业务板块的收入、成本、利润等数据，并进行同比、环比分析，了解业务发展趋势。现在，通过财务共享中心的自动化流程，数据自动采集、自动核对，报表自动生成，结账周期从原来的5天缩短到了2天。这不仅减轻了财务人员的工作负担，还提高了财务数据的准确性和及时性。

（2）集约采购：全流程数字化穿透

在采购数智化方面，索通发展的采购模式为集中采购+品类采购+前中后台采购模式。从此前的分/子公司自主处理，转变为统谈分签分收分结模式，由此走上统一采购的共享之路，采购流程更加透明化、标准化和智能化。

- ❑ 智慧决策平台依托驾驶舱系统，可直观呈现订单执行、资金及库存状况，显著提升采购决策的及时性与准确性，为采购战略落地提供了坚实支撑。

- ❑ 主数据系统通过强化物料采购需求标准化，使物料编码数量降幅超60%，并定期开展编码质量检测、输出报告，有效降低了采购复杂度。

- ❑ 智慧采购平台借助友云采，实现采购管理全生命周期，涵盖供应商寻源、准入、招标竞价、采购订单下达、电子合同审批、质量协同、绩效评价等环节的数字化与智能化，大幅提升采购流程效率。

- ❑ 智慧物流平台以TMS为核心，贯通物流管理全流程，包括物流订单下达、供应商派车、车辆轨迹跟踪、预约进场、OCR单据识别、智慧过磅、运费暂估、质量扣罚等，实现全流程的数字化与智能化管控。

（3）智能工厂的高效韧性响应

在多工厂协同运营的复杂格局下，索通发展巧妙运用智能优化算法，搭建了一套多级联动的全流程自动化排产系统。该系统基于多目标优化算法，动态平衡市场需求预测、产能约束、物料供给等关键要素，成功打通集团基地与各工厂之间的信息壁垒，实现资源的优化配置，提升多工厂标准化生产能力。

比如：利用AI智能配料算法进行运筹优化，快速完成煅烧及成型工序的配料计算，指导配料人员优化配料，确保生产用料质量稳定、成本最低；基于全业务过程的统一协调管控，实现预焙阳极等产品的全程质量追溯，为产品质量提供保障；通过设备预防性维护及设备维保知识库，避免设备异常停机，确保设备可靠运行；通过风险识别及人员安全管理，及时排除生产安全隐患，规范人员行为，降低生产安全隐患及不规范行为造成的损失；基于能耗数据采集，实现能源消耗的实时统计与分析，为能源优化及财务成本核算提供数据支持。

4. 转型启示：战略为基，打造标准化 + 智能化双能力

数智化不是技术的简单堆砌，而是战略、组织和流程的全面革新。索通发展的数智化是一项"一把手"工程。通过与用友的合作，索通发展构建了"集团管控标准化 + 工厂运营智能化"的双重能力，为全球扩张注入了新动能。

未来，随着 GAI（通用人工智能）底座的深入应用，索通发展计划在 2027年前完成所有生产基地的智能化覆盖，进一步向"零碳智造"迈进。

数智化是传统制造业的生死之战。唯有将转型深植于战略基因中，方能从"跟随者"蜕变为"定义者"。索通发展的发展之路，不仅为碳材料行业树立了标杆，更为中国制造业的转型升级提供了鲜活的范本。

10.11　道恩集团："一圈三链"双千亿，化塑产业数智化

本案例结合道恩集团的实践，讲解由贸到工，多元化均强发展，再到产业园区生态圈链式发展的化工头部企业数智化转型之路，并揭示众多集团企业数智化转型成功路径，即"条块结合、贯通主线"，形成数智化"四梁八柱"，继而向多产业链产供销研和物流等业务延伸，实现业务全在线、数据驱动与智能运营。最后，由企业到产业和产业生态，打造平台共赢的商业新模式，也就是道恩化塑产业一站式生态服务圈，最终推动企业向双千亿级目标迈进。本案例为化塑行业树立了数智化转型标杆，提供了可复制的系统性解决方案。

1. 转型背景：数智化牵引集团变革、创新与发展

道恩集团始建于 1991 年，现已形成化塑贸易、高分子新材料、钛白粉、

现代物流、煤炭工贸、金融服务、其他产业等主辅产业协同发展的格局。2017年1月，道恩股份在深圳证券交易所挂牌上市，开启了实体经济与资本市场互促发展的新征程。道恩提出了"一圈三链"的战略布局（见图10-11），即打造化塑产业生态圈，发展高分子新材料产业链、钛产业链和化工装备产业链，致力于通过自身不断发展壮大成为"千亿级企业"。依托道恩新材料科技产业园的持续发展，强化链式思维，吸引更多的企业入驻，成为"千亿级园区"，企业加园区，共赴"双千亿"目标。

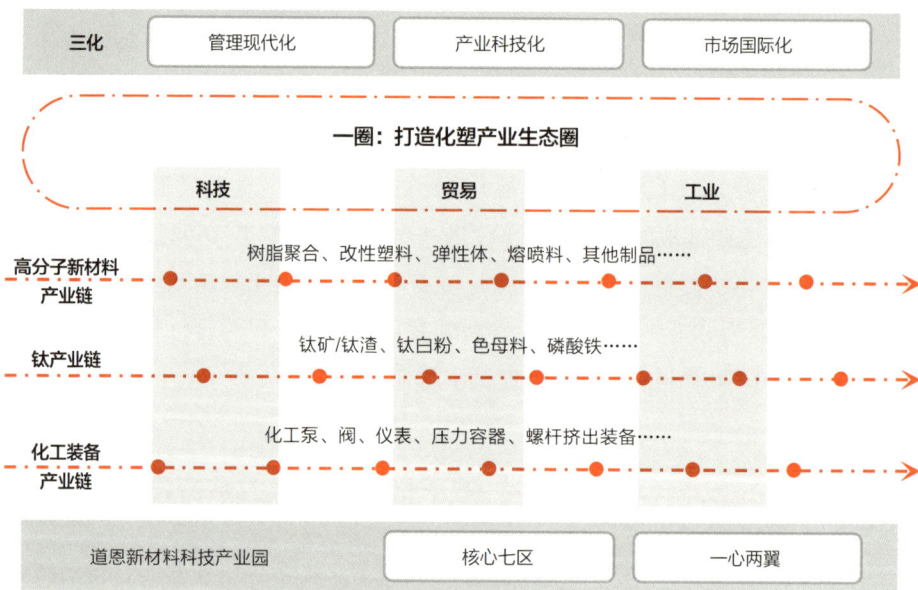

图 10-11 道恩集团"一圈三链"产业布局与均强发展

作为化工领域和化塑产业的重要企业，道恩集团以贸促工，工贸均强发展，最近几年加大技术研发投入与产业链延伸布局，各项经营取得良好业绩。但随着集团业务发展壮大，多产业多地域快速扩张，包括国际化拓展，企业面临管理体系分散、标准化缺失、整体运营效率低，管理模式与产业发展方式滞后等一系列问题，传统的贸易和生产运营受到市场竞争冲击。

道恩信息化系统建设起步较早，从 2009 年开始导入某厂商 ERP，不断地进行尝试。企业形态从贸易到工业，到产业园区，投资并购形成一系列业务单元，并陆续选择了业界各厂商、各时期、各版本的软件系统。是典型的"系统繁杂、块状散乱、集而不团"，离"一圈三链"产业级数智化平台目标要求相去甚远。

为支持集团"打造国际一流高分子新材料企业"的战略目标，管理变革与数智化转型势在必行，集团将数智化定为"三化"（管理现代化、产业科技化、市场国际化）的关键抓手，通过构建数字化管理体系，提升智能化运营水平，更好地支持企业的快速、可持续与高质量发展。

2. 破局之道：四大主线贯通，坚定"三步走"目标

道恩集团数智化转型的首要任务是实现四大主线贯通，如图 10-12 所示。

四大主线贯通，正如打通企业"任督二脉"，形成集团数智化转型主框架。在四大主线贯通的过程中，对道恩集团主数据和数据治理组织体系、集团采购模式和业务流程、业财一体化整体框架，以及数据指标（结合绩效考核）等，通过"微咨询式"系统梳理与优化，形成匹配数智化转型目标的逻辑架构，也成为实施蓝图的高阶输入。体现数智化转型不是简单软件功能导入，要确保管理变革与模式创新成效。

目前，四大主线贯通目标基本实现，在此基础上，重点加强业务经营和产业生态数智化建设与运营。未来相当长一段时间内，"一张蓝图画到底"，三步走，实现数智化转型总体目标。这里的蓝图即道恩集团数智化转型整体蓝图，如图 10-13 所示。

道恩集团数智化转型整体蓝图分为三个层面。首先是数智化平台，该平台运行在道恩大数据云计算中心，在产业级数智化（PaaS）底座中，部署和接入通用大模型，并根据企业和化塑行业特性，形成企业服务大模型。底座支撑的数据服务包括数据运营大数据（也是大供应链/产业链、业财/业管深度融合的中台）、数据资源到数据资产、数据价值和智能应用等，把数据变为资源，构建数据驱动的道恩。而 AI 智能服务，将数据能力、应用服务能力与大模型、基于规则的小模型能力进行融合，嵌入应用场景或构建智能体，成为智能员工或智能助理。

集团化管理 "四大主线"

决策支持智能化
战略规划、年度投资计划和预算、年度经营计划、年度科技开发计划
绩效分析、经营预测、成本核算、效益分析
业务方案决策、生产指挥决策、运行监控决策

数据穿透与考核
业务分权+数据集权，构建道恩数智大脑

战略及财务管理
分散向集中、事后向事前、传统向共享、披露型考核

集团采购管理
集分结合、内通外联、分散向"集中/战略采购"转型

协同营销管理
平台赋能，分散营销逐步到版块集中、最终产销分离

	决策支持	集团管理	板块运营

板块业务运行一体化

现场作业智能化

化塑贸易	高分子材料	钛业	其他业态
一体化贸易、物流、供应链、金融、风控等	供应链、产品链、生产调度等	供应链、产品链、生产调度等	各业态一体化运营管理

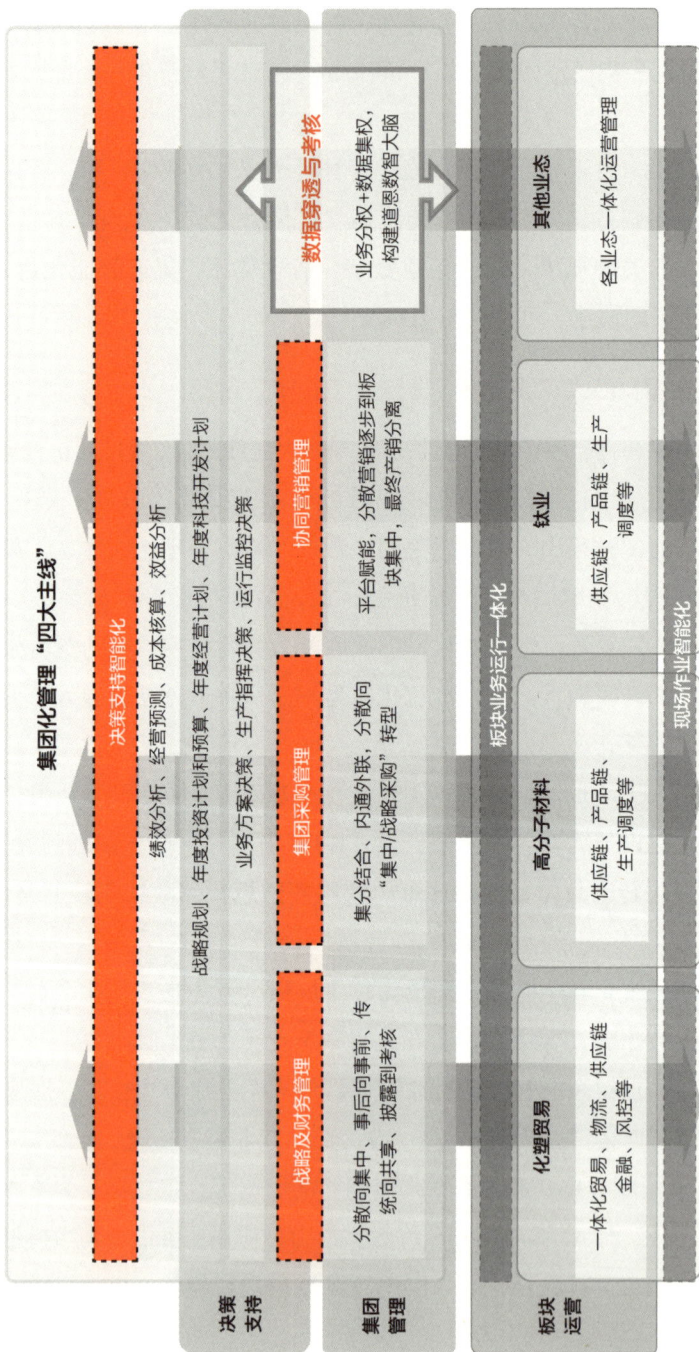

图10-12 道恩集团数智化转型四大主线贯通

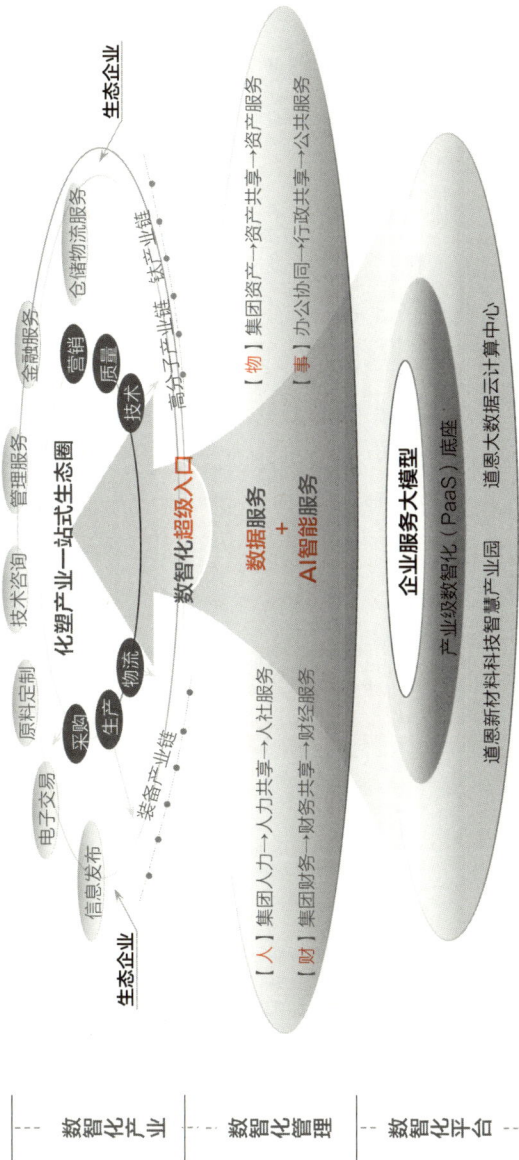

图 10-13　道恩集团数智化转型整体蓝图

数智化管理层面，主要包括人、财、物、事，并从集团内管理与服务，向产业级延伸，具备服务于园区企业的能力，助力"千亿级园区"发展。例如：集团人力到人力共享，再到产业人社服务；集团财务到财务共享，再到产业财经服务；集团资产到资产共享，再到产业资产/融资服务；办公协同到行政共享，再到产业公共服务等。人财物事的流程服务、数据服务与智能服务，构建起道恩集团数智化的中流砥柱。

数智化产业层面，首先服务好高分子产业链、钛产业链和装备产业链的各成员企业。做好生产经营，包括供应链服务、物流服务和智能制造服务。同时实现贸工一体化，打造化塑产业一站式生态圈，服务于集团内工业企业制造、贸易流通和物流服务的同时，也服务于入园企业、生态企业。

道恩集团确定五年规划并坚定执行，持续投入并提供组织保障。计划通过五年时间，完成贯通主线（构建管理标准及系统平台）、促进经营（战略 – 经营 – 绩效闭环）、商业创新（运营化塑产业一站式生态平台）三个步骤（见图 10-14），实现管理现代化。

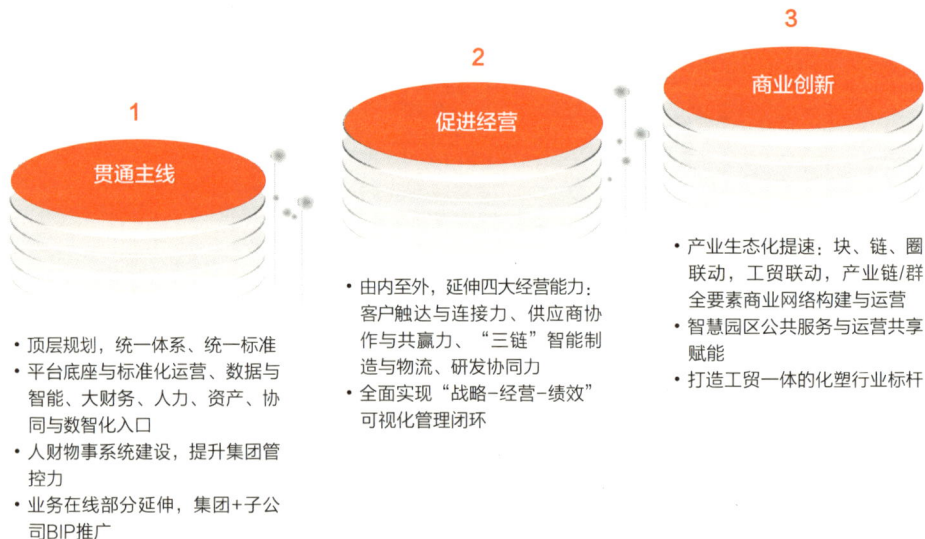

1　贯通主线

- 顶层规划，统一体系、统一标准
- 平台底座与标准化运营、数据与智能、大财务、人力、资产、协同与数智化入口
- 人财物事系统建设，提升集团管控力
- 业务在线部分延伸，集团+子公司BIP推广

2　促进经营

- 由内至外，延伸四大经营能力：客户触达与连接力、供应商协作与共赢力、"三链"智能制造与物流、研发协同力
- 全面实现"战略-经营-绩效"可视化管理闭环

3　商业创新

- 产业生态化提速：块、链、圈联动，工贸联动，产业链/群全要素商业网络构建与运营
- 智慧园区公共服务与运营共享赋能
- 打造工贸一体的化塑行业标杆

图 10-14　道恩集团五年三步走，建好并运营好数智化平台

第一步：贯通主线。以用友 BIP 底座和云服务为主应用，搭建道恩集团数

智化"四梁八柱"，统一体系、统一标准，贯通四大主线，完成"人财物事"集团统建应用，并持续迭代发展。

第二步：促进经营。各产业链工厂、物流生产作业单元，完成智能制造与物流执行，道恩集团协同用友，将各专业领域的 MES、WMS 等集成到 BIP 主平台，实现供应链到业务端的延伸。与供应商、客户全部实现业务在线与互联。全集团战略绩效（PDCA）闭环基本形成。

第三步：商业创新。产业生态圈平台、链主与生态企业，创新商业合作模式并持续运营，没有"拿来即用"的 IT 产品构建产业生态平台，道恩与用友基于 BIP 商业创新平台以及其他产品，合作共建，并运营好。

3. 转型价值：管理变革与数智化转型同步，做到位、做成功

目前，道恩集团五年三步走的第一步已见成效，完成从集团到经营单位业务单元的系统应用，夯实了六大管理基础，并且以营销云和采购云为抓手的"经营能力延伸"持续推进和完善。

2024 年 3 月 6 日项目正式启动，道恩集团完成了从战略规划到系统落地的一阶段建设。

成效一：顶层规划，统一体系、统一标准

从集团到板块到经营单位，自上而下，建设集团统一的主数据。完成了《主数据标准管理制度》的制定与宣贯，以及财务域、人力域、供应链域共 15 类主数据标准及方案的制定、评审。截至 2024 年 11 月 30 日，共清洗物料数据 52350 条，客户数据 26221 条，供应商数据 5295 条。通过试点单位、推广单位的上线应用，全面完成了主数据的集成工作，打通了主数据与业务系统和其他异构系统之间的数据通路，实现了集中统一管理。

成效二：建立平台底座与标准化运营、数据与智能、协同与数智化入口

以用友 BIP 统一平台 iuap 为底座，覆盖各个经营单位，集成 WMS、朗新等异构系统。以协同云为统一的数智化、移动化入口，全员应用流程审批和商旅费控，建立道恩协同办公和业务平台。

建立集团运营指标体系，从集团到各板块和经营单位各层级，逐步完善可

视化分析看板与管理驾驶舱。

成效三：人财物事系统建设，提升集团管控力

以高分子新材料行业特点入手，攻坚并解决回掺和按单核算等行业业务难点，实现生产管理和财务管理的业财一体、目标一致，并不断改进。

成效四：业务延伸，知识转移，集团＋子公司 BIP 推广

在系统部署阶段，项目团队采用"试点先行、分步推进"策略。首先在道恩集团、股份公司建立业财标准，在模塑、特弹两家试点单位实施落地，继而在 54 家单位进行推广，打通研、产、供、销的业财数据闭环。在项目建设过程中，注重知识转移，帮助道恩集团培养数字化中坚力量，并逐步试点以道恩集团为主、用友为辅进行新单位推广应用。

4. 转型启示：平台赋能，构建标准化体系，加速数智化落地

道恩集团以"一圈三链"战略为核心，通过顶层设计与用友 BIP 平台深度融合，打通研发、生产、供应链全链路数据，构建标准化管理体系，打破行业数据孤岛。采用"试点推广＋知识转移"策略，快速复制经验并培养内部团队，确保转型可持续性。在这场数智化变革中，道恩集团与用友的合作已超越简单的供需关系，正在构建"技术共研、生态共建、价值共享"的新型伙伴关系。这一实践为化塑行业树立了数智化转型标杆，验证了传统制造业通过数智化实现质量跃升的路径，为中国制造业向高端化、全球化迈进提供了可复制的系统性解决方案。

10.12　华夏银行：数智化赋能金融创新，打开未来养老新范式

本案例结合华夏银行的实践，讲解金融企业如何依托"金融＋健康＋生活"生态，以智能养老金系统应对老龄化挑战。通过微服务架构实现全流程自动化，使业务更加敏捷，华夏银行的开户效率提升了 80%，风控准确率达到 98.7%。这一举措既实现了商业价值，又履行了社会责任，为银行业数字化转型提供了养老金融的新范式。

1. 老龄化时代的金融创新使命

华夏银行成立于 1992 年，是中国唯一由制造业企业（首钢集团）发起设立的全国性股份制商业银行。2003 年在沪市上市。经过 30 余年的发展，已形成覆盖全国 120 个城市的 982 家网点布局，总资产达 4.25 万亿元（2023 年），全球银行排名第 49 位（2024 年）。近年来，该行持续推进数字化转型，经营质效不断提升，2023 年跻身全国系统重要性银行。目前拥有香港分行及多家子公司，构建起"立足中心城市、辐射全国"的综合金融服务体系。

2023 年 10 月 31 日，中央金融工作会议明确提出要做好科技金融、绿色金融、普惠金融、养老金融、数字金融五篇大文章。面对我国人口老龄化这一基本国情，华夏银行积极践行"十四五"规划中应对人口老龄化的国家战略，推出更加多元化的养老金融产品与服务，努力提升老年客户的获得感、幸福感、安全感，认真做好"养老金融"这篇大文章。

华夏银行始终秉承"可持续、更美好"的发展理念，坚持金融服务社会民生、服务实体经济，把养老金融作为全行重要战略加速推进。华夏银行持续加大对养老金融资源的倾斜力度，不断创新数字化、生态化、特色化的服务模式，有效提升养老客户和老年客户的综合服务能力，满足客户多层次、个性化的养老金融服务需求，提升客户的获得感、幸福感、安全感。

2. 数智赋能：智慧养老金融平台赋能业务转型

养老金业务管理系统（见图 10-15）的建设是落实养老金融战略的重要一环。通过养老金业务管理系统，可为客户开立个人养老金资金账户，以个人养老金资金账户为依托向客户推荐并销售个人商业养老金合格投资产品。同时，华夏银行通过本系统向客户提供个人养老金资金账户管理、缴费信息查询、产品信息查询、涉税信息查询等服务。

本系统与人社部信息平台、中国银保信平台、中登证平台等个人养老金融产品信息登记平台建立了连接，实现个人养老金资金账户缴费信息、涉税信息、产品信息、交易信息的交互，并及时维护个人养老金资金账户权益信息。养老金业务管理系统紧跟市场潮流和政策要求，为个人投资者提供了一站式养老投

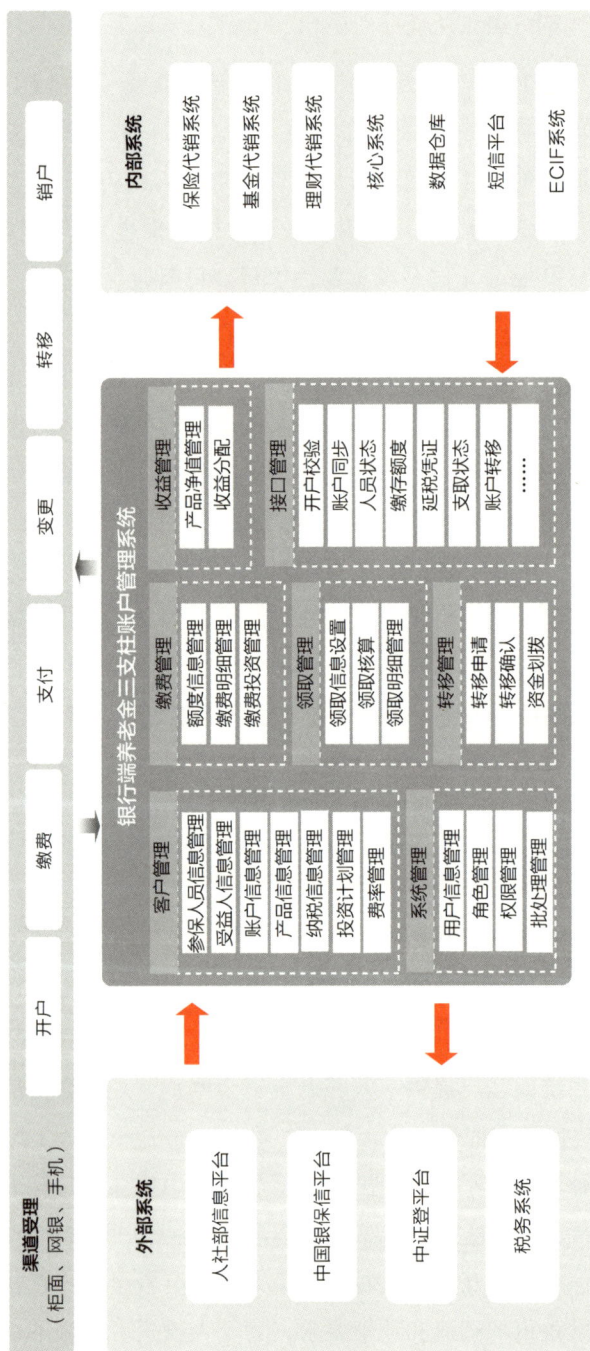

图10-15 华夏银行养老业务管理系统

资平台，增添了华夏银行新的金融产品服务种类，丰富了华夏银行财富管理服务体系，进一步推动了华夏银行零售业务的转型发展。

3. 数智核心：共享化、智能化、在线化、多维化、合规化

华夏银行养老金业务管理系统的建设以提升服务体验和运营效率为核心目标，通过全方位优化实现智能化、合规化和高效化的业务管理。

在客户服务方面，该系统重点扩充业务功能，新增缴费撤回、分期领取等实用功能，并持续简化操作流程，结合智能技术优化交易路径，显著缩短业务处理时间，全面提升用户体验与满意度。

在风险管控方面，该系统建立了严密的审批机制和追溯体系，对重要及高风险操作实施多级验证，确保每笔业务真实、可追溯，同时严格遵循行内合规标准与数据规范，为风险管理提供有力支持。

在运营支持方面，该系统为分支机构配备了强大的后台管理工具，既能帮助业务人员精准识别潜在客户、提升获客效率，又能协助技术团队快速定位和解决系统问题，实现运营响应能力的整体提升。

为满足动态监管要求，该系统保持与政策同步发展，已完成与人社部平台 4.0、中国银保信平台及中证登平台等监管接口的无缝对接，确保数据交互的实时性与合规性。此外，该系统还集成了先进的数据可视化引擎，通过多维度动态图表展示个人养老金业务全貌，为管理层提供实时、精准的决策依据，持续推动服务升级与管理优化，最终构建起一个安全、便捷、智能的养老金融服务生态体系。

4. 数智创新：智能架构赋能养老金融创新

华夏银行养老金业务管理系统以智能化为核心驱动力，采用"微服务 + 中台"的创新架构设计，构建了包含统一用户入口、独立业务模块、三大数据中心及外部监管对接的四层体系，既确保了系统灵活性，又能支撑高频交易需求。在技术层面实现了四大突破：基于机器学习的智能投顾引擎可综合 20 余个维度进行资产配置，与金税系统直连的实时税务处理，支持声纹、指纹、人脸的多模态认证，以及区块链交易存证。同时，该系统还打造了贯穿业务全流程的智

能风控体系，通过客户画像与反欺诈模型的事前预防、"火眼"实时监控的事中拦截、全链路追溯的事后审计，形成风控闭环，使可疑交易识别准确率达到98.7%，全面提升了系统的安全性、便捷性和合规性。

养老金业务管理系统项目为华夏银行带来了间接经济效益，包括客户黏性、交叉销售、资金管理和品牌声誉等。

在增强客户黏性方面，个人养老金资金账户通常涉及长期的资金存入和管理。客户选择华夏银行作为个人养老金管理机构后，往往倾向于在华夏银行进行其他金融活动，从而增强了客户黏性和忠诚度。目前，华夏银行个人养老金资金账户开户量已接近70万人。通过提供全面的养老金管理服务，华夏银行能够更好地满足客户的理财需求，从而有效降低客户流失率。

在交叉销售机会方面，华夏银行为参与个人养老金项目的客户提供配套的理财产品、保险产品、基金产品、储蓄产品等金融服务，增加了整体业务量。通过个人养老金项目，华夏银行吸引客户使用更多的理财服务，如投资资询和理财规划等，进一步增加了收入来源。

在资金管理和收益方面，个人养老金资金账户中的资金通常具有长期性质，这些存款可以增加华夏银行的存款规模，为华夏银行提供稳定的资金基础。华夏银行可以将这些长期存款专款专用，用于符合我国法规和监管要求的特定投资项目，产生利息收益和投资回报，从而提升盈利能力。

在品牌声誉和市场竞争力方面，优质的个人养老金服务提升了华夏银行的品牌形象，使其在市场上获得更多的认可和信任。这增强了其市场竞争力，并帮助华夏银行在养老金市场中建立领先地位，使其在与其他金融机构的竞争中占据优势，能够吸引更多新客户。

在数据和客户洞察方面，通过管理个人养老金资金账户，华夏银行积累了大量客户数据，这些数据有助于其深入了解客户的需求和行为，为进一步的市场营销和产品开发提供支持。基于积累的数据，华夏银行可以为客户提供更加个性化和定制化的金融服务，提高客户满意度和体验。

在政府支持和合作机会方面，政府鼓励个人养老金储蓄，并提供税收优惠和其他政策支持，这间接提升了华夏银行的经济效益。此外，华夏银行通过与政府、企业和其他金融机构合作开展个人养老金项目，获得了更多的商业机会和共享资源。

5. 迈向智慧养老的新纪元

华夏银行养老金业务管理系统的成功实践，为商业银行的转型发展提供了宝贵经验。展望未来，随着 AI、物联网等技术的不断成熟，养老金融服务将向更智能、更普惠的方向发展。华夏银行表示，将持续加大科技投入，重点发展智能投顾、健康管理等延伸服务，打造"金融＋健康＋生活"的智慧居家养老生态圈。

在这个老龄化加速的时代，金融科技正成为破解养老难题的关键工具。华夏银行的探索证明，商业银行完全可以在履行社会责任的同时，实现商业价值的持续增长。这种"义利并举"的发展模式，值得在全行业推广和借鉴。

10.13　极兔速递：包裹跨越山海，数智化加速全球化

本案例结合极兔速递的实践，讲解企业在全球化进程中，如何通过构建全球化架构和全球统一平台，实现全球范围内资源和组织的数智化运营，同时深耕本地市场。

1. 选择：极兔速递全球化、数智化征程中的同行者

2021 年全球包裹量为 105 亿件、2022 年为 146 亿件、2023 年为 188 亿件、2024 年达到 246.5 亿件……极兔速递 2024 年财报显示，业绩期内盈利指标全面转正：首次实现扭亏为盈，经调整净利润约 2 亿美元，经调整 EBITDA（税息折旧及摊销前利润）达到 7.8 亿美元，同比增长 430.5%，毛利率增长至 10.5%，公司盈利呈现稳步发展态势。

不难发现，这家从东南亚起步的全球快递市场新势力，已经走上了以效率驱动盈利、健康、可持续发展的道路。伴随着极兔速递在全球化市场的不断扩张，其数智化投入也在持续加码。

目前，极兔速递在全球拥有近 40 万名服务人员。其快递网络覆盖了 13 个

国家，包括印度尼西亚、越南、马来西亚、菲律宾、泰国、柬埔寨和新加坡七个东南亚国家，中国，以及沙特阿拉伯、阿联酋、墨西哥、巴西和埃及五个新兴市场国家。其中，极兔速递是亚洲首家进入上述五个新兴市场国家的大型快递运营商。

随着业务版图扩张至中东、拉美等新兴市场，极兔速递面临的挑战也更加复杂，例如不同国家和地区的地形、人文、政策、用户习惯等因素带来的供应链效率问题，不同国家财务准则差异较大带来的多币种结算混乱问题，以及各国隐私法规频繁更新所带来的合规问题等。

极兔速递迫切需要在全球范围内整合业务网络，梳理和优化各项业务流程，消除冗余和烦琐环节，确保所有业务环节之间的协同，从而提高企业的运作效率和响应速度。同时，还需要打通跨境物流服务壁垒，降低运输成本，提升创新能力，扩大业务规模，增强盈利能力。

用友公司成为极兔速递全球化、数智化征程中的同行者。用友已在40多个国家和地区积累了丰富的交付经验，累计合作过1000多家海外大型及中型企业客户，具备充分的能力助力极兔速递实现全球数智化运营。

目前，基于用友 BIP，极兔速递构建了数字化、智能化的物流运营管理网络，累计梳理业务场景2400多个，覆盖15个国家的200多家公司，服务财务及业务用户3000多人，为全球客户提供全场景化、高效、可持续的物流解决方案，为全球逾20亿人口带来卓越的物流体验。

2. 财务一张网：全球化统一架构、统一决策

极兔速递的全球化不仅体现在物流网络的扩张，更体现为数智化能力的"装备升级"。如图10-16所示，极兔速递制定了完整且行业领先的数字化转型战略，搭建了前、中、后台三层应用架构。前台聚焦业务交互与敏捷运营；中台以数据为核心驱动，分为主数据中心和业务数据中心，形成标准化数据资产，为前台提供灵活支撑；后台侧重管理与内控，覆盖财务会计、税务管理、供应链、预算管理等核心职能，并通过基础平台保障系统协同。最终通过商业智能分析实现数据驱动的财务决策，确保战略闭环。

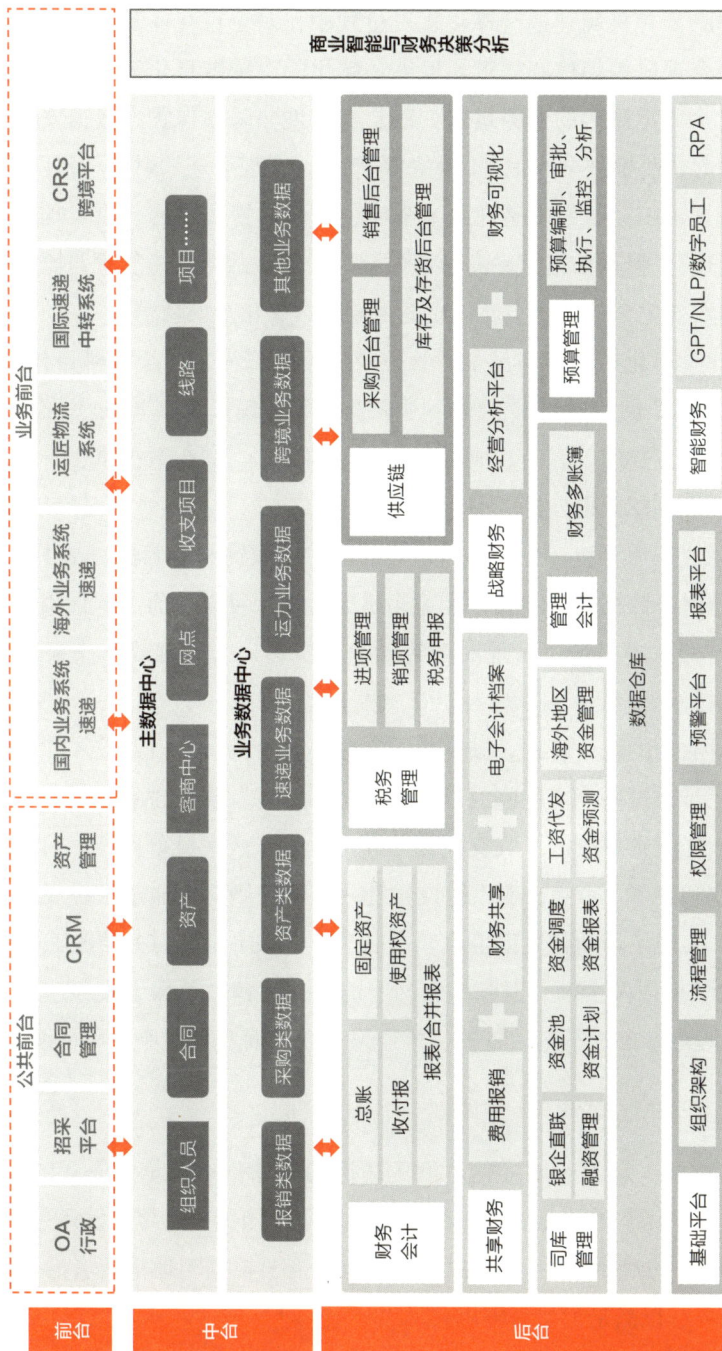

图 10-16　极兔速递数字化战略 - 应用系统架构蓝图

用友 BIP 聚焦极兔速递全球化发展过程中，对全球化业务运营、在地业务发展、安全合规风控等核心需求，提供一体化的全球数智化运营解决方案，以支持企业在全球范围内的业务运营，以及合规性、隐私保护、数据安全、本地化适应，助力企业推进全球化发展的战略布局，实现全球"财务一张网"。

基于用友 BIP，极兔速递打造了全球统一的数智化平台，以实现"纵向到底、横向到边"，覆盖从集团最高管理层至一线，从战略层、管理与服务层至业务运营层的数智化全流程；实现各成员企业的数智化全面覆盖。

- ❑ 搭建全球化架构，满足全局管控及数据隔离需求；全局科目体系搭建，支撑核算及管理要求；统一国家级业务梳理，统一收支项目及入账规则；规范部门、客商、成本中心等基础数据，减少数据重复，规范数据引用，方便数据分析。

- ❑ 全球业务流程统一化管理，确保数据的一致性和准确性。基于用友 BIP 全球财务数据整合方案，极兔速递的管理层可以全面了解集团在全球各地区的财务表现，发现潜在的风险和机遇，为制定战略决策提供重要依据。

- ❑ 通过业务的统一管理，极兔速递实现了效率的提升以及收入和利润的双增长。通过系统内应收应付的协同运作，以及收款付款协同功能，规范了入账规则并统一了收支项目。其中：入账效率显著提升，内部对账准确率达到了 100%；在系统设置统一入账规则后，通过系统规范内部交易，实现了自动化凭证生成，提前 3 天完成了全球财务结账工作。

全球化架构以及全球"财务一张网"的业务运营，确保了极兔速递在业务快速扩张过程中能够进行高效管控、规避风险，从而实现健康且可持续的增长。

3. 本地经营：全球化市场的精耕细作

没有本地化，就没有国际化。极兔速递的全球化不仅是业务版图的扩张，更是对"本地基因"的深度融入。例如，不同于中国消费者习惯使用手机支付，许多国家和地区仍然偏好货到付款，极兔速递需要根据当地消费者的偏好提供货到付款服务，以满足消费者需求。

用友 BIP 全球化经营解决方案是专为多国家、多业务板块、多准则、多账簿、多时区、多语言和多币种的复杂业务环境而设计的。在实现全球财务核算统一管理的同时，能够满足各地区的法规要求和合规性需求。

此外，数据合规和安全问题也是极兔速递在本地经营过程中无法回避的一个重要议题。在数据合规和安全方面，用友 BIP 确保极兔速递在数据收集、存储、传输和处理的各个环节均符合并遵循各国家和地区的数据合规性法规及隐私保护规定，为其全球化经营筑牢了合规防线。

为适应不同国家和地区的消费习惯，用友 BIP 从系统架构层面支持业务的灵活调整。例如，在东南亚市场（如越南、泰国），系统支持"货到付款（COD）"业务流程的本地化适配，包括代收货款结算周期、手续费分账规则等。

"全球化统一管控＋本地化场景适配"的模式，既避免了"一刀切"导致的本地化水土不服，又防止了"碎片化"带来的全球协同低效，为极兔速递在13 个国家的本地化运营提供了"合规性＋灵活性＋高效性"的三重保障，最终实现"全球一盘棋，各地能落地"的全球数智化运营。

当包裹跨越山海，数据却在云端毫秒必争——这正是数智时代智能物流的新范式。